全国高等教育自学考试指定教材
法律专业（本科）

# 劳 动 法

（2011年版）

（含：劳动法自学考试大纲）

全国高等教育自学考试指导委员会 组编

主 编 郭 捷
副主编 叶静漪
撰稿人 郭 捷 叶静漪 谢德成 穆随心

图书在版编目(CIP)数据

劳动法:2011年版/郭捷主编. —北京:北京大学出版社,2011.9
(全国高等教育自学考试指定教材)
ISBN 978－7－301－19438－6

Ⅰ.①劳…　Ⅱ.①郭…　Ⅲ.①劳动法－中国－高等教育－自学考试－教材
Ⅳ.①D922.5

中国版本图书馆 CIP 数据核字(2011)第 172275 号

| | |
|---|---|
| 书　　　　名: | 劳动法(2011年版)　含:劳动法自学考试大纲 |
| 著作责任者: | 郭　捷　主编 |
| 责 任 编 辑: | 孙战营 |
| 标 准 书 号: | ISBN 978－7－301－19438－6/D·2917 |
| 出 版 发 行: | 北京大学出版社 |
| 地　　　　址: | 北京市海淀区成府路205号　100871 |
| 网　　　　址: | http://www.pup.cn |
| 电　　　　话: | 邮购部 62752015　发行部 62750672　编辑部 62752027 |
| | 出版部 62754962 |
| 电 子 邮 箱: | law@pup.pku.edu.cn |
| 印　刷　者: | 河北滦县鑫华书刊印刷厂 |
| 经　销　者: | 新华书店 |
| | 787毫米×1092毫米　16开本　19印张　416千字 |
| | 2011年9月第1版　2023年9月第17次印刷 |
| 定　　　　价: | 34.00元 |

未经许可,不得以任何方式复制或抄袭本书之部分或全部内容。
版权所有,侵权必究
举报电话:010－62752024　电子邮箱:fd@pup.pku.edu.cn

# 组编前言

21世纪是一个变幻莫测的世纪,是一个催人奋进的时代。科学技术飞速发展,知识更替日新月异。希望、困惑、机遇、挑战,随时随地都有可能出现在每一个社会成员的生活之中。抓住机遇,寻求发展,迎接挑战,适应变化的制胜法宝就是学习——依靠自己学习、终生学习。

作为我国高等教育组成部分的自学考试,其职责就是在高等教育这个水平上倡导自学、鼓励自学、帮助自学、推动自学,为每一个自学者铺就成才之路,组织编写供读者学习的教材就是履行这个职责的重要环节。毫无疑问,这种教材应当适合自学,应当有利于学习者掌握、了解新知识、新信息,有利于学习者增强创新意识、培养实践能力,形成自学能力,也有利于学习者学以致用、解决实际工作中所遇到的问题。具有如此特点的书,我们虽然沿用了"教材"这个概念,但它与那种仅供教师讲、学生听,教师不讲,学生不懂,以"教"为中心的教科书相比,已经在内容安排、形式体例、行文风格等方面都大不相同了。希望读者对此有所了解,以便从一开始就树立起依靠自己学习的坚定信念,不断探索适合自己的学习方法,充分利用自己已有的知识基础和实际工作经验,最大限度地发挥自己的潜能达到学习的目标。

欢迎读者提出意见和建议。

祝每一位读者自学成功。

全国高等教育自学考试指导委员会

2005年1月

# 目 录

## 劳动法自学考试大纲

出版前言 …………………………………………………………… (7)
Ⅰ 课程性质与课程目标 …………………………………………… (9)
Ⅱ 考核目标 ………………………………………………………… (10)
Ⅲ 课程内容与考核要求 …………………………………………… (11)
Ⅳ 关于大纲的说明与考核实施要求 ……………………………… (55)
附录 题型举例 …………………………………………………… (60)
后记 ………………………………………………………………… (62)

## 劳 动 法

**第一章 劳动法概述** …………………………………………… (65)
  第一节 劳动法的概念及调整对象 …………………………… (65)
  第二节 劳动法的产生与发展 ………………………………… (71)
  第三节 国际劳动立法概况 …………………………………… (79)
  第四节 劳动法基本原则 ……………………………………… (84)

**第二章 劳动法律关系** ………………………………………… (90)
  第一节 劳动法律关系概述 …………………………………… (90)
  第二节 劳动者的基本权利 …………………………………… (98)
  第三节 劳动者的基本义务 …………………………………… (100)

**第三章 就业促进制度** ………………………………………… (103)
  第一节 就业与就业促进 ……………………………………… (103)
  第二节 就业促进的权利义务主体 …………………………… (105)
  第三节 政府就业促进的主要措施 …………………………… (107)

**第四章 劳动合同制度** ………………………………………… (116)
  第一节 劳动合同概述 ………………………………………… (116)
  第二节 劳动合同的订立、内容和效力 ……………………… (121)
  第三节 劳务派遣和非全日制用工 …………………………… (133)
  第四节 劳动合同的履行和变更 ……………………………… (135)

第五节　劳动合同的解除和终止 …………………………………… (137)

## 第五章　集体合同制度 ……………………………………………………… (144)
　　　第一节　集体协商和集体合同概述 ………………………………… (144)
　　　第二节　集体合同的订立及内容 …………………………………… (151)
　　　第三节　集体合同的履行、变更、解除和终止 …………………… (158)
　　　第四节　工会 ………………………………………………………… (159)

## 第六章　工作时间与休息休假制度 ………………………………………… (168)
　　　第一节　工作时间制度 ……………………………………………… (168)
　　　第二节　休息休假制度 ……………………………………………… (173)
　　　第三节　延长工作时间 ……………………………………………… (177)

## 第七章　工资基准与工资集体协商制度 …………………………………… (180)
　　　第一节　工资基准概述 ……………………………………………… (180)
　　　第二节　最低工资制度 ……………………………………………… (184)
　　　第三节　工资保障制度 ……………………………………………… (189)
　　　第四节　工资集体协商制度 ………………………………………… (193)

## 第八章　劳动安全卫生基准制度 …………………………………………… (198)
　　　第一节　劳动安全卫生基准概述 …………………………………… (198)
　　　第二节　劳动安全基准制度 ………………………………………… (211)
　　　第三节　劳动卫生基准制度 ………………………………………… (214)
　　　第四节　特殊劳动保护制度 ………………………………………… (217)

## 第九章　社会保险法 ………………………………………………………… (223)
　　　第一节　社会保险法概述 …………………………………………… (223)
　　　第二节　养老保险法律制度 ………………………………………… (230)
　　　第三节　医疗保险法律制度 ………………………………………… (235)
　　　第四节　工伤保险法律制度 ………………………………………… (239)
　　　第五节　失业保险法律制度 ………………………………………… (246)
　　　第六节　生育保险法律制度 ………………………………………… (251)

## 第十章　劳动保障监察制度 ………………………………………………… (255)
　　　第一节　劳动保障监察制度概述 …………………………………… (255)
　　　第二节　劳动保障监察机构 ………………………………………… (257)
　　　第三节　劳动保障监察的实施 ……………………………………… (259)

## 第十一章　劳动法律责任 …………………………………………………… (262)
　　　第一节　劳动法律责任概述 ………………………………………… (262)
　　　第二节　用人单位违反劳动法的行为及法律责任 ………………… (263)

  第三节 劳动者违反劳动法的行为及法律责任 …………………（271）
  第四节 劳动服务机构违反劳动法的行为及法律责任 ……………（273）
  第五节 劳动行政部门及相关主体的法律责任 ………………………（274）

# 第十二章 劳动争议处理制度 …………………………………………（277）
  第一节 劳动争议处理概述 ……………………………………………（277）
  第二节 劳动争议处理的原则 …………………………………………（281）
  第三节 劳动争议处理机构 ……………………………………………（283）
  第四节 个别劳动争议处理程序 ………………………………………（284）
  第五节 集体合同争议处理程序 ………………………………………（292）

**主要参考书目** ……………………………………………………………………（294）

**后记** ………………………………………………………………………………（295）

全国高等教育自学考试
法律专业(本科)

# 劳动法自学考试大纲

全国高等教育自学考试指导委员会制定

# 大 纲 目 录

出版前言 ································································· (7)
Ⅰ 课程性质与课程目标 ············································· (9)
Ⅱ 考核目标 ························································ (10)
Ⅲ 课程内容与考核要求 ············································ (11)
  第一章 劳动法概述 ············································ (11)
    学习目的与要求 ············································ (11)
    课程内容 ···················································· (11)
    第一节 劳动法的概念及调整对象 ························ (11)
    第二节 劳动法的产生与发展 ···························· (12)
    第三节 国际劳动立法概况 ································ (13)
    第四节 劳动法基本原则 ·································· (13)
    考核知识点与考核要求 ···································· (14)
  第二章 劳动法律关系 ········································ (16)
    学习目的与要求 ············································ (16)
    课程内容 ···················································· (16)
    第一节 劳动法律关系概述 ································ (16)
    第二节 劳动者的基本权利 ································ (17)
    第三节 劳动者的基本义务 ································ (17)
    考核知识点与考核要求 ···································· (17)
  第三章 就业促进制度 ········································ (19)
    学习目的与要求 ············································ (19)
    课程内容 ···················································· (19)
    第一节 就业与就业促进 ·································· (19)
    第二节 就业促进的权利义务主体 ······················· (20)
    第三节 政府就业促进的主要措施 ······················· (20)
    考核知识点与考核要求 ···································· (21)
  第四章 劳动合同制度 ········································ (22)
    学习目的与要求 ············································ (22)
    课程内容 ···················································· (22)
    第一节 劳动合同概述 ···································· (22)

第二节　劳动合同的订立、内容和效力 …………………………… (23)
　　第三节　劳务派遣和非全日制用工 ……………………………… (24)
　　第四节　劳动合同的履行和变更 ………………………………… (24)
　　第五节　劳动合同的解除和终止 ………………………………… (24)
　考核知识点与考核要求 …………………………………………… (25)

第五章　集体合同制度 ………………………………………………… (26)
　学习目的与要求 …………………………………………………… (26)
　课程内容 …………………………………………………………… (26)
　　第一节　集体协商和集体合同概述 ……………………………… (26)
　　第二节　集体合同的订立及内容 ………………………………… (27)
　　第三节　集体合同的履行、变更、解除和终止 …………………… (27)
　　第四节　工会 ……………………………………………………… (28)
　考核知识点与考核要求 …………………………………………… (28)

第六章　工作时间与休息休假制度 …………………………………… (30)
　学习目的与要求 …………………………………………………… (30)
　课程内容 …………………………………………………………… (30)
　　第一节　工作时间制度 …………………………………………… (30)
　　第二节　休息休假制度 …………………………………………… (31)
　　第三节　延长工作时间 …………………………………………… (31)
　考核知识点与考核要求 …………………………………………… (32)

第七章　工资基准与工资集体协商制度 ……………………………… (33)
　学习目的与要求 …………………………………………………… (33)
　课程内容 …………………………………………………………… (33)
　　第一节　工资基准概述 …………………………………………… (33)
　　第二节　最低工资制度 …………………………………………… (34)
　　第三节　工资保障制度 …………………………………………… (34)
　　第四节　工资集体协商制度 ……………………………………… (35)
　考核知识点与考核要求 …………………………………………… (35)

第八章　劳动安全卫生基准制度 ……………………………………… (37)
　学习目的与要求 …………………………………………………… (37)
　课程内容 …………………………………………………………… (37)
　　第一节　劳动安全卫生基准概述 ………………………………… (37)
　　第二节　劳动安全基准制度 ……………………………………… (38)
　　第三节　劳动卫生基准制度 ……………………………………… (39)
　　第四节　特殊劳动保护制度 ……………………………………… (39)

考核知识点与考核要求 …………………………………………… (40)

## 第九章　社会保险法 ……………………………………………… (41)
　　学习目的与要求 …………………………………………………… (41)
　　课程内容 …………………………………………………………… (41)
　　　第一节　社会保险法概述 ……………………………………… (41)
　　　第二节　养老保险法律制度 …………………………………… (42)
　　　第三节　医疗保险法律制度 …………………………………… (43)
　　　第四节　工伤保险法律制度 …………………………………… (43)
　　　第五节　失业保险法律制度 …………………………………… (44)
　　　第六节　生育保险法律制度 …………………………………… (44)
　　考核知识点与考核要求 …………………………………………… (45)

## 第十章　劳动保障监察制度 ……………………………………… (46)
　　学习目的与要求 …………………………………………………… (46)
　　课程内容 …………………………………………………………… (46)
　　　第一节　劳动保障监察制度概述 ……………………………… (46)
　　　第二节　劳动保障监察机构 …………………………………… (46)
　　　第三节　劳动保障监察的实施 ………………………………… (47)
　　考核知识点与考核要求 …………………………………………… (47)

## 第十一章　劳动法律责任 ………………………………………… (48)
　　学习目的与要求 …………………………………………………… (48)
　　课程内容 …………………………………………………………… (48)
　　　第一节　劳动法律责任概述 …………………………………… (48)
　　　第二节　用人单位违反劳动法的行为及法律责任 …………… (48)
　　　第三节　劳动者违反劳动法的行为及法律责任 ……………… (49)
　　　第四节　劳动服务机构违反劳动法的行为及法律责任 ……… (49)
　　　第五节　劳动行政部门及相关主体的法律责任 ……………… (49)
　　考核知识点与考核要求 …………………………………………… (50)

## 第十二章　劳动争议处理制度 …………………………………… (51)
　　学习目的与要求 …………………………………………………… (51)
　　课程内容 …………………………………………………………… (51)
　　　第一节　劳动争议处理概述 …………………………………… (51)
　　　第二节　劳动争议处理的原则 ………………………………… (51)
　　　第三节　劳动争议处理机构 …………………………………… (52)
　　　第四节　个别劳动争议处理程序 ……………………………… (52)
　　　第五节　集体合同争议处理程序 ……………………………… (53)

考核知识点与考核要求 …………………………………………………… (53)
**Ⅳ 关于大纲的说明与考核实施要求** ………………………………………… (55)
**附录　题型举例** ……………………………………………………………… (60)
**后记** …………………………………………………………………………… (62)

# 出版前言

为了适应社会主义现代化建设事业的需要,鼓励自学成才,我国在20世纪80代初建立了高等教育自学考试制度。高等教育自学考试是个人自学,社会助学和国家考试相结合的一种高等教育形式。应考者通过规定的专业课程考试并经思想品德鉴定达到毕业要求的,可获得毕业证书;国家承认学历并按照规定享有与普通高等学校毕业生同等的有关待遇。经过近三十年的发展,高等教育自学考试为国家培养造就了大批专门人才。

课程自学考试大纲是国家规范自学者学习范围、要求和考试标准的文件。它是按照专业考试计划的要求,具体指导个人自学、社会助学、国家考试、编写教材及自学辅导书的依据。

为更新教育观念,深化教学内容方式、考试制度、质量评价制度改革,更好地提高自学考试人才培养的质量,全国考委各专业委员会按照专业考试计划的要求,组织编写了课程自学考试大纲。

新编写的大纲,在层次上,专科参照一般普通高校专科或高职院校的水平,本科参照一般普通高校本科水平;在内容上,力图反映学科的发展变化以及自然科学和社会科学近年来研究的成果。

全国考委法学类专业委员会参照普通高等学校劳动法课程的教学基本要求,结合自学考试法律专业的实际情况,组织编写的《劳动法自学考试大纲》,经教育部批准,现颁发施行。各地教育部门、考试机构应认真贯彻执行。

全国高等教育自学考试指导委员会<br>
二〇一〇年八月

# Ⅰ 课程性质与课程目标

### 一、课程性质

《劳动法》课程是全国高等教育自学考试法律本科专业的必修课,是为培养自学应考者掌握和运用劳动法基本理论分析和解决劳动法治实践问题而设置的一门专业课程。

### 二、课程目标

《劳动法》课程设置的目标是:

(1) 使学生对劳动法的基本概念、基本知识、基本理论和基本制度有一个概括性的了解与认识,形成自觉运用法律解决劳动关系问题的法律思维。

(2) 使学生树立基本的劳动权利观念及维护社会公平正义进而促进社会和谐进步的社会主义法治理念,熟悉主要劳动法律制度。

(3) 使学生掌握运用劳动法理论分析劳动法问题的基本技能和方法,培养解决劳动争议案件的能力。

(4) 提高学生的基本法学素养,为进一步巩固与学习其他法律专业课程奠定良好的基础。

### 三、与相关课程的联系与区别

《劳动法》课程的内容包括三大部分:劳动法基本理论(概念、调整对象、法律关系、立法概况等),具体及部门法律制度(就业促进、劳动合同、集体合同、工时休假、工资、劳动安全卫生、社会保险等),管理与监督及争议处理的程序规则(劳动行政监察、法律责任、劳动争议调解仲裁及诉讼等)。《劳动法》课程的学习需要有《民法学》、《民事诉讼法学》及《行政法学》等课程的知识基础,同时与《经济法概论》、《刑法学》等课程有相互支撑、渗透的作用。

### 四、课程的重点和难点

《劳动法》课程的学习重点包括劳动关系、劳动法律关系、劳动合同、集体合同、工资基准、劳动安全卫生基准、社会保险、劳动争议处理等内容;学习的难点包括劳动权利的行使及其维护、具体劳动法律制度的应用、分析与处理劳动争议案件的思维方式等。

# Ⅱ 考核目标

　　本大纲在考核目标中,按照识记、领会、应用三个层次规定其应达到的能力层次要求。三个能力层次是递进等级关系。各层次的含义是:

　　**识记**:要求考生知道本课程中的名词、概念、原理、知识的含义,并能正确认识或识别。

　　**领会**:要求在识记的基础上,能把握本课程中的基本概念、基本原理和基本方法,掌握有关概念、原理、方法的区别与联系。

　　**应用**:要求在领会的基础上,运用本课程中的基本概念、基本原理、基本方法,分析和解决有关理论问题或实际问题。

# Ⅲ 课程内容与考核要求

## 第一章 劳动法概述

**学习目的与要求**

本章的主要内容是劳动法的概念和调整对象;劳动法的产生和发展;国际劳动立法概况;劳动法基本原则。通过学习,要求:掌握劳动法的概念、渊源及调整对象;了解劳动法的起源、外国劳动立法概况及我国不同历史时期劳动立法的主要内容;熟悉国际劳工组织及国际劳工立法的形式与内容;熟悉有关劳动法的基本原则。

**课程内容**

### 第一节 劳动法的概念及调整对象

一、劳动法的概念

(一)劳动法的定义

广义上的劳动法,就我国而言,包括宪法规定的基本劳动制度及劳动关系主体的权利义务,劳动基本法以及与其实施相配套的一系列子法、行政法规、规章及司法解释等。

狭义上的劳动法,是指由国家最高立法机关颁布的调整劳动关系以及与劳动关系有密切联系的其他社会关系的综合性的法律,即我国第八届全国人民代表大会常务委员会第八次会议于1994年7月5日通过,自1995年1月1日起施行的《中华人民共和国劳动法》。

(二)劳动法上的劳动

劳动法上的劳动,是基于合同义务,劳动者在具有从属性的劳动关系中所从事的职业上有偿的劳动。劳动法上的劳动,具备下列特征:履行法律义务;基于劳动合同关系;有偿性;职业性;从属性。

### (三) 劳动法的渊源

我国劳动法的渊源主要包括：宪法；法律；行政法规；部门规章；地方性法规和地方性规章；经我国政府批准的国际劳工公约；规范性劳动法律、法规解释；其他，如国际惯例等。

### (四) 劳动法的功能

## 二、劳动法的调整对象

劳动法以劳动关系为主要调整对象，同时也调整与劳动关系密切联系的其他社会关系。

### (一) 劳动关系

劳动法中所称的劳动关系是指劳动者与用人单位之间在实现劳动过程中发生的社会关系。

劳动关系具有五个主要特征：(1) 劳动关系的主体，一方是劳动者（劳动力所有者），另一方是用人单位（劳动力使用者）。(2) 劳动关系必须产生于劳动过程之中。(3) 劳动关系兼有人身关系和财产关系的双重性质。(4) 劳动关系具有纵向关系（隶属关系）和横向关系（平等关系）相互交错的特征。(5) 劳动关系以劳动力的给付为主要内容。

依据不同的标准，劳动关系可以有多种分类：(1) 以用人单位的性质为标准进行分类。(2) 以劳动关系是否具有涉外因素为标准进行分类。(3) 以劳动关系表现形式为标准进行分类。

我国劳动法调整劳动关系的范围从用人单位主体方面涵盖了5种情形。此外，也有未纳入调整范围的劳动关系。

### (二) 与劳动关系有密切联系的社会关系

劳动法的调整对象除劳动关系外，还调整一些与劳动关系有密切联系的其他社会关系。

## 第二节 劳动法的产生与发展

## 一、劳动法的起源

现代意义劳动法起源于19世纪初期的"工厂立法"，是从以英国为首的西欧一些资本主义国家开始的，"工厂立法"在一定程度上体现了劳动法对劳动者保护的要旨。劳动法产生的则是工人阶级为了维护自身利益而进行长期斗争的结果。

## 二、外国劳动立法概况

### (一) 资本主义国家的劳动立法

1. 自由资本主义时期劳动立法的主要内容及特点
2. 垄断资本主义时期劳动立法的主要内容及特点

### (二) 社会主义国家的劳动立法概况

### 三、中国劳动立法概况
（一）旧中国的劳动立法
（二）革命根据地的劳动立法
（三）新中国的劳动立法

## 第三节　国际劳动立法概况

### 一、国际劳动立法的产生
国际劳动立法思想开始于19世纪上半叶的欧洲。《关于禁止工厂女工做夜工的公约》和《关于使用白磷的公约》两个公约标志着国际劳动立法的正式开始。

### 二、国际劳工组织
（一）国际劳工组织的产生

1919年6月国际劳工组织正式成立。国际劳工组织在1919年至1939年是国际联盟的附设机构；1940年至1945年第二次世界大战期间，作为一个独立的组织存在；1946年至现在，成为联合国的一个专门机构。

（二）国际劳工组织的性质、特点、组织机构

国际劳工组织是一个由各会员国组成的国际性的政府间组织。国际劳工组织与其他国际组织不同的一个突出特点是"三方性原则"。国际劳工组织的主要机构有国际劳工大会、理事会、国际劳工局。

（三）国际劳工组织与中国的关系

中国是国际劳工组织的创始国之一，1944年起又成为该组织的常任理事国。新中国成立以后相当长的历史时期，由台湾国民党政府占据该组织席位。1971年10月联合国恢复了中华人民共和国的合法席位，同年11月16日，国际劳工组织理事会恢复了新中国的席位。1983年以来，截至2010年9月，中国陆续批准了25个国际劳工公约。

### 三、国际劳动立法的形式与内容

国际劳工公约和建议书是国际劳动立法的主要形式。国际劳工公约是指国际劳工组织制定的有关劳动立法标准的公约，对批准其的成员国具有约束力。国际劳工建议书是指国际劳工组织制定的有关劳动立法标准的建议书，建议书供各国在落实本国批准的劳工公约、制定本国劳动法律时参考。

## 第四节　劳动法基本原则

### 一、劳动法基本原则的含义

法律的基本原则是立法的指导思想和执法的行为准则。劳动法的基本原则，是国家在劳动立法中所体现的指导思想和在调整劳动关系以及与劳动关系密切联系的其他社会关系时应遵循的基本准则。

## 二、劳动法基本原则的条件

劳动法的基本原则应当符合四个条件。

## 三、劳动法基本原则的确认依据

首先是宪法。其次,劳动法的基本原则还应以我国将长期处于社会主义初级阶段这个基本国情对劳动法的基本要求为依据。最后,劳动法的基本原则还应以对劳动者倾斜保护理论为依据。

## 四、劳动法基本原则的内容

（一）维护劳动者合法权益原则
（二）贯彻按劳分配原则
（三）坚持劳动者平等竞争与公平保护原则
（四）实行劳动行为自主与劳动基准制约相结合的原则
（五）坚持法律调节与"三方"对话相结合的原则

# 考核知识点与考核要求

## 一、劳动法的概念及调整对象

1. 识记：劳动法的概念,包括狭义上的劳动法概念和广义上的劳动法概念；我国《劳动法》、《劳动合同法》、《劳动争议调解仲裁法》等主要劳动法律通过和实施的时间；劳动法调整对象；劳动关系的概念。

2. 领会：劳动法上劳动的特征；劳动法的功能；劳动法的渊源；劳动关系的特征和种类；与劳动关系有密切联系的社会关系的内容。

3. 应用：分析比较狭义和广义的劳动法含义；能够分析并举例说明劳动法的渊源；对实例进行分析,哪些社会关系属于劳动法的调整对象；我国劳动法调整劳动关系的范围。

## 二、劳动法的产生与发展

1. 识记：历史上最早出现的劳动法。

2. 领会：劳动法产生的原因；自由资本主义时期的劳动立法主要内容及特点；垄断资本主义时期的劳动立法主要内容及特点；当代西方市场经济国家劳动法特点；社会主义国家的劳动立法；旧中国的劳动立法；新中国的劳动立法。

3. 应用：分析说明现代意义劳动法起源于19世纪初期的"工厂立法"；分析说明我国现阶段劳动法律体系的建构。

## 三、国际劳动立法概况

1. 识记：国际劳动立法的形式；国际劳工组织的性质、特点、组织机构；我国批准的核心劳动公约；国际核心劳动公约。

2. 领会：国际劳动立法思想的产生；国际劳动立法的产生；国际劳工组织的产生；国际劳工组织与中国的关系；国际劳动立法的主要内容。

3. 应用:分析说明国际劳动立法的形式与内容。

四、劳动法基本原则

1. 识记:劳动法基本原则的含义。
2. 领会:劳动法基本原则的内容。
3. 应用:分析说明劳动法基本原则的确认依据。

# 第二章 劳动法律关系

## 学习目的与要求

劳动法律关系是劳动法学的重要基础理论问题。通过学习,要求:掌握劳动法律关系的概念;劳动法律关系与劳动关系的区别与联系;劳动法律关系的特征;劳动法律关系各要素的概念和内容;劳动法律关系产生、变更及消灭的条件;熟悉劳动者的基本权利;劳动者的基本义务。学会运用本章中的基本原理分析具体劳动法案例。

## 课程内容

### 第一节 劳动法律关系概述

**一、劳动法律关系的概念**

劳动法律关系,是指劳动者与用人单位之间,在实现劳动过程中依据劳动法律规范而形成的劳动权利与劳动义务关系。劳动法律关系与劳动关系是两个既有联系又有区别的不同概念。

**二、劳动法律关系的分类**

劳动法律关系根据不同的划分标准,可以分为不同的类型。典型劳动法律关系和非典型劳动法律关系这种分类方法越来越具有重要的理论和实践意义。

**三、劳动法律关系的法律特征**

劳动法律关系主体的特定性;劳动法律关系的主体之间具有平等性和隶属性交错共存的特点;劳动法律关系的内容体现了国家与当事人的双重意志;劳动法律关系的客体表现为兼有人身性与财产性的特定的劳动行为和财物;劳动法律关系是围绕劳动者的保护展开的。

**四、劳动法律关系的主体**

劳动法律关系是由劳动法律关系主体、劳动法律关系内容和劳动法律关系客体这三个基本要素构成的,缺一不可。

劳动法律关系的主体,是指参与劳动法律关系,享受劳动权利和承担劳动义务的当事人,包括劳动者和用人单位。

### (一) 劳动者

劳动者的法律含义;劳动者的劳动权利能力和劳动行为能力的概念;劳动者劳动权利能力与劳动行为能力的特点。

### (二) 用人单位

用人单位的概念和种类;用人单位劳动权利能力和劳动行为能力的概念;用人单位劳动权利能力与劳动行为能力的特点。

### 五、劳动法律关系的内容

劳动法律关系的内容,是指劳动法主体依法享有的劳动权利和承担的劳动义务。

### 六、劳动法律关系的客体

劳动法律关系的客体,是指劳动法律关系中主体的劳动权利和劳动义务所共同指向的对象,具体表现为一定的劳动行为和财物。

### 七、劳动法律关系的产生、变更和消灭

劳动法律关系的产生,是指劳动法主体之间为实现一定的劳动过程,依照劳动法规,通过劳动合同而设立的劳动权利与劳动义务关系。劳动法律关系的变更,是指劳动法主体间已经形成的劳动法律关系,由于一定的客观情况的出现而引起法律关系中某些要素的变化。劳动法律关系的消灭,是指劳动法主体间的劳动法律关系依法解除或终止,亦即劳动权利和劳动义务的消灭。

劳动法律关系的产生、变更或消灭,都是通过一定的法律事实而引起的。劳动法律事实是指劳动法规定的能够引起劳动法律关系产生、变更或消灭的一切客观情况。

## 第二节 劳动者的基本权利

劳动者的基本权利包括以下方面:就业权;劳动报酬权;休息权;职业安全权;接受职业技能培训权;生活保障权;结社权与集体协商权;合法权益保护权。

## 第三节 劳动者的基本义务

劳动者的基本义务包括:全面履行劳动义务;不断提高劳动技能;认真执行劳动安全卫生规范;遵守劳动纪律和职业道德以及法律规定的其他义务。

### 考核知识点与考核要求

#### 一、劳动法律关系概述

1. 识记:劳动法律关系的概念;劳动法律关系的法律特征;劳动法律关系要素;劳动法律关系的主体;劳动法律关系的内容;劳动法律关系的客体;劳动法律事实的概念和种

类;劳动法律关系的产生、变更和消灭。

2. 领会:劳动法律关系的表现形式;劳动法律关系与劳动关系的区别和联系;劳动者的劳动权利能力和劳动行为能力的概念与特点;用人单位的劳动权利能力和劳动行为能力。

3. 应用:举例说明劳动法律关系产生、变更和消灭的法律事实;应用基本原理分析具体案例。

### 二、劳动者的基本权利

1. 识记:劳动者的基本权利内容。

2. 应用:举例说明劳动者的基本权利;应用基本原理分析具体案例。

### 三、劳动者的基本义务

1. 识记:劳动者的基本义务内容。

2. 应用:举例说明劳动者的基本义务;应用基本原理分析具体案例。

# 第三章 就业促进制度

## 学习目的与要求

就业关系是劳动法调整的主要内容之一,在劳动法中具有重要地位。通过学习,要求:掌握就业的概念;就业促进的目标;就业促进方针;就业促进的义务主体;就业促进的权利主体;熟悉我国政府就业促进的法定职责;政府就业促进的主要措施。了解劳动就业的立法概况。

## 课程内容

### 第一节 就业与就业促进

#### 一、劳动就业的概念和特征

劳动就业,是指具有劳动能力的劳动者在法定劳动年龄内自愿从事某种具有一定劳动报酬或经营收入的社会劳动。劳动就业具有以下特征:就业的主体必须符合法定的就业年龄;就业的主体必须具有劳动能力;就业必须是出自就业主体的自愿;就业必须是一种能够为社会创造财富或有益于社会的劳动;就业必须使就业主体能够获得一定的劳动报酬或经营收入。

#### 二、就业促进

就业促进是指国家采取的帮助公民实现就业的一系列措施的总称。

(一)就业促进的目标

就业促进的目标是实现充分就业。充分就业是指消灭了周期性失业、市场分割性失业而存在最优的自然失业率和自愿失业的就业状态。充分就业决不是完全消除失业。

(二)就业促进方针

我国《就业促进法》总则第2条进一步确立了"劳动者自主择业、市场调节就业、政府就业促进"这一就业促进方针。

## 第二节 就业促进的权利义务主体

### 一、就业促进的义务主体
（一）政府
就业促进是政府的基本职责,政府是就业促进的最主要义务主体。
（二）用人单位、人力资源市场中介机构、职业教育和培训机构以及相关的社会团体
就业促进是用人单位、人力资源市场中介机构、职业教育和培训机构以及相关的社会团体应承担的社会责任。

### 二、就业促进的权利主体
就业权利主体不单纯指劳动法上的劳动者,包括需要通过建立劳动关系以获得劳动报酬为目的的劳动者和并不需要通过建立劳动关系以获得一定劳动报酬或经营收入为目的非劳动法上的劳动者,例如,自主创业者等。

## 第三节 政府就业促进的主要措施

### 一、建立就业促进工作协调机制
### 二、建立就业工作目标责任制度
### 三、建立较完整的就业促进的政策支持体系
（一）实行有利于就业促进的产业政策
（二）实行有利于就业促进的财政政策
（三）实行有利于就业促进的税收政策
（四）实行有利于就业促进的金融政策
（五）实行统筹就业政策
（六）实行有利于灵活就业的劳动和社会保险政策
（七）实行失业保险就业促进政策
### 四、维护公平就业,禁止就业歧视
（一）政府维护公平就业的责任
（二）规范用人单位和职业中介机构的行为
（三）保障妇女享有与男子平等的劳动权利
（四）保障各民族劳动者享有平等的劳动权利
（五）保障残疾人的劳动权利
（六）保障传染病病原携带者的平等就业权
（七）保障进城就业的农村劳动者的平等就业权
（八）劳动者受到就业歧视时的法律救济途径

### 五、加强就业服务和管理
（一）县级以上人民政府在发展人力资源市场方面的职责
（二）建立健全公共就业服务体系
（三）规范对职业中介机构的管理
（四）建立失业预警制度
（五）开展就业和失业调查统计工作

### 六、大力发展职业教育和开展职业培训
（一）职业教育和培训的总方针
（二）各级人民政府在加强职业教育和培训方面的职责
（三）企业在加强职业教育和培训方面的职责
（四）职业教育和培训机构在加强职业教育和培训方面的职责
（五）建立职业资格证书制度

### 七、实施就业援助
（一）就业援助的对象
（二）就业援助的措施
（三）对城市零就业家庭的就业援助
（四）对就业压力大的特定地区的扶持

## 考核知识点与考核要求

### 一、就业与就业促进
1. 识记：劳动就业的概念；就业促进方针。
2. 领会：就业促进的目标。
3. 应用：举例说明劳动就业；举例说明充分就业；结合就业促进方针分析具体案例。

### 二、就业促进的权利义务主体
1. 识记：就业促进的权利、义务主体。
2. 领会：就业促进的义务主体；就业促进的权利主体。
3. 应用：结合就业促进的义务主体分析具体案例。

### 三、政府就业促进的主要措施
1. 识记：政府就业促进的主要措施。
2. 领会：维护公平就业，禁止就业歧视。
3. 应用：结合政府就业促进的主要措施分析具体案例。

# 第四章 劳动合同制度

## 学习目的与要求

劳动合同是劳动关系的法律表现形式。劳动合同法律制度是劳动法制的重要组成部分。通过学习,要求:掌握劳动合同的概念和特征,劳动合同的种类,劳动合同与劳务合同的区别,劳动合同的订立,劳动合同的内容,劳动合同的效力,劳动合同的履行和变更,劳动合同的解除和终止;了解劳动合同的作用,我国劳动合同的立法概况。

## 课程内容

### 第一节 劳动合同概述

一、劳动合同的概念和特征

劳动合同是劳动者与用人单位确立劳动关系、明确双方权利和义务的协议。

劳动合同的特征:主体的特定性;主体地位上的从属性;劳动权利义务条款具有较强的法定性;劳动合同往往涉及第三人的物质利益;劳动合同的目的在于劳动过程的实现,而不单纯是劳动成果的给付。

二、劳动合同的作用

(一)劳动合同是劳动者和用人单位确立劳动关系的基本法律形式

(二)劳动合同是用人单位有效实现人力资源管理的重要手段

(三)劳动合同有利于防止和减少纠纷

三、我国劳动合同的立法概况

主要是:2007年6月29日,第十届全国人大常委会第二十八次会议通过了《劳动合同法》,该法自2008年1月1日起施行;2008年9月18日国务院公布施行《中华人民共和国劳动合同法实施条例》。

四、劳动合同的种类

以不同的标准可对劳动合同进行多种分类,其中具有法律意义的分类主要有:

(1)以合同期限为标准的分类,有固定期限的劳动合同、无固定期限的劳动合同和以完成一定的工作为期限的劳动合同。

（2）根据用工形式的不同来分类，劳动合同可分为典型劳动合同与非典型劳动合同。
（3）按照劳动合同的存在形式进行的分类，劳动合同可分为书面劳动合同、口头劳动合同。

### 五、劳动合同与劳务合同

劳务合同与劳动合同具有不同的法律属性，属不同的法律部门调整。

劳务合同是一种以劳务为标的的民事合同类型，是当事人各方在平等协商的情况下就某一项劳务以及劳务成果所达成的协议。属于民法调整的范畴。

## 第二节　劳动合同的订立、内容和效力

### 一、劳动合同的订立

（一）劳动合同订立的概念和原则

劳动合同的订立，是指劳动者和用人单位经过相互选择和平等协商，就劳动合同条款达成协议，从而确立劳动关系和明确相互权利义务的法律行为。

订立劳动合同，应当遵循合法、公平、平等自愿、协商一致、诚实信用的原则。

（二）劳动合同订立的程序

订立劳动合同主要应经过要约与承诺两个基本阶段。

（三）劳动合同订立的形式

全日制劳动合同应当采用书面形式；应该而没有订立书面劳动合同情况的处理；非全日制用工劳动合同既可以采用书面形式，也可以采用口头协议形式。

（四）劳动合同的订立过程中应当注意的问题

劳动合同当事人的先合同义务；劳务派遣用工形式。

### 二、劳动合同的内容

劳动合同的内容，是指劳动者与用人单位通过平等协商而约定的具体的劳动权利义务的条款。我国《劳动合同法》对劳动合同的内容规定为两部分，即必备条款和可备条款。

（一）必备条款

用人单位的名称、住所和法定代表人或者主要负责人，劳动者的姓名、住址和居民身份证或者其他有效身份证件号码，劳动合同期限，工作内容和工作地点，工作时间和休息休假，劳动报酬，社会保险，劳动保护、劳动条件和职业危害防护，法律、法规规定应当纳入劳动合同的其他事项。

（二）可备条款

试用期、培训、保守商业秘密、补充保险和福利待遇等。

### 三、劳动合同的效力

（一）劳动合同的成立与生效

1. 劳动合同的成立
2. 劳动合同的有效（生效）

(二) 劳动合同的无效
1. 无效劳动合同的概念
2. 无效劳动合同的确认
3. 无效劳动合同的处理

## 第三节 劳务派遣和非全日制用工

**一、劳务派遣**

劳务派遣是指劳务派遣单位(用人单位)与被派遣劳动者订立劳动合同后,再与接受以劳务派遣形式用工的单位(用工单位)订立劳务派遣协议,将被派遣劳动者派遣至用工单位,从而形成的一种用工形式。

劳务派遣的特殊规定。

**二、非全日制用工**

非全日制用工,是指以小时计酬为主,劳动者在同一用人单位一般平均每日工作时间不超过 4 小时,每周工作时间累计不超过 24 小时的用工形式。

非全日制用工的特殊规定。

## 第四节 劳动合同的履行和变更

**一、劳动合同的履行**

(一) 劳动合同履行的概念和原则

劳动合同履行是指合同当事人双方履行劳动合同所规定的义务的法律行为。全面履行原则;合法履行原则。

(二) 特殊情形下劳动合同的履行规则

**二、劳动合同的变更**

劳动合同的变更,指的是在劳动合同履行期间,劳动合同双方当事人协商一致后改变劳动合同的内容的法律行为。协商一致原则是劳动合同变更的一般原则。

## 第五节 劳动合同的解除和终止

**一、劳动合同的解除**

(一) 劳动合同解除的概念与类型

劳动合同的解除,是指劳动合同签订以后,尚未履行完毕之前,由于一定事由的出现,当事人提前终止劳动合同的法律行为。可以分为协议解除与法定解除。

(二) 劳动合同解除的条件和程序

1. 劳动合同的双方解除(协议解除)

2. 用人单位单方解除劳动合同(法定解除)
3. 劳动者单方解除劳动合同(法定解除)
(三) 劳动合同解除的法律后果
1. 用人单位的义务:支付经济补偿金;违法解除劳动合同的经济赔偿;依法应承担的其他义务。
2. 劳动者的义务:结束并移交工作事务;违法解除劳动合同的经济赔偿。
二、劳动合同的终止
劳动合同的终止,是指劳动合同订立后,因法律规定的法律事实产生或出现,从而消灭劳动合同所确立的权利义务。

## 考核知识点与考核要求

**一、劳动合同概述**
1. 识记:劳动合同的概念和特征。
2. 领会:劳动合同的立法概况;劳动合同的种类。
3. 应用:举例说明劳动合同的特征。

**二、劳动合同的订立、内容和效力**
1. 识记:劳动合同订立的概念;劳动合同订立的原则;无效劳动合同概念;劳动合同的内容。
2. 领会:劳动合同订立的形式;劳动合同成立和劳动合同生效的区别。
3. 应用:劳动合同订立的程序;无效劳动合同的确认及其处理。

**三、劳务派遣和非全日制用工**
1. 识记:劳务派遣和非全日制用工的概念。
2. 领会:劳务派遣和非全日制用工的特殊规定。
3. 应用:应用劳务派遣和非全日制用工基本原理分析具体案例。

**四、劳动合同的履行和变更**
1. 识记:劳动合同履行的概念;劳动合同变更的概念。
2. 领会:劳动合同履行的原则;劳动合同的变更。
3. 应用:应用劳动合同履行和变更基本原理分析具体案例。

**五、劳动合同的解除和终止**
1. 识记:劳动合同解除的概念;劳动合同终止的概念。
2. 领会:劳动合同解除的条件和程序;劳动合同终止的条件。
3. 应用:举例说明解除劳动合同的经济补偿;应用劳动合同解除和终止基本原理分析具体案例。

# 第五章　集体合同制度

## 学习目的与要求

集体合同制度是市场经济条件下协调劳动关系的重要形式。工会代表职工与用人单位签订集体合同。通过学习,要求:掌握集体协商的概念,集体合同的概念与特征,集体合同与劳动合同的区别与联系,集体合同的分类,签订集体合同的原则,集体合同的内容,集体合同的变更、解除和终止的条件;我国工会的性质及地位;我国工会的组织原则与职能;我国工会的基本权利义务。了解签订集体合同的程序,集体合同的效力;集体合同的产生与发展;西方国家及国际工会立法;我国工会立法。

## 课程内容

### 第一节　集体协商和集体合同概述

**一、集体协商的概念**

集体协商是指用人单位与本单位劳动者根据法律、法规、规章的规定,就劳动报酬、工作时间、休息休假、劳动安全卫生、职业培训、保险福利等事项等进行商谈,并签订集体合同的行为。

**二、集体合同的概念**

集体合同是指用人单位与本单位劳动者根据法律、法规、规章的规定,就劳动报酬、工作时间、休息休假、劳动安全卫生、职业培训、保险福利等事项,通过集体协商签订的书面协议。

**三、集体合同的法律特征**

主体具有特定性;内容侧重于维护劳动者权益的规定;具有较强的法定性;争议类型具有特殊性;具有劳动基准法的效能。

**四、集体合同与劳动合同的关系**

**五、集体合同的分类**

**六、集体合同的产生与发展**

## 第二节 集体合同的订立及内容

**一、集体合同的订立**
（一）集体合同的订立主体
（二）我国集体合同订立原则
（三）我国集体合同订立程序
1. 确定协商代表
2. 集体协商、形成草案
3. 通过草案
4. 集体合同的审查与生效
5. 即行生效、公布履行
（四）集体协商争议的协调处理
1. 当事人协商
2. 劳动保障行政部门协调处理
（五）集体合同的效力

**二、集体合同的内容**
（1）劳动报酬；（2）工作时间；（3）休息休假；（4）劳动安全卫生；（5）补充保险和福利；（6）女职工和未成年工的特殊保护；（7）职业技能培训；（8）劳动合同管理；（9）奖惩；（10）裁员；（11）集体合同期限；（12）变更、解除集体合同的程序；（13）履行集体合同发生争议时的协商处理办法；（14）违反集体合同的责任；（15）双方认为应当协商的其他内容。

## 第三节 集体合同的履行、变更、解除和终止

**一、集体合同的履行**
集体合同的履行，是指集体合同依法生效后，双方当事人全面按照合同约定履行合同义务的行为。

**二、集体合同的变更与解除**
集体合同的变更，是指集体合同生效以后，未履行完毕之前，由于主观或客观情况发生变化，当事人依照法律规定的条件和程序，对原合同中的某些条款进行增减或修改。集体合同的解除，是指集体合同生效以后，未履行完毕之前，由于主观或客观情况发生变化，当事人依照约定或法律规定的条件和程序，提前终止合同的行为。

**三、集体合同的终止**
集体合同的终止，是指由于某种法律事实的发生而导致集体合同所确立的法律关系的消灭。

## 第四节 工　　会

一、工会及工会立法
（一）西方国家及国际工会立法概述
（二）我国工会立法概述
（三）工会的类型
二、我国工会的性质及地位
（一）工会的性质
（二）我国工会的法律地位
三、工会的组织原则与职能
（一）我国工会的组织原则
（二）我国工会的职能
四、我国工会的基本权利和义务
（一）参与立法和政策制定
（二）参与劳动关系的协调
（三）监督劳动法律、法规的执行
（四）提供法律帮助
（五）建设四有职工队伍
（六）协助企业促进经济发展

## 考核知识点与考核要求

**一、集体协商和集体合同概述**
1. 识记：集体协商的概念、集体合同的概念。
2. 领会：集体合同的法律特征、分类、产生与发展。
3. 应用：举例说明集体合同与劳动合同的关系。

**二、集体合同的订立及内容**
1. 识记：我国集体合同订立原则；集体合同的内容。
2. 领会：集体合同的订立主体；集体合同的效力。
3. 应用：我国集体合同订立程序；集体协商争议的协调处理。

**三、集体合同的履行、变更、解除和终止**
1. 识记：集体合同的履行、变更、解除和终止的概念。
2. 领会：集体合同变更与解除的条件；集体合同终止的原因。
3. 应用：应用基本原理分析具体案例。

## 四、工会

1. 识记:我国工会的性质及地位;工会的组织原则与职能。
2. 领会:西方国家及国际工会立法;我国工会立法。
3. 应用:结合具体案例掌握工会的基本权利和义务。

# 第六章 工作时间与休息休假制度

## 学习目的与要求

工作时间与休息休假制度,是对劳动者基本人权保护的重要内容。通过本章的学习,要掌握工作时间的概念、特征,休息休假的概念、种类,延长工作时间的概念和主要法律规定,了解工作时间法律调整的意义。

## 课程内容

### 第一节 工作时间制度

**一、工作时间的概念与特征**

工作时间是指劳动者根据国家的法律规定,在一个昼夜或一周之内从事本职工作的时间。工作时间作为一个法律范畴,具有以下特征:(1)它具有较强的法定性。(2)它是履行劳动义务和计发劳动报酬的依据。(3)它是实际工作时间与有关活动时间的总和。

**二、工作时间法律调整的意义**

(一)保护劳动者身体健康和实现其休息权

(二)提高劳动者的素质和劳动生产率

(三)协调劳动报酬分配和促进就业

(四)促进企业的现代化管理

**三、工作时间立法的起源与发展**

**四、工作时间立法的主要内容**

(一)标准工作时间

标准工作时间是指国家法律规定的,在正常情况下,劳动者从事职业劳动的统一工作时间,分为标准工作日和标准工作周。

(二)非标准工作时间

非标准工作时间是指在特殊情形下适用的不同于标准工作时间的工作时间。根据目前我国法律、法规的规定,我国的非标准工作时间可以分为以下几种:缩短工作时间、延长工作时间、不定时工作时间、综合计算工作时间和计件工作时间。

## 第二节 休息休假制度

**一、休息时间的概念**

休息时间是指劳动者按照国家的法律规定,不从事工作而自由支配的时间,是劳动者在工作时间之外的所有休息时间的总和。它包括狭义休息时间和休假。狭义的休息时间仅指劳动者依法获得的一工作日或工作周循环周期的不计付工资报酬的自由支配时间。休假是指劳动者依法获得的具有某种特定意义的计付工资的自由支配时间。

**二、休息休假立法的起源与发展**

**三、休息休假的种类**

(一) 一个工作日内的休息时间

一个工作日内的休息时间,是指劳动者在一个工作日内进行工作过程中的休息时间和用膳时间。

(二) 连续两个工作日之间的休息时间

连续两个工作日之间的休息时间是指劳动者在前一个工作日结束后至后一个工作日开始之间的休息时间。

(三) 公休日

公休日,即周休息日,是劳动者工作一个工作周后的休息时间。

(四) 法定节假日

法定节假日是国家法律统一规定的用以开展纪念、庆祝活动的休息时间。

(五) 探亲假

探亲假,是指劳动者的工作地点与父母或配偶的居住地不在一地,不住在一起,在公休假日不能团聚时享受的与父母或配偶团聚的带薪假期。

(六) 年休假

年休假是指劳动者每年享受的一定期限的带薪休假。

(七) 婚丧假

婚丧假,是指劳动者本人结婚以及劳动者的直系亲属死亡时依法享受的假期。

(八) 女职工的产假

## 第三节 延长工作时间

**一、延长工作时间的概念**

延长工作时间是指根据法律的规定,在标准工作时间之外延长劳动者的工作时间。

**二、延长工作时间的主要规定**

(一) 限制延长工作时间的规定

(二) 特殊情况下延长工作时间的规定

（三）延长工作时间的劳动报酬

## 考核知识点与考核要求

**一、工作时间制度**

1. 识记：工作时间的概念、特征。

2. 领会：标准工作时间、非标准工作时间、缩短工作时间、不定时工作时间、综合计算工作时间的界定。

3. 应用：运用各类工作时间制度分析具体案例。

**二、休息休假制度**

1. 识记：休息休假的概念、种类。

2. 领会：各类休息休假的相关制度性规定及适用条件。

3. 应用：运用休息休假制度分析具体案例。

**三、延长工作时间**

1. 识记：延长工作时间的概念。

2. 领会：限制延长工作时间的规定；特殊情况下延长工作时间的规定；延长工作时间的劳动报酬计算标准。

3. 应用：分析和计算延长工作时间的劳动报酬。

# 第七章　工资基准与工资集体协商制度

## 学习目的与要求

工资也称薪金,是指劳动者因履行劳动合同义务获得的,用人单位以法定方式向劳动者支付的劳动报酬。是劳动关系中财产属性的重要表现,是劳动者实现生存权的基本途径。工资集体协商是处理资本与劳动分配关系的重要手段。通过学习,要求:掌握工资的概念、特征,工资基准,工资基准与工资集体协商、工资自决的关联性;工资形式及构成;最低工资的概念及特点,最低工资标准的确定、适用范围、计算、支付、调整;工资支付保障;工资集体协商。了解劳动者实际工资水平保障。

## 课程内容

### 第一节　工资基准概述

**一、工资的概念和特征**

工资也称薪金,是指劳动者因履行劳动合同义务获得的,用人单位以法定或约定方式向劳动者支付的劳动报酬。工资有多种称谓。有的劳动收入不属于工资的范畴。

工资的特征:工资的产生基于劳动者与用人单位之间的劳动关系;工资标准的确定依据是劳动法、集体合同、劳动合同的规定和约定;工资的形式及支付方式是法定的;工资体现了国家与劳动关系主体之间、劳动关系主体之间的双重属性。

**二、工资基准与工资集体协商、工资自决的关系**

工资基准、工资集体协商、工资自决是确定工资的几种法律途径。三者之间具有紧密的关联性。

**三、工资形式及构成**

工资形式是指计量劳动和支付工资的形式。主要有:计时工资、计件工资、年薪等。

工资构成即指工资总额由几部分相互联系的内容组成。最常见的工资构成单元有:基本工资、奖金、津贴、补贴。

## 第二节 最低工资制度

**一、最低工资的概念及特点**

最低工资是指劳动者在法定工作时间或劳动合同约定的工作时间内提供了正常劳动的前提下,用人单位依法应当支付的最低劳动报酬。最低工资有以下法律特征:最低工资的保障范围是劳动者个人及其家庭成员的基本生活需要;最低工资是国家通过立法确定的法定标准;最低工资是劳动者获得劳动报酬的最低标准。

**二、最低工资标准的确定**

(一) 确定最低工资标准的原则

协调原则;基本生活保障原则;分级管理原则。

(二) 最低工资标准的构成

维持劳动者本人最低生活的费用;劳动者平均赡养人口的最低生活费用;其他因素。

(三) 确定和调整最低工资标准的参考因素

(四) 最低工资的确定程序

**三、最低工资标准的适用范围**

最低工资标准的适用范围包括其适用的主体范围、时间范围和劳动种类范围。

**四、最低工资的计算和支付**

(一) 最低工资的计算

(二) 最低工资的支付

**五、最低工资标准的调整**

## 第三节 工资保障制度

**一、劳动者实际工资水平保障**

调整好工资和物价之间的关系,是保障实际工资的重要因素。

**二、工资支付保障**

(一) 工资支付的一般规则

(二) 特殊情况下的工资支付规则

(三) 欠薪支付保障

1. 欠薪索赔优先权。

2. 欠薪保障基金。

3. 欠薪报告和欠薪预警制度。

另外,工资支付信用等级制度、欠薪加速偿付制度等也是重要的欠薪支付保障措施。

## 第四节　工资集体协商制度

**一、工资集体协商的概念及特点**

工资集体协商,是指职工代表与企业代表依法就企业内部工资分配制度、工资分配形式、工资收入水平等事项进行平等协商,在协商一致的基础上签订工资协议的行为。工资集体协商具有以下特点:工资集体协商是通过法定的程序确定劳动者一方工资水平的方式;工资集体协议必须经过劳动行政部门审查监督;工资集体协商的结果——工资集体协议,具有劳动基准法的效能。

**二、工资集体协商代表及其权利义务**

（一）代表的产生

（二）首席代表的职责

（三）协商代表的权利义务

**三、工资集体协商的内容**

（一）工资集体协商及工资协议的主要内容

工资集体协商的主要内容构成工资协议的主要条款。

（二）协商工资应参考的因素

**四、工资集体协商程序**

（一）工资集体协商要求的提出

（二）协商的准备与材料提供

（三）协商

（四）职工代表大会审议

（五）工资集体协议成立

**五、工资协议的审查和生效**

## 考核知识点与考核要求

**一、工资基准概述**

1. 识记:工资的概念。
2. 领会:工资的特征;工资形式及构成。
3. 应用:分析并举例说明工资基准与工资集体协商、工资自决的关系。

**二、最低工资制度**

1. 识记:最低工资的概念;最低工资标准的构成。
2. 领会:最低工资的特点;最低工资标准的确定;最低工资的计算和支付;最低工资标准的调整。

3. 应用:分析说明最低工资标准的适用范围。

**三、工资保障制度**

1. 识记:工资支付的一般规则;特殊情况下的工资支付规则。
2. 领会:劳动者实际工资水平保障;欠薪支付保障。
3. 应用:进行有关工资保障的具体案例分析。

**四、工资集体协商制度**

1. 识记:工资集体协商的概念及特点;工资集体协商的内容。
2. 领会:工资集体协商代表及其权利义务;工资集体协商程序;工资协议审查和生效。
3. 应用:进行有关工资集体协商的具体案例分析。

# 第八章 劳动安全卫生基准制度

## 学习目的与要求

通过本章的学习要掌握劳动安全卫生基准的概念、特征、作用、主体的权利义务、劳动安全卫生管理制度的主要内容、劳动安全基准制度的概念和主要内容、劳动卫生基准制度的概念和主要内容、女职工特殊保护制度的内容、未成年工特殊保护制度的内容,了解劳动安全卫生制度的立法概况。

## 课程内容

### 第一节 劳动安全卫生基准概述

一、劳动安全卫生的概念和特征

劳动安全卫生,又称职业安全卫生,我国过去称为"劳动保护",是指直接保护劳动者在劳动或工作中的生命安全和身体健康的法律制度。

劳动安全卫生法律制度具有以下特征:

(1) 劳动安全卫生制度的实施具有强制性。

(2) 劳动安全卫生制度以劳动过程为其保护范围。

(3) 劳动安全卫生制度以改善劳动条件和劳动环境为主要途径,通过消除劳动过程中不安全和不卫生的因素,实现对劳动者生命安全和身体健康的保护。

二、劳动安全卫生立法的作用

(一) 有利于保障劳动者的生命权和健康权

(二) 有利于促进生产力的发展和劳动生产率的不断提高

三、劳动安全卫生基准制度的立法概况

(一) 外国及国际劳工组织立法概况

(二) 我国劳动安全卫生立法概况

四、劳动安全卫生法律关系主体的权利与义务

劳动安全卫生法律关系,有三方主体,即劳动安全卫生行政管理部门、用人单位和劳动者。三者享有的权利与承担义务各不相同。

（一）劳动安全卫生行政管理部门的职责
（二）用人单位的权利与义务
（三）劳动者的权利与义务

**五、劳动安全卫生管理制度**

（一）安全生产责任制度

安全生产责任制是根据我国"安全第一，预防为主，综合治理"的安全生产方针和安全生产法律法规建立的各级领导、职能部门、工程技术人员、岗位操作人员在劳动生产过程中对安全生产层层负责的制度。安全生产责任制是劳动安全卫生管理制度的核心，也是用人单位岗位责任制的一个组成部分。

（二）劳动安全卫生教育制度

（三）劳动安全卫生标准制度

劳动安全卫生标准制度，是指国家劳动安全卫生行政部门依照法定程序制定和公布的执行劳动安全卫生法规时参照或依据的各项指标或规定。劳动安全卫生标准制度是劳动安全卫生法律制度中的一项基础性制度，也是市场经济条件下劳动法律体系的不可缺少的组成部分。

我国现行的劳动安全卫生标准包括七类。

（四）劳动安全卫生认证制度

劳动安全卫生认证制度，是指在生产经营过程进行之前，依法对参与生产经营活动的主体的能力、资格以及其他安全卫生因素进行审查、评价，并确认资格或条件的制度。

我国现行的安全卫生认证，主要包括：对企业安全生产许可证制度、对特殊岗位或特种作业人员的资格认证制度。

（五）安全卫生设施"三同时"制度

安全卫生设施"三同时"制度，是指通过立法规定的，在我国境内的一切生产性建设项目的安全卫生设施，都必须与主体工程同时设计、同时施工、同时投入生产和使用的制度。

（六）劳动安全卫生检查与监察制度

劳动安全卫生检查制度，是指国家有关行政部门以及企业本身对企业执行劳动安全卫生法规情况定期或不定期的检查制度。

劳动安全卫生监察制度，是指国家劳动行政部门和其他有关部门对劳动安全卫生进行检查监督，并对违法行为进行制止和处罚的制度。

（七）生产安全事故报告和调查处理制度

## 第二节 劳动安全基准制度

**一、劳动安全基准制度的概念**

劳动安全基准制度，是指国家为了防止劳动者在生产和工作过程中的伤亡事故，保障劳动者的生命安全和防止生产设备遭到破坏而建立的基准制度。

### 二、劳动安全基准制度的主要内容

劳动安全基准制度的内容主要包括：工厂安全技术准则、建筑安装工程安全技术准则和矿山安全法律规范三个方面。

## 第三节 劳动卫生基准制度

### 一、劳动卫生基准制度的概念

劳动卫生基准制度，又称为劳动卫生规程，是指国家为了改善劳动条件，保护劳动者在劳动过程中的身体健康，防止有毒有害物质的危害和防止职业病的发生所采取的各种防护措施的法律规范的总称。

### 二、劳动卫生基准制度的主要内容

（一）防止粉尘危害的法律规定
（二）防止职业中毒的法律规定
（三）防止噪声和强光刺激的法律规定
（四）防暑降温和防冻取暖的法律规定
（五）工作场所通风照明的法律规定
（六）个人防护用品和保健的法律规定
（七）职业病防治及处理的法律规定

## 第四节 特殊劳动保护制度

### 一、特殊劳动保护制度的概念

特殊劳动保护制度是指专门为女职工和未成年工这两个特殊劳动者群体而设立的劳动保护法律制度。

### 二、特殊劳动保护制度的意义

### 三、女职工特殊保护制度的主要内容

（一）禁止女职工从事的劳动范围

由于女性的身体结构和生理机能与男性不同，有些工作会给女性的身体健康带来危害，从保护女职工的生命安全、身体健康的角度出发，法律规定女职工禁止从事的劳动范围，这不属于对女职工的性别歧视，而是对女职工的保护。

（二）女职工特殊生理期间的保护
（三）女职工劳动保护设施的规定
（四）女职工特殊保护权益的救济
（五）侵犯女职工特殊劳动保护权的法律责任

#### 四、未成年工特殊保护制度的主要内容

（一）最低就业年龄

（二）禁止使用童工

（三）未成年工劳动过程中的保护

未成年工是指年满 16 周岁，未满 18 周岁的劳动者。

（四）侵犯未成年工特殊劳动保护权的法律责任

## 考核知识点与考核要求

### 一、劳动安全卫生基准概述

1. 识记：劳动安全卫生概念、特征；安全生产责任制度；"三同时"制度；劳动安全卫生法律关系；事故报告和调查处理制度。

2. 领会：劳动安全卫生立法的作用；国外劳动安全卫生立法。

3. 应用：分析说明劳动安全卫生管理部门的职责；分析说明用人单位在劳动安全卫生基准中的权利和义务；分析说明劳动者在劳动安全卫生基准中的权利和义务。

### 二、劳动安全基准制度

1. 识记：劳动安全基准的概念；工厂安全基准的主要内容。

2. 领会：工厂安全技术准则；建筑安装工程安全技术准则；矿山安全法律规范。

3. 应用：运用矿山安全法律规范分析我国近年来出现的重大煤矿安全事故的责任。

### 三、劳动卫生基准制度

1. 识记：劳动卫生基准的概念；劳动卫生基准的主要内容构成；职业病。

2. 领会：防止粉尘危害的法律规定；防止职业中毒的法律规定；防止噪声和强光刺激的法律规定；防暑降温和防冻取暖的法律规定；工作场所通风照明的法律规定；个人防护用品和保健的法律规定；职业病防治及处理的法律规定。

3. 应用：运用防止粉尘危害、防止职业中毒、防止噪声和强光刺激、防暑降温和防冻取暖、工作场所通风照明、个人防护用品和保健、职业病防治及处理。

### 四、特殊劳动保护制度

1. 识记：特殊劳动保护制度的概念；女职工特殊劳动保护制度的主要内容；禁止使用童工的规定。

2. 领会：特殊劳动保护制度的意义；女职工劳动禁忌范围；未成年工劳动紧急范围；违法使用童工的法律责任。

3. 应用：运用女职工、未成年工特殊劳动保护的法律规定，分析有关案例。

# 第九章 社会保险法

## 学习目的与要求

社会保险法是保障劳动者及全体社会成员基本生活所不可缺少的社会保障制度,是劳动法的重要内容。学习本章要掌握社会保险的概念,社会保险法的概念、调整对象和覆盖范围,社会保险法律关系,社会保险基金制度,社会保险的经办服务,以及我国现行各项社会保险法律制度的概念、特征及其主要内容;理解社会保险制度的作用,我国社会保险法的宗旨和基本原则;了解各项社会保险的立法概况等。

## 课程内容

### 第一节 社会保险法概述

一、社会保险的概念和作用

(一)社会保险的概念及其历史演进

社会保险,是指国家通过立法实施的,对遭遇年老、疾病、失业、生育、因工伤残或者患职业病等社会风险的社会成员或职业劳动者,提供一定物质补偿和帮助的社会保障法律制度。

现代意义上的社会保险制度于19世纪80年代在德国社会立法中开始得到确立,迄今已有一百二十多年的演进历史,经历了产生、发展、改革与完善的过程。

(二)社会保险制度的作用

1. 维护社会秩序的稳定
2. 促进社会发展和进步
3. 对国民收入进行再分配
4. 促进社会的精神文明建设

二、社会保险法的概念、调整对象和基本原则

(一)社会保险法的概念和性质

社会保险法是调整社会保险关系的法律规范的总称。

社会保险法具有明显的社会法性质。

### (二) 社会保险法的调整对象和覆盖范围

社会保险法的调整对象是社会保险关系。我国现阶段社会保险的覆盖范围：

第一，基本养老保险制度和基本医疗保险制度覆盖了我国城乡全体居民。

第二，工伤保险、失业保险和生育保险制度覆盖了所有用人单位及其职工。

第三，被征地农民按照国务院规定纳入相应的社会保险制度。

第四，在中国境内就业的外国人，也应当按照法律规定参加我国的社会保险。

### (三) 社会保险法的宗旨和基本原则

社会保险法以促进社会和谐为宗旨。坚持：

1. 社会保险水平与社会生产力发展水平相适应原则
2. 社会保险一体化和社会化相统一的原则
3. 保障功能与激励机制相结合的原则

## 三、社会保险法律关系

(一) 社会保险法律关系的概念

(二) 社会保险法律关系的要素

(三) 社会保险法律事实

## 四、社会保险基金制度

(一) 社会保险基金的概念

社会保险基金是指国家为了保障公民基本生活需要，以法律形式强制征缴的社会保险费和以政府财政补贴的形式集中起来的由专门机构管理并用于支付社会保险金的资金。

(二) 社会保险基金的来源与征缴

(三) 社会保险基金的运营

(四) 社会保险基金的监管

## 五、社会保险的经办服务

# 第二节 养老保险法律制度

## 一、养老保险的概念及特点

养老保险，又称年金保险，是指劳动者因年老或病残丧失劳动能力而退出劳动岗位后，从国家和社会获得物质补偿和帮助的一种社会保险制度。它具有强制性、补偿性、广泛性、社会性等特点。

## 二、养老保险立法概况

## 三、我国现行养老保险体系

(一) 基本养老保险

(二) 企业补充养老保险

(三) 个人储蓄性养老保险

**四、养老保险基金的筹集**

**五、养老保险待遇的给付**

（一）养老保险待遇给付的条件

（二）养老保险待遇项目

（三）养老保险待遇标准的调整

**六、养老保险基金的监督管理**

## 第三节 医疗保险法律制度

**一、医疗保险的概念和特点**

（一）疾病保险与医疗保险的概念

疾病保险，又称"病伤保险"、"健康保险"，是指劳动者及其供养的亲属由于患病或非因工负伤后，在医疗和生活上获得物质帮助的一种社会保险制度。通常把疾病保险中在医疗方面获得的服务和物质帮助称为"医疗保险"。

（二）疾病保险与医疗保险的特点

**二、疾病保险和医疗保险的立法概况**

**三、我国城镇医疗保险制度改革的内容**

（一）改革的任务和原则

（二）覆盖范围和缴费办法

（三）建立基本医疗保险统筹基金和个人账户

（四）健全基本医疗保险基金的管理和监督机制

（五）加强医疗服务管理

（六）妥善解决有关人员的医疗待遇

**四、我国《社会保险法》中关于基本医疗保险的新规定**

## 第四节 工伤保险法律制度

**一、工伤保险的概念和特点**

（一）工伤保险的概念

工伤保险，又称职业伤害保险或职业伤害赔偿保险，是指依法为在生产、工作中遭受事故伤害或患职业性疾病的劳动者及其亲属提供医疗救治、生活保障、经济补偿、医疗和职业康复等物质帮助的一种社会保险制度。

（二）工伤保险的特点

**二、工伤保险的立法概况**

**三、工伤保险制度的作用**

**四、我国工伤保险制度的覆盖范围**

**五、工伤和职业病的认定**
（一）工伤的认定
（二）职业病的认定
（三）工伤或职业病的认定程序
**六、工伤保险基金的筹集与支出**
（一）工伤保险基金的筹集
（二）工伤保险基金的支出
**七、工伤保险待遇的项目和标准**
（一）工伤医疗期间保险待遇
（二）工伤伤残待遇
（三）工亡保险待遇

## 第五节 失业保险法律制度

**一、失业保险的概念和特点**
（一）失业保险的概念
失业保险，我国过去称待业保险，是指劳动者因失业而暂时中断生活来源的情况下，在法定期间内从国家和社会获得物质帮助的一种社会保险制度。
（二）失业保险的特点
**二、失业保险立法概况**
**三、我国现行失业保险的覆盖范围**
**四、失业保险基金的筹集**
**五、失业保险基金的构成**
**六、失业保险基金的支出项目**
**七、失业保险待遇的支付条件和标准**

## 第六节 生育保险法律制度

**一、生育保险的概念与意义**
（一）生育保险的概念
生育保险，是指妇女劳动者因怀孕、分娩而暂时中断劳动时，获得生活保障和物质帮助的一种社会保险制度。
（二）实行生育保险制度的意义
**二、生育保险的立法概况**
**三、我国女职工生育保险的内容**
（一）生育保险基金的筹集
（二）生育保险的待遇

## 考核知识点与考核要求

**一、社会保险法概述**

1. 识记:社会保险的概念;社会保险法的概念和调整对象;社会保险法律关系的内容与客体;社会保险基金;社会保险关系转移接续办法;社会保险基金的监管。
2. 领会:社会保险法的性质;社会保险法的原则;社会保险法的作用;社会保险基金的运营。
3. 应用:分析我国现阶段各种社会保险覆盖的范围。

**二、养老保险法律制度**

1. 识记:养老保险的概念和特点;基本养老保险、企业补充养老保险、个人储蓄性养老保险的概念;养老保险基金的来源;养老保险待遇的给付。
2. 领会:养老保险立法概况;我国现行养老保险体系;养老保险基金的筹集与给付。
3. 应用:用人单位、劳动者养老保险缴费拖欠如何追缴。

**三、医疗保险法律制度**

1. 识记:疾病保险与医疗保险的概念;疾病保险与医疗保险的特点;医疗保险的覆盖范围;医疗保险的缴费办法。
2. 领会:医疗保险的改革进程;城镇职工医疗保险改革的内容;
3. 应用:用一特定生活中的案例说明医疗保险待遇的构成。

**四、工伤保险法律制度**

1. 识记:工伤保险的概念、特点;工伤保险覆盖范围;工伤和职业病的认定。
2. 领会:工伤保险制度的作用;工伤保险基金的筹集与支出;工伤保险待遇的项目和标准。
3. 应用:用实际案例分析劳动者是否构成工伤事故;分析工伤认定的期间和程序。

**五、失业保险法律制度**

1. 识记:失业保险的概念和特点;失业保险基金的支出项目;失业保险金领取条件;丧失领取失业救济金的条件。
2. 领会:失业保险的历史发展;我国失业保险的发展;失业保险基金的构成;失业登记。
3. 应用:通过具体案例分析失业保险待遇的支付条件和标准。

**六、生育保险法律制度**

1. 识记:生育保险的概念;生育保险的待遇。
2. 领会:生育保险制度的意义;我国生育保险的立法状况。
3. 应用:分析说明生育保险的待遇构成。

# 第十章 劳动保障监察制度

## 学习目的与要求

劳动保障监察是建立完善的劳动法律体系的一项重要内容,是保障劳动法能够正确实施的一个重要手段。通过学习,要求:理解劳动保障监察的概念、劳动保障监察的基本原则、劳动保障监察的意义、劳动保障监察机构及其监察职责与监察事项、劳动保障监察员、劳动保障监察管辖、劳动保障监察的形式;掌握劳动保障监察的程序。

## 课程内容

### 第一节 劳动保障监察制度概述

**一、劳动保障监察的概念**

劳动保障监察,是指由劳动保障行政部门对发生劳动关系的用人单位、劳动者以及其他社会组织遵守劳动法律、法规、规章情况进行检查并对违法行为予以处罚的执法活动的总称。劳动保障监察具有以下基本属性:法定性、行政性、专门性。劳动保障监察与其他组织、个人行使的劳动保障监督检查有明显的区别。

**二、劳动保障监察的基本原则**

(一)重在保护劳动者权益的原则。(二)合法原则。(三)公开原则。(四)公正原则。(五)高效、便民原则。(六)教育与处罚相结合原则。(七)保障行政相对人权利原则。(八)监察执法与社会监督相结合的原则。

**三、劳动保障监察的意义**

(一)劳动保障监察是加强和完善劳动法制建设的一个重要方面。(二)劳动保障监察是贯彻执行劳动法的有力保证。(三)劳动保障监察有利于促进劳动关系的和谐和经济社会的发展。

### 第二节 劳动保障监察机构

**一、劳动保障监察机构**

劳动保障监察机构,是经法律授权代表国家对劳动法的遵守情况实行监督的专门机构。

### 二、劳动保障监察机构的监察职责与监察事项

我国《劳动保障监察条例》对监察职责和监察事项作了明确的规定。

### 三、劳动保障监察员

劳动保障监察员是执行劳动保障监察的专职或兼职人员。劳动监察员的任职条件、基本职权划分、任命与考核。

## 第三节 劳动保障监察的实施

### 一、劳动保障监察管辖

劳动保障监察管辖,是指各级劳动保障行政部门之间对用人单位遵守劳动保障法律、法规和规章情况进行监督检查及对违反劳动保障法律、法规或者规章的行为进行行政处理的分工和权限划分。分为地域管辖、级别管辖、指定管辖、移送管辖。

### 二、劳动保障监察的形式

(一)日常巡视检查。(二)书面材料审查。(三)专项检查。(四)对举报和投诉的查处。(五)应急预案制度。(六)建立用人单位劳动保障守法诚信档案。

### 三、劳动保障监察的程序

(一)受理与立案。(二)调查与检查。(三)案件处理。

## 考核知识点与考核要求

### 一、劳动保障监察制度概述

1. 识记:劳动保障监察的概念;劳动保障监察的基本属性;劳动保障监察与其他组织、个人行使的劳动保障监督检查的区别。
2. 领会:劳动保障监察的基本原则。
3. 应用:通过实例进行分析,说明劳动保障监察的意义。

### 二、劳动保障监察机构

1. 识记:劳动保障监察机构的概念。
2. 领会:劳动监察机构的设置;劳动保障监察执法的主体;劳动监察员的任职条件、基本职权划分、任命与考核。
3. 应用:分析说明劳动保障监察机构的监察职责与监察事项。

### 三、劳动保障监察的实施

1. 识记:劳动保障监察管辖的概念及种类。
2. 领会:劳动保障监察的形式。
3. 应用:熟练掌握劳动保障监察的程序。

# 第十一章 劳动法律责任

## 学习目的与要求

劳动法律责任是劳动法律体系的重要组成部分,是劳动权充分实现的保证。通过学习,要求:掌握劳动法律责任概念;用人单位违反劳动法的行为及法律责任形式。

## 课程内容

### 第一节 劳动法律责任概述

**一、劳动法律责任概念**

劳动法律责任,是指用人单位、劳动者、劳动行政机关及其他劳动法主体,违反劳动法的规定所应承担的否定性的法律后果。

**二、劳动法律责任形式**

违反劳动法应承担的法律责任有三种基本形式:行政法律责任、民事法律责任和刑事法律责任。

### 第二节 用人单位违反劳动法的行为及法律责任

一、用人单位违法制定劳动规章制度的行为及处理

二、用人单位违反工时制度的行为及处理

三、用人单位违反工资制度的行为及处理

四、用人单位违反劳动安全卫生制度的行为及处理

五、用人单位非法招用童工的行为及处理

六、用人单位违反女职工及未成年工特殊保护规定的行为及处理

七、用人单位违反我国《劳动合同法》的行为及处理

八、用人单位严重侵犯劳动者人身权利的行为及处理

九、用人单位违反我国《集体合同规定》的行为及处理

十、用人单位违反我国《就业促进法》的行为及处理

十一、用人单位违反我国《社会保险法》的行为及处理
十二、用人单位违反我国《工会法》的行为及处理
十三、用人单位违反我国《劳动监察条例》的行为及处理

## 第三节 劳动者违反劳动法的行为及法律责任

一、劳动者不与用人单位订立书面劳动合同的行为及处理
二、劳动者造成劳动合同无效的行为及处理
三、劳动者违法解除劳动合同的法律责任
四、劳动者违反服务期约定的法律责任
五、劳动者违反保密条款的法律责任
六、劳动者违反竞业限制协议的法律责任
七、劳动者尚未解除劳动合同而建立双重劳动关系造成损失的法律责任
八、劳动者骗取社会保险待遇的法律责任

## 第四节 劳动服务机构违反劳动法的行为及法律责任

劳动服务机构主要包括劳动就业服务机构、社会保险经办机构等。
一、我国《劳动保障监察条例》的规定
二、我国《就业促进法》的规定
三、我国《社会保险法》的规定
四、有关社会保险基金的违法行为及处理

## 第五节 劳动行政部门及相关主体的法律责任

我国《劳动法》及其他单行法律、法规对劳动行政部门和有关部门及其工作人员在进行劳动行政管理过程中违反劳动法的法律责任,作了原则性或具体性规定。
一、我国《劳动法》的规定
二、我国《劳动合同法》的规定
三、我国《促进就业法》的规定
四、我国《安全生产法》的规定
五、我国《职业病防治法》的规定
六、我国《社会保险法》的规定
七、我国《劳动保障监察条例》的规定

## 考核知识点与考核要求

**一、劳动法律责任概述**

1. 识记：劳动法律责任的概念；劳动法律责任形式。
2. 领会：劳动法律责任的要素。
3. 应用：举例说明劳动法律责任的后果。

**二、用人单位违反劳动法的行为及法律责任**

1. 识记：用人单位违反劳动法的行为及法律责任。
2. 应用：结合用人单位违反劳动法的行为及法律责任分析具体案例。

**三、劳动者违反劳动法的行为及法律责任**

1. 识记：劳动者违反劳动法的行为及法律责任。
2. 应用：结合劳动者违反劳动法的行为及法律责任分析具体案例。

**四、劳动服务机构违反劳动法的行为及法律责任**

1. 识记：劳动服务机构违反劳动法的行为及法律责任。
2. 应用：结合劳动服务机构违反劳动法的行为及法律责任分析具体案例。

**五、劳动行政部门及相关主体的法律责任**

1. 识记：劳动行政部门及相关主体的法律责任。
2. 应用：结合劳动行政部门及相关主体的法律责任分析具体案例。

# 第十二章 劳动争议处理制度

## 学习目的与要求

劳动争议处理制度是劳动法中的程序法律制度。通过学习,要求:理解劳动争议概念、劳动争议的分类、劳动争议的受案范围、劳动争议处理的原则及各类机构的性质、设立及组成、职责,熟悉个别劳动争议处理程序、集体合同争议处理程序。

## 课程内容

### 第一节 劳动争议处理概述

**一、劳动争议的概念**

劳动争议是指劳动者与用人单位之间所生之争议及用人单位或用人单位团体与工会之间围绕权利、义务以及相关利益所生的争议。

**二、劳动争议的分类**

劳动争议按照争议标的不同,可以分为权利争议与利益争议;劳动争议按照争议主体的不同,可以分为个别劳动争议、集体劳动争议和集体合同争议。

**三、劳动争议的受案范围**

主要依据《劳动争议调解仲裁法》规定:(1)因确认劳动关系发生的争议;(2)因订立、履行、变更、解除和终止劳动合同发生的争议;(3)因除名、辞退和辞职、离职发生的争议;(4)因工作时间、休息休假、社会保险、福利、培训以及劳动保护发生的争议;(5)因劳动报酬、工伤医疗费、经济补偿或者赔偿金等发生的争议;(6)法律、法规规定的其他劳动争议。

此外,我国《劳动法》、《集体合同规定》、《劳动合同法》、《就业促进法》及最高人民法院司法解释均有相应的规定,有些规定在受案范围上给予了扩大性的突破。

### 第二节 劳动争议处理的原则

合法原则;公正原则;及时处理原则;调解原则;三方原则。

## 第三节　劳动争议处理机构

**一、劳动争议调解组织**

劳动争议调解组织的组成。

**二、劳动争议仲裁委员会**

（一）仲裁委员会的设立

（二）仲裁委员会的组成

（三）仲裁委员会的职责

（四）劳动争议仲裁员

**三、人民法院**

劳动争议当事人对劳动争议仲裁委员会作出的裁决不服的，可依法启动诉讼程序，人民法院是劳动争议处理的最终司法机构。人民法院审理劳动争议案件，按照民事诉讼程序进行。

**四、劳动行政主管部门**

劳动行政主管部门依法组织争议各方协调处理，制定仲裁规则，行使劳动保障监察职权。

## 第四节　个别劳动争议处理程序

**一、协商程序**

发生劳动争议，劳动者可以与用人单位协商，也可以请工会或者第三方共同与用人单位协商，达成和解协议。协商不是劳动争议处理必经程序。

**二、调解程序**

这里的调解是专指调解组织的调解，它不涉及劳动争议仲裁程序和诉讼程序中的调解。调解不是劳动争议处理必经程序。

（一）当事人申请

（二）调解

（三）调解协议

**三、仲裁程序**

除法律另有规定外，劳动争议仲裁程序是诉讼程序的前置和必经程序。

（一）申请

（二）受理

（三）开庭和裁决

（四）仲裁程序中的几个重要问题

### 四、诉讼程序
（一）劳动争议案件的受理
（二）劳动争议案件的审理与裁决
（三）诉讼程序中的几个重要问题

## 第五节　集体合同争议处理程序

### 一、因履行集体合同发生的争议处理程序
因履行集体合同发生的争议,当事人协商解决不成的,可以向劳动争议仲裁委员会申请仲裁;对仲裁裁决不服的,可以自收到仲裁裁决书之日起15日内向人民法院提起诉讼。

### 二、因签订集体合同发生的争议处理程序
集体协商过程中发生争议,双方当事人不能协商解决的,当事人一方或双方可以书面向劳动保障行政部门提出协调处理申请;未提出申请的,劳动保障行政部门认为必要时也可以进行协调处理。

## 考核知识点与考核要求

### 一、劳动争议处理概述
1. 识记:劳动争议的概念;劳动争议的分类。
2. 领会:权利争议与利益争议;个别劳动争议、集体劳动争议和集体合同争议。
3. 应用:举例说明劳动争议的受案范围。

### 二、劳动争议处理的原则
1. 识记:劳动争议处理原则概念。
2. 领会:劳动争议处理原则的内容。
3. 应用:应用劳动争议处理原则分析具体案例。

### 三、劳动争议处理机构
1. 识记:劳动争议处理机构的概念。
2. 领会:劳动争议处理机构的种类。
3. 应用:分析具体案例。

### 四、个别劳动争议处理程序
1. 识记:个别劳动争议处理程序的种类。
2. 领会:劳动争议的仲裁程序。
3. 应用:个别劳动争议处理程序的各个程序之间的衔接关系。

**五、集体合同争议处理程序**

1. 识记:集体合同争议处理程序的类别。
2. 领会:因履行集体合同发生的争议处理程序;因签订集体合同发生的争议处理程序。
3. 应用:分析具体案例。

# Ⅳ 关于大纲的说明与考核实施要求

## 一、自学考试大纲的目的和作用

《劳动法》课程自学考试大纲是根据法律本科专业自学考试计划的要求,结合自学考试的特点而确定的。其目的是对个人自学、社会助学和课程考试命题进行指导和规定。

《劳动法》课程自学考试大纲明确了课程学习的内容,规定了课程自学考试的范围和标准。因此,它是编写自学考试教材和辅导书的依据,是社会助学组织进行自学辅导的依据,是自学者学习教材、掌握课程内容知识范围和程度的依据,也是进行自学考试命题的依据。

## 二、课程自学考试大纲与教材的关系

《劳动法》课程自学考试大纲是进行学习和考核的依据,教材是学习掌握课程知识的基本内容与范围,教材的内容是大纲所规定的课程知识和内容的扩展与发挥。课程内容在教材中可以体现一定的深度、广度及难度,但在大纲中对考核的要求难易基本适当。

大纲与教材所体现的课程内容基本一致,大纲里面的课程内容和考核知识点,教材里一般均有;反过来教材里有的内容,大纲里不一定体现。

## 三、关于自学教材

本课程的教材:《劳动法》(2011年版),全国高等教育自学考试指导委员会组编,郭捷主编,叶静漪副主编,谢德成、穆随心参编,北京大学出版社2011年版。

## 四、关于自学要求和自学方法的指导

本大纲的课程基本要求是依据法律本科专业考试计划和培养目标而确定的。课程基本要求明确了课程的基本内容,以及对基本内容掌握的程度。基本要求中的知识点构成了课程内容的主体部分。因此,课程基本内容掌握程度、课程考核知识点是高等教育自学考试考核的主要内容。

为有效地指导个人自学和社会助学,本大纲已指明了课程的重点和难点,在章节的基本要求中一般也指明了章节内容的重点和难点。

《劳动法》课程共4学分。

应考学生在学习《劳动法》课程时应注意掌握以下方法:

(1) 坚持理论联系实际。

劳动法是实践性很强的法学学科,只有联系我国劳动关系发展变化的实际,才能掌握和理解劳动法的内容。通过理论联系实际,一方面可以帮助学生理解如何适用劳动法律、法规,加深对劳动法知识、理论和各项具体制度的感性认识,另一方面也可以帮助学生了解司法实践中的新问题、新情况,加深对劳动法基本理论的理解。

(2) 掌握基本的劳动法律、法规。

在学习劳动法课程时,应当注意与学习我国现行的劳动法律、法规结合起来,通过了解劳动法律、法规的内容与立法精神,加深对教材的理解。特别要说明的是在教材出版后、考试之日 6 个月以前颁布或修订的与教材有关的劳动法律、法规,也属于考试的范围,在学习时应特别加以关注。

(3) 坚持系统学习和重点学习。

系统学习是必要的,它要求学员通读大纲和教材,全面掌握其章节体系与基本内容。这样,才能真正掌握这一门课程的基本理论与知识体系,才能提高分析和解决劳动法律问题的能力,也才能适应自学考试的要求。与此同时,学习又要抓重点。在教材中,有关基本概念、基本知识和基础理论介绍,相对于其他内容来说是学习重点;实用性强、应用面广的制度规范及其运用也是需要把握的重点。

(4) 注意把握大纲与教材的关系。

大纲是教材的基础,大纲中提及的问题要在教材中去寻找答案。因此,学习大纲、教材某些部分时要与相关的章节内容联系起来学,要善于运用对比及拓展、延伸的方法进行学习。

**五、对社会助学的要求**

社会助学者要在全面系统地学习指定教材的基础上,掌握全部考核内容与考核知识点;应根据大纲列出的课程内容与考核要求,对学生进行切实有效的辅导。具体来讲,社会助学者在助学活动中应注意以下问题:

(1) 明确社会助学的目的和要求。

社会助学者应根据本大纲规定的考试内容和考核目标,认真钻研指定教材,将识记、领会、应用三者结合起来帮助学生理解,明确《劳动法》课程对各知识点要求达到的认知层次和考核要求,不要随意增删内容和提高或减低要求。

(2) 讲授好规定的教材。

讲授教材首先要阐述教材的结构、特点和学习意义。然后,按各章的先后顺序,联系实际、通俗易懂、深入浅出地进行讲授。分章讲授时,要说明该章的基本内容,它在大纲和教材中的地位以及它与其他章的关系;要阐明基本概念,帮助考生准确了解其含义;要指明哪些是基本知识、基本理论以及应当重点学习的问题;要着重讲解比较难理解的问题,但不要离开自学考试的要求,讲得过广、过深。

（3）讲解新颁布的有关民事法律和决定。

面授辅导，应当将《劳动法》课程教材出版之后、考试之日6个月以前新颁布的与教材有关的民事法律和修改有关法律的决定列入讲授内容之中，以适应《劳动法》课程考试命题的要求。

（4）指出应考注意事项。

要使学生认识到辅导只能起到"领进门"的作用，关键还在于自己学习、训练。提醒学生在考试时，要准确地了解试题的内容和答题要求，审题必须认真、细致，不能马虎，并在考试时应留出一定时间对答题进行检查，以便发现可能出现的错漏，及时予以纠正。

### 六、对考核内容的说明

（1）《劳动法》课程要求考生学习和掌握的知识点内容都作为考核的内容。课程中各章的内容均由若干知识点组成，在自学考试中成为考核知识点。因此，课程自学考试大纲中所规定的考试内容是以分解为考核知识点的方式给出的。由于各知识点在课程中的地位、作用以及知识自身的特点不同，自学考试将对各知识点分别按识记、领会、应用三个认知（或叫能力）层次确定其考核要求。

（2）在考试之日起6个月前，由全国人民代表大会和国务院颁布或修订的劳动法律、法规都将列入相应课程的考试范围。凡大纲、教材内容与现行劳动法律、法规不符的，应以现行劳动法律、法规为准。

### 七、关于考试命题的若干规定

（1）《劳动法》课程的考试方法采用闭卷笔试形式，满分为100分，60分为及格线。考试时间为150分钟。

（2）本大纲各章所规定的基本要求、知识点及知识点下的知识细目，都属于考核的内容。考试命题既要覆盖到章，又要避免面面俱到。要注意突出课程的重点、章节重点，加大重点内容的覆盖度。

（3）命题不应有超出大纲中考核知识点范围的题目，考核目标不得高于大纲中所规定的相应的最高能力层次要求。命题应着重考核自学者对基本概念、基本知识和基本理论是否了解或掌握，对基本方法是否会用或熟练。不应出与基本要求不符的偏题或怪题。

（4）《劳动法》课程在试卷中对不同能力层次要求的分数比例大致为：识记占30%，领会占40%，应用占30%。

（5）《劳动法》课程的试题的难度可分为：易、较易、较难和难四个等级。每份试卷中不同难度试题的分数比例一般为2:3:3:2。虽然试题的难易程度与能力层次有一定的联系，但二者不是等同的概念。在各个能力层次中对于不同的考生都存在着不同的难度。

（6）《劳动法》课程考试命题的主要题型有单项选择题、多项选择题、名词解释题、简答题、论述题、案例分析题等。各种题型的具体形式，可参见本大纲的附录。

**八、有关的法律法规及部门规章**

(一) 法律类

(1)《中华人民共和国劳动法》,1994年7月5日第八届全国人民代表大会常务委员会第八次会议通过并颁布,1995年1月1日起施行。

(2)《中华人民共和国社会保险法》,2010年10月28日第十一届全国人民代表大会常务委员会第十七次会议通过,自2011年7月1日起施行。

(3)《中华人民共和国劳动争议调解仲裁法》,2007年12月29日第十届全国人民代表大会常务委员会第三十一次会议通过,自2008年5月1日起施行。

(4)《中华人民共和国就业促进法》,2007年8月30日第十届全国人民代表大会常务委员会第二十九次会议通过,自2008年1月1日起施行。

(5)《中华人民共和国劳动合同法》,2007年6月29日第十届全国人民代表大会常务委员会第二十八次会议通过,自2008年1月1日起施行。

(6)《中华人民共和国工会法》,1992年4月3日第七届全国人民代表大会第五次会议颁布施行;2001年10月27日第九届全国人民代表大会常务委员会第二十四次会议修正。

(7)《中华人民共和国职业病防治法》,2001年10月27日第九届全国人民代表大会常务委员会第二十四次会议通过,2002年5月1日起施行。

(8)《中华人民共和国安全生产法》,2002年6月29日第九届全国人民代表大会常务委员会第二十八次会议通过,2002年11月1日起施行。

(9)《中华人民共和国残疾人保障法(修订)》,2008年4月24日第十一届全国人民代表大会常务委员会第二次会议发布施行。

(10)《中华人民共和国未成年人保护法(修订)》,2006年12月29日第十届全国人民代表大会常务委员会第二十五次会议于通过,自2007年6月1日起施行。

(二) 行政法规类

(1)《工伤保险条例(修订)》,2010年12月20日国务院通过,2011年1月1日起施行。

(2)《中华人民共和国劳动合同法实施条例》,2008年9月18日国务院公布施行。

(3)《全国年节及纪念日放假办法(修订)》,2007年12月7日国务院公布,自2008年1月1日起施行。

(4)《职工带薪年休假条例(修订)》,2007年12月7日国务院公布,自2008年1月1日起施行。

(5)《残疾人就业条例》,2007年2月14日国务院通过,自2007年5月1日起施行。

(6)《军人抚恤优待条例》,国务院、中央军委2004年8月1日发布,自2004年10月1日起施行。

(7)《失业保险条例》,1999年1月22日国务院发布施行。

(8)《劳动保障监察条例》,2004年10月26日国务院通过,自2004年12月1日起施行。

(9)《禁止使用童工规定》,2002年9月18日国务院公布,2002年12月1日起施行。

(三) 部门(国务院劳动行政部门)规章类

(1)《工伤认定办法》,人力资源和社会保障部2010年12月31日通过,自2011年1月1日起施行。劳动和社会保障部2003年9月23日颁布的《工伤认定办法》同时废止。

(2)《劳动人事争议仲裁组织规则》,人力资源和社会保障部2010年1月19日发布施行。

(3)《劳动人事争议仲裁办案规则》,人力资源和社会保障部2009年1月1日发布施行。

(4)《最低工资规定》,2003年12月30日劳动和社会保障部通过,自2004年3月1日起施行。

(5)《集体合同规定》,2003年12月30日经劳动和社会保障部通过,自2004年5月1日起施行。

(6)《工资集体协商试行办法》,劳动和社会保障部2000年10月10日发布施行。

(四) 司法解释类

(1) 最高人民法院《关于审理劳动争议案件适用法律若干问题的解释》,2001年3月22日最高人民法院审判委员会第1165次会议通过,2001年4月16日公布,2001年4月30日起施行。

(2) 最高人民法院《关于审理劳动争议案件适用法律若干问题的解释(二)》,2006年7月10日由最高人民法院审判委员会第1393次会议通过,自2006年10月1日起施行。

(3) 最高人民法院《关于审理劳动争议案件适用法律若干问题的解释(三)》,2010年7月12日由最高人民法院审判委员会第1489次会议通过,自2010年9月14日起施行。

# 附录　题型举例

**一、单项选择题**(在每小题列出的四个备选项中只有一个是符合题目要求的,请将其代码填写在题后的括号内。错选、多选或未选均无分。)

我国狭义上的《劳动法》指的是( 　　 )。

A.《中华人民共和国劳动法》

B. 调整劳动关系以及与劳动关系有密切联系的其他社会关系的法律规范的总称

C. 调整劳动关系的法律规范的总和

D. 调整与劳动关系有密切联系的其他社会关系的法律规范的总和

**二、多项选择题**(在每小题列出的五个备选项中至少有两个是符合题目要求的,请将其代码填写在题后的括号内。错选、多选、少选或未选均无分。)

下列哪些社会关系属于劳动法所调整的劳动关系？( 　　 )

A. 某职工与厂长之间发生的个人借款关系

B. 丙因企业未为自己缴纳工伤保险费而发生的争议

C. 制作人为某机械厂定做一台机器设备双方发生的关系

D. 某民办医院招收了符合录用条件的护理人员后,医院与护理人员产生的关系

E. 工人将自己工资存入银行而与银行之间发生的关系

**三、名词解释题**

劳动关系

**四、简答题**

简述劳动合同与集体合同的区别。

**五、论述题**

我国《劳动合同法》对用人单位的劳动规章制度是如何限制的？

**六、案例分析题**

2009年10月,王某等四人应聘到某建筑公司,公司在待遇方面提出如果职工坚持要求办理社会保险的话,从职工工资中每月扣除300元。王某等觉得还是多拿点工资好,至于办不办社会保险,也没什么关系。于是双方签订了10年的劳动合同,在合同中第5条规定每月工资2000元(含社会保险费300元),对社会保险事宜公司不予负责,且说明社会保险包括基本养老保险、医疗保险、工伤保险、失业保险和生育保险等。

2010年1月,王某在公司的一商品房建设中,从五楼摔到地上致重伤。经过1个月的住院治疗,王某的伤基本养好,经劳动行政部门认定为工伤,经劳动能力鉴定委员会鉴定为五级伤残,自己提出退出工作岗位,公司同意。但公司只同意负责支付工资和生活补助,对伤残补助金、失业保险金等社会保险待遇不支付。经过多次协商未果,同年4月1

日,王某向当地劳动争议仲裁委员会提出申诉,要求公司支付相应的社会保险待遇等共计18万元。王某所在统筹地上年度职工月平均工资为1650元。

1. 本案争议焦点是什么?
2. 双方关于不参加社会保险的约定是否合法有效?
3. 用人单位是否应该承担相应的工伤保险责任?如不承担相应的工伤保险责任,请找出法律依据;如应当承担相应的工伤保险责任,那么,公司该如何支付给王某工伤保险待遇?
4. 谈谈你对本案的处理意见。

# 后 记

《劳动法自学考试大纲》是根据全国高等教育自学考试法律专业（本科）考试计划的要求，由全国考委法学类专业委员会组织编写。

《劳动法自学考试大纲》由西北政法大学郭捷教授担任主编，北京大学叶静漪教授担任副主编。

全国考委法学类专业委员会于2011年5月对本大纲组织审稿。北京大学贾俊玲教授、中国人民大学林嘉教授、清华大学郑尚元教授参加审稿并提出了改进意见。

本大纲编审人员付出了辛勤劳动，向他们表示诚挚的谢意。

全国高等教育自学考试指导委员会
法学类专业委员会
2011年6月

全国高等教育自学考试指定教材
法律专业(本科)

# 劳 动 法

**全国高等教育自学考试指导委员会　组编**

# 第一章 劳动法概述

劳动法以劳动关系为主要调整对象,旨在维护劳动者的合法权益和促进经济社会的发展。它是我国社会主义市场经济法律体系中一个重要的法律部门。

## 第一节 劳动法的概念及调整对象

### 一、劳动法的概念

(一) 劳动法的定义

关于劳动法的定义,中外学者有不同的主张与表达。尽管如此,可以肯定的是,学界围绕劳动法的定义在以下方面基本上是一致的:第一,劳动法是由工厂法逐渐发展而来,成为现代各国法律体系中一个重要法律部门;第二,劳动法以劳动关系为其规范与调整的主要对象;第三,劳动法除了调整劳动关系外,还调整与劳动关系密切联系的其他社会关系。因此可将劳动法定义为:劳动法是调整劳动关系以及与劳动关系密切联系的其他社会关系的法律规范的总称。

劳动法可作狭义和广义理解。劳动法一般是从广义上理解和使用的。就我国而言,广义上的劳动法,包括宪法规定的基本劳动制度及劳动关系主体的权利义务,劳动基本法以及与其实施相配套的一系列子法、行政法规、规章及司法解释等;狭义上的劳动法,是指由国家最高立法机关颁布的调整劳动关系以及与劳动关系有密切联系的其他社会关系的综合性的法律,即第八届全国人民代表大会常务委员会第八次会议于 1994 年 7 月 5 日通过,自 1995 年 1 月 1 日起施行的《中华人民共和国劳动法》(以下简称《劳动法》),也称为劳动基本法。

(二) 劳动法上的劳动

劳动是人们利用劳动资料改造劳动对象,使之符合人类需要的有意识、有目的的活动。劳动法上的劳动,除了其一般含义外,还有其特定的内涵。我国台湾地区的劳动法学家史尚宽先生在其《劳动法原论》一书中讲到:"广义的劳动谓之有意识的且有一定目的之肉体的或精神的操作。然在劳动法上之劳动,须具备下列条件:1. 为法律的义务之履行;2. 为基于契约关系;3. 为有偿的;4. 为职业的;5. 为在于从属的关系。"由此得出结论:"劳动法上的劳动为基于契约上义务在从属的关系所为之职业上有偿的劳动。"在我国内地也有学者在分析劳动法意义上的劳动时,将其定义为"专指职工为谋生而从事的,履行劳动法规,集体合同和劳动合同所规定义务的集体劳动"①。

(三) 劳动法的渊源

劳动法的渊源,亦称劳动法的形式,是指劳动法律规范的具体表现形式。它表明劳动法律规范以什么形式存在于法律体系中。我国劳动法渊源,按其效力层次与范围不同,可以分为以下几类:

1. 宪法

我国宪法关于劳动者基本权利义务的规定及与劳动问题相关的经济制度是我国劳动立法的基础和最高法律依据,同时又是劳动法律规范的一种表现形式。

2. 法律

法律包括我国全国人民代表大会制定和修改的基本法及全国人民代表大会常务委员会制定和修改的其他法律,其效力仅次于宪法。作为劳动法律,在我国有《劳动法》(狭义劳动法),它是调整劳动关系的基本法;有单项法律,如《劳动合同法》、《就业促进法》、《劳动争议调解仲裁法》、《社会保险法》等等;还有涉及劳动关系的其他法律,如《妇女权益保护法》、《安全生产法》、《职业病防治法》、《公司法》等。

3. 行政法规

这是指由国务院根据宪法和法律的有关原则制定发布的各种劳动行政法规,其法律效力具有普遍性,是当前我国调整劳动关系的重要依据。劳动行政法规在我国为数较多,涉及的面也较广,如《禁止使用童工规定》、《工伤保险条例》、《劳动保障监察条例》、《残疾人就业条例》、《劳动合同法实施条例》。

4. 部门规章

部门规章指国务院劳动行政部门单独或会同有关部门制定的专项劳动规章。如《工伤认定办法》、《最低工资规定》、《劳动人事争议仲裁办案规则》、《劳动人事争议仲裁组织规则》等多个配套规章等,这些都是调整劳动关系的重要规范。

5. 地方性法规和地方性规章

地方性法规,是指省、自治区、直辖市以及省会城市和经国务院批准的较大的市的人大及其常委会制定的规范性文件。地方性规章是指省、自治区、直辖市人民政府及省会城市和经国务院批准的较大的市的人民政府制定的规范性文件。此外,按规定,地方各级人民代表大会、地方各级人民代表大会常务委员会、县级以上各级人民政府,依照法律规定的权限发布的决定,也是地方性法规或规章。例如,《天津市就业促进条例》、《陕西省就业促进条例》、《湖北省就业促进条例》等。这些地方性法规或规章中有关劳动问题的规定均属于劳动法渊源的范畴。

6. 国际劳工公约

国际劳工组织通过的劳工公约经我国政府批准,便在我国产生法律效力,应保证其实施。包括:1984年5月我国承认的旧中国政府批准的14个国际劳工公约和1984年以来

---

① 王全兴:《劳动法》,法律出版社1997年版,第49页。

新批准的公约等,截至 2010 年 9 月,我国已正式批准了 25 个国际劳工公约[①],这些公约也是我国劳动法的组成部分。

7. 规范性劳动法律、法规解释

这是指法定的对劳动法律、法规有解释权的国家机关,就劳动法律、法规在执行中的问题所作的具有普遍约束力的解释。在我国,一般是最高人民法院、国务院劳动行政主管部门享有解释权。

8. 其他

如特别行政区法律、国际惯例等。

(四) 劳动法的功能

劳动法对一个国家的经济建设、社会和谐发展具有重要的功能。劳动法功能可以概括为以下几个方面:

1. 保护劳动者的合法权益,调动劳动者的劳动积极性和创造性

劳动法从其产生和发展的历史可以看出,它的主要任务就是保护劳动者的利益。在我国社会主义市场经济条件下,劳动法使劳动者的权益有了法律保障,劳动者的权益能依法得以实现,从而在国家、用人单位、劳动者的利益共同体中,使劳动者的劳动积极性和创造性得到充分的发挥。

2. 合理组织社会劳动,提高劳动生产率

劳动者是生产力的决定性要素,劳动法从保护劳动者的利益出发,合理地组织社会劳动,不断改进劳动组织,充分发挥劳动者在劳动过程中的主观能动性,就可以不断地提高劳动生产率和经济效益,促进社会生产力的发展。

3. 规范劳动力市场,完善市场运行的法律保障体系

我国实行社会主义市场经济体制,市场经济要求一切生产力要素进入市场,以市场作为配置的基础手段。其中,劳动力市场是市场经济的重要组成部分。劳动法通过对劳动力市场加以具体规范,包括界定供求主体与中介主体资格,规范市场行为,明确劳动主体的权利、义务等,从而为劳动力市场顺利运行提供有效的法律手段。

4. 维护和发展稳定和谐的劳动关系,促进社会安定团结

劳动关系的存在与发展,是直接关系到社会安定的重要因素,劳动法的功能就在于通过规范劳动关系,使主体双方在各自的权利义务范围内,沿着法律设定的轨道进行合作与联系,从而形成稳定和谐的劳动关系,以利于社会的安定团结。

此外,劳动法与社会进步的关系还在于:劳动者的劳动权利是获得生存权的必要条件。劳动法对劳动者基本权利的保护是符合国际人权理论的。我国《劳动法》、《劳动合同法》等的颁布实施,是我国人权保障制度化、法律化的一个重要标志。

---

① 陈菲、田颖:《白皮书:我国已加入 25 项国际人权公约》,新华网北京 2010 年 9 月 26 日电。

## 二、劳动法的调整对象

劳动法以劳动关系为主要调整对象,同时也调整与劳动关系密切联系的其他社会关系。

### (一) 劳动关系

#### 1. 劳动关系的含义

在劳动过程中,人们不仅要与自然界发生关系,而且彼此之间也必然发生一定的联系。在实现集体劳动过程中发生的社会关系非常广泛,并不是所有与劳动有关的社会关系都由劳动法调整。例如,在劳动过程中劳动者之间的关系、用人单位之间的关系、个体工商户的家庭成员之间基于共同劳动所发生的社会关系等等,都不是劳动法中所称的劳动关系,均不由劳动法调整。劳动法中所称的劳动关系是指劳动者与用人单位之间在实现劳动过程中发生的社会关系。例如,甲建筑公司在为某企业施工时,甲建筑公司的乙职工不慎掉落一工具,将其同组的丙职工砸伤。此例中,甲公司与乙、丙之间的关系属于劳动法中所称的劳动关系,受劳动法调整;甲公司和某企业之间的关系以及乙丙之间的关系,不受劳动法调整。

#### 2. 劳动关系的特征

作为劳动法调整对象的劳动关系与其他社会关系相比较,具有以下几个方面的特征:

(1) 劳动关系的主体,一方是劳动者(劳动力所有者),另一方是用人单位(劳动力使用者)。劳动者是劳动力所有者,包括所有自愿参加社会劳动的劳动者。用人单位是生产资料所有者或经营管理者,在我国,包括各种性质的企业、个体经济组织、特定范围劳动用工关系下的国家机关、事业单位以及社会团体、民办非企业单位、依法成立的会计师事务所、律师事务所等合伙组织和基金会等。劳动者的劳动力与用人单位提供的生产资料相结合,完成劳动过程,是劳动关系产生的条件。劳动者运用自己的生产资料"自我"结合,进行劳动,不产生劳动法中的劳动关系。劳动者的劳动力与用人单位提供的生产资料相结合,是一种"他我"结合,"他"指的是用人单位的生产资料,"我"指的是劳动者的劳动力,而结合是以劳动力所有权与使用权相分离为前提。如农村村民的联产承包、个体劳动者的劳动,由于劳动力与生产资料的结合是自我结合,因而不能纳入劳动法的调整范围。但是个体劳动者如果请了帮工、带了学徒,此时就产生了生产资料和劳动力的"他我"结合,产生了劳动关系。

(2) 劳动关系必须产生于劳动过程之中。只有劳动者进入用人单位,接受用人单位的安排,在劳动组织内和生产资料结合,使劳动对象发生形态的变化、位置的转移以及价值的增加,才会发生现实的劳动关系。这里所说的劳动过程,是指活劳动(劳动力)与物化劳动的交换过程,而不是指物与物交换的实现过程。前者是劳动法的调整范围,后者则属于民法学研究的范畴。劳动者和用人单位的生产资料相结合生产某种劳动产品,在生产过程中,劳动者和用人单位形成劳动关系,而生产出来的劳动产品在市场上出售时形成的买卖关系,虽然也与劳动有关,但不是在实现劳动过程中发生的关系而是流通关系,是由民法调整的民事关系,而不是由劳动法调整的劳动关系。① 例如,农民在市场上出售自己生产的粮食而与买主之间发生的关系,作家把自己的劳动成果交给出版社而与出版社之间发生的关系,工人将自己的工资存入银行而与银行之间发生的关系等,这些关系就不属于劳动关系。

(3) 劳动关系兼有人身关系和财产关系的双重性质。劳动首先表现为人体的一种生理机能,是人的脑、神经、肌肉感官等的耗费。劳动力存在于劳动者肌体内,不能须臾分离。劳动者向用人单位提供劳动力时,也将其人身在一定限度内交给了用人单位,劳动力的支付过程,也就是劳动者生命(生存)的实现过程。劳动法最初就是从维护劳动者生存权出发来调整劳动关系的。因此,劳动关系就其本来意义上说,具有人身性。正是由于人身性,决定了劳动关系不能只被视为财产性的契约关系。另一方面,劳动关系又具有财产关系的属性。劳动是人们谋生的主要手段,即使在社会主义条件下,人们也还需要通过劳动来换取生活资料,因此劳动关系也必然体现为劳动力的让渡与劳动报酬的交换关系。作为一种财产关系,民法所调整的是主体之间因交换物化了的劳动(劳动成果)而发生的关系;而劳动法所调整的是活劳动与物化劳动相交换的关系。

(4) 劳动关系具有纵向关系(隶属关系)和横向关系(平等关系)相互交错的特征。纵向关系一般代表的是隶属关系;横向关系代表的是平等关系。首先,随着我国劳动用人制度的改革和劳动力市场的确立,劳动力配置转变为用人单位与劳动者个人进行双向选择。因此,劳动关系是按照平等协商的原则建立起来的,可以说是一种横向关系的体现。其次,劳动关系一经确立,劳动者必须进入用人单位,使自己的劳动力归用人单位支配,并须服从用人单位的指挥,听从调配,遵守该单位的劳动纪律和规章制度。这就使用人单位与劳动者之间形成了一种隶属关系。在这里,劳动关系又体现为一种纵向关系。

(5) 劳动关系以劳动力的给付为主要内容。用人单位与劳动者之间建立劳动关系的主要内容就是劳动者向用人单位提供劳动力,与之相对应,用人单位应向劳动者支付工资作为对价。史尚宽先生认为:"劳动关系谓以劳动给付为目的之受雇人与雇用人间之关系。"②

3. 劳动关系的种类

依据不同的标准,劳动关系可以有多种分类方法。在不同国家或同一国家的不同时期,可以有不同的分类标准。比较典型的分类有:

(1) 以用人单位的性质为标准进行分类,可将劳动关系划分为企业、个体经济组织、国家机关与事业单位、民办非企业单位③等组织劳动关系。其中企业劳动关系是最重要、最基本的劳动关系,民办非企业单位劳动关系是我国近年来才出现的劳动关系。

---

① 任扶善:《世界劳动立法》,中国劳动出版社1991年版,第4页。
② 史尚宽:《劳动法原论》,台湾正大印书馆1978年版,第2页。
③ 民办非企业单位是指企业事业单位、社会团体和其他社会力量以及公民个人利用非国有资产举办的,从事非营利性社会服务活动的社会组织。它是不同于我国国家机关、企业、事业组织和社会团体的独立的社会组织。我国《劳动合同法实施条例》第3条规定:"依法成立的会计师事务所、律师事务所等合伙组织和基金会,属于劳动合同法规定的用人单位。"这是我国《劳动合同法》所列举的用人单位后缀的"等组织"的补充规定。

（2）以劳动关系是否具有涉外因素为标准进行分类，可将劳动关系划分为国内劳动关系和涉外劳动关系。由于大量的双边协议、多边协议和国际公约的存在和执行，共同劳动力市场正在形成，劳工标准已经打破国界，但劳动法和劳工标准的执行仍然有国界，所以，就形成了国内劳动关系和涉外劳动关系。

（3）以劳动关系表现形式为标准进行分类，可将劳动关系划分为标准劳动关系和非标准劳动关系。这是最具实践意义的分类。这种分类对我国劳动法的发展和完善具有十分重要的意义。标准劳动关系是最典型的劳动关系，完全符合劳动关系的构成要件，并适用全部劳动基准和集体合同规定。随着市场经济的发展，非标准劳动关系应运而生。非标准劳动关系在劳动时间、收入报酬、工作场地、职业培训、岗位安排、保险福利等方面不同于标准劳动关系。《劳动合同法》注意到了标准劳动关系和非标准劳动关系的区分，开始对非标准劳动关系的部分类型加以规范，以特别规定的方式，对劳动力派遣、非全日制用工形成的非标准劳动关系进行规范。

4. 我国劳动法调整劳动关系的范围

我国《劳动法》实施以来，劳动法调整劳动关系的范围有扩大的趋势，尤其是2007年6月29日第十届全国人大常委会第二十八次会议通过，并于2008年1月1日起施行的《劳动合同法》、2008年9月18日国务院公布施行的《劳动合同法实施条例》，较大程度上肯定了这一趋势，我国劳动法调整劳动关系的范围包括：

（1）中华人民共和国境内的企业、个体经济组织、民办非企业单位等组织的劳动关系。

中华人民共和国境内的企业、个体经济组织、民办非企业单位等组织的劳动关系都是劳动法的调整对象。

（2）国家机关的劳动关系。

国家机关与所用工勤人员之间的劳动关系是劳动法的调整对象。

（3）事业单位的劳动关系。

事业单位的劳动关系的法律适用分为三类：一是参照公务员管理的工作人员的劳动关系，适用公务员法；二是实行聘用制人员的劳动关系，有特别规定的从其规定；三是工勤人员及实行聘任制无特别规定的人员的劳动关系适用劳动法。

（4）社会团体的劳动关系。

社会团体的劳动关系的法律适用分为三类：一是参照公务员管理工会、共青团、妇联等的工作人员的劳动关系，适用公务员法；二是工会、共青团、妇联等的工勤人员的劳动关系适用劳动法；三是工会、共青团、妇联等人民团体和群众团体以外的其他社会团体与其劳动者的劳动关系适用劳动法。

（5）依法成立的会计师事务所、律师事务所等合伙组织和基金会与其劳动者的劳动关系。

依法成立的会计师事务所、律师事务所等合伙组织和基金会与其劳动者的劳动关系是劳动法的调整对象。

另外,农村劳动者、现役军人、家庭保姆、自然人用工等性质的劳动关系仍不属于我国劳动法调整的范围。

(二) 与劳动关系有密切联系的社会关系

劳动法的调整对象除劳动关系外,还调整一些与劳动关系有密切联系的其他社会关系。

与劳动关系密切联系的社会关系,也可称为劳动附随关系或附随劳动关系。这些社会关系本身虽然并不是劳动关系,但与劳动关系有着密切的联系。它的当事人一般有一方是劳动者或者用人单位,另一方则是劳动关系当事人之外与劳动关系运行紧密相关的主体,如劳动行政部门、工会、用人单位团体、职业培训机构、职业介绍机构、劳动争议处理机构、社会保险经办机构等。如何认定哪些社会关系与劳动关系有密切联系,主要基于以下特点:其一,是劳动关系产生的前提,例如,劳动行政部门、用人单位、人力资源市场中介机构、职业教育和培训机构以及相关的社会团体、劳动者在就业促进方面的社会关系,等等。其二,是劳动关系消灭后的直接后果,例如,社会保险机构与失业人员、退休人员之间在社会保险方面的社会关系,等等。其三,是劳动关系产生、变更、消灭而附带的,例如,工会与用人单位之间在保护职工合法权益方面的社会关系;劳动争议调解、仲裁机构与用人单位、职工之间在处理劳动争议方面的社会关系;劳动监察机构与用人单位之间在劳动监察方面的社会关系,等等。符合三点中的任何一个因素的社会关系都可确定其与劳动关系有密切联系。就其性质而言,这些关系可以主要概括为以下几个方面:

(1) 劳动行政关系,即行政机关和经授权具有行政职能的有关机构与用人单位及其团体、劳动者及其团体和劳动服务主体之间,由于执行劳动行政职能而发生的社会关系。

(2) 劳动服务关系,即劳动服务主体与用人单位和劳动者之间由于为劳动关系运行提供社会服务而发生的社会关系。具体包括劳动就业、职业培训、社会保险等服务活动方面所产生的社会关系。

(3) 劳动团体关系,即劳动者团体(工会)与用人单位团体之间,劳动者团体(工会)与其成员或用人单位之间,用人单位团体与其成员或劳动者之间,由于协调劳动关系和维护劳动关系当事人利益而发生的社会关系。

(4) 处理劳动争议关系,劳动争议处理机构与用人单位、劳动者之间由于调处和审理劳动争议而产生的社会关系。

## 第二节 劳动法的产生与发展

### 一、劳动法的起源

资本主义社会以前没有专门调整劳动关系的法律。在古代奴隶社会,奴隶完全没有人身自由,奴隶只是物,奴隶向奴隶主提供劳动,奴隶主和奴隶之间的这种关系,不是现代意义上的劳动关系。在封建社会,劳动者也没有完全的人身自由,不能摆脱对剥削者的人身依附，因而劳动者与劳动力使用者之间的关系，不只是单纯的劳动关系，更存在着人身和财产的所有关系。所以，在古代各国的法律中，虽然已经有了调整劳动关系的规范，然而这些规范并不能离开调整其他社会关系的法律而存在。

专门调整劳动关系的法律起源于资本主义社会。在资本主义发展初期，资本势力还不够强大，单凭经济的强制还不能满足资本家获取最大限度的剩余劳动，因而需要凭借国家权力来给予保护，于是出现了历史上最早的"劳工法规"。"劳工法规"的主要内容是强制工人接受苛刻的劳动条件，其中有些是延长工作时间的，有些是限制最高工资的。"劳工法规""自始就是为了剥削工人，并且在进行中总是直接和工人居于敌对地位的关于工资雇佣劳动的立法"①。在14世纪到18世纪中叶，欧洲其他资本主义国家也先后制定了类似的法律，以保障资本家能够榨取工人的更多的剩余劳动。当时人们把这种"血腥立法"统称为"劳工法规"。

"劳工法规"虽然是调整资本主义劳动关系的法律，但还不是现代意义上的劳动法，因为其与现代意义的劳动立法的宗旨是背道而驰的。

18世纪产业革命以后，资产阶级的势力大大加强，在这种情况下，用法律来规定有利于资本家的劳动条件已经没有必要，资产阶级国家对于劳动关系采取了"自由放任"的不干预政策。资本家为了最大限度地获取剩余价值，利用经济手段强制把工作日延长到14、16小时甚至18个小时，这种远远超过了工人生理界限的工作长度，加上极端恶劣的工作场所，极大地破坏了工人的健康，伤亡事故和职业病经常发生，死亡率猛增，工人的平均寿命日趋缩短。工人们为了保卫自己的生存权利，在18世纪中叶以后，就自发地起来和资本家进行斗争。除采取破坏机器、罢工等方式外，还要求政府颁布法律来限制工作日长度。随着工人阶级斗争的日趋高涨，加上受17—18世纪启蒙运动和法国大革命的影响，某些社会政治力量也同情和支持工人的要求，迫使资产阶级国家不得不制定法律来限制资本家对工人的剥削程度。

1802年英国议会通过了《学徒健康与道德法》，规定纺织童工的最低年龄为9岁，纺织厂不得雇用9岁以下的学徒；童工每天工作不得超过12小时，而且限于清晨6时至晚间9时之间，禁止童工做夜工。

《学徒健康与道德法》是资产阶级"工厂立法"（又称"工厂法"）的开端，而"工厂立法"与以前的"劳工法规"有了质的变化，它是为了保护工人利益，因此是现代意义的劳动法产生的标志。在此后的几十年中，英国议会又陆续通过了几项法规，对童工的年龄作了进一步的限制，并将限制工作时间的范围由童工扩大到女工。1847年英国颁布的《十时间法》规定，13岁至18岁的童工以及女工的日工作时间不得超过10小时。此后，工厂立法逐渐适用于英国的一切大工业。

以英国立法为开端，在其他工业发达的资本主义国家也先后出现了"工厂法"。德国于1839年颁布了《普鲁士工厂矿山规则》，该法规定禁止未成年工从事每天10小时以上

---

① 马克思：《资本论》第1卷，人民出版社1963年版，第814页。

的劳动或者夜间劳动。法国于1841年和1879年分别颁布法律,对限制童工工作时间以及限制女工工作时间和女工的工资等问题作了规定。1848年加利福尼亚州颁布了一项禁止9种工厂使用12岁以下儿童的法律。瑞士于1848年颁布了第一个限制成年人工作时间的法律。

基于上述内容,可以说,现代意义劳动法起源于19世纪初期的"工厂立法",是从以英国为首的西欧一些资本主义国家开始的,"工厂立法"在一定程度上体现了劳动法对劳动者保护的要旨。劳动法的产生则是工人阶级为了维护自身利益而进行长期斗争的结果。

**二、外国劳动立法概况**

(一) 资本主义国家的劳动立法

1. 自由资本主义时期劳动立法的主要内容及特点

19世纪中期,资本主义社会的自由竞争已占据统治地位,各国已经进入了自由竞争的资本主义阶段的后期。随着资本主义经济的发展和各国工人运动的普遍高涨,再加上各国"工厂法"的不断推出,国家对劳动关系的干预作用愈加明显,自由资本主义中后期劳动立法,在内容和范围上,较之初期阶段,有了较大的进展,具体表现在:

(1) 进一步缩短了劳动时间并扩大了适用范围。如英国于1847年颁布了《十时间法》,规定纺织工业的女工和童工实行每日10小时工作制;1867年和1878年的两项法律又把以前工厂法的规定推广到雇佣50人以上的所有工业企业,也就是说"工厂法"的适用范围逐渐扩大。同一时期,法、德等国也颁布了类似的法律。

(2) 增加了改善劳动条件的一些规定。如法国的《劳动保护法》、英国的《煤矿业限制法》、俄国的《雇佣童工、童工劳动时间和工厂检察机构法》等,分别规定了限制童工、女工从事夜间工作,改善工厂、矿山的安全卫生条件,建立工厂检查制度等内容。这在一定程度上反映了"工厂法"内容的不断充实化。

(3) 出现了工资保障法律。首先是限制资本家对工人任意罚款和扣发工资,后来发展到实行最低工资法。如沙皇俄国被迫取消了罚款的法律;英国在20世纪初设立劳资协商会来议定某些产业和地方的工人的最低工资标准;澳大利亚和新西兰也相继采用由仲裁委员会决定最低工资的办法。而且新西兰1894年的最低工资法是世界上最低工资立法的开端。

(4) 有了承认工会组织合法地位的法律。英国议会早在1824年就废除了1800年实行的禁止工人组织工会的法律,承认工人有组织工会和罢工的权利。1859年、1871年和1875年又三次修正和补充有关工会和罢工的法律。法国于1864年解除了罢工的禁令,1884年承认工人有组织工会的自由。其他一些国家也有了类似的规定。

(5) 出现了社会保险法。社会保险成为劳动法的内容是从德国率先开始的。1883年俾斯麦政府为了缓和国内阶级矛盾,分化国际工人运动,颁布了《劳工疾病保险法》,次年又实行了《工人赔偿法》,其内容包括对劳动者疾病保险、残废和老年保险、雇主对工人伤亡事故承担直接责任等。英国也于1897年颁布了《工人赔偿法》,以后又实行了健康和失业保险。

(6) 出现了解决劳资纠纷的法律。新西兰国家于1890年通过立法,第一个开始对劳资纠纷实行强制仲裁。其他先进的工业国家也先后在劳动立法中规定了解决劳资纠纷以及处理纠纷的法律程序。

总之,在自由资本主义时期,劳动法有了一定的发展,其特点表现为:工厂立法的适用范围越来越广,内容越来越充实,但是发展的进程比较缓慢,而且很不平衡,也不稳定,不但劳动法的效力范围有限,而且对劳动法的贯彻实施还缺少必要的保障,实施效果并不理想。

2. 垄断资本主义时期劳动立法的主要内容及特点

19世纪末20世纪初,资本主义开始进入了垄断资本主义阶段。这一时期,资本主义社会所固有的各种矛盾进一步尖锐化,其中雇用劳动与垄断资本之间的矛盾也更加激化。在不断高涨的工人运动的压力下,资产阶级不得不作出让步。因此,以改良主义作为主要方法,资产阶级劳动法得到广泛而迅速的发展。

垄断资本主义时期,劳动法的内容和范围比以前有了进一步的充实和扩大。过去的"工厂立法"多半带有不全面性,只涉及劳动关系的一些主要方面,这时的劳动法的内容逐步增加,基本上包括了劳动关系的一切方面。如劳动合同、集体谈判与集体协议、学徒培训、劳动报酬、工作时间、女工与童工、安全与卫生、社会保障、工会组织、劳动纠纷的处理等方面均有了相应的法律。过去的"工厂立法"主要适用于工业无产阶级,这时的劳动法一般都扩大了适用范围,包括了所有的经济部门,如工业、交通、商业等部门的工人和职员。这样就使劳动法成为一个内容比较完备、范围比较广阔的独立的法律部门。

需要指出的是,垄断资本主义阶段,特别是第二次世界大战期间和以后的一段时间内,资产阶级劳动法的发展经历了一个曲折和反复的过程。当工人运动高涨时,劳动法就得到了重视和发展,在工人运动受到镇压处于低潮时期,资产阶级国家通过立法剥夺和限制劳动者的权利。然而,垄断资产阶级不论是镇压工人运动,还是恶化劳动条件,都不能抑制工人运动的高涨,各国的罢工运动逐年增长,并且越来越具有长期性和群众性。在罢工斗争的推动下,各资本主义国家的劳动立法从总体上讲还是得到了发展,特别是进入20世纪六七十年代以来,由于经济的发展和安定的社会环境,一些主要资本主义国家相继制定和修订了一系列改善劳动条件的法律。

20世纪末以来,世界格局发生了深远的转变,如冷战结束,经济(进而政治、文化)全球化,工业化向信息化快速发展,贫富差距拉大和两极分化加深,失业和贫困化加剧,强资本、弱劳工问题日益突出等等,这一切使得劳动法的发展面临诸多冲击和挑战。

当代西方市场经济国家劳动法呈现出以下特点:第一,劳资关系相对缓和。19世纪工业革命以来劳资间阶级斗争、劳资冲突相对缓和,逐渐形成以"合作"为本质的劳资关系体制,劳、资、政三方合作共同提升劳动条件和劳动待遇。第二,劳资关系以社会保障体系为基础。第二次世界大战以来,依托社会保障体系,解决劳动问题,成为普遍的发展趋势。尤其是21世纪全球化与信息化的时代中,高度竞争、变动巨大的劳资关系,使得社会保障体系的建立成为劳资关系和谐发展的首要前提。第三,经济全球化对劳动法的发展形成冲击和挑战。在全球化的时代环境中,不但国际经济竞争激烈,国内市场也向世界开放。全球经济一体化带来的资本、劳动力的跨国、跨地区流动,对过去以国内为基础范围的各国劳资关系,形成诸多冲击和挑战,各国劳动立法无法回避这些问题。第四,信息化造成结构性影响。信息化的推进,劳动者的劳动场所更加分散、工作时间更为灵活,雇用关系逐渐复杂,深刻影响劳资关系的组成与结构,工会的组织动员方式、劳资关系的运行规则、劳动合同制度上,形成较明显的变化,松散而自由的劳资关系成为信息化时代常见的形态。例如,放松劳动法的管制政策、工会的组织动员遇到难题,在西方国家劳动法实践中已经成为现实。

(二) 社会主义国家的劳动立法概况

社会主义劳动法是在无产阶级取得革命胜利,劳动人民掌握了国家政权的条件下开始出现的。劳动法典是社会主义国家劳动立法的基本形式,它首先开始于原苏联。

原苏联在国内战争和外国干涉期间,苏维埃政权就于1918年通过了第一部《苏俄劳动法典》,把十月革命后颁布的各项劳动法令用法典形式固定下来。该法典共17章190条,对集体合同、劳动合同、内部劳动规则、工资、工时、女工和未成年工、工会、劳动保护、劳动保险以及劳动争议处理等方面都作了规定。此外,为了战时的需要,规定实行普遍义务劳动制。《苏俄劳动法典》于1922年重新修订颁布,取消了普遍义务劳动制,全面实行劳动合同制,并把职工在劳动方面取得的成果加以巩固和扩大。《苏俄劳动法典》一直沿用到20世纪60年代末。1970年原苏联最高苏维埃又通过了《苏联和各加盟共和国劳动立法纲要》,共15章107条,每章都专门规定劳动立法的一个方面。具体包括:总则、集体合同、劳动合同、工作时间与休息时间、劳动报酬、劳动纪律、劳动的安全与卫生、妇女劳动、未成年人劳动、在职培训的优待、劳动争议、工会与职工参加生产管理、国家社会保险、遵守劳动立法的监督检查和附则。各加盟共和国依照《纲要》的精神,结合本加盟共和国的具体情况,分别通过了新的劳动法典。进入20世纪80年代,原苏联最高苏维埃主席团先后通过了两项法令,对《劳动立法纲要》作了修订。除制定与修订劳动法典之外,还发布了一些单行劳动法规,原苏联在1981—1985年及1986—1990年的经济社会发展基本方针中还提出了劳动立法的发展方向,当然,由于随后苏联的解体,这些发展规划都未能付诸实施。

第二次世界大战以后,东欧各社会主义国家相继出现。各国在工人阶级掌握政权以后,均颁布了一系列改善劳动条件、解决就业、实行工人监督的法令,以后又相继制定并颁布了内容比较完备的劳动法典。当时的东欧各社会主义国家,除颁布劳动法典之外,还分别制定了一系列单行劳动法规,以配合劳动法典调整劳动关系。此外,亚洲的各社会主义国家也都先后颁布了劳动法典。

1989年以来,随着东欧剧变、苏联解体,从而引起了其劳动法某些内容的巨大变化,原苏联、东欧各国根据其实际情况,有的废除了原先的劳动法典,或者废除了其中部分条款,在原先的劳动法典中增加了新的内容。但是,社会主义劳动法作为一种新型的劳动法律制度,在劳动法发展历史上具有重要意义。

### 三、中国劳动立法概况

**(一) 旧中国的劳动立法**

1. 中国工人阶级争取劳动立法的斗争

中国产业工人是在19世纪中叶开始出现的。随着外国资本主义在华企业的增多和中国民族资本主义的发展,到1919年,中国产业工人已达200万人左右。在半殖民地、半封建社会的条件下,中国工人阶级深受帝国主义、封建主义和资本主义三重剥削与压迫,其劳动条件之恶劣和生活境遇之悲惨,在世界各国的工人中是罕见的。为了保卫自己的生存权利,中国工人阶级自发地开展了反对资本家剥削和帝国主义侵略的斗争。斗争的主要目标是要求增加工资,反对延长工时、反对克扣工资等。"五四"运动以后,特别是1921年中国共产党成立以后,中国工人阶级的斗争进入了一个崭新的阶段,罢工斗争风起云涌。1921年8月,中国共产党成立了中国劳动组合书记部,作为公开领导中国工人运动的总机关。中国劳动组合书记部在中国工人阶级为争取劳动立法的斗争中,起到巨大作用,作出了重大贡献。1922年5月1日在广州召开了第一次全国劳动大会,过了《八小时工作制案》。同年6月,中国共产党发表了对于时局的主张,提出斗争目标11条,其中包括废止压制罢工的刑律和制定保护童工、女工的法律以及关于一般工厂卫生、工人保险法的要求。1922年8月,中国劳动组合书记部利用北洋军阀吴佩孚宣言恢复国会制定宪法的机会,举行了争取劳动立法运动,拟定了《劳动立法原则》,制定了《劳动法案大纲》。在《劳动立法原则》中,提出保障政治上自由、改良经济生活、参加劳动管理和劳动补习教育等四项立法原则。《劳动法案大纲》的内容共19条,包括:承认劳动者有集会结社权;承认劳动者有缔结团体契约权;每日工作8小时;星期日休息;女工8星期产休假中工资照给;禁止童工;最低工资;雇主或国家分担劳动保险费;年带薪休假,等等。《劳动立法原则》和《劳动法案大纲》得到了广大工人的响应和拥护,并以此作为争取劳动立法的斗争纲领。其后,在1925年、1926年、1927年分别召开的第二、三、四次全国劳动大会上,都提出了劳动立法的具体要求。历次大会的要求,虽然未被北洋军阀控制下的国会和政府所通过,但它们对以后的劳动立法活动确实产生了积极的影响。

2. 北洋政府的劳动立法

在强大的工人运动斗争的压力下,加上社会各界的同情和支持,迫使北洋政府于1923年颁布了《暂行工厂规则》,对最低就业年龄、限制最高工时、保护女工和童工、义务教育和工厂检查等内容作了规定。尽管这个《暂行工厂规则》的内容大大低于《劳动立法原则》和《劳动法案大纲》拟定的标准,但它毕竟是我国第一个劳动立法,标志着中国劳动法的产生。此外,北洋政府还颁布了一些劳动法规。不过上述这些法规都是徒有虚名,并未付诸实施。

3. 广州、武汉国民政府的劳动法

在中国共产党的积极帮助下,1923年11月孙中山对国民党进行了改组,确定了联俄、联共、扶助农工的三大政策。1925年在广州成立了国民政府,1926年迁至武汉。1924年11月,孙中山以大元帅的名义颁布了《工会条例》,其中规定了承认工人与雇主团体立于对等之地位,工会有言论、出版及办理教育事业之自由,规定了工会对雇主之团体契约权、罢工权,等等。1926年1月,在广州召开的国民党第二次全国代表大会上通过的《工人运动决议案》中,提出要实行8小时工作制,制定最低工资标准,保护女工、童工、改良工厂卫生,厉行工人教育,等等。同年8月,国民政府还公布了《劳工仲裁条例》、《国民政府组织解决雇主雇工争执仲裁条例》等。这些法令对于工人运动的发展和工人权益的保护起着积极的作用。这是因为,广州、武汉国民政府在当时是革命政权,是以"扶助农工"为劳动立法宗旨的,这与后来的南京国民政府是有本质区别的。

4. 南京国民政府的劳动立法

南京国民政府是蒋介石1927年发动"四·一二"反革命政变后建立的政权。该政府成立后,即于1927年7月9日成立劳动法起草委员会,着手编纂劳动法典,但劳动法典编纂并未完成。后来南京政府的立法院决定不用法典形式,而采取单行法规的形式颁布。在其后的10年内,南京国民政府先后颁布了13项法律。主要有:1929年颁布的《工会法》和《工厂法》,1930年颁布的《劳动争议处理法》和《团体协约法》,1936年颁布的《劳动契约法》和《最低工资法》等。这些劳动法规使国民党政府的劳动法粗具规模。抗日战争至1949年间,国民党政府以"非常时期"为借口,颁布了制定了一些有针对性的法规。

(二) 革命根据地的劳动立法

中国共产党从成立时起,就十分重视劳动立法工作。自1930年建立了以瑞金为中心的革命根据地以后,人民政权便开始制定劳动法规。1930年1月,由江西省行政委员会制定的《赤色工会组织法》,是最早的革命根据地的劳动法规。该法规共11部分47条,规定了工会的性质和任务等重要内容。1930年6月,全国苏维埃区域代表大会通过了《劳动保护法》,共8章44条,对工作时间、休息时间、工资、工会、社会保险等作了规定。1931年11月7日,在瑞金召开的中华苏维埃工农兵第一次全国代表大会通过了《中华苏维埃共和国劳动法》。这个《劳动法》是第二次国内革命战争时期农村革命根据地最重要、最完备的劳动立法,12月1日经中央执行委员会颁布,自1932年1月1日起生效。该法适用于一切企业和机关的雇佣劳动者。其内容包括总则、雇佣手续、集体合同与劳动合同、工作时间、休息时间、工资、女工、青工及童工、劳动保护、中华全国总工会、社会保险、劳动争议及处理等共11章75条。由于劳动法规定的劳动条件标准过高,与当时工业落后而且正处于武装斗争中的革命根据地的实际情况不相适应,以致在执行中遇到很多实际困难。因此,中央执行委员会于1933年4月组织劳动法起草委员会,重新起草劳动法。修改后的劳动法于1933年10月15日公布实施。

《中华苏维埃共和国劳动法》的颁布与实施,对于保障劳动者的基本权利,促进革命发展和根据地建设,起到了积极作用。但由于劳动法规定的标准仍然过高,脱离实际,再加上"左倾"机会主义的影响,所以并未得到充分的实施。

抗日战争时期,在总结革命根据地劳动立法工作经验的基础上,劳动立法的指导思想更加明确,进而制定了一系列符合当时实际情况的劳动法规。这些法规主要有:《陕甘宁边区施政纲领》、《晋察冀边区施政纲领》、《陕甘宁边区劳动保护暂行条例》等,对发展生产、保护劳动者的利益起到了积极的作用。

解放战争时期,各根据地基本沿用了抗日战争时期的劳动法规。1948年8月在哈尔滨召开的第六次全国劳动大会,通过了《关于中国职工运动当前任务的决议》。该《决议》中提出了劳动立法的建议:劳动时间一般实行8—10小时工作日,企业实行民主管理,实行合理的工资制(必须保障职工最低的生活水平),劳动保护及女工、青工特殊保护,劳动保险,失业救济,劳动契约,集体契约,劳动争议处理,工会等。这一建议成为当时劳动立法的总纲领,也为新中国建立初期制定劳动法律提出了基本原则和规范。

(三) 新中国的劳动立法

中华人民共和国成立以后,劳动法制建设经历了以下几个标志性阶段:

1. 国民经济恢复时期的劳动立法

从中华人民共和国成立到1952年年底为国民经济恢复时期。依据国民经济恢复时期继续完成新民主主义革命和恢复国民经济的中心任务以及《共同纲领》的有关规定,国家制定了一些重要的劳动法规,使新中国的劳动立法有了一个良好的开端。

2. 第一个五年计划时期的劳动立法

1953年,我国进入了第一个五年计划的经济建设时期。1954年9月20日第一届全国人民代表大会第一次会议通过了《中华人民共和国宪法》。该《宪法》对调整劳动关系的基本原则作了规定,这些规定确立了当时我国劳动立法的基本原则,对于我国劳动立法的发展具有重要的指导意义。这一时期,以该《宪法》为依据,制定了许多重要的劳动法规。

3. 1957—1976年劳动立法的低谷时期

从1957年到1976年,是我国劳动立法处于低谷的时期。这一时期,极"左"思潮泛滥,社会主义法制遭到践踏,劳动立法工作陷于停顿状态,已有的劳动法律、法规也得不到贯彻实施。

4. 改革开放以来劳动法律体系逐步形成时期

党的十一届三中全会以后,我国进入了以经济建设为中心,对内实行改革,对外实行开放的新时期。改革开放以来的十几年中,是我国经济建设取得重大的成就的时期,也是我国法制建设的黄金时期。我国的劳动立法工作,也出现了一个蓬勃发展的局面。尤其是1982年的《宪法》对劳动方面作了多项原则性规定,为制定具体的各项劳动法制度提供了依据。1994年7月5日,第八届全国人大常委会第八次会议审议通过了《中华人民共和国劳动法》。这是我国第一部劳动法典,它确立了我国社会主义市场经济条件下劳动力市场的基本法律原则,为保护劳动者的合法权益,稳定劳动关系,开展劳动法对外交流与合作提供了法律保障。为了有效地贯彻执行《劳动法》,国务院劳动行政部门(劳动部、劳动和社会保障部等)先后制定了一系列配套劳动规章。《劳动法》及配套劳动法律、法规的制定,标志着我国劳动立法的加强,加速了我国社会主义市场经济体制下的有中国特色的社会主义劳动法律体系的发展与完善。

2007年以来,我国劳动立法进入一个新的发展阶段。2007年是我国劳动立法中的一个里程碑,在这一年,先后通过了三部重要的劳动法律,分别是:第十届全国人民代表大会常务委员会第二十八次会议于2007年6月29日通过,自2008年1月1日起施行的《劳动合同法》;2007年8月30日第十届全国人民代表大会常务委员会第二十九次会议通过,自2008年1月1日起施行的《就业促进法》;第十届全国人民代表大会常务委员会第三十一次会议于2007年12月29日通过,自2008年5月1日起施行的《劳动争议调解仲裁法》。最新的《社会保险法》又于2010年10月28日通过,自2011年7月1日起施行。这四部法律分别完善了我国的劳动合同法律制度、就业促进法律制度和劳动争议处理法律制度,标志着我国已经初步建立了适应社会主义市场经济体制需要的劳动立法体系。除了这三部法律外,其他的最新的重要法律法规有:2007年2月14日国务院通过《残疾人就业条例》;2007年7月,国务院制定下发《城镇居民基本医疗保险试点的指导意见》;2007年12月7日,国务院颁布了《职工带薪年休假规定》;2008年9月18日国务院公布施行了《中华人民共和国劳动合同法实施条例》;2009年1月1日实施《劳动人事争议仲裁办案规则》;2009年12月28日《国务院办公厅关于转发人力资源社会保障部、财政部城镇企业职工基本养老保险关系转移接续暂行办法的通知》(国办发〔2009〕66号),2010年1月27日人力资源和社会保障部颁布的《劳动人事争议仲裁组织规则》,2010年7月12日最高人民法院《关于审理劳动争议案件适用法律若干问题的解释(三)》(法释〔2010〕12号)等等。

## 第三节 国际劳动立法概况

### 一、国际劳动立法的产生

国际劳动立法思想开始于19世纪上半叶的欧洲。当时,由于产业革命的结果,西欧各国工业迅猛发展,市场范围不断扩大,国际的竞争日趋激烈。有些关心劳动问题的思想家开始认识到,工人劳动状况的彻底改善,单靠本国的劳动法是不够的。如果其他国家不采取同样的保护劳工的法律,实行劳工保护法的国家就会由于所生产的商品中人工成本的增加而在国际市场上处于不利的地位,由此提出了制定国际劳动法的主张,以便各国共同遵守。

首倡国际劳动法的思想家,主要是英国空想社会主义者欧文和法国社会活动家大卫·李格兰。系统地提出国际劳动立法主张的是大卫·李格兰。1838年至1859年间,李格兰多次向法、德、英等国上书,建议制定国际劳动法律,但均遭到各国政府的拒绝,并受到一些学者的非议,认为这样做是妨害"契约自由"、"侵犯国家主权"。

直到19世纪后半期,由于各国工人运动日益壮大,各国的无产阶级已经形成一种国际势力;同时法国革命所鼓吹的人道主义思想影响日益扩大。这时许多政治家和理论家对制定国际劳动法的必要性有了更清楚的认识,各国工会的会议和国际工作会议,也多次讨论制定国际劳动法的问题。在这种形势下,各国政府不得不考虑国际劳动立法的问题。

瑞士是最先同意制定国际劳动法的国家。1880年瑞士政府邀请各工业国政府开会讨论签订国际劳动公约的问题。但是由于多数国家态度冷淡,会议未能举行。这次行动虽然失败了,但毕竟是第一次由官方正式提出国际劳动法问题,因而引起了各国和各方人士的普遍重视。国际劳工立法运动,经过半个多世纪努力,到19世纪末才首次产生实际效果。1889年,瑞士政府再一次向欧洲各国发出通知,邀请各国于次年5月在瑞士首都伯尔尼开会,讨论制定国际劳动法的问题。由于德国要求在柏林召开,于是1890年3月国际劳动法会议在柏林召开,共有15个国家参加。会议讨论通过了星期日休息、童工的最低年龄等议案。但由于所通过的议案内容过于空泛,而且缺乏国际公约的效力,所以并没有付诸实施。然而,柏林会议是第一次由各国政府正式派代表讨论国际劳动立法的会议,因此,对于促进国际劳动立法的产生仍然具有重要意义。

柏林会议以后,一些赞成国际劳动法的社会活动家、经济学家和工会领袖,决定组织国际劳动法协会。1900年,国际劳动法协会在巴黎正式成立。在它的推动下,1905年正式起草并提交由瑞士政府发起召开的伯尔尼国际会议讨论通过了两个公约,即《关于禁止工厂女工做夜工的公约》和《关于使用白磷的公约》。这两个公约是世界上最早的国际劳动公约,两个公约经缔约国批准即在缔约国内发生效力,标志着国际劳动立法的正式开始。

第一次世界大战爆发,暂时中断了国际劳动立法的进程。但是战争结束后,很快就产生了一个新的国际劳动立法机构——国际劳工组织。

## 二、国际劳工组织

### (一) 国际劳工组织的产生

第一次世界大战结束后,参战国于1919年年初在巴黎召开和平会议。在和平会议第一次预备会议上,决定组织一个国际劳工委员会,以便考察各国工人的状况,研究必要的国际劳动立法,并建议组织一个永久性的机构。据此决议,由英、美、法、日、意等国推派15名代表组成委员会,并由当时的美国劳动联合会主席甘柏斯任委员长。委员会经过多次讨论,拟订了《国际劳工组织章程草案》和一个包括九项原则的宣言,于1919年4月提交和平会议讨论通过,编入《凡尔赛和平条约》第13篇,即"国际劳动宪章"。1919年6月国际劳工组织正式宣告成立。当时《凡尔赛和平条约》还未签订,国际联盟还未产生,而作为国际联盟的一个附设机构的国际劳工组织却先告成立。1919年10月在华盛顿召开了第一届国际劳工大会,制定了最初的六个国际劳工公约和六个国际劳工建议书,任命了理事会。法国社会党人阿尔培特·多玛被任命为首任国际劳工局长。

国际劳工组织是当今世界上历史最久、规模最大的国际组织之一。从1919年成立到今天,已经有近百年的历史。在此期间,它经历了三个发展阶段:第一阶段,从1919年到1939年,它是国际联盟的一个带有自治性的附设机构;第二阶段,1940年至1945年,即第二次世界大战期间,国际联盟已经解体,它便作为一个独立的国际组织继续存在;第三阶段,从1946年至今,由于二战后联合国成立,它便与联合国签订协议,成为联合国的专门机构之一。

在近百年中,国际劳工组织的成员国不断增加,1919年刚成立时仅有39个国家参加,1946年与联合国建立联系时才有45个成员国,而在近七十年中,成员国的数目迅速增加,除了最初的资本主义国家及其附属国之外,东欧各国以及大批新独立的发展中国家也都先后参加,截至目前,国际劳工组织的会员国已有一百八十多个。

(二)国际劳工组织的性质、特点、组织机构

国际劳工组织是一个由各会员国组成的国际性的政府间组织。国际劳工组织与其他国际组织不同的一个突出特点是"三方性原则"。三方性原则主要是指在涉及劳动问题上,劳工代表、雇主代表与政府代表处于平等地位,共同协商作出决定,以协调劳动关系。各成员国参加国际劳工大会应由劳工代表、雇主代表、政府代表三方代表出席。国际劳工组织的主要组织机构有国际劳工大会、理事会和国际劳工局。

1. 国际劳工大会

国际劳工大会是国际劳工组织的最高权力机关,也是国际劳动立法的决策机关,大会由各成员国委派的代表团组成。大会按三方性原则组成,即各国代表团均由4名代表组成,其中政府代表2名,工人代表和雇主代表各1名,各代表权利平等,每一位代表可有顾问陪同。大会每年至少举行一次,一般在每年的6月份举行。大会下设5个常设性委员会,即总务委员会、财政委员会、《公约》与《建议书》实施委员会、提案委员会、资格审查委员会。大会的主要工作是:听取国际劳工局长的报告;通过关于劳工事务的国际公约和建议书,并审查这些公约和建议书在各国的执行情况;批准理事会提交的预算;批准接纳新会员国;选举理事会成员等。

2. 理事会

理事会是国际劳工组织的执行机构。理事会也是按三方原则构成,即理事会由56人组成,其中政府理事28人,工人和雇主理事各14人。在政府理事中,有10名常任理事由所在常任理事国(中、美、英、法、俄、日、德、巴西、印度、意大利)委派,不需要选举,其余18名理事从参加大会的政府代表中选举产生。工人理事和雇主理事也从参加大会的相应代表中选举产生。理事会每届任期3年,每年举行3次会议。理事会选举主席1人,副主席2人,每年改选一次。理事会的主要职责是:协调该组织的各项活动,召开各种会议,并确定会议议程和进行必要的技术准备;任命国际劳工局局长;制定每年的预算;决定设立国际劳工组织某些机构及召开各种会议,并确定所设机构的成员和职能等。

3. 国际劳工局

国际劳工局是国际劳工组织的常设机构,也是大会的理事会及其他会议的秘书处,对理事会负责。国际劳工局的主要职责是:起草公约、建议书及有关文件和报告,以作为大会和专门会议所必需的背景材料,并执行大会和理事会的决议;征聘和指导国际劳工组织在世界各地进行技术合作的专家;发行各种专门性出版物和期刊;与各国政府有关部门、

工人和雇主组织保持联系并进行合作；促进公约的有效实施。国际劳工局设在日内瓦，设局长总管其事，并派国际公务员和技术援助专家在世界各国工作。

除上述机构外，国际劳工组织还设有一些技术性委员会来协助国际劳工局进行工作。

（三）国际劳工组织与中国的关系

中国是国际劳工组织的创始国之一，1944年起又成为该组织的常任理事国。新中国成立以后相当长的历史时期，由台湾国民党政府占据该组织席位。1971年10月联合国恢复了中华人民共和国的合法席位，同年11月16日，国际劳工组织理事会恢复了新中国的席位。1983年以来，截至2010年9月，中国陆续批准了25个国际劳工公约。

**三、国际劳动立法的形式与内容**

严格来讲，国际劳动立法，既来源于国际劳工组织，也来源于联合国和区域性组织的文件以及条约。但是，国际劳工组织的劳动立法是国际劳动立法最主要的来源。

1. 国际劳工组织的劳动立法的形式

（1）国际劳工组织章程。国际劳工组织的成员有义务遵守国际劳工组织章程。该章程在其序言和不可分割的附件《费城宣言》里，确认了处理劳动问题的总的原则。

（2）国际劳工公约和建议书。这是国际劳动立法的最主要形式。国际劳工公约是指国际劳工组织制定的有关劳动立法标准的公约，对批准其的成员国具有约束力。国际劳工建议书是指国际劳工组织制定的有关劳动立法标准的建议书，建议书供各国在落实本国批准的劳工公约、制定本国劳动法律时参考。国际劳工公约和建议书有其独特之处，主要表现在：第一，公约和建议书都是经国际劳工大会以主席代表2/3多数票通过，而不要求一致通过，并且国际劳工大会是按三方原则成立的，亦即国际劳工大会中的政府代表、雇主代表和工人代表都有独立的表决权。第二，公约和建议书的法律效力不同，公约一经成员国批准，便在该国产生法律效力，批准国应承担相应的法律义务。至于建议书，仅供成员国立法时或采取其他措施时参考，不需要批准，也没有遵守和执行的义务，不过这种间接影响的作用越来越大。第三，对公约的解释权，由国际法院裁决。《国际劳工组织章程》第37条第1款规定，对章程本身和任何公约"在解释上发生任何问题或争执，应提交国际法院裁决"。

（3）国际劳工组织的决议和会议结论。指的是对那些目前尚不宜制定公约或建议书的劳动关系问题，或者对一些技术性问题，采用的是决议和会议结论形式，其权威性不如公约和建议书。但因其对问题深入详细的分析，并指出解决问题的切实可行的意见，因而受到成员国的重视。

（4）对国际劳工组织章程以及公约的解释和"判例法"。这些都是国际劳工组织立法的辅助形式。

2. 其他国际劳动立法的形式

其他国际劳动立法的形式主要包括：联合国文件尤其是联合国关于人权问题的某些文件；区域性组织的文件；双边条约、多边条约等。例如国际劳工组织的八项国际劳工公约所涉及的"核心劳动标准",在联合国《经济、社会、文化权利国际公约》和《劳动者权利和政治权利国际公约》中都作了进一步规定。双边条约,即两个国家之间的劳动协议。例如,意大利和法国之间的《劳动力市场协议》。再如,中德双边协议。2001年,中国政府与德国政府签订了《社会保险协议》,这是我国政府与外国政府签订的第一个双边社会保障协议。多边条约,即3个以上国家之间的劳动协议。例如,意大利和法国之间的《劳动力市场协议》签订后,德国等国家加入了《劳动力市场协议》,该协议演变成为多边协议,为后来欧盟统一劳动力市场奠定了基础。

3. 国际劳动立法的内容

上述国际劳工立法的主要内容包括：

关于劳动者基本权利的规定；关于就业政策、职业介绍、职业保障方面的规定；关于最低工资、工资保障的规定；关于工作时间和休息时间的规定；产于各类职业安全与卫生的规定；关于童工和未成年工保护的规定；关于疾病、年老、失业及综合性社会保障方面的规定；关于集体谈判与集体合同的规定；关于劳动争议调解与仲裁的规定；关于劳动检查与劳动行政方面的规定等。此外,还有关于移民工人、土著工人、非本部领土工人、海员、渔民、内河航运工人等特殊问题的规定。所有这些已经形成了一个相当完整的国际劳工组织法律体系。其中涉及劳动者基本人权方面的内容,被称为"核心劳动标准",包括：结社自由权、集体谈判权、平等就业权、反对强迫劳动、禁止使用童工及男女同工同酬等。这些"核心劳动标准"主要体现在以下四大类的八项国际劳工公约中。

第一类是关于自由结社与集体谈判的公约,包括：

（1）1948年《结社自由与保护组织权公约》(Freedom of Association and Protection of the Right to Organize Convention 1948)(第87号公约)。

（2）1949年《组织权与集体谈判权公约》(The Right to Organize and Collective Bargaining Convention, 1949)(第98号公约)。

第二类是关于废除强迫劳动的公约,包括：

（1）1930年《强迫劳动公约》(Forced Labor Convention, 1930)(第29号公约)。

（2）1957年《废除强迫劳动公约》(Abolition of Forced Labor Convention,1957)(第105号公约)。

第三类是关于平等权方面的公约,包括：

（1）1958年《(就业与职业)歧视公约》(Discrimination on Employment and Occupation Convention,1958)(第111号公约)。

（2）1951年《同工同酬公约》(Equal Remuneration Convetion,1951)(第100号公约)。

第四类是关于禁止使用童工方面的公约,包括：

（1）1973年最低就业年龄公约(Minimum Age Convention,1973)(第138号公约)。

（2）1999年《禁止和立即行动消除最恶劣形式的童工劳动公约》(第182号公约)。

截至2010年9月,上述八大国际劳工公约中,我国批准了四个,即1951年《同工同酬公约》(第100号公约)、1973年《最低就业年龄公约》(第138号公约)和1999年《禁止和立即行动消除最恶劣形式的童工劳动公约》(第182号公约)、《消除就业和职业歧视公约》(第111号公约)。说明我国现行的劳动标准与"核心劳动标准"有一定差距,这与我国作为国际劳工组织的创始国和国际劳工组织的常任理事国的地位很不相称,加入WTO使这一工作更具紧迫性。我们应一方面参照国际核心劳工标准,不断发展和完善中国劳动立法,从而使我国劳动者的合法权益得到进一步保护;另一方面,我们应当从我国国情出发,采取切实适合我国国情的具体做法。

## 第四节 劳动法基本原则

### 一、劳动法基本原则的含义

法律的基本原则是立法的指导思想和执法的行为准则。劳动法的基本原则,是国家在劳动立法中所体现的指导思想和在调整劳动关系以及与劳动关系密切联系的其他社会关系时应遵循的基本准则。劳动法的基本原则集中体现劳动法的本质和基本精神,主导整个劳动法体系。

### 二、劳动法基本原则的条件

劳动法的基本原则应当符合四个条件:(1)必须贯穿劳动法律条文始终,体现劳动立法的核心和灵魂。(2)必须是执法的基本准则,具有劳动法律规范的最高效力,各项劳动法律制度和劳动法规的内容,都不得与劳动法基本原则抵触。对违背基本原则的行为,劳动法要追究违法行为人的法律责任。(3)必须在指导劳动立法和约束劳动执法中具有相对的稳定性。随着劳动关系的不断变化,劳动法律规范的某些条文可以进行修改,但只要国家的政治经济制度不变,劳动法的基本原则也就不会改变,以保证阶段性劳动法律规范之间的连续性。(4)必须对劳动立法、劳动守法和执法具有普遍的指导意义,有利于指导劳动法的实施,在没有具体法律依据时,可根据基本原则来分析和处理劳动法律事务。

劳动法基本原则只有符合这四个方面的条件,才能发挥其在劳动法律体系中的凝聚和统率功能、在劳动立法中的依据和准则功能以及在劳动执法中的指导和制约功能。

### 三、劳动法基本原则的确认依据

劳动法基本原则的确认依据,首先是宪法。宪法是国家的根本大法,是确立劳动制度的最高法律依据,因而劳动法的基本原则应依据宪法而确立,包括宪法中关于国家政治制度和经济制度的规定和公民劳动基本权利的规定,同时还应以基本劳动政策作为宪法依据的补充性依据。其次,劳动法的基本原则还应以我国将长期处于社会主义初级阶段这个基本国情对劳动法的基本要求为依据,即劳动法的基本原则必须来源和植根于现实,并正确反映劳动领域的基本现状和发展根本。最后,劳动法的基本原则还应以对劳动者倾斜保护理论为依据。劳动法尽管对用人单位的权利也要加以保护,但这并不是劳动法的立法宗旨,劳动法是以对处于弱势地位的劳动者的倾斜保护为理论基础的,并以此构筑劳动法的基本原则。

**四、劳动法基本原则的内容**

根据我国社会主义市场经济制度和劳动法的基本要求,结合法律部门基本原则的确认依据,我们认为劳动法的基本原则应包括以下五项:

(一) 维护劳动者合法权益原则

维护劳动者的合法权益是劳动法的立法宗旨。我国《劳动法》第1条规定:"为了保护劳动者的合法权益,调整劳动关系,建立和维护适应社会主义市场经济的劳动制度,促进经济发展和社会进步,根据宪法,制定本法。"劳动法强调保护劳动者的合法权益,是基于:(1) 劳动者作为劳动关系的一方当事人,与对应的用人单位主体相比较,属于弱者,为防止以强凌弱,国家法律对劳动者予以特别保护,从而使双方主体处于平等的法律地位。(2) 市场经济条件下,市场竞争机制中的用人单位均有追求最大利润的欲望,因而容易发生侵犯劳动者权益的行为或事件,这就要求用法律来抑制用人单位的侵权行为,保护劳动者的合法权益。(3) 用人单位的权利往往由主体组织法加以规定。劳动法赋予劳动者的权利与主体组织法赋予用人单位的权利相互制衡,才能使权利的行使在法律规范的范围内进行,以制止滥用权利现象的发生。

维护劳动者合法权益原则在我国劳动法中体现在三个方面:第一,法律、法规明确规定了劳动者应享有的基本权利和在各个劳动环节中的具体权利。如《劳动法》第3条第1款规定:"劳动者享有平等就业和选择职业的权利、取得劳动报酬的权利、休息休假的权利、获得劳动安全卫生保护的权利、接受职工技能培训的权利、享受社会保险和福利的权利、提请劳动争议处理的权利以及法律规定的其他劳动权利。"同时,《劳动法》、《劳动合同法》、《就业促进法》、《劳动争议调解仲裁法》、《社会保险法》等法律、法规在劳动合同与集体合同、工作时间与休息休假、工资、劳动安全卫生、职业培训、劳动争议等章节中,将劳动者的权利更加具体化。第二,《劳动法》、《劳动合同法》、《就业促进法》、《劳动争议调解仲裁法》、《社会保险法》等法律法规具体规定了用人单位必须履行的劳动义务,如不得低于当地最低工资标准支付工资等。第三,在特定情形下,对用人单位和劳动者利益保护出现冲突时,应注重保护劳动者的利益。这些规定,都体现了维护劳动者合法权益这一立法指导思想。

劳动法在突出体现保护劳动者合法权益的同时,也兼顾维护用人单位的利益。第一,从法律中权利、义务相一致的原则来讲,劳动者享受劳动权利是以履行劳动义务为前提的。法律不允许任何主体只享受权利而不履行义务,或者只履行义务而不享受权利。劳动者只有在全面履行劳动义务的条件下,才能充分享受法律赋予的权利。例如,我国《劳动法》第3条第1款规定了劳动者应享有的基本权利,第2款就规定了劳动者的基本义务。第二,劳动法适应市场经济的客观要求,在维护用人单位的利益方面也有具体的规定。如《劳动法》、《劳动合同法》规定,用人单位有招收录用职工的自主权等。这些都是为维护用人单位的利益所作的规定。而用人单位提高了效益,得到了发展,又为劳动者各项权利的实现打下了基础。

### (二) 贯彻按劳分配原则

按劳分配是我国经济制度的一项重要内容,也是我国劳动法的一项基本原则。我国《宪法》第6条规定:"……社会主义公有制消灭了人剥削人的制度,实行各尽所能、按劳分配的原则。"我国《劳动法》第46条第1款规定:"工资分配应当遵循按劳分配原则,实行同工同酬。"

"各尽所能、按劳分配、同工同酬"的基本要求是:第一,每一个具有劳动能力的公民,都有平等的权利和义务,都应尽自己的能力为社会劳动。第二,用人单位应以劳动为尺度,按照劳动的数量和质量给劳动者支付劳动报酬。即用人单位通过对职工个人劳动技能、劳动条件、劳动强度、劳动贡献的全面考核,确定对职工个人的工资分配。第三,劳动者不分性别、年龄、民族和种族,等量劳动(包括数量、质量与贡献)应当取得等量报酬。在我国分配制度中,要真正贯彻按劳分配原则,应当注意做到:(1) 要体现奖勤罚懒、奖优罚劣;(2) 要体现多劳多得,鼓励多作贡献;(3) 要体现效益分配优先兼顾公平;(4) 要体现脑力劳动与体力劳动、复杂劳动和简单劳动之间的差别。此外,在贯彻按劳分配原则时,还要求正确处理生产与生活的关系,也就是在发展生产的基础上,逐步提高劳动报酬和福利待遇。

在贯彻按劳分配原则的同时,要求兼顾公平救助原则。公平救助原则,就劳动者而言,主要是通过社会保险实现。我国《宪法》第45条第1款规定:"中华人民共和国公民在年老、疾病或者丧失劳动能力的情况下,有从国家和社会获得物质帮助的权利。国家发展为公民享受这些权利所需要的社会保险、社会救济和医疗卫生事业。"《劳动法》第70条规定:"国家发展社会保险事业,建立社会保险制度,设立社会保险基金,使劳动者在年老、患病、工伤、失业、生育等情况下获得帮助和补偿。"《社会保险法》对劳动者养老、医疗、工伤、失业、生育等保险作了详细规定。

公平救助原则的实现受制于按劳分配原则的贯彻,只有真正贯彻按劳分配原则,调动广大劳动者的劳动积极性,创造出更多、更丰富的物质财富,才能使公平救助原则得到充分的体现。

### (三) 坚持劳动者平等竞争与公平保护原则

建立劳动者平等竞争机制,是发展社会主义市场经济、提高劳动生产率的客观要求,也是公民在法律上一律平等原则的重要体现。我国劳动法首先明确规定了劳动者有平等的就业和选择职业的权利。其次,劳动者在劳动报酬、劳动安全卫生保护、劳动保险、职业培训、劳动争议处理等方面一律平等地受到劳动法律、法规的保护。

劳动法在坚持劳动者平等竞争原则的同时,还必须注重对劳动者的公平保护。由于劳动者的生理方面和社会方面的种种原因,在劳动者中不可避免地形成一些特殊劳动者群体,为使他们真正与其他劳动者处于平等的法律地位,必须给他们以特殊劳动保护。因此,特殊劳动保护制度便成为世界各国劳动法的一项重要内容。我国劳动法特殊保护的对象是女职工、未成年工、残疾劳动者、少数民族劳动者及退役军人劳动者等。例如,《劳动法》第 14 条规定:"残疾人、少数民族人员、退出现役的军人的就业,法律、法规有特别规定的,从其规定。"同时,劳动法律、法规在就业、从事职业、安全卫生、解除劳动合同等方面对不同的特殊劳动者群体分别作了不同的保护规定。这些具体保护规定,为特殊劳动者群体实现劳动权提供了法律保障。

(四) 实行劳动行为自主与劳动基准①制约相结合的原则

法律赋予劳动关系当事人意思自治、行为自主权,是社会主义市场经济的客观要求。市场经济的建立和发展完善,需要有一个完整的市场体系,包括商品市场、资本市场和劳动力市场为主的各生产要素市场。资本主义市场经济的形成过程已经表明,只有在劳动力成为商品,劳动者作为劳动力所有者进入市场的条件下,才会有市场经济。在劳动力市场中,用人单位作为劳动关系的一方当事人是独立面向市场的主体,享有用人自主权,即按照自己的需要和意愿去寻找确定劳动关系的另一方当事人;劳动者作为劳动力的所有者,按照择业自主、就业自愿的原则而成为劳动关系的另一主体。用人单位与劳动者经过互相选择,在平等自愿、协商一致的基础上,通过签订劳动合同,确立劳动关系。他们离开劳动力市场进入劳动过程之后,用人单位由于生产过程的分工和竞争的需要,享有法律赋予的劳动管理自主权、劳动分配自主权及辞退权等;劳动者则是自愿接受这些条件而成为单位集体劳动的一员。这些都充分体现了劳动行为自主的原则。

在实行劳动行为自主的同时,必须同时看到,劳动法律关系当事人之间职责上的从属关系和劳动力人身性质的特点,因此要求国家制定劳动标准,明确规定劳动的基本条件,以制约用人单位的行为,保护劳动者的合法权益。我国劳动法规定的最低工资制度、工作时间休息休假制度、劳动安全卫生制度、女职工和未成年工的特殊劳动保护制度等,均属于劳动基准。它们是用人单位必须向劳动者提供的最低劳动条件和劳动待遇。如果用人单位违反劳动法的这些规定,给劳动者造成侵害的,要承担相应的赔偿责任;对用人单位的直接责任者个人,要分别情况给予行政制裁、民事制裁,直至追究其刑事责任。

(五) 坚持法律调节与"三方"对话相结合的原则

在我国社会主义市场经济体制下,劳动力资源的配置以市场为手段,劳动关系的确立与运行要求法律制度作保障,劳动关系运行中出现的当事人之间的冲突与矛盾也必须依据劳动法律、法规处理,这些都是不言而喻的。但是劳动关系的多变性与复杂性及劳动标准的基准性特点,又使劳动者、用人单位、政府三方代表协商对话机制成为劳动法的原则。

劳动法中所称的三方性原则,是指政府、工会组织、用人单位组织三方在平等的基础上,通过一定的组织机构和运作机制,共同对有关劳动关系的重大问题(劳动立法、经济与社会政策的制定、就业与劳动条件、工资水平、职业培训、社会保障、职业安全与卫生、劳动

---

① "基准"的含义是"最低的标准","劳动基准"就是对"最低劳动标准"简练而准确的概括。"劳动基准"指的是劳动条件基准,即劳动者在劳动关系中所得劳动条件的法定最低标准。而劳动条件,指的是工资、工时、休息休假、安全卫生等维持劳动者本人及其家庭生存所必需的各种条件。所以,劳动基准制度一般包括工资、工时、休息休假、安全卫生等基准制度。

争议处理以及对产业行为的规范与防范等)进行规范和协调处理。①

三方性原则最早是由国际劳工组织提出的,三方性原则得到了西方市场经济国家的普遍认同,已成为世界多数国家劳动法的一个基本原则。

在我国劳动法中,三方性原则也得到了相应的体现。现行的《劳动法》、《工会法》以及《集体合同规定》、《劳动合同法》和《就业促进法》、《劳动争议调解仲裁法》等法律、法规、规章中规定了三方机制运作的基本框架。(1) 我国在 1990 年就已经批准了国际劳工组织的 1976 年《三方协商促进履行国际劳工标准公约》(第 144 号公约)和同名建议书。国务院提请审议的说明指出,批准这项公约旨在建立一项工作程序,以便就涉及劳动者权益的国际劳工公约的制定、批准、实施及其监督检查等,进行国家一级的政府与雇主和工会组织代表间的协商,使各方意见都能得到充分反映。(2) 2001 年修订的《工会法》第 34 条第 2 款规定:"各级人民政府劳动行政部门应当会同同级工会和企业方面代表,建立劳动关系三方协商机制,共同研究解决劳动关系方面的重大问题。"这是我国第一次明确实行三方协商机制的法律。(3) 在劳动基准制定过程中,也逐步实行三方合作原则。例如,2004 年劳动和社会保障部联合颁布的《最低工资规定》第 8 条第 1 款规定:"最低工资标准的确定和调整方案,由省、自治区、直辖市人民政府劳动保障行政部门会同同级工会、企业联合会/企业家协会研究拟订,并将拟订的方案报送劳动保障部。方案内容包括最低工资确定和调整的依据、适用范围、拟订标准和说明。劳动保障部在收到拟订方案后,应征求全国总工会、中国企业联合会/企业家协会的意见。"(4)《集体合同规定》、《劳动合同法》、《就业促进法》和《劳动争议调解仲裁法》等法律、法规、规章中规定了三方原则。例如,《劳动合同法》第 5 条规定:"县级以上人民政府劳动行政部门会同工会和企业方面代表,建立健全协调劳动关系三方机制,共同研究解决有关劳动关系的重大问题。"《劳动争议调解仲裁法》第 8 条规定:"县级以上人民政府劳动行政部门会同工会和企业方面代表建立协调劳动关系三方机制,共同研究解决劳动争议的重大问题。"

同时,三方性原则也在我国法治的实践中得以运用:(1) 建立了国家级协调劳动关系的三方机制。2001 年 8 月,由劳动和社会保障部、中华全国总工会、中国企业联合会(中国企业家协会)三方组成了国家级协调劳动关系三方会议制度,使中国的劳动关系协调工作有了一个较为规范和稳定的工作机制,并开展了卓有成效的工作。(2) 我国省级三方机制全部建立,大部分省、自治区、直辖市在市(地)一级普遍建立了三方机制,有的地方已延伸到县(市)、乡镇(街道)和村(社区)。2002 年 8 月,全国建设系统建立了协调劳动关系的三方会议制度,这是全国第一个行业性最高层面的劳动关系协调机制,标志着产业性三方机制的启动。国家协调劳动关系三方会议,每年召开例会,截至 2009 年 12 月,国家协调劳动关系三方会议已经召开十四次会议。

当然,贯彻三方性原则在我国仍然存在着很大的不足之处。具体表现在:(1) 三方机

---

① 国际劳工组织 1976 年第 144 号《三方协商促进履行国际劳工标准公约》对三方机制的定义是,指政府(通常以劳动部门为代表)、雇主和工人之间,就制订和实施经济与社会政策而进行的所有交往和活动。

制相关法律不完善;(2) 劳动者与用人单位双方主体的代表性须进一步增强;(3) 三方机制运行的社会影响力不大;(4) 通过三方机制解决问题的针对性有待提高。[①] 对此,我们应坚持从国情出发,吸收借鉴国外市场经济国家经验,不断完善有中国特色的三方机制,以促进劳动关系的和谐发展。

---

① 汪洋:《我国协调劳动关系三方机制现状、问题及改革思路》,载《经济研究参考》2006 年第 44 期。

# 第二章 劳动法律关系

劳动法律关系是劳动法学基础理论部分中的核心内容。它对于建构我国社会主义市场经济条件下劳动力市场秩序及劳动者与用人单位之间的和谐利益关系,有着不可或缺的理论支撑意义。

## 第一节 劳动法律关系概述

### 一、劳动法律关系的概念

一般认为,劳动法律关系,是指劳动者与用人单位之间,在实现劳动过程中依据劳动法律规范而形成的劳动权利与劳动义务关系。劳动法律关系,是劳动关系在法律上的表现,是劳动关系为劳动法调整的结果。某自然人在某企业参加了工作,相互之间形成了劳动关系,劳动法对之进行调整,就在该自然人与该企业之间产生了劳动法律关系。这一具体的劳动法律关系表现为:劳动者进入用人单位有义务遵守劳动纪律,完成劳动任务,并有权获取劳动报酬,受到劳动保护,享受社会保险等待遇;用人单位有权要求劳动者遵守劳动规章制度,完成劳动任务,并有义务按照法律规定或约定支付劳动报酬,提供劳动保护及社会保险等。

劳动法律关系与劳动关系是不同的,二者之间既有联系又有区别:

劳动法律关系与劳动关系之间的联系主要表现在:(1) 劳动关系是劳动法律关系产生的基础,劳动法律关系是劳动关系在法律上的表现形式,是现实劳动关系的法律外衣。因而在制定劳动法时,必须考虑现实劳动关系的法律要求,脱离现实要求的法律,是不会产生积极的效果的。(2) 劳动法律关系不仅仅反映劳动关系,而且当其形成后,便给具体劳动关系以积极的影响,使劳动关系在法律的框架下运行与不断完善。(3) 劳动法律关系是劳动法律规范在指引、调整劳动关系的过程中所形成的权利义务关系,是社会内容和法的形式的统一。

劳动法律关系与劳动关系的区别在于:(1) 劳动关系是生产关系的组成部分,属于经济基础的范畴;劳动法律关系则是思想意志关系的组成部分,属于上层建筑范畴。(2) 劳动关系的形成以劳动为前提,发生在现实社会劳动过程之中;劳动法律关系的形成则是以劳动法律规范的存在为前提,发生在劳动法律规范调整劳动关系的范围之内。(3) 劳动关系的内容是劳动,劳动者提供劳动力,用人单位使用劳动力,双方形成劳动力的支配与被支配的关系。如果没有相应的法律规范调整,就不会形成法律上的权利义务关系;劳动法律关系的内容则是法定的权利义务,双方当事人必须依法享有权利并承担义务。如果任何一方当事人不履行自己应尽的义务,侵犯对方的权利或者损害对方的利益,另一方当事人有权请求法院强制其履行义务,以维护自己的合法权益。(4)劳动关系的范围大于劳动法律关系的范围,即并非所有的劳动关系都能成为劳动法律关系,只有那些经过劳动法律规范所承认的劳动关系才可能构成劳动法律关系。(5)劳动法律关系具有法律效果;劳动关系不具有法律效果。劳动法律关系的成立以法律规定的形式和条件为构成要件,即劳动者适格、用人单位适格、劳动合同不违法等。而劳动关系的成立条件以主体双方的劳动合意及劳动者的实际劳动为成立要件。(6)劳动法律关系属于形式范畴,劳动关系属于内容范畴。

**二、劳动法律关系的分类**

劳动法律关系根据不同的划分标准,可以分为不同的类型。

第一,以用人单位的性质为标准进行分类,可将劳动关系划分为企业、个体经济组织、国家机关与事业单位、民办非企业单位等组织的劳动法律关系。其中企业劳动法律关系是最重要、最基本的劳动关系,民办非企业单位劳动法律关系是我国近年来才出现的劳动法律关系。这种分类有利于劳动行政管理与执法部门分门别类地对不同性质的用人单位贯彻、执行劳动法的情况进行监督检查,纠正用人单位的违法行为,保护劳动者利益。因此,这种分类方法具有一定的理论和实践意义。

第二,根据劳动法律关系是否具有涉外因素,将劳动法律关系分为国内劳动法律关系和涉外劳动法律关系。涉外劳动法律关系指在主体、客体和内容方面含有一个或一个以上的涉外因素或称具有外国成分的劳动法律关系。其涉外因素主要有以下几种情形:(1)主体的一方或双方是外国的自然人,有时也可能是无国籍人。(2)这种劳动法律关系的客体具有涉外因素。例如,工作任务、内容需在外国实施或完成。(3)产生、变更或者消灭劳动关系的法律事实发生在国外。

由于这两类劳动法律关系从确立到履行,乃至发生劳动争议后的处理等,法律、法规均有不同的规定和要求,因此,这种分类方法具有一定的理论和实践意义。但是,随着我国加入WTO和向国际社会融入的程度不断加深,这种分类方法也将会逐渐失去意义。

第三,根据劳动法律关系表现形式不同,可以划分为典型劳动法律关系和非典型劳动法律关系。传统情况下,劳动法律关系都是典型劳动法律关系,但随着时代的发展,非典型劳动法律关系出现并逐渐发展壮大。例如,非全日制劳动法律关系、劳动派遣法律关系等都是非典型劳动法律关系。典型劳动法律关系和非典型劳动法律关系这种分类方法越来越具有重要的理论和实践意义。

**三、劳动法律关系的法律特征**

从劳动法律关系与民事法律关系、行政法律关系的区别来考察,劳动法律关系具有以下法律特征:

(一) 劳动法律关系主体的特定性

劳动法律关系的主体一方是劳动者,另一方是用人单位,即主体是特定的。劳动者是指达到法定年龄、具有劳动能力并自愿参加社会劳动的自然人。用人单位一般包括企业、民办非企业单位、个体经济组织,也包括国家机关、事业单位和社会团体、依法成立的会计师事务所、律师事务所等合伙组织和基金会等。

(二) 劳动法律关系的主体之间具有平等性和隶属性交错共存的特点

在劳动法律关系建立时,劳动者和用人单位都是平等主体,双方是否建立劳动法律关系及如何建立劳动法律关系,应由双方平等协商依法确定,也就是说在劳动力市场上,由双方依法自我判断,双向选择。同时,劳动法律关系确立后,劳动者必须进入用人单位,使自己的劳动力归用人单位支配,并必须服从用人单位的指挥,这就使双方形成了一种隶属关系。劳动者与用人单位之间的平等性和隶属性交错特点,与民事法律关系主体之间的平等性及行政法律关系之间的隶属性相区别,是劳动法律关系的主要特征之一。

(三) 劳动法律关系的内容体现了国家与当事人的双重意志

劳动法律关系是按照劳动基准、集体合同及劳动合同等形成的。劳动法律关系首先是双方当事人在平等、自愿的基础上缔结的,具体的劳动权利与劳动义务也允许双方当事人协商议定(通过劳动合同与集体合同)。但双方当事人在缔结劳动法律关系,确定劳动权利义务时,不得违背国家法律和行政法规的规定,如为了切实保障劳动者的合法权益,在工时休假制度、最低工资待遇、劳动保护条件等方面,国家法律均有劳动基准规定,这就要求当事人的意志不得违背国家意志,在国家法律、法规许可的范围内确定具体的劳动权利和义务,以形成劳动法律关系。劳动法律关系的这一特征区别于民事法律关系,在民事法律关系中当事人意思自治是其根本特征。

(四) 劳动法律关系的客体表现为兼有人身性与财产性的特定的劳动行为和财物

双方当事人及国家法律对劳动行为和财物的具体要求与规范,都是围绕劳动力的让渡、劳动力的使用、劳动力的保护等进行的。而劳动力的人身依附性和作为商品的财产性,决定了作为劳动法律关系客体的行为与财物有别于民事、行政法律关系客体的行为与财物。这也是劳动法律关系区别于其他法律关系的显著特征。

(五) 劳动法律关系是围绕劳动者的保护展开的

在劳动者参加劳动法律关系后,劳动力的所有权与使用权发生了分离,由于劳动力的发挥是以劳动者的人身健康为基础,劳动报酬的获得及用人单位的经营利益都要以劳动者的生命安全和身体健康为前提,因此,在劳动法律关系中,对劳动者的保护是处于核心和基础地位的。

**四、劳动法律关系的主体**

劳动法律关系是由劳动法律关系主体、劳动法律关系内容和劳动法律关系客体这三个基本要素构成的,缺一不可。

劳动法律关系的主体,是指参与劳动法律关系,享受劳动权利和承担劳动义务的当事人,劳动法律关系主体是构成劳动法律关系的第一要素,包括劳动者和用人单位。

(一) 劳动者

1. 劳动者的法律含义

劳动法中的劳动者,指达到法定年龄、具有劳动能力,以从事某种社会劳动获取收入为主要生活来源的自然人。他们是依照法律或合同的规定,在用人单位管理下从事劳动并获取劳动报酬的劳动关系当事人。劳动者包括本国人、外国人和无国籍人。我国劳动法律关系中对劳动者的称谓很多,如"职工"、"职员"、"工人"等。

自然人参与劳动法律关系成为合法主体,必须具备一定的法定条件并取得劳动权利能力和劳动行为能力。

2. 劳动者的劳动权利能力和劳动行为能力的概念

劳动者的劳动权利能力与劳动行为能力,是劳动者参与劳动法律关系必须具备的基本资格或者说法定资格,不具备这一资格的劳动者则不允许参加劳动法律关系成为合法主体。劳动权利能力,是指劳动者依法享受劳动权利和承担劳动义务的资格,它是劳动者参与劳动法律关系成为主体的前提条件。劳动行为能力是指劳动者能以自己的行为参与劳动法律关系,实际享受权利和履行义务的能力,它是劳动者作为劳动法律关系主体的基本条件。不具备劳动行为能力的劳动者,就不能够实际参与劳动法律关系享受权利和承担义务。

根据我国法律规定,劳动者要具有劳动权利能力与劳动行为能力应当具有如下条件:

(1) 达到法定年龄。我国《劳动法》将就业年龄规定为16周岁,禁止招用未满16周岁的未成年人;某些特殊职业如文艺、体育和特种工艺单位确需招用未满16周岁的人(如演员、运动员)时,须报县以上劳动行政部门批准。

(2) 具有劳动能力。劳动者的劳动能力属于自身生理因素,根据自然人的生理状况,劳动者的劳动能力一般表现为三种情况,即有完全劳动能力、有部分劳动能力和无劳动能力。具体来讲,因生理状况不能劳动的,视为无劳动能力的人;因生理状况不能提供正常劳动,但又没有完全丧失劳动能力的,视为有部分劳动能力的人;而身体健康、智力健全的人则是有完全劳动能力的人。

只有达到法定年龄,具有完全劳动能力或部分劳动能力的劳动者,法律才赋予其劳动权利能力和劳动行为能力。反之,达不到法定年龄,即使具有劳动能力,也不能参与劳动法律关系而成为主体。同时,无劳动能力的人,无论是生来就没有,还是后来因丧失劳动能力而离开劳动岗位,都不具备主体资格。

3. 劳动者劳动权利能力与劳动行为能力的特点

劳动者的劳动权利能力与劳动行为能力,与其民事权利能力与民事行为能力不同,具体表现在以下四个方面:

第一,劳动者的劳动权利能力和劳动行为能力是统一的。劳动者达到法定就业年龄并具有劳动能力,就同时享有劳动权利能力和劳动行为能力,相反,就不再享有劳动权利能力与劳动行为能力。因此,劳动者的劳动权利能力与劳动行为能力同时产生,同时消灭。而劳动者的民事权利能力从出生之日起即开始享有,直到死亡之日方告终止,不受任何条件限制,劳动者的民事行为能力则受年龄与健康条件的限制。

第二,劳动者的劳动权利能力与劳动行为能力具有不可分割性。劳动者的劳动权利能力和劳动行为能力只能由劳动者本人亲自实施。法律不允许他人代理劳动者行使劳动权利能力和劳动行为能力,如果他人代理劳动者行使劳动权利能力和劳动行为能力,是无效的和非法的。而在民事法律关系中,年满10周岁未满18周岁的智力正常未成年人是限制民事行为能力的人,10周岁以下的人以及精神病人为完全无民事行为能力人,但是他们却仍然享有民事权利能力,可以由他们的法定代理人代理或协助其参与民事法律关系;即使是年满18周岁的劳动者也可以委托他人代理自己行使民事行为能力,参与民事法律关系。

第三,劳动者劳动权利能力与劳动行为能力的运用要受到劳动能力所表现出来的各种因素差别的限制,如文化水平、劳动技能、健康状况及年龄、性别、人身自由等。正因为如此,对女职工和未成年工的特殊劳动保护制度才成为劳动法的重要内容。这一特征也决定了劳动者必须不断提高自身的劳动素质,以适应劳动过程的客观要求,这样才能实现宪法与劳动法赋予劳动者的各项权利。

第四,劳动者在运用劳动权利能力和劳动行为能力实现劳动权利时,已经参加了某一种劳动法律关系,一般就不能再参加另一种劳动法律关系。而劳动者的民事权利能力与民事行为能力并不限定在一种民事法律关系中行使,一个劳动者可以同时参加法律允许的各种民事法律关系。

(二) 用人单位

1. 用人单位的概念和种类

用人单位是我国对劳动法律关系中与劳动者相对的一方主体的独特的称呼,在许多国家里通常将之称为雇主。用人单位是指依法招用和管理劳动者,并按法律的规定或劳动合同的约定向劳动者提供劳动条件,进行劳动保护,并支付劳动报酬的劳动组织。既包括中国境内的企业、民办非企业单位、个体经济组织、依法成立的会计师事务所、律师事务所等合伙组织和基金会等,也包括与劳动者建立劳动关系的国家机关、事业单位、社会团体等。

2. 用人单位劳动权利能力和劳动行为能力的概念

用人单位作为劳动法律关系的一方当事人,也必须具备一定的条件,并取得劳动行为能力和劳动权利能力。用人单位劳动权利能力,是指用人单位依法享有用人权利和承担用人义务的资格。它是用人单位参与劳动关系成为合法主体的前提条件。用人单位不同,其劳动权利能力的范围也不同。这种制约因素通常表现为国家允许用人单位使用劳动力的限度和要求用人单位提供劳动条件和劳动待遇的限度。在我国现阶段,制约用人单位劳动权利能力范围的主要因素有:

(1) 职工编制定员。一般用人单位应根据生产经营规模、工作岗位需要编制用人计划,报上级主管部门和劳动部门审核批准后执行。这就使单位用人自主权利受到了一定的限制。随着市场经济的深入发展,企业、民办非企业单位等用人单位的用人自主权将不再受编制限制。

(2) 职工录用基本条件。如职工的年龄、户口、职业资格证书等条件,就是对单位用什么样的劳动者的制约因素,其中,随着市场经济的深入发展,诸如户口等不公平的用人条件将会逐渐消失。

(3) 最低工资标准。用人单位不得低于当地最低工资标准向劳动者支付工资。

(4) 工时休假制度与劳动安全卫生标准。用人单位不得违反劳动法律、法规延长工作时间或侵犯劳动者的休息权,也不得低于国家规定的标准或集体合同提供劳动保护条件。

(5) 社会保险。用人单位必须按国家法律、法规规定为劳动者支付各项保险基金。

(6) 社会责任。例如,在我国现阶段,法律虽然赋予企业以用人自主权,但对于国家安置的退役军人,也须接受并安排工作等。

用人单位劳动行为能力,是指用人单位依法能够以自己的行为实际行使用人权利和履行用人义务的资格。它是用人单位依法参与劳动法律关系、享受权利和履行义务的基本条件。

用人单位的劳动行为能力,主要表现为为职工提供劳动条件和劳动待遇的能力。为此要求用人单位,首先,要有必要的独立支配的财产,其中最主要的是生产资料,单位占有一定的生产资料是吸收劳动力的先决条件;其次,要有一定的工作场所和组织机构。这样才能将劳动力在一定分工和协作的条件下与生产资料相结合,并遵循统一的劳动规则,顺利实现劳动过程。

3. 用人单位劳动权利能力与劳动行为能力的特点

用人单位的劳动权利能力、劳动行为能力与其民事权利能力、民事行为能力相比较,有受国家的干预较严格的特点。这是由劳动力市场的特殊性和用人行为的社会性决定的。法律虽然赋予了单位用人自主权,但这种自主权必须在服从国家意志的前提下行使,包括录用、辞退、提供劳动条件和劳动待遇等,均须按照法律规定行使。而用人单位的民事权利能力与民事行为能力,相对来讲意思自治成分较大。

**五、劳动法律关系的内容**

劳动法律关系的内容,是指劳动法主体依法享有的劳动权利和承担的劳动义务,亦即劳动者与用人单位之间的权利和义务。它是劳动法律关系的基础和核心,没有劳动法律关系的内容,劳动法律关系就失去实际意义。

劳动法律关系内容中的劳动权利是指劳动法主体依法能够为一定行为和不为一定行为或要求他人为一定行为和不为一定行为,以实现其意志或利益的可能性。劳动法律关系内容中的劳动义务是指劳动法主体根据法律的规定,为满足权利主体的要求,劳动过程中履行某种行为的必要性。劳动义务是实现劳动权利的条件,与劳动权利形成对立统一关系,权利以义务为条件,义务以权利为前提。劳动权利与劳动义务是相互对应的,即劳动法律关系主体双方既享有一定的权利,又承担一定的义务。劳动者的权利与义务是指劳动者在劳动法律规定和劳动合同约定的范围内所享有的权利和应当履行的义务,是劳动者在劳动法律关系中所拥有的具体权利和所承担的具体义务的统称。在劳动中,劳动者除了具有法定的权利和义务以外,合法的劳动合同所确认的劳动权利和义务是劳动者具体劳动权利和义务的依据。有关劳动者与用人单位之间的基本权利和基本义务在本章第二节、第三节将详细阐述。

### 六、劳动法律关系的客体

关于劳动法律关系的客体,劳动法学界有不同见解。有的认为客体是劳动行为,有的认为是劳动力,有的还将客体分为基本客体与辅助客体。"劳动力客体说"认为,在劳动法律关系中,劳动者作为劳动力所有权者有偿地向用人单位提供劳动力,用人单位则通过支配、使用劳动力来创造社会财富,双方权利、义务共同指向的对象就是那种蕴涵在劳动者体内,只有在劳动过程中才会发挥出作用的劳动力。进而言之,在劳动者择业与用人单位招工的关系中,作为客体的劳动力是一种潜在形态的劳动力,亦即劳动能力。在劳动报酬权与企业用人权关系中,权利义务共同指向的对象是使用中的劳动力(即以运动形式的劳动力为客体)。在休息权和劳动安全卫生权关系中,是以劳动力的物质载体(即劳动者的身体)为保护对象的。[①] "基本客体与辅助客体说",劳动法律关系的客体,在实践中的具体表现形态是复杂多样的,视其在劳动法律关系中的地位和作用不同,可分为基本客体和辅助客体两大类。劳动法律关系的基本客体是劳动行为,即劳动者为完成用人单位安排的任务而支出劳动力的活动。劳动法律关系的辅助客体是劳动待遇和劳动条件,即劳动者因实施劳动行为而有权获得的、用人单位因支配劳动行为而有义务提供的各种待遇和条件。如劳动报酬、劳动保险和福利、劳动工具、劳动保护设施、技术资料等。这类客体中有的表现为行为,有的表现为物,有的表现为技术,有的则表现为行为、物、技术的结合。这类客体的主要特征是:(1)从属和受制于劳动行为。(2)主要承载或体现劳动者的利益。基本客体与辅助客体说,反映了劳动法律关系中多重客体的并存性。但具体到某一环节的具体劳动法律关系时,这种划分不能概括全面,如疾病保险法律关系中,在确定保险待遇标准时,虽不排除权利主体对用人单位的劳动贡献,但更须着重考虑劳动者所患疾病的轻重和所需要医疗费用的多少。[②] 本书认为,劳动法律关系的客体,是指劳动法律关系中主体的劳动权利和劳动义务所共同指向的对象,具体表现为一定的劳动行为和财物。它既是劳动法律关系主体之间得以形成权利义务关系的中介,又是权利和义务的承载体。

劳动行为,是指劳动者和用人单位在实现劳动过程中所实施的行为。在劳动法律关系中,劳动行为的方式、质量、数量都具有重要的法律意义。

财物,是指劳动法律关系中体现双方当事人物质利益的实物与货币,如劳动报酬、劳

---

[①] 董保华:《劳动关系调整的法律机制》,上海交通大学出版社 2000 年版,第 284—286 页。
[②] 参见王全兴主编:《劳动法学》,高等教育出版社 2004 年版,第 83—84 页。

动保护、劳动保险及福利待遇等具体劳动法律关系中的客体,总是一定的劳动条件和劳动待遇。这些一般表现为实物与货币。

### 七、劳动法律关系的产生、变更和消灭

(一) 劳动法律关系产生、变更和消灭的概念

劳动法律关系的产生,是指劳动法主体之间为实现一定的劳动过程,依照劳动法规,通过劳动合同而设立的劳动权利与劳动义务关系。如某劳动者与用人单位双向选择后,双方依法签订劳动合同,形成劳动关系,从而在相互间形成法律上的劳动权利义务关系。

劳动法律关系的变更,是指劳动法主体间已经形成的劳动法律关系。由于一定的客观情况的出现而引起法律关系中某些要素的变化。如某职工提出要求调换工作,征得所在单位的同意,从而引起劳动权利和劳动义务的变更。

需要指出的是,劳动法律关系的变更指的是劳动者和用人单位的主体并未改变,而仅仅是原来确定的权利和义务内容的变更,劳动法律关系主体中任何一方的变更,都不属于劳动法律关系的变更,而是原来劳动法律关系的消灭和新的劳动法律关系的产生。

劳动法律关系的消灭,是指劳动法主体间的劳动法律关系依法解除或终止,亦即劳动权利和劳动义务的消灭。如经过双方协商或单方依法解除劳动合同,以及劳动合同期限届满,均可引起劳动权利义务关系的消灭。

(二) 劳动法律事实

1. 劳动法律事实的概念

劳动法律关系的产生、变更或消灭,都是通过一定的法律事实而引起的。所谓劳动法律事实,是指劳动法规定的能够引起劳动法律关系产生、变更或消灭的一切客观情况。例如,劳动法律关系的产生,必须由一定的法律事实才能引起。劳动者和用人单位所享有的劳动权利能力与劳动行为能力仅仅是可以依法参与劳动法律关系的资格,它只是一种可能性,要使这种可能性变为现实,即在劳动者与用人单位之间建立一定的劳动法律关系,就必须经过双方协商、达成一致意见并签订劳动合同。这种协商一致并签订合同的行为就是法律事实,它是引起这一具体劳动法律关系产生的原因。同样,劳动法律关系的变更或消灭,也都必须通过一定的法律事实才能引起。例如,用人单位内部的转岗,就是一种引起劳动法律关系的变更的法律事实,劳动者死亡,就是一种引起劳动法律关系的消灭的法律事实。

可见,劳动法律关系的建立、变更和消灭需要具备的主要条件有:一是劳动法律规范;二是法律事实。劳动法律规范是劳动法律关系建立、变更和消灭的法律依据,但劳动法律规范只是对主体权利和义务关系的一般设计,只是表明劳动法律关系主体依法享受权利和承担义务的资格和可能性,并不是现实劳动法律关系本身。劳动法律规范、劳动法律事实和劳动法律关系之间的关系是:劳动法律规范是确认法律事实的依据;劳动法律事实是劳动法律关系的建立、变更和消灭的直接前提条件,是劳动法律规范与劳动法律关系联系

的中介;劳动法律关系是劳动法律事实引起的结果。①

2. 法律事实的分类

依据我国劳动法的规定,能够引起劳动法律关系产生、变更和消灭的法律事实是多种多样的,按照它们的发生是否以行为人的意志为转移,可以分为行为和事件两大类:

（1）行为。

行为,是指劳动法规定的,能够引起劳动法律关系产生、变更和消灭的人的意志活动,包括作为与不作为。按照行为是否符合法律规定,可以将行为分为合法行为和违法行为。按照行为的主体,可以将其分为劳动法律行为(用人单位和劳动者行为)、劳动行政行为、劳动服务行为、劳动团体行为、劳动争议处理行为,如各级人民法院对当事人不服仲裁而提起诉讼的劳动争议事件所作的裁定与判决,也能引起一定的劳动法律后果,因而也是法律事实。

（2）事件。

劳动法律事实的事件,是指不以行为人的意志为转移的能够引起劳动法律关系产生、变更和消灭的客观现象。事件包括自然现象和社会现象。自然现象如地震、洪水以及劳动者的人身伤残、疾病、死亡等。如《劳动合同法》第 44 条规定,劳动者死亡,或者被人民法院宣告死亡或者宣告失踪的,劳动合同终止。社会现象如战争、动乱等。这些事件虽然不以人的意志为转移,但在一定条件下,能够引起劳动法律关系的产生、变更和消灭。

## 第二节　劳动者的基本权利

绝大多数国家的宪法和劳动法对公民的劳动基本权利都作了相应的规定。我国《劳动法》第 3 条第 1 款规定:"劳动者享有平等就业和选择职业的权利、取得劳动报酬的权利、休息休假的权利、获得劳动安全卫生保护的权利、接受职业技能培训的权利、享受社会保险和福利的权利、提请劳动争议处理的权利以及法律规定的其他劳动权利。"我国劳动者的基本权利可以概括为以下几个方面:

### 一、就业权

就业权,也称狭义的劳动权或工作权,是指具有劳动能力、达到法定就业年龄的劳动者有获得劳动机会的权利,它是劳动基本权的核心,它主要包括四个方面内涵:第一,就业自由。是否就业,从事何种职业,均由劳动者自己选择,对不愿意就业的劳动者不得加以强迫。第二,就业平等。在平等的基础上竞争,劳动者就业不因民族、种族、宗教、信仰不同、性别等而受歧视。第三,就业促进。国家、社会有义务通过各种途径创造就业条件,帮助劳动者就业。第四,解雇限制。用人单位必须依法才能解除劳动合同,凡是滥用解除权的行为,均属无效行为,行为人应受法律的追究。

---

① 李景森、贾俊玲:《劳动法学》,北京大学出版社 2000 年版,第 51 页。

## 二、劳动报酬权

劳动报酬是指劳动者参加社会劳动,按其劳动的数量和质量,从用人单位取得报酬。通过劳动取得报酬,作为劳动者的一项劳动基本权利,其内容包括报酬协商权、报酬请求权和报酬支配权。报酬协商权是劳动者在订立劳动合同时或劳动关系存续期间与用人单位协商劳动报酬的支付数额及支付方式的权利,这是实现按劳分配的基础。报酬请求权是劳动者在与用人单位建立劳动关系后,要求用人单位按时、足额地支付劳动报酬的权利。而报酬支配权,是劳动者对所获得的劳动报酬有自由支配的权利。获得最低工资标准权是劳动报酬权的核心部分,是法律保障的重点。此外,劳动者实际工资水平保障制度、工资支付保障制度、欠薪支付保障制度等是劳动报酬权的重要组成部分。

## 三、休息权

休息权是指劳动者经过一定时间的劳动之后,获得充分的休息的权利。我国《宪法》第43条规定:"中华人民共和国劳动者有休息的权利。国家发展劳动者休息和休养的设施,规定职工的工作时间和休假制度。"我国《劳动法》统一规定了劳动者公休假日、法定节日、年休假等休假制度,并对用人单位安排加班作了严格的限制。此外,国家要在发展生产的基础上,逐步增设疗养院、休养院、文化宫、俱乐部、运动场、图书馆等,使劳动者对休息权的享受能获得更加丰富的内容。

## 四、职业安全权

职业安全权,又称劳动安全卫生权,是指劳动者在职业劳动中人身安全和身心健康获得保障,从而免遭职业危害的权利。劳动保护权的基础是人的生命和健康的权利,劳动保护权是最基本人权的体现。其具体内容有:获得各项不断改进的保护条件和保护待遇的权利;参与用人单位安全卫生决策之权;工作场所潜在危险知情的权利;拒绝危险工作的权利;监督权、建议权、工伤保险权等。

## 五、接受职业技能培训权

职业技能培训是指对具有劳动能力的未正式参加工作的劳动者和在职劳动者进行技术业务知识和实际操作技能的教育和训练,包括就业(包括再就业)前的培训和在职培训。就我国目前劳动者接受职业技能培训权的内容来看:第一,就业前的劳动者有权通过各种途径使自己获得专业知识和技能,从而为就业创造条件,国家鼓励和帮助劳动者实现这一权利。如举办、扶持和发展技工学校、职业高中、高等职业教育及各种类型的职业培训班等。第二,在职劳动者有权利用业余时间参加各类学校学习,以丰富科学文化知识和提高专业理论水平,用人单位应对职工学习给予鼓励和支持。第三,有条件的单位应根据实际需要有计划、多渠道地加强对整个职工队伍知识、技能方面的训练,以适应现代化生产过程的要求。随着我国《就业促进法》的实施,接受职业技能培训权可归入就业权范畴。

### 六、生活保障权

生活保障权亦称享受社会保险权或物质帮助权。它是指劳动者暂时或永久丧失劳动能力时，有权依法获得物质帮助，以保证劳动者在生、老、病、死、伤、残等情况下，本人及其直系亲属的生活需要。体现在我国劳动制度中的有：养老保险待遇、疾病保险待遇、工伤保险。我国是社会主义国家，《宪法》第45条规定：中华人民共和国公民在年老、疾病或者丧失劳动能力的情况下，有从国家和社会获得物质帮助的权利。《社会保险法》又做了更具体规定，这就为劳动者的生活保障权提供了法律依据。随着我国经济的不断发展，劳动者生活保障权的范围会更加扩大，待遇标准也会逐步提高。

### 七、结社权与集体协商权

结社权是指狭义的团结权，广义的团结权包括：结社权（狭义的团结权）、团体交涉权（集体协商权）、争讼权等三项权利。我国现行法律中规定了劳动者的结社权与集体协商权。结社权是法律赋予劳动者通过代表自己利益的团体（工会）来保护其经济与社会利益的权利。结社权的基础基于在个别劳动关系中劳动者始终处于劣势、弱者地位，唯有通过团结组成工会组织，才能形成与雇主利益抗衡的力量，使失衡的劳动关系得以改善和协调。我国《宪法》没有明确规定劳动法意义上的结社权，只是从公民基本权利的角度宽泛地规定了公民的结社权，但是从法律价位上，即在劳动法和工会法中具体确认了劳动者的结社权；集体协商权，在多数国家称之为集体谈判权或团体交涉权。它是指代表劳动者的工会代表与雇主或雇主组织的代表进行谈判协商，从而签订有关劳动条件的集体协议（合同）的权利。集体协商权的意义在于：劳动者通过工会的力量与用人单位在平等的基础上进行协商，确立集体劳动条件与待遇，故其所形成的权利义务关系，能较为真实地反映集体合同双方主体的意思，从而弥补劳动合同的不足，避免个别劳动合同中的不合理或不平等条款，并在此基础上进一步为劳动者争取更好的劳动条件与待遇。至于争讼权，我国法律、法规规定极少。

### 八、合法权益保护权

合法权益保护权，亦即提请劳动争议处理权，是指劳动者有权在自己的合法权益受到侵害时，通过协商、申请调解、提请仲裁和提起诉讼，排除侵害行为，并使由此而受到的损失得到补偿。

## 第三节 劳动者的基本义务

依据我国《劳动法》、《劳动合同法》等法律、法规，我国劳动者的基本义务可以概括为以下几个方面：

## 一、全面履行劳动义务

我国《劳动法》第3条第2款明确规定:劳动者应当完成劳动任务。完成劳动任务,是指劳动者与用人单位建立劳动关系后,依据劳动合同约定和法律规定向用人单位提供劳动给付的活动。完成劳动任务与劳动者享受工资、休息休假以及社会保险待遇等各种劳动待遇是一种对价关系,因此是劳动者应积极履行的主要义务。劳动者积极完成劳动任务的义务,要求劳动者必须全面的、保质保量地完成劳动合同约定和法律规定的劳动内容。但是,劳动关系的属人性决定了劳动者必须亲自履行劳动的义务,不得随意转让劳动的义务,也不得随意找他人代替劳动。

## 二、不断提高劳动技能

我国《劳动法》第3条第2款规定:劳动者应当提高职业技能。劳动技能是指在生产过程中岗位对劳动者素质方面的要求,在现代化、社会化大生产、科学技术飞速发展的条件下,各种职业和岗位迫使劳动者不断更新和提高劳动技能,否则就难以胜任工作。除用人单位应当对劳动者进行职业技能培训外,作为劳动者本身应不断学习,不断提高劳动技能。

## 三、认真执行劳动安全卫生规范

我国《劳动法》第56条第1款明确规定:"劳动者在劳动过程中必须严格遵守安全操作规程。"《安全生产法》、《职业病防治法》也作了许多具体规定。劳动安全技术规范是国家和相关生产行业为了防止和消除在生产过程中的伤亡事故,防止生产设备遭到破坏,保障劳动者的生命安全和身体健康而规定的有关组织和技术措施方面的各种法律规范。劳动生产活动的安全卫生一向是我国政府和社会关注的焦点。劳动安全卫生的保障既是保护劳动者自身生命安全和身体健康的需要,也是保证安全生产、维护生产秩序的基本要求。因此,劳动安全卫生的保障既是国家和用人单位的责任,也是劳动者的义务。

## 四、遵守劳动纪律和职业道德

我国《劳动法》第3条第2款规定:劳动者必须遵守劳动纪律和职业道德。

劳动纪律是社会劳动的基础,是现代化、社会化大生产必要的制度。它要求劳动者在职业劳动过程中遵守一定的规则,按照规定的时间、数量、质量等完成自己所承担的工作任务。劳动纪律通常以用人单位规章制度的形式表现,是在用人单位的主持下依法制定的。劳动者应当遵守依法制定的规章制度。职业道德,是同劳动者的职业活动紧密联系的符合职业特点所要求的道德。职业道德比劳动纪律对劳动者的要求层次更高,可以弥补劳动纪律的不足。遵守职业道德要求劳动者在从事劳动的过程中应本着对国家、对社会、对用人单位以及对其他劳动者负责的基本态度。

**五、法律规定的其他义务**

我国法律还规定了劳动者的其他义务。如《劳动法》、《劳动合同法》、《社会保险法》规定的劳动者有参加社会保险的义务、劳动者有保守用人单位商业秘密的义务,等等。

# 第三章 就业促进制度

就业是民生之本,是每一位劳动者生存的经济基础和基本保障,是每一位劳动者融入社会、共享社会经济发展成果的基本条件。我国《就业促进法》以实现充分就业和公平就业为追求目标,就业促进制度是劳动法律体系中的重要组成部分。

## 第一节 就业与就业促进

### 一、劳动就业的概念和特征

劳动就业,是指具有劳动能力的劳动者在法定劳动年龄内自愿从事某种具有一定劳动报酬或经营收入的社会劳动。[①] 从劳动者的权利角度而言,劳动者依法享有的劳动权,只有通过就业才能实现。在就业之前,劳动权利仅仅是一种主观权利,通过就业,劳动者与生产资料结合,劳动权才成为客观现实。就业主体不单纯指劳动法上的劳动者,就业主体应包括需要通过建立劳动关系以获得劳动报酬为目的的劳动者和并不需要通过建立劳动关系以获得一定劳动报酬或经营收入为目的的非劳动法上的劳动者,例如,公务员、自主创业者等。

劳动就业具有以下特征:

1. 就业的主体必须符合法定的就业年龄

劳动年龄,是法律确认公民享有就业的主体资格的基本标志。国际劳工组织、世界各国都对劳动者就业最低年龄和就业最高年龄作了严格规定,只有在法律规定的年龄段内,劳动者才具备就业的条件,否则便不能就业。

2. 就业的主体必须具有劳动能力

劳动能力属于自身生理因素,而不是由法律规定的。根据自然人的生理状况就业的主体的劳动能力一般表现为三种情况,即有完全劳动能力、有部分劳动能力和无劳动能力。只有达到法定年龄,具有完全劳动能力或部分劳动能力者,才能成为就业的主体。反之,达不到法定年龄,即使是具有劳动能力的人,也不能成为就业的主体。同时,无劳动能力的人,无论是生来就没有,还是后来因丧失劳动能力而离开劳动岗位,都不具备就业主体资格。

3. 就业必须是出自就业主体的自愿

劳动是公民的一种基本权利,因为是权利,他可以行使,也可以放弃,完全取决于公民

---

① 参见关怀主编:《劳动法》,中国人民大学出版社2001年版,第102页。

自己的意志。1930年国际劳工组织第29号《强迫劳动公约》和1957年第105号《废除强迫劳动公约》要求批准国有义务在尽可能短的时间内,做到禁止所有形式的强迫或强制性劳动。

4. 就业必须是一种能够为社会创造财富或有益于社会的劳动

就业要求就业的主体必须从事法律允许的有益于社会的社会劳动。这是就业的主体的劳动是否得到社会承认和法律保护的客观依据。违反法律规定和社会公共利益的,不能作为就业的内容。例如,从事卖淫、贩毒、打手、聚众赌博等活动,就不是就业。

5. 就业必须使就业主体能够获得一定的劳动报酬或经营收入

参加社会劳动和取得相应报酬或经营收入用以维持劳动者本人及其赡养一定的家庭人口的基本生活需要是就业不可偏废的两个方面。例如,公民为自己洗衣服等家务劳动、参加社会义务劳动、刑事罪犯从事改造性质的强制劳动,就不是就业。

**二、就业促进**

就业促进是指国家采取的帮助公民实现就业的一系列措施的总称。

(一) 就业促进的目标

就业促进的目标是实现充分就业。但充分就业绝不是完全消除失业。

充分就业这个概念自20世纪30年代的大萧条以后,在经济学中逐渐被普遍使用。20世纪70年代以来,按照现代经济学理论,根据失业的具体原因和特点,失业一般包括自愿失业和非自愿失业,且非自愿失业是失业的绝对主流。非自愿失业一般包括摩擦性失业、结构性失业、周期性失业[①]、市场分割性失业(以二元劳动力市场型为代表)等。现代经济学家把主要由摩擦性失业、结构性失业引起的失业率称为自然失业率。我们在运用自然失业率概念时,必须明确:自然失业率绝不是一个固定的永远不变的常数,自然失业率并不是最优失业率。自然失业率有不断提高的趋势,自然失业率很可能高于最优失业率。所以,应采取措施使自然失业率降到最优的自然失业率的水平。正因为如此,应把充分就业理解为消灭了周期性失业、市场分割性失业而存在最优的自然失业率和自愿失业的就业状态。所以,我国政府就业促进的主要任务就是:(1) 通过反周期的扩张性宏观经济政策来提高有效需求,扩大就业机会就业促进来消灭周期性失业。(2) 通过实行城乡统筹的就业政策,建立健全城乡劳动者平等就业的制度,引导农业富余劳动力有序转移就业来消灭市场分割性失业。(3) 通过采取有效的就业服务、职业教育和培训措施来使摩擦性失业、结构性失业降到最优的水平(达到最优的自然失业率的水平)。

---

[①] 摩擦性失业产生的原因是人们因为职业市场的信息是不完全的以及有职位空缺的雇主和寻找工作的人互相之间都要花时间去寻找产生的在工作和进出劳动力之间的持续流动过程。结构性失业是由于工作类型与寻找工作的人的不匹配所产生的。这种不匹配可能与个人的技能、学历、地理位置或年龄相关。这种情况下的失业不是由于信息不完全,而是由于劳动市场的流动性障碍,这种障碍阻止了失业者与求职者的匹配。在结构性失业情况下,市场上同时存在着工作空缺和失业者。周期性失业(有时叫需求不足失业)产生的基本原因是经济中总需求不足以为求职者创造足够的工作。参见曾湘泉主编:《劳动经济学》,中国劳动社会保障出版社、复旦大学出版社2005年版,第342—348页;〔美〕萨缪尔森、诺德豪斯著:《经济学》,杜月升等译,中国发展出版社1992年版,第349—350页。

(二) 就业促进方针

《就业促进法》总则第2条进一步确立了"劳动者自主择业、市场调节就业、政府就业促进"这一就业促进方针:一是明确"劳动者自主择业",充分调动劳动者就业的主动性和能动性,促进他们发挥就业潜能和提高职业技能,依靠自身努力,自谋职业和自主创业,尽快实现就业。二是明确"市场调节就业",充分发挥人力资源市场在促进就业中的基础性作用。通过市场职业供求信息,引导劳动者合理流动和就业;通过用人单位自主用人和劳动者自主择业,实现供求双方相互选择;通过市场工资价位信息,调节劳动力的供求。三是明确"政府促进就业",充分发挥政府在促进就业中的重要职责,通过发展经济和调整产业结构,实施积极就业政策,扩大就业机会;通过规范人力资源市场,维护公平就业;通过完善公共就业服务和加强职业教育和培训,创造就业条件;通过提供就业援助,帮助困难群体就业,等等。

## 第二节 就业促进的权利义务主体

**一、就业促进的义务主体**

(一) 政府

就业促进是政府的基本职责,政府是就业促进的最主要义务主体。理由如下:

1. 这是劳动力市场健康运行的必然要求

劳动力市场理论和实践表明,利用市场机制来配置劳动力资源是高效的,正是市场这只"看不见的手"的作用,才使就业关系基本上处于正常运转之中。然而,市场又并非是万能的。纯粹的市场机制调节存在着自身固有的弱点和消极作用,具有自发性、盲目性和滞后性等明显的缺陷,它往往不能从整体上实现社会资源的合理配置。由于市场调节机制的缺陷和失灵,劳动力作为一种社会资源出现供求动态性不平衡是一种必然的市场现象。历史的经验教训已使得世界上大部分国家的政府在治理"失业"问题时,都倾向于采用"两手(市场和政府)都要硬"的办法来解决,合理地寻找就业政策与劳动力市场运行之间的最佳结合点。

2. 这是控制失业率、维护社会安全的需要

失业一般包括自愿失业和非自愿失业,且非自愿失业是失业的绝对主流。如果是自愿失业,就不存在就业促进问题。但是,无论是何种类型的非自愿失业,都对个人和家庭、对经济增长和社会发展带来很大程度的负面影响。这是因为,对个人和家庭来讲,就业是保障劳动者实现其生存权的根本途径,失业的代价就是收入的减少和生活水平的下降。工作不仅对劳动者个人重要,而且是解决社会贫困问题的主要手段。如果政府和社会不能为这些劳动者提供更多的就业机会,他们的家庭将会不可避免地陷入贫困之中。对于社会来讲,过高的失业率还会对社会的稳定产生极为不利的影响,包括将会产生各种病态或畸形的社会现象,诸如赤贫、失业者自信心、自尊心丧失,家庭破裂,自杀,对政府不满,

犯罪乃至暴乱、社会政治动荡等等。从整个经济来看，失业在经济上的最大代价就是实际国民生产总值的减少。失业表明劳动力资源没有得到充分利用且无法弥补，愿意工作并且有能力工作的人没有被用于生产，结果造成宏观经济效率损失。所以，为了防止和解决失业，政府应予以积极的关注，采取积极的措施。

3. 这是解决我国人口大国就业形势严峻的必然要求

我国的就业问题总量之大、矛盾之复杂，是任何国家都未曾遇到过的。我国政府就业促进任务十分艰巨。就业问题主要有以下六个方面：一是劳动力供大于求的基本格局长期存在。① 二是失业人员再就业的压力依然很大。三是就业的结构性矛盾十分突出。一方面，中西部地区和老工业基地、困难行业、资源枯竭城市出现大批下岗失业人员，解决的难度很大；另一方面，新兴的产业、行业和技术性职业所需素质较高的人员又供不应求。劳动力总体素质偏低的问题更加突出，技能人才短缺的现象尤其严重，已成为制约经济发展、阻碍产业升级、提高创新能力的"瓶颈"。同时，国际贸易摩擦、人民币升值压力等国际和国内宏观经济的变数，也将对一些地区和行业的就业产生影响。四是来自新成长劳动力和农业劳动力向城镇及非农领域转移的就业压力越来越大。五是劳动力市场不规范。一些非法中介机构提供虚假信息，损害劳动者权益现象突出；一些职业中介机构、用人单位因劳动者性别、年龄、身体残疾等原因侵害劳动者合法权益的现象时有发生。六是职业教育和培训工作相对滞后。随着中国的经济发展和市场国际化趋势，对劳动者的职业能力和素质提出更高要求，进一步建立完善以就业为导向的职业教育和培训，加强就业前培训、在职职工培训以及对进城就业农村劳动者的技能培训等十分迫切。此外，退役军人就业、残疾人就业等问题也给我国的就业问题带来了挑战。

(二) 用人单位、人力资源市场中介机构、职业教育和培训机构以及相关的社会团体

就业促进是用人单位、人力资源市场中介机构、职业教育和培训机构以及相关的社会团体应承担的社会责任。

从这几年我国开展就业工作的情况看，企业、社会团体、社会志愿者、社会中介组织等发挥了积极作用。许多政府做不了或解决不了的就业问题，依靠企业、社会团体以及各类社会组织的支持帮助和履行社会义务就能做到和解决。

按照我国《就业促进法》的规定：(1) "人力资源市场"是全国人大法律委员会协调各方面意见后确定的表述，是对原有的劳动力市场、人才市场、毕业生就业市场等各类市场的总概括。(2) 人力资源市场中介机构包括公共就业服务机构、职业中介机构。(3) 职业教育和培训机构包括职业教育和培训各类职业院校、职业技能培训机构和用人单位等。(4) 相关的社会团体包括工会、共产主义青年团、妇女联合会、残疾人联合会以及其他社

---

① 2009年年底以来，随着订单的恢复，我国长三角、珠三角地区企业招工形势严峻起来，工人缺口数以万计，连以前供应充裕的普通工也日渐抢手。对此，在2010年3月8日十一届全国人大三次会议举行的记者会上，人力资源和社会保障部副部长胡晓义指出，当前的用工荒是区域性、行业性和阶段性的。他同时强调，当前的用工荒绝不意味着劳动力市场根本的转变，劳动力供大于求依旧是我国的基本国情，保持就业岗位增长还是最主要的任务之一，也是非常困难的任务之一（摘自《社部副部长胡晓义：用工荒是发展的烦恼》，载《中国青年报》2010年3月9日）。

会组织。它们协助人民政府开展就业促进工作。

### 二、就业促进的权利主体

**（一）就业促进的权利主体范围的界定**

就业权利主体不单纯指劳动法上的劳动者,包括需要通过建立劳动关系以获得劳动报酬为目的的劳动者和并不需要通过建立劳动关系以获得一定劳动报酬或经营收入为目的非劳动法上的劳动者,例如,自主创业者等。就业主体主要是劳动者,自主创业者相对而言只是少数。但自主创业的连锁就业效应不可忽视。

**（二）就业促进的权利主体的条件**

就业促进的权利主体应满足以下条件:(1) 其必须符合法定的就业年龄;(2) 其必须具有劳动能力;(3) 其就业必须是自愿;(4) 其就业必须是一种能够为社会创造财富或有益于社会的劳动;(5) 其就业的直接目的是获得一定的劳动报酬或经营收入(具体参见上文劳动就业的特征部分)。

**（三）就业促进的权利主体的义务**

劳动者自主择业、市场调节就业、政府就业促进的方针,表明在就业问题上劳动者有义务也有责任。劳动者首先应该以个人的手段与方法通过个人自主性努力来在用人单位获得就业机会。只有在具有就业意欲和能力的劳动者不能通过个人自主努力自由获得工作的情况下,国家和社会才承担相应责任。这就要求,劳动者要努力改变计划经济遗留下来的等、靠、要的思想观念,首先应该以个人的手段与方法通过个人自主性努力来在用人单位获得就业机会。

## 第三节 政府就业促进的主要措施

就业促进是指国家采取的帮助公民实现就业的一系列措施的总称。我国《劳动法》将这些措施概括为:"国家通过促进经济和社会发展,创造就业条件,扩大就业机会"。我国《就业促进法》将这些措施进一步概括为:县级以上人民政府通过发展经济和调整产业结构、规范人力资源市场、完善就业服务、加强职业教育和培训、提供就业援助等措施,创造就业条件,扩大就业。2007 年 11 月 5 日,我国劳动和社会保障部颁布了《就业服务与就业管理规定》(劳动和社会保障部令第 28 号),对《就业促进法》中就业服务与管理、就业援助的相关制度做了进一步细化和完善。[①] 2008 年 2 月 3 日,国务院下发了《关于做好促进就业工作的通知》(国发[2008]5 号),按照党的十七大精神和《就业促进法》的要求,对进一步做好就业再就业工作提出了明确要求。2008 年 10 月 29 日,为贯彻落实党的十七大提出的"实施扩大就业的发展战略,促进以创业带动就业"的总体部署,全面实施

---

① 《就业服务与就业管理规定》自 2008 年 1 月 1 日起施行。劳动部 1994 年 10 月 27 日颁布的《职业指导办法》、劳动和社会保障部 2000 年 12 月 8 日颁布的《劳动力市场管理规定》同时废止。

我国《就业促进法》的有关规定,人力资源和社会保障部等部门制定了《关于促进以创业带动就业工作的指导意见》。2009年10月29日,人力资源和社会保障部又制定了《关于进一步加强公共就业服务体系建设的指导意见》等等。

### 一、建立就业促进工作协调机制

我国的就业任务十分繁重,就业群体多种多样,就业促进工作涉及社会方方面面,需要多个部门齐抓共管。为了加强对就业工作的领导和统筹协调,国务院建立了由十几个成员单位组成的就业工作部际联席会议制度,各地也建立了相应的协调机制,对合力推进就业工作发挥了积极作用。《就业促进法》在总结实践的基础上,通过法律形式进一步明确了这一协调机制的工作任务和作用。(1)国务院建立全国就业促进工作协调机制,研究就业工作中的重大问题,协调推动全国的就业促进工作,并明确由国务院劳动行政部门具体负责全国的就业促进工作。(2)省、自治区、直辖市人民政府根据就业促进工作的需要,建立就业促进工作协调机制,协调解决本行政区域就业工作中的重大问题。(3)县级以上人民政府有关部门按照各自的职责分工,共同做好就业促进工作。

### 二、建立就业工作目标责任制度

县级以上人民政府把扩大就业作为经济和社会发展的重要目标,纳入国民经济和社会发展规划,并制定就业促进的中长期规划和年度工作计划。各级人民政府和有关部门应当建立就业促进的目标责任制。县级以上人民政府按照就业促进目标责任制的要求,对所属有关部门和下一级人民政府进行考核和监督。

### 三、建立较完整的就业促进的政策支持体系

产业政策、财政政策、税收政策、金融政策等政策支持体系的建立,对就业促进具有举足轻重的作用。现代西方政府无不利用政策支持体系就业促进。为了建立就业促进的长效机制,我国《就业促进法》将经过实践检验行之有效的积极的就业政策上升为法律规范,并按照就业促进的工作要求,以第二章专章的形式规定了较完整的政策支持体系,包括七个方面:

(一)实行有利于就业促进的产业政策

县级以上人民政府应当把扩大就业作为重要职责,统筹协调产业政策与就业政策。鼓励各类企业在法律、法规规定的范围内,通过兴办产业或者拓展经营,增加就业岗位。国家鼓励发展劳动密集型产业、服务业,扶持中小企业,鼓励、支持、引导非公有制经济发展,扩大就业机会,增加就业岗位。在安排政府投资和确定重大建设项目时,应当发挥投资和重大建设项目带动就业的作用,增加就业岗位。国家发展国内外贸易和国际经济合作,拓宽就业渠道。

(二)实行有利于就业促进的财政政策

国家实行有利于就业促进的财政政策,加大资金投入,改善就业环境,扩大就业。县

级以上人民政府应当根据就业状况和就业工作目标,在财政预算中安排就业专项资金用于就业促进工作。就业专项资金用于职业介绍、职业培训、公益性岗位、职业技能鉴定、特定就业政策和社会保险等的补贴,小额贷款担保基金和微利项目的小额担保贷款贴息,以及扶持公共就业服务等。审计机关、财政部门应当依法对就业专项资金的管理和使用情况进行监督检查。

(三) 实行有利于就业促进的税收政策

国家鼓励企业增加就业岗位,扶持失业人员和残疾人就业,对符合法定条件的企业和人员依法给予税收优惠。具体包括:吸纳符合国家规定条件的失业人员达到规定要求的企业;失业人员创办的中小企业;安置残疾人员达到规定比例或者集中使用残疾人的企业;从事个体经营的符合国家规定条件的失业人员;从事个体经营的残疾人;国务院规定给予税收优惠的其他企业、人员。同时,对从事个体经营的失业人员和残疾人免除行政事业性收费。

(四) 实行有利于就业促进的金融政策

国家实行有利于就业促进的金融政策。增加中小企业的融资渠道;鼓励金融机构改进金融服务,加大对中小企业的信贷支持,并对自主创业人员在一定期限内给予小额信贷等扶持。

(五) 实行统筹就业政策

1. 实行城乡统筹的就业政策

国家实行城乡统筹的就业政策,建立健全城乡劳动者平等就业的制度,引导农业富余劳动力有序转移就业。县级以上地方人民政府推进小城镇建设和加快县域经济发展,引导农业富余劳动力就地就近转移就业;在制定小城镇规划时,将本地区农业富余劳动力转移就业作为重要内容。县级以上地方人民政府引导农业富余劳动力有序向城市异地转移就业;劳动力输出地和输入地人民政府应当互相配合,改善农村劳动者进城就业的环境和条件。

2. 实行区域统筹的就业政策

国家支持区域经济发展,鼓励区域协作,统筹协调不同地区就业的均衡增长;支持民族地区发展经济,扩大就业。

3. 实行群体统筹的就业政策

各级人民政府统筹做好城镇新增劳动力、农业富余劳动力转移就业和失业人员就业工作。当前,要统筹做好下岗失业人员、大学生、复转军人、残疾人、农民工等群体的就业工作。

(六) 实行有利于灵活就业的劳动和社会保险政策

各级人民政府采取措施,逐步完善和实施与非全日制用工等灵活就业相适应的劳动和社会保险政策,为灵活就业人员提供帮助和服务。

**（七）实行失业保险就业促进政策**

国家建立健全失业保险制度，依法确保失业人员的基本生活，并促进其实现就业。

**四、维护公平就业，禁止就业歧视**

就业歧视影响了劳动者的公平竞争，使一部分劳动者因此失去了很多职业发展的机会，也使很多单位自我限制了选才的视野，就业歧视极大地浪费了宝贵的人才资源，也违背了市场的供求规律和竞争规律，它已经远远不是单位的用人自主权问题了，而是已经涉及社会公正问题。近几年来，就业中多种歧视行为愈演愈烈，歧视的方式也是花样翻新。某些用人单位在选择劳动者的过程中，能力已经成为非第一位的因素，这不能不说是我国目前就业环境中的一种悲哀。

为了维护劳动者的平等就业权，反对就业歧视，我国《就业促进法》对公平就业以第三章专章的形式作出了规定，包括八个方面：

**（一）政府维护公平就业的责任**

各级人民政府应当创造公平就业的环境，消除就业歧视，并制定政策和采取措施对就业困难人员给予扶持和援助。

**（二）规范用人单位和职业中介机构的行为**

在人力资源市场中，用人单位和职业中介机构的行为，往往影响和决定着劳动者的就业机会和就业权利的实现。依法规范他们的行为，对维护劳动者平等就业权至关重要。因此，《就业促进法》规定：用人单位招用人员、职业中介机构从事职业中介活动，应当向劳动者提供平等的就业机会和公平的就业条件，不得实施就业歧视。

**（三）保障妇女享有与男子平等的劳动权利**

国家保障妇女享有与男子平等的劳动权利。用人单位招用人员，除国家规定的不适合妇女的工种或者岗位外，不得以性别为由拒绝录用妇女或者提高对妇女的录用标准。用人单位录用女职工，不得在劳动合同中规定限制女职工结婚、生育的内容。

**（四）保障各民族劳动者享有平等的劳动权利**

各民族劳动者享有平等的劳动权利。用人单位招用人员，应当依法对少数民族劳动者给予适当照顾。

**（五）保障残疾人的劳动权利**

国家保障残疾人的劳动权利。各级人民政府应当对残疾人就业统筹规划，为残疾人创造就业条件。用人单位招用人员，不得歧视残疾人。

**（六）保障传染病病原携带者的平等就业权**

用人单位招用人员，不得以是传染病病原携带者为由拒绝录用。但是，经医学鉴定传染病病原携带者在治愈前或者排除传染嫌疑前，不得从事法律、行政法规和国务院卫生行政部门规定禁止从事的易使传染病扩散的工作。①

（七）保障进城就业的农村劳动者的平等就业权

农村劳动者进城就业享有与城镇劳动者平等的劳动权利,不得对农村劳动者进城就业设置歧视性限制。

（八）劳动者受到就业歧视时的法律救济途径

劳动行政部门应当对《就业促进法》实施情况进行监督检查,建立举报制度,受理对违反本法行为的举报,并及时予以核实处理（当然包括就业歧视处理）;违反《就业促进法》规定,实施就业歧视的,劳动者可以向人民法院提起诉讼。

**五、加强就业服务和管理**

从世界各国的实践看,就业服务在促进劳动力供求均衡、减少劳动力市场摩擦、降低劳动力交易成本等方面发挥着重要功能,其中的公共就业服务更能起到提高劳动力市场透明度、帮助平等就业和帮助就业困难群体就业的重要作用。各国都将建立并不断完善就业服务体系作为政府的重要职责。② 我国把建立并不断完善就业服务和管理体系作为政府的重要责任,随着积极就业政策的实施,已经形成了一个初步的体系。我国《就业促进法》以第四章专章的形式明确规定,政府应当加强就业服务和管理工作,逐步完善覆盖城乡的就业服务体系。主要包括五个方面:

（一）县级以上人民政府在发展人力资源市场方面的职责

(1) 县级以上人民政府培育和完善统一开放、竞争有序的人力资源市场,为劳动者就业提供服务。县级以上人民政府鼓励社会各方面依法开展就业服务活动,加强对公共就业服务和职业中介服务的指导和监督,逐步完善覆盖城乡的就业服务体系。

(2) 县级以上人民政府加强人力资源市场信息网络及相关设施建设,建立健全人力资源市场信息服务体系,完善市场信息发布制度。

(3) 县级以上地方人民政府对职业中介机构提供公益性就业服务的,按照规定给予补贴。国家鼓励社会各界为公益性就业服务提供捐赠、资助。

(4) 县级以上人民政府和有关部门加强对职业中介机构的管理,鼓励其提高服务质量,发挥其在就业促进中的作用。

（二）建立健全公共就业服务体系

公共就业服务是政府公共服务的重要内容。发展公共就业服务是政府的重要职责,对促进劳动力供求均衡、建立灵活有效的人力资源市场,促进求职人员,特别是帮助就业困难群体就业具有重要作用。公共就业服务机构是政府设立的专门为劳动者提供就业服

---

① 2010年2月10日,人力资源和社会保障部、教育部、卫生部联合下发《关于进一步规范入学和就业体检项目维护乙肝表面抗原携带者入学和就业权利的通知》（人社部发[2010]12号）,进一步明确取消入学、就业体检中的乙肝病毒检测项目,各级各类教育机构、用人单位在公民入学、就业体检中,不得要求开展乙肝项目检测,不得要求提供乙肝项目检测报告,也不得询问是否为乙肝表面抗原携带者;各级医疗卫生机构不得在入学、就业体检时提供乙肝项目检测服务。

② 莫荣:《完善我国促进就业的法律制度》,载《人民日报》2007年4月2日第9版。

务的公益性机构。针对目前存在的问题,并按照公共就业服务发展方向,《就业促进法》明确了公共就业服务机构的性质和职责。

(1) 县级以上人民政府建立健全公共就业服务体系,设立公共就业服务机构,为劳动者免费提供就业服务,包括就业政策法规咨询,职业供求信息、市场工资指导价位信息和职业培训信息发布,职业指导和职业介绍,对就业困难人员实施就业援助,办理就业登记、失业登记以及其他公共就业服务。

(2) 公共就业服务经费纳入同级财政预算,从而明确了公共就业服务机构的经费保障。

(3) 为了区别经营性服务,地方各级人民政府和有关部门不得举办或者与他人联合举办经营性的职业中介机构。地方各级人民政府和有关部门、公共就业服务机构举办的招聘会,不得向劳动者收取费用。

(三) 规范对职业中介机构的管理

(1) 加强对职业中介机构的管理,鼓励其按照诚实信用、公平、公开的原则提高服务质量,发挥其在就业促进中的作用。

(2) 设立职业中介机构,应当依法办理行政许可,经许可的职业中介机构,应当向工商行政部门办理登记;未经依法许可和登记的机构,不得从事职业中介活动。

(3) 设立职业中介机构的条件,从事职业中介活动的原则、职业中介机构的禁止性行为。①

(4) 地方各级人民政府和有关部门不得举办或者与他人联合举办经营性的职业中介机构。

(5) 国家对外商投资职业中介机构和向劳动者提供境外就业服务的职业中介机构另有规定的,依照其规定。

(四) 建立失业预警制度

县级以上人民政府建立失业预警制度,对可能出现的较大规模的失业,实施预防、调节和控制。

(五) 开展就业和失业调查统计工作

国家建立劳动力调查统计制度和就业登记、失业登记制度,开展劳动力资源和就业、失业状况调查统计,并公布调查统计结果。统计部门和劳动行政部门进行劳动力调查统计和就业、失业登记时,用人单位和个人应当如实提供调查统计和登记所需要的情况。

## 六、大力发展职业教育和开展职业培训

教育水平的高低与就业率呈正相关关系,教育水平越高,则就业率就越高。教育分为普通教育和职业教育及培训,普通教育是基础教育;普通教育是按照科学体系的内在逻辑来发展的,侧重于理论知识的完整和严谨,服务指向是推动科学进步,从而深化人类对外

---

① 我国《就业促进法》第40—41条,《就业服务与就业管理规定》第45—60条。

部世界的认识。就就业而言,职业教育及培训的作用更为直接。在整个教育事业中,职业教育、职业培训是和经济基础、生产活动、生产力发展的需要贴得最近最紧的部门,侧重于生产和操作的实际需要,服务指向是推动科学转化为现实的生产力。[①] 发展职业教育和职业培训,不仅是适应我国产业结构优化升级、提升自主创新能力的需要,将人口压力转变为人力资源优势,从而提升企业乃至整个国民经济的创新能力和竞争力的重要途径,更是提高劳动者的就业能力,从而扩大就业、提高就业质量的必由之路。[②] 我国《就业促进法》以第五章专章的形式明确了国家、企业、劳动者和各类职业培训机构在职业教育和培训中的职责及作用,通过职业技能培训提高劳动者的素质,以适应人力资源市场的需求,从而促进其实现就业和稳定就业。包括五个方面:

(一)职业教育和培训的总方针

国家依法发展职业教育,鼓励开展职业培训,促进劳动者提高职业技能,增强就业能力和创业能力。

(二)各级人民政府在加强职业教育和培训方面的职责

具体包括六个方面:

(1)县级以上人民政府应当根据经济社会发展和市场需求,制订并实施职业能力开发计划。

(2)县级以上人民政府应当加强统筹协调,鼓励和支持各类职业院校、职业技能培训机构和用人单位依法开展就业前培训、在职培训、再就业培训和创业培训,鼓励劳动者参加各种形式的培训。

(3)县级以上地方人民政府和有关部门应当根据市场需求和产业发展方向,鼓励、指导企业加强职业教育和培训。

(4)国家采取措施建立健全劳动预备制度,县级以上地方人民政府应当对有就业要求的初高中毕业生实行一定期限的职业教育和培训,使其取得相应的职业资格或者掌握一定的职业技能。

(5)地方各级人民政府应当鼓励和支持开展就业培训,帮助失业人员提高职业技能,增强其就业能力和创业能力。失业人员参加就业培训的,按照有关规定享受政府培训补贴。

(6)地方各级人民政府应当采取有效措施,组织和引导进城就业的农村劳动者参加技能培训,鼓励各类培训机构为进城就业的农村劳动者提供技能培训,增强其就业能力和创业能力。

---

[①] 中国就业促进会副会长陈宇教授专访:《破解"就业难"的现实选择——陈宇谈职业教育》,载《四川日报》2007年1月29日。

[②] 《国家中长期教育改革和发展规划纲要(2010—2020年)(公开征求意见稿)》明确指出:发展职业教育是推动经济发展、促进就业、改善民生、解决"三农"问题的重要途径,是缓解劳动力供求结构矛盾的关键环节,必须摆在更加突出的位置。职业教育要面向人人、面向社会,着力培养学生的职业道德、职业技能和就业创业能力。到2020年,形成适应发展方式转变和经济结构调整要求、体现终身教育理念、中等和高等职业教育协调发展的现代职业教育体系,满足人民群众接受职业教育的需求,满足经济社会对高素质劳动者和技能型人才的需要。

(三) 企业在加强职业教育和培训方面的职责

企业应当按照国家有关规定提取职工教育经费,对劳动者进行职业技能培训和继续教育培训。企业违反本法规定,未提取或未足额提取职工教育经费,或者挪用职工教育经费的,由劳动行政部门责令改正,并依法给予处罚。

(四) 职业教育和培训机构在加强职业教育和培训方面的职责

职业院校、职业技能培训机构应当与企业密切联系,实行产教结合,为经济建设服务,培养实用人才和熟练劳动者。我国高等职业教育在20世纪90年代初开始正式起步。经过二十多年的发展,从规模上看,目前高等职业教育已经成为中国高等教育的"半壁江山",2008年,作为高等教育的属类,我国高等职业院校计划招生299万人,与普通高校的招生规模300万人基本持平。

(五) 建立职业资格证书制度

职业资格证书制度是我国劳动就业制度的一项重要的内容,是一种特殊形式的就业准入制度,其需要通过考试的形式才能够拥有。要获得职业技能资格证书,必须通过职业技能资格鉴定。而所谓职业技能鉴定,是指按照国家规定的职业技能标准或任职资格条件,通过政府劳动行政部门认定的考核鉴定机构,对劳动者的技能水平或职业资格进行客观、公正、科学、规范的评价与认证的活动。一般而言,职业技能鉴定包括技术业务理论(应知)和操作技能(应会)两项内容,将国家职业资格分为初级技能国家职业资格(五级)、中级技能国家职业资格(四级)、高级技能国家职业资格(三级)、技师国家职业资格(二级)、高级技师国家职业资格(一级),并实行逐级考核鉴定。但是,必须明确,职业技能资格证书只适用于涉及公共安全、人身健康、生命财产安全等特殊工种的领域,这些领域对于从事该领域工作的劳动者具有特殊的要求。而其他领域则没有对劳动者提出特殊的要求,故而对劳动者不适用职业技能资格证书。

### 七、实施就业援助

对就业困难人员实施优先扶持和重点帮助的就业援助,是构建社会主义和谐社会的基础工作之一,充分体现国家政府对就业困难人员的关怀。我国《就业促进法》以第六章专章的形式明确规定各级人民政府建立健全就业援助制度。包括四个方面:

(一) 就业援助的对象

就业援助的对象是指因身体状况、技能水平、家庭因素、失去土地等原因难以实现就业,以及连续失业一定时间仍未能实现就业的就业困难人员。就业困难人员的具体范围,由省、自治区、直辖市人民政府根据本行政区域的实际情况规定。

(二) 就业援助的措施

(1) 各级人民政府建立健全就业援助制度,采取税费减免、贷款贴息、社会保险补贴、岗位补贴等办法,通过公益性岗位安置等途径,对就业困难人员实行优先扶持和重点帮助。

(2) 地方各级人民政府加强基层就业援助服务工作,对就业困难人员实施重点帮助,提供有针对性的就业服务和公益性岗位援助;鼓励和支持社会各方面为就业困难人员提供技能培训、岗位信息等服务。

(3) 政府投资开发的公益性岗位,应当优先安排符合岗位要求的就业困难人员。被安排在社区公益性岗位工作的,按照国家规定给予岗位补贴。

(4) 各级人民政府采取特别扶助措施,促进残疾人就业,并要求用人单位应当按照国家规定安排残疾人就业。

(三) 对城市零就业家庭的就业援助

(1) 县级以上地方人民政府采取多种就业形式,拓宽公益性岗位范围,开发就业岗位,确保城市有就业需求的家庭至少有一人实现就业。

(2) 街道、社区公共就业服务机构在就业援助中的具体职责。法定劳动年龄内的家庭人员均处于失业状况的城市居民家庭,可以向住所地街道、社区公共就业服务机构申请就业援助。街道、社区公共就业服务机构经确认属实的,应当为该家庭中至少一人提供适当的就业岗位。

(四) 对就业压力大的特定地区的扶持

国家鼓励资源开采型城市和独立工矿区发展与市场需求相适应的产业,引导劳动者转移就业。对因资源枯竭或者经济结构调整等原因造成就业困难人员集中的地区,上级人民政府应当给予必要的扶持和帮助。

除上述政府就业促进的主要措施外,其他就业促进的措施也应加强。例如,强化上级政府对下一级政府就业促进目标责任实施监督和考核、审计机关、财政部门对就业专项基金的管理和使用进行监督检查,等等。

# 第四章 劳动合同制度

《劳动合同法》是调整劳动关系的一部重要法律。劳动合同制度,对于规范用人单位的用工行为、明确劳动合同双方当事人的权利和义务、保护劳动者的合法权益、发展和谐稳定的劳动关系、实现劳动力资源的有序流动和合理配置等,具有十分重要的意义。

## 第一节 劳动合同概述

### 一、劳动合同的概念和特征

(一) 劳动合同的概念

我国对劳动合同的定义可分为学理定义和立法定义。从学理上定义,可概括为:劳动合同是劳动关系双方当事人确立、更变、终止劳动权利义务关系的协议。这个概念强调了劳动合同的劳动权利义务关系的广泛性,既包括以劳动合同形式产生权利义务关系,也包括对权利义务关系的变更和终止。从立法上定义,我国《劳动法》规定:"劳动合同是劳动者与用人单位确立劳动关系、明确双方权利和义务的协议"。这个定义强调了劳动合同与权利义务之间的紧密关联性,通过立法引导双方当事人,要使其劳动关系产生预期的法律效力,必须签订劳动合同。我国对劳动合同的学理定义和立法定义是一致的。劳动合同立法定义中的"明确双方权利和义务"实际上就是指双方当事人劳动权利义务关系的确立、更变、终止。

(二) 劳动合同的特征

劳动合同除具有一般合同如平等性、自愿性等特征外,还具有如下主要特征:

1. 主体的特定性

劳动合同的主体一方为用人单位,一方为劳动者。我国用人单位包括各种性质的企业、个体经济组织、特定范围劳动用工关系下的国家机关、事业单位以及社会团体、民办非企业单位、依法成立的会计师事务所、律师事务所等合伙组织和基金会等。劳动者是指被用人单位雇用的自然人。因此,各种社会组织与社会组织之间,社会组织与个体经济组织之间,自然人与自然人之间,因含有劳务性质而签订的合同都不是劳动合同,不属于劳动法调整,但特殊性的劳务合同如劳务派遣协议则受到劳动法的调整。

2. 主体地位上的从属性

由于劳动关系的从属性特征,所以,在劳动合同的履行中,劳动者必须加入到用人单位的组织中去,成为用人单位的一员。劳动者必须服从用人单位的劳动纪律和规章制度,接受用人单位的管理和监督,这种从属性是社会化大生产决定的,法律只是对这种从属性进行了确认。但必须明确的是,禁止以任何形式违法地对劳动者进行管理和支配。

3. 劳动权利义务条款具有较强的法定性

劳动关系的从属性特征决定了在缔结劳动合同、确定劳动权利义务时,要求当事人的意志不得违背国家意志,在国家法律法规许可的范围内确定具体的劳动权利和义务,以形成劳动合同关系。另外,由于集体合同具有劳动基准法的效力,劳动合同也不得违背集体合同的规定。劳动合同的法定性表明了以合同形式建立的劳动关系与一般民事关系之间的差别。民商法的意思自治原则,使其所调整的民商事合同建立在当事人的意思自治基础上,当事人之间权利义务的确立,鲜有国家意志的强力干预。

4. 劳动合同往往涉及第三人的物质利益

劳动者的配偶、父母及子女均不是合同当事人。但劳动合同的某些条款或履行结果都与他们发生着紧密联系。例如,劳动者的工资,无论是双方协商工资或国家规定的最低工资,都包含着对劳动者家庭成员基本生活费用的要求,等等。

5. 劳动合同的目的在于劳动过程的实现,而不单纯是劳动成果的给付

劳动过程是一个相当复杂的过程,有的劳动直接创造价值;有的劳动在于实现价值;有的劳动则是间接地帮助创造或实现价值;有的劳动成果当时就能衡量;有的劳动成果将来才能看到。比如,对劳动者的职业培训也是劳动过程的一个重要组成部分,劳动者在接受培训期间,不但不创造价值,而且单位还要为他们支付相当的学费,但只要他们完成了学习任务,就实现了该阶段的劳动过程。因此,劳动合同的目的在于劳动过程的实现。当然,这一特征并不完全排除劳动合同对劳动成果的要求。

**二、劳动合同的作用**

劳动合同作为劳动者和用人单位确立劳动关系的基本法律形式,是稳定劳动关系、保障劳动过程的平稳运行、维护劳动者和用人单位的合法权益、促进经济发展和社会进步的重要手段。

(一) 劳动合同是劳动者和用人单位确立劳动关系的基本法律形式

劳动合同一经签订,用人单位就负有保证实现劳动权利的法定和约定义务,劳动者也必须按劳动合同的约定,全面履行劳动义务。以劳动合同作为建立劳动关系的基本形式,是世界各国普遍的做法,也是建立和完善我国社会主义市场经济体制的客观要求。

(二) 劳动合同是用人单位有效实现人力资源管理的重要手段

作为用人单位,招收录用劳动者的目的,在于利润的最大化。因此,实现人力资源的最佳配置,就成为用人单位的重要任务。用人单位可以通过劳动合同的期限、工作岗位、劳动报酬、合同终止条件以及培训、保密、企业年金等条款,结合劳动者的学历、履历、技能以及身体状况,实现人尽其才。用人单位和劳动者均享有依法订立、变更、解除、终止劳动合同的权利,劳动者能进能出,可以促进劳动力流动,从而提高企业劳动生产率。

(三) 劳动合同有利于防止和减少纠纷

劳动合同是双方当事人履行义务,享受权利的依据,一旦发生劳动争议,则是劳动争

议调解、仲裁及人民法院处理劳动争议的依据。劳动合同可以有效地防止和减少劳动争议的发生,保证劳动关系的顺畅有序进行。

### 三、我国劳动合同的立法概况

新中国成立以来,在我国的劳动法规中,对劳动合同制度,曾作过一系列的规定。在我国劳动合同立法的发展过程中,《劳动法》具有特别重要的意义。该法第三章专章就劳动合同作出规定,并在第十二章规定了违反劳动合同的法律责任。《劳动法》全面肯定了劳动合同制度,使劳动合同立法进入了一个新的发展阶段。为了配合《劳动法》的贯彻实施,原劳动部制定了若干项与《劳动法》配套的有关劳动合同的规章,如《关于实行劳动合同制度若干问题的通知》(1996年10月)等。此外,最高人民法院2001年4月发布了《关于审理劳动争议案件适用法律若干问题的解释》,2006年8月发布了《关于审理劳动争议案件适用法律若干问题的解释(二)》,2010年7月发布了《关于审理劳动争议案件适用法律若干问题的解释(三)》,也就劳动合同适用法律的有关问题作了规定。

我国的一些地区,结合本地的实际,根据《劳动法》和有关法律和法规的规定,也制定了相当数量的地方性法规。如:《上海市劳动合同条例》(2001年11月15日)、《北京市劳动合同规定》(2001年12月24日)等。

为了适应我国社会主义市场经济深入发展的要求,进一步规范劳动合同行为,2007年6月29日,第十届全国人大常委会第二十八次会议通过了《劳动合同法》,该法自2008年1月1日起施行。2008年9月18日国务院公布施行《劳动合同法实施条例》。此前,全国人大于2006年3月将《劳动合同法(草案)》全文向社会公布,广泛征求了意见,至《劳动合同法》通过,《草案》修订论证达四次之多。

### 四、劳动合同的种类

以不同的标准可对劳动合同进行多种分类,其中具有法律意义的分类主要有:

(一) 以合同期限为标准的分类

劳动合同可分为有固定期限的劳动合同、无固定期限的劳动合同和以完成一定的工作为期限的劳动合同。这种分类,是世界各国对劳动合同的普遍立法通例。我国《劳动法》、《劳动合同法》及其配套法规也采取了这种分类。

有固定期限的劳动合同,也称为定期劳动合同,是指双方当事人在劳动合同中约定一个明确的合同期限,期限届满可以依法续订,否则就终止双方的权利义务关系的劳动合同种类。这种劳动合同种类往往参考或依据用人单位的性质、工作的特点、劳动者的履历等诸多因素来规定。有固定期限劳动合同的优点是适用范围广,应变能力强,既能保持劳动关系的相对稳定,又能促进劳动力的合理流动,缺点是容易产生短期化,影响劳动关系的和谐稳定。无固定期限的劳动合同,也称为不定期劳动合同,是指用人单位与劳动者约定无确定终止时间的劳动合同。不定期劳动合同关系比定期合同关系更稳定。由于不定期劳动合同对劳动者的就业保护具有一定程度上的优势,尤其是就防止用人单位在使用完劳动者"黄金年龄段"后不再使用劳动者而言,不定期劳动合同更有效。因此,许多国家在立法中将此类合同作为常规性合同,放在较高的地位,并通过立法规范来保护一定范围内的劳动者。德国规定,定期劳动合同最长期限不得超过5年,定期劳动合同如第二次续订,就要订立不定期劳动合同;比利时规定,定期劳动合同期满后当事人继续履行合同的,定期劳动合同自动转化为不定期劳动合同。我国《劳动合同法》第14条对无固定期限合同作了全面的规定:用人单位与劳动者协商一致,可以订立无固定期限劳动合同。有下列情形之一,劳动者提出或者同意续订、订立劳动合同的,除劳动者提出订立固定期限劳动合同外,应当订立无固定期限劳动合同:(1)劳动者在该用人单位连续工作满10年的①;(2)用人单位初次实行劳动合同制度或者国有企业改制重新订立劳动合同时,劳动者在该用人单位连续工作满10年且距法定退休年龄不足10年的;(3)连续订立二次固定期限劳动合同,且劳动者没有本法第39条和第40条第1项、第2项规定的情形,续订劳动合同的。用人单位自用工之日起满1年不与劳动者订立书面劳动合同的,视为用人单位与劳动者已订立无固定期限劳动合同。

以完成一定工作为期限的劳动合同,是指双方当事人把完成某一项工作或劳动任务作为劳动关系的存续期间,约定任务完成后合同即自行终止的劳动合同。虽然其期限长短要视工作的进展情况而定,然而,因为一项工作最终是要完成的,而且完成的时间一般也是可以大致预期的,因此,以完成一定的工作为期限的合同,本质上仍然是一种有固定期限的合同。同时,此类合同不存在续订问题。它一般适用于铁路、公路、桥梁、水利、建筑以及工作无连续性的特定项目,比如"工程筹备期间"、"农副产品收购期间"、"旅游团滞留期间"等,均可能成为劳动合同的有效期限。

(二) 根据用工形式的不同来分类

劳动合同可分为典型劳动合同、非典型劳动合同。典型劳动合同就是依据《劳动合同法》的一般规定,而订立的劳动合同,主要指上述有固定期限的劳动合同、无固定期限的劳动合同和以完成一定的工作为期限的劳动合同。非典型劳动合同就是依照《劳动合同法》的特别规定,而订立的劳动合同。二者在形成的劳动条件上有较大不同。我国《劳动合同法》规定的非典型劳动合同之外的劳动合同均属典型劳动合同。非典型劳动合同包括两种:劳务派遣合同和非全日制劳动合同。劳务派遣合同是指劳务派遣单位(用人单位)与被派遣劳动者订立劳动合同后,再与接受以劳务派遣形式用工的单位(用工单位)订立劳务派遣协议,将被派遣劳动者派遣至用工单位,从而形成的非典型形式劳动合同。劳务派遣合同的法律关系涉及被派遣劳动者、用人单位、用工单位三方。依据《劳动合同法》第68条规定,非全日制劳动合同是指劳动者和用人单位签订的,以小时计酬为主,劳动者在同一用人单位一般平均每日工作时间不超过4小时,每周工作时间累计不超过24小时的非典型形式的劳动合同。

---

① 实践中存在一种误解,认为这里的"连续工作满10年"应当从2008年1月1日开始计算连续10年。我国《劳动合同法实施条例》第9条规定:《劳动合同法》第14条第2款规定的连续工作满10年的起始时间,应当自用人单位用工之日起计算,包括《劳动合同法》施行前的工作年限。

### （三）按照劳动合同的存在形式进行的分类

劳动合同可分为书面劳动合同、口头劳动合同。我国《劳动合同法》规定：非全日制用工双方当事人可以订立口头协议，而全日制用工的，应当订立书面劳动合同。

### 五、劳动合同与劳务合同

劳务合同是一种以劳务为标的的民事合同类型，是当事人各方在平等协商的情况下就某一项劳务以及劳务成果所达成的协议。劳动合同与劳务合同的共同点在于双方都包含有一定量的劳动，都具有一定的财产性和人身性。而且，报酬的多少，均与一定的劳动数量与质量相联系。因此，在理论上划分二者之间的区别，就很有必要。

劳务合同与劳动合同具有不同的法律属性，属不同的法律部门调整。一般来看，二者主要有以下几点区别：

1. 主体不同

在主体上，劳务合同的主体既可以是自然人，也可以是法人或其他组织。而劳动合同的主体是特定的，一方只能是用人单位，即法人与其他组织，另一方只能是自然人劳动者。例如，个人家庭请人装修住宅、制作家具等，某银行和某清洁公司之间关于清洁服务的协议，家庭保姆、为家庭提供劳务的钟点工与其雇主之间的合同是劳务合同，而不是劳动合同。

2. 主体法律地位不同

劳务合同的主体无论在合同签订前或合同履行中，双方当事人的法律地位都是平等的；而劳动合同双方在签订合同前，即在建立劳动关系前，劳动者与用人单位的地位是平等的，即使在签订劳动合同中，双方也必须遵循平等自愿、协商一致的原则。但在劳动合同签订后，劳动者成为用人单位的职工，处于用人单位的领导之下，劳动关系具有隶属性特征。劳动者必须遵守用人单位的规章制度，服从管理。

3. 内容不同

劳务合同所追求的目标是物化的或非物化的劳动成果；而劳动合同虽然也涉及具体的劳动数量和质量，但一般不是劳动合同之根本目标，其根本目标应是劳动者提供的劳动行为，即劳动者在一定劳动条件下的具体劳动过程。因此，劳动合同中的劳动过程和劳动条件，就成为合同必不可少的内容。例如，在工厂的流水线上工作的职工，每个劳动者提供的劳动只是劳动的过程，一般不要求劳动者提供劳动成品，只要付出了劳动就应当获得劳动报酬；而劳务合同一般要求提供的是劳动的成果，如前面所述的家庭装修、家具制作等，家庭装修者或家具制作者要按照约定提供装修效果或制作出家具，不能因提供了劳动却没有劳动成果，而获得劳务费用。

4. 劳动风险承担不同

在生产资料的使用归属上，劳务合同中劳务提供者所使用的生产资料由自己来提供，而且承担生产资料与劳务活动相结合中所带来的各种风险；劳动合同中劳动者使用的生产资料由用人单位来承担，劳动者不承担生产劳动过程中的各种风险。

5. 酬金计算和反映的性质不同

劳务合同的酬金计算以市场价格来衡量,其支付方式及次数由双方约定,反映了商品交换性质;劳动合同的报酬计算以法律的规定以及当事人约定来衡量,其支付方式及支付时间受到劳动法律、法规的严格制约。

6. 适用法律不同

劳动合同,适用劳动法律、法规调整,双方的权利义务关系要依据劳动法律、法规确定。劳务合同主要由民法调整。

## 第二节 劳动合同的订立、内容和效力

### 一、劳动合同的订立

(一)劳动合同订立的概念和原则

劳动合同的订立,是指劳动者和用人单位经过相互选择和平等协商,就劳动合同条款达成协议,从而确立劳动关系和明确相互权利义务的法律行为。

我国《劳动合同法》第3条第1款规定,订立劳动合同,应当遵循合法、公平、平等自愿、协商一致、诚实信用的原则。

1. 合法原则

合法原则,亦称遵守国家法律、行政法规的原则,它是劳动合同有效的前提条件。这一原则的具体要求是:第一,劳动合同的当事人必须具备法定资格。用人单位作为劳动合同的一方当事人,必须以单位的名义与劳动者签订合同,而不能以单位内部的职能科室或党、团、工会组织的名义。劳动者成为劳动合同的当事人(除法律特别规定者外)必须年满16周岁和具有劳动能力。对未达到法定年龄的特殊劳动者,必须履行法定审批手续。第二,劳动合同的内容必须合法。劳动合同的双方当事人在确定具体的劳动权利义务时,不得违背国家有关法律、法规的规定。如我国《劳动合同法》第19条规定,劳动合同期限3个月以上不满1年的,试用期不得超过1个月。在这种情况下即使双方在合同中约定了1个月以上的试用期,也是违反法律规定的,该条款将视为无效。对此,用人单位应承担由此而产生的法律责任。第三,劳动合同的形式要合法,除非全日制用工外,劳动合同需要以书面形式订立,这是《劳动合同法》对劳动合同形式的要求,否则,用人单位要承担不订立书面合同的法律后果。

2. 公平原则

公平原则是指劳动合同的内容应当公平、合理。就是在符合法律的强制性规定的前提下,劳动合同双方当事人之间的权利义务要公平合理,要大体上平衡。将公平原则作为劳动合同订立的原则,可以防止劳动合同当事人尤其是用人单位滥用优势地位,损害劳动者的权利,有利于保护劳动合同双方当事人的合法权益,维护和平衡当事人之间的利益。

### 3. 平等自愿、协商一致原则

订立劳动合同,首先应当遵循平等自愿、协商一致的原则。所谓平等,是指双方当事人的法律地位平等,这既是民事法律关系成立的有效条件,也是劳动法律关系确立的基本原则。合同关系的成立,以当事人双方在平等的法律地位上经过协商一致为根本条件,任何一方都不得以地位、权势、经济实力等因素把自己的意志强加于对方。劳动合同的当事人尽管一方是用人单位,一方是劳动者个人,双方具有极强的隶属性特征,劳动者必须服从于用人单位劳动过程中的支配和管理,但在订立劳动合同时,不存在谁命令谁、谁服从谁的问题。所谓自愿,是指劳动合同的订立,完全出于合同当事人的意愿,任何一方不得强制对方接受某种条件,第三人也不得干涉劳动合同的订立。自愿原则要求,订立合同时对对方的选择和合同内容的协商,必须具有当事人的自由意志,包括选择合同当事人、选择合同内容、选择合同变更、解除或终止的条件等等。协商一致,是指在订立劳动合同的过程中,劳动合同订立与否、劳动合同内容如何,应当在双方当事人以协商的方式达成一致意见的基础上确定。平等是自愿的前提,自愿是平等的体现,是平等原则在确立劳动关系时直接推导出的结果,没有平等,自愿就是一句空话。而协商一致是平等自愿的唯一表达形式,在意见分歧的情况下,只有通过协商达到的统一,才能真正体现平等自愿。

### 4. 诚实信用

诚实信用原则要求当事人在订立、履行合同,以及劳动合同终止后的全过程中,都要诚实、讲信用,相互协作。如我国《劳动合同法》第8条的规定,用人单位招用劳动者时,应当如实告知劳动者工作内容、工作条件、工作地点、职业危害、安全生产状况、劳动报酬,以及劳动者要求了解的其他情况;用人单位有权了解劳动者与劳动合同直接相关的基本情况,劳动者应当如实说明。诚实信用是《合同法》的一项基本原则,也是《劳动合同法》的一项基本原则,它也是一项社会道德原则。将诚实信用原则作为指导劳动合同当事人订立合同、履行合同的行为准则,有利于保护劳动合同当事人的合法权益,更好地履行合同义务。如果劳动合同没有约定或约定不明确而法律又没有规定的,可以根据诚实信用原则进行解释。

## (二) 劳动合同订立的程序

劳动合同的订立程序,既能保障合同签订的正常进行,也是合同内容合法化、完备化的重要措施。订立劳动合同主要应经过要约与承诺两个基本阶段。

### 1. 要约

要约,是指劳动合同的一方当事人向另一方当事人提出的订立劳动合同的建议。要约人可以是用人单位,也可以是劳动者。要约的内容应当包括:订立劳动合同的愿望、订立劳动合同的条件以及要求对方考虑答复的期限。其中订立合同的条件必须明确具体,以便对方当事人进行考虑、衡量和选择,然后决定是否签订合同。

实践中,在劳动合同的要约行为实施之前,要做大量的准备工作(此环节应定性为要约邀请),如用人单位招用劳动者,首先要向社会公布招收简章,以便符合基本要求的劳动者进行报名,然后经过全面考核,在择优录用的基础上确定应招人员并发出要约。还有的是通过广告媒介或劳动力市场中的中介机构寻找特定对象,然后实施要约行为。

订立劳动合同的要约,是一种法律行为,对要约人产生一定的法律约束力。要约人在要约有效期内不得随意撤销要约,也不得拒绝受要约人的有效承诺。

2. 承诺

承诺,是指受要约人对劳动合同的要约内容表示完全的同意和接受,即受要约人对要约人提出的劳动合同的全部内容表示赞同,而不是提出修改,或者部分同意,或者有条件的接受。当然,订立劳动合同的过程是一个要约邀请—反要约邀请—要约—反要约—再要约—直至承诺的反复协商取得一致意见的过程。

劳动合同的承诺,也是一种法律行为。一般情况下,要约一经承诺,写成书面合同,经双方当事人签名盖章,合同即告成立。依法成立的劳动合同,从合同成立之日或者合同约定生效之日起就具有法律效力。

实践中劳动合同的签订程序多为:首先,用人单位拿出书面合同草案。其次,用人单位介绍符合相关条件的内部劳动规章制度(用人单位在签订劳动合同时,应向劳动者公示劳动规章制度的内容,对一些重要规定,应予以专门提示,最终以合同附件的形式成为合同的重要内容。但在具体操作时,在劳动合同中,一般只列明劳动规章制度的名称、文号以及劳动者承诺遵守劳动规章制度的相关内容)。再次,经与劳动者协商达成一致意见(允许双方对劳动合同草案提出修改和补充)。最后,双方签字盖章,合同即告成立。

此外,有些劳动合同(如涉外劳动合同),国家行政法规或地方性法规要求备案的,应当按规定向劳动行政主管部门备案后,劳动合同才发生法律效力。

(三) 劳动合同订立的形式

劳动合同的形式,是劳动合同内容存在的方式,即劳动合同当事人双方意思表示一致的外部表现。各国关于劳动合同可以或应当以什么形式存在,都由立法明确规定。劳动合同形式有口头形式和书面形式之分。我国《劳动合同法》、《劳动合同法实施条例》对劳动合同的形式有以下规定:

1. 全日制劳动合同应当采用书面形式

我国《劳动合同法》第 10 条第 1 款明确规定:"建立劳动关系,应当订立书面劳动合同。"据此,劳动合同应当采取书面形式。之所以这样规定,主要基于下述考虑:其一,劳动合同内容较为复杂,以书面形式订立劳动合同,有利于当事人正确履行义务,也便劳动合同的监督管理,发生争议后也有据可查,便于分清是非,明确责任,公正、及时地处理问题。特别是我国当前劳动合同法制程度还不算高,当事人的劳动法律意识还相当淡薄,执法素质也有待提高,因而以书面形式签订劳动合同就显得尤为重要和必要。其二,现实中有很多不订立书面劳动合同的情况。由于一些用人单位与劳动者法律意识薄弱,或者一些用人单位利用其优势地位,违反法律规定,故意拖延或者拒绝与劳动者签订书面劳动合同,逃避应当履行的劳动合同义务,任意解除劳动关系,极大地损害了劳动者的合法权益。因此,对于这种情况,极有必要作出相应的规制。其三,书面劳动合同能够加强合同当事人的责任感,促使合同所规定的各项义务能够全面履行。

2. 应该而没有订立书面劳动合同情况的处理

形成劳动关系,就应当签订书面劳动合同,形成劳动关系而没有签订书面劳动合同的,按以下原则处理:

第一,用人单位自用工之日起即与劳动者建立劳动关系。即使用人单位没有与劳动者订立劳动合同,只要存在用工行为,该用人单位与劳动者之间的劳动关系即建立,与用人单位存在事实劳动关系的劳动者即享有劳动法律规定的权利。我国《劳动合同法》规定引起劳动关系产生的法律事实是用工,其目的是保护事实劳动关系中劳动者的权益,并不是肯定用人单位不与劳动者订立劳动合同的行为。

第二,已建立劳动关系,未同时订立书面劳动合同的,如果在自用工之日起1个月内订立了书面劳动合同,其行为即不违法。自用工之日起1个月内,经用人单位书面通知后,劳动者不与用人单位订立书面劳动合同的,用人单位应当书面通知劳动者终止劳动关系,无需向劳动者支付经济补偿,但是应当依法向劳动者支付其实际工作时间的劳动报酬。

第三,用人单位未在用工的同时订立书面劳动合同,与劳动者约定的劳动报酬不明确的,新招用的劳动者的劳动报酬按照集体合同规定的标准执行;没有集体合同或者集体合同未规定的,实行同工同酬。

第四,用人单位自用工之日起超过1个月不满1年未与劳动者订立书面劳动合同的,应当依我国《劳动合同法》第82条的规定向劳动者每月支付两倍的工资,并与劳动者补订书面劳动合同;劳动者不与用人单位订立书面劳动合同的,用人单位应当书面通知劳动者终止劳动关系,并依照我国《劳动合同法》第47条的规定支付经济补偿。这里规定的用人单位向劳动者每月支付两倍工资的起算时间为用工之日起满1个月的次日,截止时间为补订书面劳动合同的前一日。

第五,用人单位自用工之日起满1年未与劳动者订立书面劳动合同的,自用工之日起满1个月的次日至满1年的前一日应当依照我国《劳动合同法》第82条的规定向劳动者每月支付两倍的工资,并视为自用工之日起满1年的当日已经与劳动者订立无固定期限劳动合同,应当立即与劳动者补订书面劳动合同。

3. 非全日制用工劳动合同形式

根据我国《劳动合同法》第69条的规定,非全日制用工的劳动合同既可以是书面形式,也可以是口头协议。之所以这样规定,是因为非全日制用工具有简易性、多样性的用工特点,这类劳动关系以口头协议形式确立,较为直接、简便、快速。

(四)劳动合同的订立过程中应当注意的问题

1. 劳动合同当事人的先合同义务

我国《劳动合同法》第8、9条规定了劳动合同当事人的先合同义务,主要有:(1)用人单位如实向劳动者说明岗位用人要求、工作内容、工作时间、劳动报酬、劳动条件、社会保险、职业危害及其后果、职业病防治措施和待遇、规章制度等情况。有些地方立法还要求这种说明应采用书面形式或者在劳动合同中写明。(2)订立劳动合同,用人单位不得以任何形式向劳动者牟取不正当利益,不得向劳动者收取抵押金、抵押物、定金或者其他财物,不得强迫劳动者集资入股,也不得扣押劳动者的身份证等证件。(3)劳动者应当如实向用人单位提供本人身份证和学历、就业状况、工作经历、职业技能、健康状况等证明。① (4)用人单位必须尊重劳动者的个人隐私权,不可以任意询问劳动者与应聘工作无关的个人情况,而且对因为招聘而获悉的劳动者个人信息,负有保密的义务。

2. 劳务派遣用工形式

进入21世纪以来,劳务派遣成为一种比较普遍的用工形式,其范围不断扩大。劳务派遣用工形式之所以被广泛采用,是由于在一些领域,通过劳务派遣形式用工符合社会化分工的需要。为了使符合社会化分工需要的劳务派遣能够得到健康发展,同时防止用工单位规避劳动保障法律法规,维护被派遣劳动者合法权益,我国《劳动合同法》对劳务派遣用工形式作出了规范:一是规范劳务派遣单位的设立。规定只有依法设立的能够独立承担民事法律责任,且具备一定经济实力以承担对被派遣劳动者义务的公司法人才能专门从事劳务派遣经营。二是对劳务派遣单位与被派遣劳动者订立的劳动合同作出特别规定。尤其是规定了劳务派遣单位应当与被派遣劳动者订立2年以上的固定期限劳动合同,按月支付劳动报酬;被派遣劳动者在无工作期间,劳务派遣单位应当按照所在地人民政府规定的最低工资标准,向其按月支付报酬。从而防止用工单位与劳务派遣单位联合起来随意解除劳动合同,侵害被派遣劳动者的就业稳定权益。三是针对存在劳动关系三方主体的特殊情形,除了明确劳务派遣单位应当承担用人单位义务外,还规定了用工单位应当履行的义务。包括用工单位应当执行国家劳动标准,提供相应的劳动条件和劳动保护;告知被派遣劳动者的工作要求和劳动报酬;支付加班费、绩效奖金,提供与工作岗位相关的福利待遇;对在岗被派遣劳动者进行工作岗位所必需的培训;连续用工的,实行正常的工资调整机制;应当按照劳务派遣协议使用被派遣劳动者,不得将被派遣劳动者再派遣到其他用人单位。四是明确劳务派遣单位与用工单位之间的关系。规定劳务派遣单位应当与用工单位订立劳务派遣协议。劳务派遣协议应当约定派遣岗位和人员数量、派遣期限、劳动报酬和社会保险费的数额与支付方式以及违反协议的责任。用工单位应当根据工作岗位的实际需要与劳务派遣单位确定派遣期限,不得将连续用工期限分割订立数个短期劳务派遣协议。劳务派遣单位应当将劳务派遣协议的内容告知被派遣劳动者,不得克扣用工单位按照劳务派遣协议支付给被派遣劳动者的劳动报酬。五是针对劳务派遣的特殊性,对被派遣劳动者的权利作了一些特别规定。包括规定劳务派遣单位跨地区派遣劳动者的,被派遣劳动者享有的劳动报酬和劳动条件,按照用工单位所在地的标准执行;被派遣劳动者享有与用工单位的劳动者同工同酬的权利;被派遣劳动者有权在劳务派遣单位或者用工单位依法参加或者组织工会,维护自身的合法权益。六是限定劳务派遣岗位的范围。规定劳务派遣一般在临时性、辅助性或者替代性的工作岗位上实施。七是规定用工单位与劳务派遣单位承担连带责任。在劳务派遣用工形式的发展中,用工单位处

---

① 参见王全兴、侯玲玲:《劳动合同法的地方立法资源述评》,载《法学》2005年第2期。

于主导地位,是最大的推动力量。为了防止用工单位规避劳动保障法律、法规,促使用工单位只有在真正符合社会化分工需要时才采用劳务派遣形式用工,并且与规范的劳务派遣单位合作、督促劳务派遣单位依法履行义务,《劳动合同法》规定,在被派遣劳动者合法权益受到侵害时,用工单位与劳务派遣单位承担连带赔偿责任。[①]《劳动合同法实施条例》又作了进一步具体规定,规范劳务派遣:一是用人单位或者其所属单位出资或者合伙设立的劳务派遣单位,向本单位或者所属单位派遣劳动者的,属于《劳动合同法》第67条规定的不得设立的劳务派遣单位。二是明确劳务派遣单位不得以非全日制用工形式招用被派遣劳动者。

## 二、劳动合同的内容

劳动合同的内容,是指劳动者与用人单位通过平等协商而约定的具体的劳动权利义务的条款。我国《劳动合同法》对劳动合同的内容规定为两部分,即必备条款和可备条款。必备条款,也称法定条款,是法律规定劳动合同必须协商而载明的条款,它体现了当事人意志与国家意志的有机结合,集中反映了劳动关系的本质和运行规律。可备条款,是法律规定双方当事人可协商约定的条款,它体现了当事人的意志,是对劳动关系运行的积极补充。

(一) 必备条款

我国《劳动合同法》第17条第1款规定劳动合同应当具备以下必备条款:用人单位的名称、住所和法定代表人或者主要负责人,劳动者的姓名、住址和居民身份证或者其他有效身份证件号码,劳动合同期限,工作内容和工作地点,工作时间和休息休假,劳动报酬,社会保险,劳动保护、劳动条件和职业危害防护,法律、法规规定应当纳入劳动合同的其他事项。具体如下:

1. 用人单位的名称、住所和法定代表人或者主要负责人

这一项内容目的是为了明确劳动合同中用人单位一方的主体资格。

2. 劳动者的姓名、住址和居民身份证或者其他有效身份证件号码

这一项内容目的是为了明确劳动合同中劳动者一方的主体资格。

3. 劳动合同期限

劳动合同期限,指合同的有效期间,即劳动权利义务关系的存续期限。劳动合同的期限分为有固定期限、无固定期限和以完成一定的工作为期限3种,由双方当事人协商选择采用。

4. 工作内容和工作地点

工作内容,是指劳动者应为用人单位提供的劳动,包括工作岗位与工作任务和要求。这是劳动者履行劳动合同的主要义务,须在合同中加以明确规定。劳动合同中必须订明工作岗位,即劳动者进入用人单位后担任何种工作或职务。这也与法律规定的有关解除

---

① 参见《〈中华人民共和国劳动合同法〉宣传提纲》。

劳动合同的条件密切相关。至于要求完成的工作任务或劳动定额,应视用人单位的具体情况,有必要的加以具体规定;不宜具体规定的,作出原则性的规定即可。工作地点是劳动合同的履行地,是劳动者从事劳动合同中所规定的工作内容的地点,劳动者有权在与用人单位建立劳动关系时知悉自己的工作地点。

5. 工作时间和休息休假

工作时间是指劳动者用来完成其所担负的工作任务的时间。工作时间包括工作时间的长短、工作时间的确定方式。劳动合同约定的工作时间,应当遵守《劳动法》及相关法律、法规的规定。休息休假是指劳动者按规定不必进行工作而自行支配的时间。休息休假的权利是每个国家的公民都应享受的权利。用人单位与劳动者在约定休息休假事项时应当遵守《劳动法》及相关法律法规的规定。

6. 劳动报酬

按约定向劳动者支付报酬,是用人单位的一项基本义务。这里的劳动报酬是指劳动者参加社会劳动,按约定标准,从用人方取得的劳动收入。劳动者的劳动报酬主要以货币的形式实现,其中工资是劳动报酬的基本形式,奖金与津贴也是劳动报酬的组成部分。在劳动合同中要求明确规定工资标准或工资的计算办法,工资的支付方式,奖金、津贴的获得条件及标准。在确定工资条款时要特别注意,工资的约定标准不得低于当地最低工资标准,也不得低于本单位集体合同中规定的最低工资标准。

7. 社会保险

社会保险一般包括医疗保险、养老保险、失业保险、工伤保险和生育保险。社会保险由国家强制实施,因此成为劳动合同不可缺少的内容。

8. 劳动保护、劳动条件和职业危害防护

劳动保护,是指用人单位为了保障劳动者在劳动过程中的身体健康与生命安全、预防伤亡事故和职业病的发生,而采取的有效措施。在劳动保护方面,凡是国家有标准规定的,用人单位必须按国家标准执行,劳动合同的约定只能高于国家标准,而不得低于国家标准;国家没有规定标准的,劳动合同中的约定标准以不使劳动者的生命安全受到威胁、身体健康受到侵害为前提条件。劳动者有特别要求,经用人单位协商同意的,亦应在合同中写明。劳动条件,是指劳动者完成劳动任务的必要条件。[①] 用人单位在保证提供必要的劳动条件下,才能要求劳动者完成所给付的劳动任务,因此,劳动条件也是劳动合同中不可缺少的内容。特别是劳动过程需要对劳动条件有特别要求的,双方当事人应在合同中明确具体地加以规定,以避免劳动纠纷的发生,同时也有利于用人单位生产、经营及管理计划的实现。我国《劳动法》、《安全生产法》以及其他生产领域的特别法,都对用人单位的劳动保护和劳动条件作出了明确规定,并形成了一整套安全生产标准体系。职业危害是指用人单位的劳动者在职业活动中,因接触职业性有害因素如粉尘、放射性物质和其他有毒、有害物质等而对生命健康所引起的危害。我国《职业病防治法》第30条要求把用

---

[①] 这里的劳动条件是狭义的劳动条件,广义的劳动条件一般包括工资、工时、休息休假、劳动安全卫生等。

人单位如实告知有关职业病事项的义务作为劳动合同的法定条款。

(二) 可备条款

可备条款,也称约定条款,是指在必备条款之外,双方当事人根据具体情况,在协商一致基础上确定的条款。缺乏可备条款,不影响劳动合同的成立,但可备条款对弥补必备条款的不足,全面完全实现劳动过程,却具有一定的积极意义。我国《劳动合同法》第17条第2款规定:"劳动合同除前款规定的必备条款外,用人单位与劳动者可以约定试用期、培训、保守秘密、补充保险和福利待遇等其他事项。"这里所规定的"试用期、培训、保守商业秘密、补充保险和福利待遇"都属于可备条款。

1. 试用期条款

试用期是用人单位和劳动者为相互了解、选择而依法约定的考察期。试用期多规定于初次就业、新上岗劳动者的劳动合同。约定试用期的目的,在于考察劳动者是否符合录用条件,用人单位所介绍的劳动条件是否符合实际情况,从而使劳动者和用人单位在试用期限内对彼此的情况作进一步的了解,并根据实际情况和法律规定作出是否履行或解除劳动合同的决定。约定试用期限应遵守以下规定:

(1) 试用期包含在劳动合同期限内。试用期包含在劳动合同期限内,劳动合同仅约定试用期的,试用期不成立,该期限为劳动合同期限。

(2) 同一用人单位与同一劳动者就同一岗位只能约定一次试用期。

(3) 试用期最长不得超过6个月。我国《劳动法》规定,试用期最长不得超过6个月。我国《劳动合同法》第19条规定:"劳动合同期限3个月以上不满1年的,试用期不得超过1个月;劳动合同期限1年以上3年以下的,试用期不得超过2个月;3年以上固定期限和无固定期限的劳动合同,试用期不得超过6个月。同一用人单位与同一劳动者只能约定一次试用期。以完成一定工作任务为期限的劳动合同或者劳动合同期限不满3个月的,不得约定试用期。……"

(4) 试用期的法律意义。试用期的法律意义,表现在合同的解除、最低工资的保护等若干方面。具体表现为:规定在试用期中,除劳动者有我国《劳动合同法》第39条和第40条第1项、第2项规定的情形外,用人单位不得解除劳动合同,用人单位在试用期解除劳动合同的,应当向劳动者说明理由。劳动者在试用期内提前3日通知用人单位,可以解除劳动合同;劳动者在试用期的工资不得低于本单位相同岗位最低档工资的80%或者不得低于劳动合同约定工资的80%,并不得低于用人单位所在地的最低工资标准,等等。

2. 服务期条款

服务期条款是指双方当事人约定,由用人单位提供其专项培训待遇的劳动者,必须为用人单位服务满约定的期限,期限内不得单方解除劳动合同的条款。用人单位约定劳动者履行服务期义务的前提是单位为劳动者提供了专项培训待遇,否则就是对劳动者的法定单方劳动合同解除权的不当限制。

我国《劳动合同法》第22条规定:"用人单位为劳动者提供专项培训费用,对其进行专业技术培训的,可以与该劳动者订立协议,约定服务期。劳动者违反服务期约定的,应当按照约定向用人单位支付违约金。违约金的数额不得超过用人单位提供的培训费用。用人单位要求劳动者支付的违约金不得超过服务期尚未履行部分所应分摊的培训费用。用人单位与劳动者约定服务期的,不影响按照正常的工资调整机制提高劳动者在服务期期间的劳动报酬。"《劳动合同法实施条例》第 16 条规定:"劳动合同法第 22 条第 2 款规定的培训费用,包括用人单位为了对劳动者进行专业技术培训而支付的有凭证的培训费用、培训期间的差旅费用以及因培训产生的用于该劳动者的其他直接费用。"《劳动合同法实施条例》第 17 条规定:"劳动合同期满,但是用人单位与劳动者依照劳动合同法第 22 条的规定约定的服务期尚未到期的,劳动合同应当续延至服务期满;双方另有约定的,从其约定。"《劳动合同法实施条例》第 26 条规定,用人单位与劳动者约定了服务期,劳动者依照《劳动合同法》第 38 条的规定解除劳动合同的,不属于违反服务期的约定,用人单位不得要求劳动者支付违约金。因劳动者过错被解除劳动合同的,劳动者应当按照服务期协议的约定向用人单位支付违约金,这样可以避免实践中部分劳动者故意制造可被解雇的事由诱使用人单位解除劳动合同,达到规避服务期约定的目的。

3. 保密条款

劳动过程涉及商业秘密的,当事人应当对有关保密事项在劳动合同中加以明确规定,使之成为劳动合同的一项条款。所谓商业秘密,根据我国《反不正当竞争法》第 10 条的规定,是指不为公众所知悉,能为权利人带来经济利益,具有实用性并由权利人采取措施将其保密的技术、经营信息(如产品、方法、配方、工艺、通信、客户情报、财务状况、经营管理方法等)。

我国《劳动法》第 22 条规定:"劳动合同当事人可以在劳动合同中约定保守用人单位商业秘密的有关事项。"第 102 条规定:"劳动者……违反劳动合同约定的保密事项,对用人单位造成经济损失的,应当依法承担赔偿责任。"我国《劳动合同法》第 23 条第 1 款规定:"用人单位与劳动者可以在劳动合同中约定保守用人单位的商业秘密和与知识产权相关的保密事项。"

在市场经济条件下,商业秘密是重要的竞争手段,有些商业秘密直接关系到用人单位的生存与发展。为了保护用人单位的权益,用人单位可以在合同中就保守商业秘密的具体内容、方式、时间等,与劳动者约定,防止自己的商业秘密被侵占或泄露。劳动者因违反约定保密事项给用人单位造成损失的,要负赔偿责任。

4. 补充保险

补充保险是指除了基本社会保险以外,用人单位根据自己的实际情况为劳动者建立的一种社会保险。补充保险由用人单位自愿实行,国家不作强制的统一规定。用人单位在参加基本保险并按时足额缴纳基本保险费的前提下,可以实行补充保险。

5. 福利待遇

随着市场经济的发展,用人单位给予劳动者的福利待遇也成为劳动者收入的重要指标之一。福利待遇包括住房补贴、通讯补贴、交通补贴、子女教育等。不同的用人单位福利待遇也有所不同,福利待遇已成为劳动者就业选择的一个重要因素。

### 6. 竞业限制条款

竞业限制条款是限制劳动者在合同关系消灭后的一定期间内参与或者从事与原用人单位同业竞争的活动,以保守原用人单位的商业秘密的合同条款。竞业限制条款一般包括竞业限制的具体范围、竞业限制的期限、补偿费的数额及支付方法、违约责任等内容。

我国《劳动合同法》第 23 条、第 24 条对竞业限制作了较为全面的规定。(1) 对负有保密义务的劳动者,用人单位可以在劳动合同或者保密协议中与劳动者约定竞业限制条款,并约定在解除或者终止劳动合同后,在竞业限制期限内按月给予劳动者经济补偿。劳动者违反竞业限制约定的,应当按照约定向用人单位支付违约金。(2) 竞业限制的人员限于用人单位的高级管理人员、高级技术人员和其他负有保密义务的人员。竞业限制的范围、地域、期限由用人单位与劳动者约定,竞业限制的约定不得违反法律、法规的规定。(3) 在解除或者终止劳动合同后,竞业限制的人员到与本单位生产或者经营同类产品、从事同类业务的有竞争关系的其他用人单位,或者自己开业生产或者经营同类产品、从事同类业务的竞业限制期限,不得超过 2 年。

### 7. 违约金和赔偿金条款

劳动合同中对劳动者的违约行为设定违约金和赔偿金条款,各国法律对此规定不一。大多数国家的立法一般未规定"违约金条款",主要是考虑到劳动者的弱势地位,承担赔偿责任的能力极为有限,不能与用人单位的经济抗衡,用人单位的优势地位很容易让劳动者处于"违约"状态,违约金条款往往对劳动者不利。日本明文禁止劳动合同中规定"违约金"条款。

我国《劳动合同法》第 25 条规定,以劳动合同对劳动者的违约行为约定违约金,只限定在三种情形,即服务期、竞业限制和保守商业秘密。就赔偿金而言,《劳动合同法》的第 86 条明确规定,劳动合同依法被确认无效,给对方造成损害的,有过错的一方应当承担赔偿责任。《劳动合同法》第 90 条明确规定,劳动者违反本法规定解除劳动合同,或者违反劳动合同中约定的保密义务或者竞业限制,给用人单位造成损失的,应当承担赔偿责任。

对于约定由用人单位承担的违约金,我国《劳动合同法》没有作出禁止性规定。

此外,现实生活劳动岗位的复杂性和多变性,劳动合同的条款不可能千篇一律,法律对劳动合同条款的规定也不可能穷尽,当事人也可以根据自身情况和特殊需求,约定劳动合同的条款,这些条款在不违反法律精神和原则的前提下,均受法律保护,对双方当事人具有同样的约束力。

## 三、劳动合同的效力

### (一) 劳动合同的成立与生效

#### 1. 劳动合同的成立

劳动合同的成立是指劳动合同的缔约双方当事人因意思表示一致而达成合意的客观状态。劳动合同的成立需要具备三个要件:(1) 双方当事人作出完整的意思表示;(2) 当事人的意思表示以订立劳动合同为目的,并能产生相应的法律后果;(3) 当事人的意思表示须一致。其中基本要件是双方意思表示一致。如果当事人约定了成立的特殊条件或期限,则劳动合同于该条件或期限成就时成立。

2. 劳动合同的有效(生效)

劳动合同的有效(生效)是指依法成立的劳动合同,对当事人双方产生法律约束力。在各国立法中,劳动合同有效要件通常散见于具体的合同法规范,而无集中性规定。从理论上归纳,一般而言,劳动合同的有效(生效)须符合下列条件:(1)合同的主体必须合法;(2)合同的内容和形式必须合法;(3)订立合同的程序必须合法;(4)当事人的意思表示必须真实。

对比劳动合同的成立要件和有效(生效)要件,我们会发现:劳动合同的成立并不完全等同于劳动合同的有效(生效),依法成立的劳动合同为有效合同,绝大多数劳动合同的成立与生效是同时发生的,也有一些劳动合同因未依法成立而无法有效(生效),这里的"依法"的"法"是指强制法和任意法皆可。

劳动合同的有效(生效)后对当事人双方产生的法律约束力具体表现为:(1)当事人双方必须亲自全面履行劳动合同所规定的义务(并同时享受权利),否则,当事人必须依法承担相应责任;(2)合同的变更和解除都必须遵循法定的条件和程序,任何一方当事人都不得擅自变更和解除合同,否则,当事人必须依法承担相应责任;(3)当事人双方因劳动合同发生争议,必须依法定方式处理。

(二)劳动合同的无效

1. 无效劳动合同的概念

无效劳动合同,是指当事人违反法律、法规或违背平等、自愿原则签订的对当事人全部或部分不产生法律约束力的劳动合同。

签订劳动合同是一种法律行为,它是劳动法律关系产生的重要法律事实。订立劳动合同应当遵循平等自愿、协商一致的原则,不得违背法律、行政法规的规定。只有当订立劳动合同的行为符合《劳动法》、《劳动合同法》的规定及有关法律规范时,才能受到国家法律的保护,产生当事人期望的法律后果。否则,将导致合同无效。

2. 无效劳动合同的确认

按照我国《劳动法》第18条和第35条、《劳动合同法》第26条的规定,以下劳动合同为无效劳动合同:

(1)违反法律、行政法规强制性规定的劳动合同。

国家的法律、行政法规是国家利益和人民利益的集中体现,也是为全社会主体一致遵行的行为规范。这就要求当事人在订立劳动合同时,必须遵循法律、行政法规强制性规定,否则,所签合同不仅得不到法律的保护,反而会受到法律的追究。如违反工时休假制度、安全卫生标准、最低工资标准等规定的劳动合同条款,均属内容不合法。再如,一些劳动使用者在劳动合同中规定"工伤概不负责"、"社会保险自理",或者规定女性劳动者在合同期内不得结婚或者生育,此类劳动合同显然都违反了社会公共利益,应当归于无效。

（2）以欺诈、胁迫的手段或者乘人之危，使对方在违背其真实意思的情况下订立或者变更的劳动合同。

欺诈，是指一方当事人故意隐瞒事实真相或制造假象，使对方当事人在上当受骗的情况下订立合同。胁迫，是指一方当事人以暴力或其他手段相威胁，强迫对方当事人与自己订立合同。乘人之危，是指行为人利用他人的危难处境或紧迫需要强迫对方接受某种明显不公平的条件并作出违背其真意的意思表示。采取欺诈、胁迫、乘人之危等手段签订的劳动合同，违背了平等自愿、协商一致的订立劳动合同的原则，是一种严重违法的行为，对此类劳动合同，不仅要宣告无效，而且应追究过错方当事人的法律责任。

（3）用人单位免除自己的法定责任、排除劳动者权利的劳动合同。

用人单位以免除自己的法定责任、排除劳动者权利为目的签订的劳动合同属于无效合同，或无效合同条款，如有的劳动合同规定："发生工伤事故，单位概不负责"、"不享受星期天休假"等等，均属于用人单位免除自己的法定责任、排除劳动者权利因而无效的条款。

无效劳动合同，按其无效程度，可以分为全部无效和部分无效两种。全部无效是指合同整体无效，包括两种情况：一是劳动合同的内容全部不符合国家法律、法规的要求；二是尽管劳动合同中只有部分内容无效，但无效部分足以影响其他部分的效力，导致全部无效的后果。部分无效是指劳动合同中某些条款违反国家法律、行政法规的规定，但并不影响其他条款的履行，只需认定该项条款无效，其余条款仍为有效。如劳动合同中的工资标准低于最低工资标准或低于集体合同中规定的标准，就属于部分无效的情况。我国《劳动法》第18条第2款规定："无效的劳动合同，从订立的时候起，就没有法律约束力。确认劳动合同部分无效的，如果不影响其余部分的效力，其余部分仍然有效。"我国《劳动合同法》第27条规定："劳动合同部分无效，不影响其他部分效力的，其他部分仍然有效。"

（4）无效劳动合同的确认机关。

无效劳动合同的确认机关，必须是劳动争议仲裁委员会或人民法院。我国《劳动法》第18条第3款规定："劳动合同的无效，由劳动争议仲裁委员会或者人民法院确认。"我国《劳动合同法》第26条第2款规定："对劳动合同的无效或者部分无效有争议的，由劳动争议仲裁机构或者人民法院确认。"其具体操作程序是，应首先由劳动争议仲裁委员会确认，在当事人不服劳动争议仲裁委员会的确认而依法提起诉讼的条件下，才由人民法院确认。

3. 无效劳动合同的处理

对无效劳动合同的处理，法律有特殊的要求和规定。对于无效民事合同的处理，一般采用返还财产、赔偿损失和追缴国库等方式，而无效劳动合同中，由于劳动者用以交换的劳动力的特殊性（劳动力支出后就不可回收），所以，对劳动者实施的劳动行为和所得的物质待遇不可能采取返还办法处理，并且应当对劳动者依法予以保护。所以，只能根据无效劳动合同的特点采取相应的处理措施，主要包括取消全部无效的劳动合同、修改部分无效劳动合同和赔偿损失。

(1) 取消全部无效的劳动合同。

取消全部无效的劳动合同是指对全部无效的劳动合同应停止其继续履行,并予以废止。① 全部无效劳动合同是国家不予承认和保护的合同,所签合同不仅得不到法律的保护,反而会受到法律的追究。劳动合同的无效应追溯自劳动合同成立之时,即从订立的时候起就没有法律约束力。劳动合同被整体确认无效,没有履行的,不得履行;正在履行的,要停止履行;对于已经履行的部分,即劳动者付出了劳动的,应得到相应的报酬和有关待遇。我国《劳动合同法》第28条规定:劳动合同被确认无效,劳动者已付出劳动的,用人单位应当向劳动者支付劳动报酬。劳动报酬的数额,参照本单位相同或者相近岗位劳动者的劳动报酬确定。

(2) 修改部分无效劳动合同。

修改劳动合同的处理方式,适用于被确认部分无效的劳动合同及程序不合法而无效的劳动合同。劳动合同的部分条款被确认无效,并不影响其余部分的效力,须对其无效的部分予以修正,使其合法有效。修正后的合法条款应具有溯及力,溯及到该合同生效之时。对于程序不合法而不发生法律效力的劳动合同,应从程序上予以补正和完善,以确认该项劳动关系存在的合法性。

(3) 赔偿损失。

我国《劳动合同法》第86条作了如下规定:"劳动合同依照本法第26条规定被确认无效,给对方造成损害的,有过错的一方应当承担赔偿责任。"

## 第三节 劳务派遣和非全日制用工

### 一、劳务派遣

(一) 定义

劳务派遣是指劳务派遣单位(用人单位)与被派遣劳动者订立劳动合同后,再与接受以劳务派遣形式用工的单位(用工单位)订立劳务派遣协议,将被派遣劳动者派遣至用工单位,从而形成的一种用工形式。劳务派遣的法律关系涉及被派遣劳动者、用人单位、用工单位三方。

(二) 劳务派遣的特殊规定

进入21世纪以来,劳务派遣成为一种比较普遍的用工形式,其范围不断扩大。劳务派遣用工形式之所以被广泛采用,是由于在一些领域,通过劳务派遣形式用工更符合社会化分工的需要。为了使劳务派遣能够得到健康发展,同时防止用工单位规避劳动法律法

---

① 需注意的是,此处出现的"取消"或"废止"不能用"撤销"替代。法理上无效合同的撤销权特指合同当事人的一种选择权,只适用于相对无效的合同,即可撤销的合同。我国《劳动法》、《劳动合同法》没有规定可撤销的劳动合同,这意味着《劳动法》、《劳动合同法》上不存在合同的相对无效制度及与其相应的撤销选择权。因此,使用"撤销"来指称劳动合同全部无效的法律后果很容易引起误解和混乱。

规,维护被派遣劳动者合法权益,我国《劳动合同法》对劳务派遣中的法律关系作出了一些特别规定:

1. 劳务派遣单位的设立

规定只有依法设立的能够独立承担民事法律责任,且具备一定经济实力以承担对被派遣劳动者义务的公司法人才能专门从事劳务派遣经营。我国对劳动派遣单位的资格作了专门规定,《劳动合同法》规定,劳务派遣单位应当依照《公司法》的有关规定设立,注册资本不得少于 200 万元(第 57 条)。劳务派遣单位作为用人单位,应当履行用人单位对劳动者的义务。

2. 劳务派遣单位与被派遣劳动者订立的劳动合同

劳务派遣单位与被派遣劳动者订立的劳动合同,除应当载明我国《劳动合同法》第 17 条规定的劳动合同条款外,还应当载明被派遣劳动者的用工单位以及派遣期限、工作岗位等情况。劳务派遣单位应当与被派遣劳动者订立 2 年以上的固定期限劳动合同,按月支付劳动报酬;被派遣劳动者在无工作期间,劳务派遣单位应当按照所在地人民政府规定的最低工资标准,向其按月支付报酬(第 58 条)。从而防止用工单位与劳务派遣单位联合起来随意解除劳动合同,侵害被派遣劳动者的就业稳定权益。

3. 用工单位应当履行的义务

针对存在劳动关系三方主体的特殊情形,除了明确劳务派遣单位应当承担用人单位义务外,还规定了用工单位应当履行的义务。包括用工单位应当执行国家劳动标准,提供相应的劳动条件和劳动保护;告知被派遣劳动者的工作要求和劳动报酬;支付加班费、绩效奖金,提供与工作岗位相关的福利待遇;对在岗被派遣劳动者进行工作岗位所必需的培训;连续用工的,实行正常的工资调整机制;应当按照劳务派遣协议使用被派遣劳动者,不得将被派遣劳动者再派遣到其他用人单位。

4. 劳务派遣单位与用工单位之间的关系

规定劳务派遣单位应当与用工单位订立劳务派遣协议。劳务派遣协议应当约定派遣岗位和人员数量、派遣期限、劳动报酬和社会保险费的数额与支付方式以及违反协议的责任。用工单位应当根据工作岗位的实际需要与劳务派遣单位确定派遣期限,不得将连续用工期限分割订立数个短期劳务派遣协议。劳务派遣单位应当将劳务派遣协议的内容告知被派遣劳动者,不得克扣用工单位按照劳务派遣协议支付给被派遣劳动者的劳动报酬。

5. 派遣劳动者的权利

针对劳务派遣的特殊性,对被派遣劳动者的权利作了一些特别规定。包括规定劳务派遣单位跨地区派遣劳动者的,被派遣劳动者享有的劳动报酬和劳动条件,按照用工单位所在地的标准执行;被派遣劳动者享有与用工单位的劳动者同工同酬的权利;被派遣劳动者有权在劳务派遣单位或者用工单位依法参加或者组织工会,维护自身的合法权益。

6. 劳务派遣岗位的范围

规定劳务派遣一般在临时性、辅助性或者替代性的工作岗位上实施。

7. 用工单位与劳务派遣单位承担连带责任

在劳务派遣用工形式的发展中,用工单位处于主导地位,是最大的推动力量。为了防止用工单位规避劳动保障法律法规,促使用工单位只有在真正符合社会化分工需要时才采用劳务派遣形式用工,并且与规范的劳务派遣单位合作、督促劳务派遣单位依法履行义务,我国《劳动合同法》规定,在被派遣劳动者合法权益受到侵害时,用工单位与劳务派遣单位承担连带赔偿责任。

我国《劳动合同法实施条例》又作了进一步具体规定,规范劳务派遣:一是用人单位或者其所属单位出资或者合伙设立的劳务派遣单位,向本单位或者所属单位派遣劳动者的,属于我国《劳动合同法》第 67 条规定的不得设立的劳务派遣单位。二是明确劳务派遣单位不得以非全日制用工形式招用被派遣劳动者。

### 二、非全日制用工

(一) 定义

依据我国《劳动合同法》第 68 条的规定,非全日制用工,是指以小时计酬为主,劳动者在同一用人单位一般平均每日工作时间不超过 4 小时,每周工作时间累计不超过 24 小时的用工形式。

(二) 非全日制用工的特殊规定

非全日制用工适用一些特殊规定:

(1) 从事非全日制用工的劳动者可以与一个或者一个以上用人单位订立劳动合同,但后订立的劳动合同不得影响先订立的劳动合同的履行。

(2) 非全日制用工双方当事人可以订立口头协议。

(3) 非全日制用工双方当事人不得约定试用期,非全日制用工双方当事人任何一方都可以随时通知对方终止用工。终止用工时,用人单位不向劳动者支付经济补偿。

(4) 非全日制用工小时计酬标准不得低于用人单位所在地人民政府规定的最低小时工资标准。

(5) 非全日制用工劳动报酬结算支付周期最长不得超过 15 日,等等。

## 第四节 劳动合同的履行和变更

### 一、劳动合同的履行

(一) 劳动合同履行的概念和原则

劳动合同履行是指合同当事人双方履行劳动合同所规定的义务的法律行为。我国《劳动合同法》第 29 条至第 32 条规定了劳动合同的履行应遵循全面履行、合法履行的原则。

(1) 全面履行原则。指的是劳动合同双方当事人在任何时候,均应当履行劳动合同约定的全部义务。我国《劳动合同法》第29条规定,用人单位与劳动者应当按照劳动合同的约定,全面履行各自的义务。

(2) 合法履行原则。指的是劳动合同双方当事人在履行劳动合同过程中,必须遵守法律法规,不得有违法行为。我国《劳动合同法》着重强调了三个方面,一是规定用人单位应当按照劳动合同约定和国家规定及时足额支付劳动报酬。用人单位拖欠或者未足额支付劳动报酬的,劳动者可以依法向当地人民法院申请支付令,人民法院应当依法发出支付令。二是规定用人单位应当严格执行劳动定额标准,不得强迫或者变相强迫劳动者加班。用人单位安排加班的,应当按照国家有关规定向劳动者支付加班费。三是规定劳动者对用人单位管理人员违章指挥、强令冒险作业有权拒绝,不视为违反劳动合同;对危害生命安全和身体健康的劳动条件,有权对用人单位提出批评、检举和控告。[1]

(二) 特殊情形下劳动合同的履行规则

(1) 用人单位变更名称、法定代表人、主要负责人或者投资人等事项,不影响劳动合同的履行。

(2) 规定用人单位发生合并或者分立等情况,原劳动合同继续有效,劳动合同由承继其权利义务的用人单位继续履行。

在用人单位变更名称、法定代表人、主要负责人,或者用人单位发生合并、分立等情况时,由于劳动合同必备条款中的用人单位名称、法定代表人、主要负责人等内容发生了变更,用人单位与劳动者应当从形式上变更劳动合同,但是,没有从形式上变更劳动合同的,原劳动合同也应当继续履行。

(3) 对于劳动合同中内容不明确的条款,应依法确定其具体内容,然后予以履行。

(4) 劳动者在一定条件下还应履行约定之外的劳动给付。例如,我国台湾地区现行的"劳动契约法"规定,劳动者于其约定之劳动给付外,无给付其他附带劳动义务,但有紧急情形或其职业上有特别习惯时,不得拒绝其所能给付之劳动。我国《劳动法》第42条也有类似规定。

**二、劳动合同的变更**

劳动合同的变更,指的是在劳动合同履行期间,劳动合同双方当事人协商一致后改变劳动合同的内容的法律行为。劳动合同的变更,仅限于劳动合同内容的变化,而不可能是主体的变更。我国《劳动合同法》第35条第1款规定了劳动合同变更的一般原则:用人单位与劳动者协商一致,可以变更劳动合同约定的内容。也就是说,协商一致原则是劳动合同变更的一般原则。我国《劳动合同法》第35条也规定了劳动合同变更的形式:变更劳动合同,应当采用书面形式。变更后的劳动合同文本由用人单位和劳动者各执一份。

此外,需要注意的是,对于工会主席、副主席的岗位,用人单位不能随意调动。我国《工会法》规定,工会主席、副主席任期未满时,不得随意调动其工作。因工作需要调动

---

[1] 参见《〈中华人民共和国劳动合同法〉宣传提纲》。

时,应当征得本级工会委员会和上一级工会的同意。

## 第五节 劳动合同的解除和终止

### 一、劳动合同的解除

(一) 劳动合同解除的概念与类型

劳动合同的解除,是指劳动合同签订以后,尚未履行完毕之前,由于一定事由的出现,当事人提前终止劳动合同的法律行为。

劳动合同的解除依不同标准具有不同分类。按照合同解除的方式不同,可分为双方解除和单方解除;按照合同解除条件的依据是法律还是约定,可分为法定解除和协议解除。一般情况下,劳动合同的双方解除,也可称为协议解除,单方解除也可称为法定解除。

(二) 劳动合同解除的条件和程序

1. 劳动合同的双方解除(协议解除)

根据我国《劳动法》第24条和《劳动合同法》第36条规定,经劳动合同当事人协商一致,劳动合同可以解除。劳动合同是双方当事人在自愿的基础上订立的,当然也允许自愿协商解除,而不问要求解除的理由或原因。只要一方提出解除的要求,另一方表示同意即可。

一般来讲,经双方协商解除劳动合同的,双方当事人之间便不会发生劳动争议。但用人单位应注意按法律、法规规定,给劳动者办理劳动合同的解除手续、社会保险的转移手续及给予经济补偿(前提是用人单位首先向劳动者提出解除劳动合同动议)。

2. 用人单位单方解除劳动合同(法定解除)

用人单位单方解除劳动合同,必须符合法定条件和按照法定程序进行。用人单位单方面解除劳动合同又可以分为以下几类:

(1) 即时辞退。

即时辞退,指用人单位可以不必依法提前预告而立即解除劳动合同的行为。

我国《劳动合同法》第39条规定,适用即时辞退的情况如下:① 在试用期间被证明不符合录用条件的;② 严重违反用人单位的规章制度的;③ 严重失职,营私舞弊,给用人单位造成重大损害的;④ 劳动者同时与其他用人单位建立劳动关系,对完成本单位的工作任务造成严重影响,或者经用人单位提出,拒不改正的;⑤ 因本法第26条第1款第1项规定的情形致使劳动合同无效的;⑥ 被依法追究刑事责任的。另外,有关劳动规章还规定,劳动者被劳动教养的,用人单位也可作出即时辞退的决定。用人单位在劳动者有上列情况之一出现时,有权解除劳动合同,而无须征得他人的意见,也不必履行特别的程序,更不存在经济补偿问题。

(2) 预告辞退。

预告辞退,是指由于客观情况发生了变化或劳动者患病、非因公伤残等,用人单位在采取弥补措施无果的情况下,法律赋予用人单位在履行特定程序后解除劳动合同。

我国《劳动合同法》第40条规定:有下列情形之一的,用人单位提前30日以书面形式通知劳动者本人或者额外支付劳动者1个月工资后,可以解除劳动合同:① 劳动者患病或者非因工负伤,在规定的医疗期满后不能从事原工作,也不能从事由用人单位另行安排的工作的;② 劳动者不能胜任工作,经过培训或者调整工作岗位,仍不能胜任工作的;③ 劳动合同订立时所依据的客观情况发生重大变化,致使劳动合同无法履行,经用人单位与劳动者协商,未能就变更劳动合同内容达成协议的。

预告辞退的限制情形:劳动者有下列情形之一的,用人单位不得预告辞退:① 从事接触职业病危害作业的劳动者未进行离岗前职业健康检查,或者疑似职业病病人在诊断或者医学观察期间的;② 在本单位患职业病或者因工负伤并被确认丧失或者部分丧失劳动能力的;③ 患病或者非因工负伤,在规定的医疗期内的;④ 女职工在孕期、产期、哺乳期的;⑤ 在本单位连续工作满15年,且距法定退休年龄不足5年的;⑥ 法律、行政法规规定的其他情形。

(3) 经济性裁员。

经济性裁员,顾名思义,即因经济性原因,使企业濒临破产,被人民法院宣告进入法定整顿期间,或因生产经营发生严重困难,达到当地政府规定的严重困难企业标准而难以正常经营的状况下,通过裁员从而达到增效目的。它是预告辞退的一种特殊形式。用人单位裁减人员往往涉及多个劳动者主体,事关重大,所以必须严明法定条件和法定程序。我国《劳动合同法》第41条作了新的规定:

第一,修改了用人单位裁减人员的规定:《劳动合同法》一方面强化了对用人单位与符合条件的劳动者订立无固定期限劳动合同的要求,另一方面考虑到用人单位调整经济结构、革新技术以适应市场竞争的需要,放宽了用人单位在确需裁减人员时进行裁减人员的条件:一是增加了用人单位可以裁减人员的法定情形。《劳动法》规定,用人单位只有在濒临破产进行法定整顿期间或者生产经营状况发生严重困难,确需裁减人员的,才可以裁减人员。《劳动合同法》除延续《劳动法》以上规定外,增加了两种用人单位可以裁减人员的情形:① 企业转产、重大技术革新或者经营方式调整,经变更劳动合同后,仍需裁减人员的;② 其他因劳动合同订立时所依据的客观经济情况发生重大变化,致使劳动合同无法履行的。二是放宽了用人单位裁减人员的程序要求。《劳动法》规定,用人单位裁减人员的,都应当提前30日向工会或者全体职工说明情况,听取工会或者职工的意见,并向劳动行政部门报告。《劳动合同法》将《劳动法》以上规定内容调整为,用人单位需要裁减人员20人以上或者裁减不足20人但占企业职工总数10%以上的,才应当按照以上规定的程序执行;裁减人员不足20人且占企业职工总数不足10%的,无须按照以上规定的程序执行。与此同时,为了降低裁减人员对劳动者工作和生活的影响,《劳动合同法》与《劳动法》相比,补充规定了用人单位在裁减人员中应当承担的社会责任:一是补充规定了裁减人员时,应当优先留用下列人员:① 与本单位订立较长期限的固定期限劳动合同的;② 与本单位订立无固定期限劳动合同的;③ 家庭无其他就业人员,有需要扶养的老人或者未成年人的。二是细化了关于用人单位裁减人员后,在6个月内录用人员的,应当优先录用被裁减人员的规定,即规定:用人单位在6个月内重新招用人员的,应当通知被裁减的人员,并在同等条件下优先招用被裁减的人员。

第二,增加了用人单位裁减人员的限制情形:① 从事接触职业病危害作业的劳动者未进行离岗前职业健康检查,或者疑似职业病病人在诊断或者医学观察期间的;② 在本单位患职业病或者因工负伤并被确认丧失或者部分丧失劳动能力的;③ 患病或者非因工负伤,在规定的医疗期内的;④ 女职工在孕期、产期、哺乳期的;⑤ 在本单位连续工作满15年,且距法定退休年龄不足5年的;⑥ 法律、行政法规规定的其他情形。

3. 劳动者单方解除劳动合同(法定解除)

劳动者单方解除劳动合同,必须符合法定条件和按照法定程序进行。劳动者单方解除劳动合同,分为即时辞职和预告辞职两种类型。

(1) 即时辞职。

与法律规定的用人单位即时辞退相适应,劳动者在法定条件下,也享有即时解除权。我国《劳动合同法》第38条规定了允许即时辞职的几种情形:① 未按照劳动合同约定提供劳动保护或者劳动条件的;② 未及时足额支付劳动报酬的;③ 未依法为劳动者缴纳社会保险费的;④ 用人单位的规章制度违反法律、法规的规定,损害劳动者权益的;⑤ 因本法第26条第1款规定的情形致使劳动合同无效的;⑥ 法律、行政法规规定劳动者可以解除劳动合同的其他情形。⑦ 用人单位以暴力、威胁或者非法限制人身自由的手段强迫劳动者劳动的,或者用人单位违章指挥、强令冒险作业危及劳动者人身安全的,劳动者可以立即解除劳动合同,不需事先告知用人单位。需要特别说明的是,以上①至⑥项的解除,虽然劳动者有单方面的解除权,但是在其行使这一权利时,有事先告知用人单位的义务,即明确告知用人单位其基于以上的理由解除劳动合同。如果劳动者不履行告知义务,会给用人单位组织劳动和正常的生产经营带来困难。只有对符合⑦项条件的,依照我国《劳动合同法》的规定,劳动者不需事先告知用人单位。

(2) 预告辞职。

我国《劳动合同法》第37条规定:劳动者提前30日以书面形式通知用人单位,可以解除劳动合同。劳动者在试用期内提前3日通知用人单位,可以解除劳动合同。其基本含义是:① 预告辞职没有任何法定理由,也就是说劳动者可以以任何理由向单位提出要求解除劳动合同。② 通知后超过30日(在试用期内为3日),劳动者可以向用人单位提出办理解除劳动合同手续,用人单位应予办理,不得以人事档案或扣发工资等相要挟、阻挠。

(三) 劳动合同解除的法律后果

劳动合同的解除,意味着双方当事人之间劳动权利义务结束的同时,在双方当事人之间产生了新的权利义务关系(附随权利义务关系)。这些权利义务关系是基于已经解除的劳动合同关系而产生的,但是其内容是法律规定的,而不是约定的。

## 1. 用人单位的义务

合同解除后,用人单位负有以下几方面的义务:

(1) 支付经济补偿金的义务。

劳动合同解除的经济补偿,是指用人单位在协议解除劳动合同或者预告辞退、经济性裁员情况下,按照法律的规定,支付给劳动者的补偿金。

第一,经济补偿范围。

依照我国《劳动合同法》第46条的规定,有下列情形之一的,用人单位应当向劳动者支付经济补偿:(1) 劳动者依照本法第38条规定解除劳动合同的[①];(2) 用人单位依照本法第36条规定向劳动者提出解除劳动合同并与劳动者协商一致解除劳动合同的;(3) 用人单位依照本法第40条的规定解除劳动合同的;(4) 用人单位依照本法第41条第1款规定解除劳动合同的;(5) 除用人单位维持或者提高劳动合同约定条件续订劳动合同,劳动者不同意续订的情形外,依照本法第44条第1项规定终止固定期限劳动合同的[②];(6) 依照本法第44条第4项、第5项规定终止劳动合同的;(7) 法律、行政法规规定的其他情形。[③]

第二,经济补偿金的支付标准。

我国《劳动合同法》第47条规定,经济补偿按劳动者在本单位工作的年限,每满1年支付1个月工资的标准向劳动者支付。6个月以上不满1年的,按1年计算;不满6个月的,向劳动者支付半个月工资的经济补偿。劳动者月工资高于用人单位所在直辖市、设区的市级人民政府公布的本地区上年度职工月平均工资三倍的,向其支付经济补偿的标准按职工月平均工资三倍的数额支付,向其支付经济补偿的年限最高不超过12年。[④] 本条所称月工资是指劳动者在劳动合同解除或者终止前12个月的平均工资。《劳动合同法实施条例》第27条明确规定,《劳动合同法》第47条规定的经济补偿的月工资按照劳动者应得工资计算,包括计时工资或者计件工资以及奖金、津贴和补贴等货币性收入。劳动者在劳动合同解除或者终止前12个月的平均工资低于当地最低工资标准的,按照当地最低工资标准计算。劳动者工作不满12个月的,按照实际工作的月数计算平均工资。

---

① 这是因为,劳动者依照我国《劳动合同法》第38条规定解除劳动合同,其原因是用人单位存在违反工资支付、社会保险等方面的法律规定的行为,损害了劳动者的合法权益。增加规定在这种情形下劳动者提出解除劳动合同的,用人单位也必须支付经济补偿,一则可以督促用人单位遵守有关工资支付、社会保险等方面的法律规定,二则可以防止用人单位故意违法,逼迫劳动者提出解除劳动合同,以规避支付经济补偿。

② 规定固定期限劳动合同期满终止也应当支付经济补偿金,可以消除用人单位减少解雇成本的动机,以经济手段引导用人单位与劳动者订立长期或者无固定期限劳动合同。

③ 主要包括:《劳动合同法实施条例》第22条规定:以完成一定工作任务为期限的劳动合同因任务完成而终止的,用人单位应当依照《劳动合同法》第47条的规定向劳动者支付经济补偿。《劳动合同法实施条例》第23条规定:用人单位依法终止工伤职工的劳动合同的,除依照《劳动合同法》第47条的规定支付经济补偿外,还应当依照国家有关工伤保险的规定支付一次性工伤医疗补助金和伤残就业补助金。《劳动合同法实施条例》第31条规定:劳务派遣单位或者被派遣劳动者依法解除、终止劳动合同的经济补偿,依照《劳动合同法》第46条、第47条的规定执行。

④ 这一规定的目的是避免过于加重用人单位的人工成本,同时合理调节高收入劳动者的收入水平。

(2) 违法解除劳动合同的经济赔偿。

劳动合同解除的经济赔偿，是指劳动合同当事人违反劳动法有关劳动合同解除的规定，所应支付给受损害方的赔偿金。劳动合同解除的补偿和赔偿功能不同。经济补偿在于人道性帮助，经济赔偿在于对违法者责任的确认和受损者的救济。因此，经济补偿只产生于用人单位支付给解除劳动合同的劳动者，而经济赔偿的赔偿主体既可能是用人单位，也可能是劳动者。

经济赔偿金的支付标准为：依照《劳动合同法》第48条，用人单位违反劳动合同法规定的条件解除或者终止劳动合同，劳动者享有选择权，可以要求用人继续履行劳动合同，如果用人单位能够履行的，应当继续履行；如果劳动者不要求继续履行劳动合同或者劳动合同已经不能继续履行的，用人单位应当依照本法第87条规定支付赔偿金，即应当依照本法第47条规定的经济补偿标准的二倍向劳动者支付赔偿金。《劳动合同法实施条例》第25条明确规定，用人单位违反《劳动合同法》的规定解除或者终止劳动合同，依照《劳动合同法》第87条的规定支付了赔偿金的，不再支付经济补偿。赔偿金的计算年限自用工之日起计算。同时，在《劳动合同法》第85条还规定，解除或者终止劳动合同，未依照本法规定向劳动者支付经济补偿的，劳动行政部门可以责令用人单位按应付金额50%以上100%以下的标准向劳动者加付赔偿金。

另外，我国《工会法》第52条的规定，用人单位不得因为劳动者参加工会活动而与之解除劳动合同，或者因为工会工作人员履行职责而与之解除劳动合同。对于违反《工会法》第52条的不当解除劳动合同行为，劳动行政部门可以责令用人单位恢复被解雇劳动者的工作，补发因不当解除合同而损失的工资，或者责令用人单位按年收入的二倍给付赔偿。

(3) 其他义务。

在解除劳动关系后，用人单位依照我国《劳动合同法》的有关规定，应当向劳动者支付经济补偿的，补偿金在办结工作交接时支付。用人单位应当在解除或者终止劳动合同时，出具解除或者终止劳动合同的证明，并在15日内为劳动者办理档案和社会保险关系转移手续。用人单位出具的解除、终止劳动合同的证明，应当写明劳动合同期限、解除或者终止劳动合同的日期、工作岗位、在本单位的工作年限。用人单位对已经解除或者终止的劳动合同的文本，至少保存2年备查。

2. 劳动者的义务

主要有：(1) 结束并移交工作事务。我国《劳动合同法》第50条第2款规定：劳动者应当按照双方约定，遵循诚实信用的原则办理工作交接。(2) 违法解除劳动合同的经济赔偿。《劳动合同法》第90条规定：劳动者违反本法规定解除劳动合同，或者违反劳动合同中约定的保密义务或者竞业限制，给用人单位造成损失的，应当承担赔偿责任，等等。

## 二、劳动合同的终止

劳动合同的终止,是指劳动合同订立后,因法律规定的法律事实产生或出现,从而消灭劳动合同所确定的权利义务。劳动合同的终止在法理上有广义和狭义之分,狭义的终止是指劳动合同依法或依约定的条件自行消灭,狭义的终止不包括合同的解除;广义的终止则包括劳动合同的解除(依法提前终止劳动合同的法律效力)。根据我国《劳动法》、《劳动合同法》及相关规定,劳动合同终止不包括劳动合同解除。一般意义上所指的终止是狭义的合同终止。

我国《劳动法》规定:"劳动合同期满或者当事人约定的劳动合同终止条件出现,劳动合同即行终止。"也就是说,《劳动法》规定的劳动合同终止包括两类,一类是法定终止,即劳动合同因期满而终止;另一类是约定终止,即劳动合同因当事人约定的终止条件出现而终止。在我国《劳动法》的实施中,一些用人单位随意与劳动者约定劳动合同终止条件,并据此终止劳动合同,使无固定期限劳动合同提前消灭,不能真正起到维护劳动者就业稳定权益的作用;同时,对于劳动者退休、死亡或者用人单位破产等情形下,劳动合同如何处理,法律没有作出规定。为了更好地维护劳动者合法权益,我国《劳动合同法》调整了《劳动法》关于劳动合同终止的规定内容:一是取消了劳动合同的约定终止,规定劳动合同只能因法定情形出现而终止。也就是说,劳动合同当事人不得约定劳动合同终止条件;即使约定了,该约定也无效。二是增加了劳动合同法定终止的情形,即劳动合同终止的法定情形除劳动合同期满(包括固定期限劳动合同期满,以及以完成一定工作任务为期限的劳动合同因该工作任务完成而期满)外,还包括:(1) 劳动者开始依法享受基本养老保险待遇的[①];(2) 劳动者死亡,或者被人民法院宣告死亡或者宣告失踪的;(3) 用人单位被依法宣告破产的;(4) 用人单位被吊销营业执照、责令关闭、撤销或者用人单位决定提前解散的;(5) 法律、行政法规规定的其他情形。三是增加了终止劳动合同的限制情形。在我国《劳动合同法》施行之前,为了保护劳动者的权益,国家规定在下列情形下,即使劳动合同期限届满,用人单位也不得终止劳动合同:(1)《工会法》规定,基层工会专职主席、副主席或者委员自任职之日起,其劳动合同期限自动延长,延长期限相当于其任职期间;非专职主席、副主席或者委员自任职之日起,其尚未履行的劳动合同期限短于任期的,劳动合同期限自动延长至任期期满。但是,任职期间个人严重过失或者达到法定退休年龄的除外。(2) 原劳动部《关于贯彻执行〈中华人民共和国劳动法〉若干问题的意见》(劳部发〔1995〕309号)规定,除《劳动法》第25条规定的情形(即在试用期间被证明不符合录用条件的;严重违反劳动纪律或者用人单位规章制度的;严重失职,营私舞弊,对用人单位利益造成重大损害的;被依法追究刑事责任的)外,劳动者在医疗期、孕期、产期和哺乳期内,劳动合

---

① 我国《劳动合同法实施条例》第21条修改为:"劳动者达到法定退休年龄的,劳动合同终止。"应以《劳动合同法实施条例》为准。

同期限届满时,用人单位不得终止劳动合同。劳动合同的期限应自动延续至医疗期、孕期、产期和哺乳期期满为止。(3)《工伤保险条例》规定,劳动者在本单位患职业病或者因工负伤并被确认丧失劳动能力的,或者大部分丧失劳动能力且劳动者没有提出终止劳动合同的,用人单位不得与劳动者终止劳动合同。① (4)《职业病防治法》规定,用人单位对未进行离岗前职业健康检查的劳动者不得终止与其订立的劳动合同;在疑似职业病病人诊断或者医学观察期间,不得终止与其订立的劳动合同。《劳动合同法》除延续《工会法》、《职业病防治法》等以上规定外,还补充规定,劳动者在本单位连续工作满 15 年,且距法定退休年龄不足 5 年的,即使劳动合同期满,用人单位也不得与劳动者终止劳动合同。②

---

① 我国《劳动合同法》第 45 条规定:丧失或者部分丧失劳动能力劳动者的劳动合同的终止,按照国家有关工伤保险的规定执行。
② 参见《〈中华人民共和国劳动合同法〉宣传提纲》。

# 第五章　集体合同制度

集体合同制度是缓和劳资矛盾、协调劳动关系、维护正常的劳动秩序与生产秩序的有效手段,因而为各国法律所认可,并成为劳动法的重要内容之一。集体合同制度一般包括集体合同订立、变更、解除、形式及效力等内容。

## 第一节　集体协商和集体合同概述

### 一、集体协商的概念

集体协商,亦称集体谈判。集体谈判是国际劳工组织使用的概念,根据国际劳工组织1981年通过的154号公约《促进集体谈判公约》第2条规定:集体谈判是指包括所有在一名雇主、一个雇主群体或者是一个以上的雇主组织同一个或多个工人组织之间进行的谈判。集体谈判的内容包括:(1) 决定劳动条件和就业期限;(2) 调整雇主和工人之间的关系;(3) 调整雇主或者他们的组织同一个或者多个工人组织之间的关系。集体协商是我国使用的概念,根据《集体合同规定》,集体协商是指用人单位与本单位劳动者根据法律、法规、规章的规定,就劳动报酬、工作时间、休息休假、劳动安全卫生、职业培训、保险福利等事项等进行商谈,并签订集体合同的行为。用人单位与本单位职工签订集体合同或专项集体合同,以及确定相关事宜,应当采取集体协商的方式。可见,我国集体协商制度限定的范围较窄,集体协商仅仅是在一个企业内部进行。① 而国际通行的集体谈判则可在各个层次展开,也可在多个层次同时展开,一方是一个工会组织或多个工会组织的联合,一方是企业雇主或一个行业、一个地区、几个地区甚至国家范围内雇主的群体。

### 二、集体合同的概念

集体合同,亦称团体协议、集体协议。关于集体合同的概念,国际劳工组织有一个明确的界定,代表了国际通行的做法。1951年国际劳工组织第91号建议书《集体合同建议书》第2条第1款规定:"以一个雇主或一群雇主,或者一个或几个雇主组织为一方,一个或几个有代表性的工人组织为另一方,如果没有这样的工人组织,则根据国家法律和法规由工人正式选举并授权的代表为另一方,上述各方之间缔结的关于劳动条件和就业条件的一切书面协议,称为集体合同。"在我国,对集体合同的定义可分为学理定义和立法定义。从立法上定义,2004年1月20日劳动和社会保障部发布的《集体合同规定》第3条

---

① 我国《劳动合同法》第53条规定,在县级以下区域内,建筑业、采矿业、餐饮服务业等行业可以由工会与企业方面的代表订立行业性集体合同,或者订立区域性集体合同。

规定:集体合同是指"用人单位与本单位劳动者根据法律、法规、规章的规定,就劳动报酬、工作时间、休息休假、劳动安全卫生、职业培训、保险福利等事项,通过集体协商签订的书面协议"。这个定义表明了我国立法并没有明确认可多层次集体协商主体。即我国《集体合同规定》只承认企业层次的集体合同,而不认可企业层次之外的多层次集体合同。①从学理上定义,可概括为:指工会或劳动者代表与用人单位或其组织之间就劳动者的劳动报酬、工作时间、休息休假、劳动安全卫生、职业培训、保险福利等事项在平等协商的基础上达成的书面协议。这个概念强调了集体合同层次的多样性,即集体合同既包括企业层次的集体合同,也包括企业层次之外的多层次集体合同。集体合同的学理定义与国际劳工组织的定义是较为一致的。

**三、集体合同的法律特征**

(一)集体合同的主体具有特定性

集体合同的一方是用人单位或其团体,另一方是工会或劳动者代表。工会作为集体合同的一方当事人,必须代表劳动者群体的意志和利益。没有建立工会的企业,由劳动者推举代表与用人单位签订集体合同,劳动者代表作为集体合同的一方当事人,其职责与工会等同。用人单位或其团体作为集体合同的另一方当事人,从维护用人单位的整体利益出发,与工会或劳动者代表在平等的法律地位上,通过协商,取得合作,以维护稳定和谐的劳动关系。

(二)集体合同的内容侧重于维护劳动者权益的规定

集体合同是以劳动者劳动条件、生活条件为主要内容的协议。集体合同以集体劳动关系中全体劳动者的共同权利和义务为内容,可能涉及劳动关系的各个方面,也可能只涉及劳动关系的某个方面(如工资集体合同等)。

(三)集体合同具有较强的法定性

缔结集体合同,确定劳动权利义务时,要求当事人的意志不得违背国家意志,在国家法律、法规许可的范围内确定具体的劳动权利和义务,以形成集体合同关系。集体合同的订立,要受国家法律、法规的约束,当事人不能自由决定是否订立集体合同,并且集体合同的劳动条件要高于劳动基准,等等。我国《集体合同规定》第32条规定:"集体协商任何一方均可就签订集体合同或专项集体合同以及相关事宜,以书面形式向对方提出进行集体协商的要求。一方提出进行集体协商要求的,另一方应当在收到集体协商要求之日起20日内以书面形式给以回应,无正当理由不得拒绝进行集体协商。"第56条规定:"用人单位无正当理由拒绝工会或职工代表提出的集体协商要求的,按照《工会法》及有关法律、法规的规定处理。"我国《劳动合同法》第55条规定:"集体合同中劳动报酬和劳动条件等标准不得低于当地人民政府规定的最低标准……"同时,按照我国有关法律、法规的

---

① 我国《劳动合同法》第53条规定,在县级以下区域内,建筑业、采矿业、餐饮服务业等行业可以由工会与企业方面的代表订立行业性集体合同,或者订立区域性集体合同。

规定,集体合同的订立有严格的程序和形式要求。签订集体合同的程序依次为:确定协商代表;集体协商,制订草案;职工讨论,通过草案;签字上报,审查备案;即行生效,公布履行。至于劳动合同的形式,在有的国家为要式合同,在有的国家则要式合同与非要式合同并存。

(四) 集体合同争议类型具有特殊性

集体合同争议包括因签订而发生的争议(即集体协商争议)和因履行而发生的争议两种。我国立法规定,对因签订集体合同发生争议,当事人不能协商解决的,当事人一方或双方可以书面向劳动保障行政部门提出协调处理申请;未提出申请的,劳动行政部门认为必要时可以进行协调处理。因履行集体合同所确定的权利义务,当事人发生争议的,先由当事人协商解决;协商解决不成的,可以向劳动争议仲裁委员会申请仲裁;对仲裁裁决不服的,可以自收到仲裁裁决书之日起 15 日内向人民法院提起诉讼。

(五) 集体合同具有劳动基准法的效能

集体合同对签订合同的单个用人单位或用人单位团体所代表的全体用人单位,以及工会所代表的全体劳动者,都有法律效力。根据我国劳动法律、法规的规定,依法订立的集体合同对企业和企业全体劳动者具有法律约束力。《劳动法》第 35 条明确规定:"……职工个人与企业订立的劳动合同中劳动条件和劳动报酬等标准不得低于集体合同的规定。"《集体合同规定》第 6 条第 2 款进一步规定:用人单位与职工个人签订的劳动合同约定的劳动条件和劳动报酬等标准,不得低于集体合同或专项集体合同的规定。《劳动合同法》第 55 条规定:"……用人单位与劳动者订立的劳动合同中劳动报酬和劳动条件等标准不得低于集体合同规定的标准。"这就使集体合同具有劳动基准法的效力。

**四、集体合同与劳动合同的关系**

集体合同与劳动合同既有联系又有区别。

集体合同与劳动合同都要遵循平等协商、意思表示一致、内容合法等基本原则,具有合同的一般属性;而且,它们又都是以劳动关系双方当事人的权利义务为主要内容,均受劳动法的调整。所以说,二者的关系是密切的。

但是,二者也有明显的区别,主要有:

第一,主体不同。集体合同的一方是用人单位或其团体,另一方是工会或劳动者代表。而劳动合同的主体一方是用人单位,我国用人单位包括各种性质的企业、个体经济组织、特定范围劳动用工关系下的国家机关、事业单位以及社会团体、民办非企业单位、依法成立的会计师事务所、律师事务所等合伙组织和基金会等;另一方是劳动者,劳动者是指被用人单位雇佣的自然人。

第二,内容不同。集体合同所约定的是涉及所有劳动者的一般劳动条件、集体协商的程序等;而劳动合同的内容只涉及劳动者的个人劳动条件,包括劳动者个人劳动报酬、工作内容、工作时间、休息休假、劳动安全卫生、保险福利等,它是对劳动者与用人单位之间确立的劳动关系的具体化。

第三，目的不同。签订集体合同的直接目的在于平衡劳动者与用人单位的力量，保护劳动者的合法权益；而劳动合同签订的直接目的在于确立劳动关系，明确用人单位与劳动者的权利、义务。

第四，形式不同。在我国，要求劳动合同采用书面形式，但非全日制劳动合同可以例外。而集体合同必须采用书面形式。

第五，适用范围不同。在我国，《劳动法》第35条规定："依法签订的集体合同对企业和企业全体职工具有约束力……"《集体合同规定》第6条第1款也规定，符合本规定的集体合同和专项集体合同，对用人单位和本单位的全体职工具有法律约束力。《劳动合同法》第54条第2款也规定："依法订立的集体合同对用人单位和劳动者具有约束力。行业性、区域性集体合同对当地本行业、本区域的用人单位和劳动者具有约束力。"而劳动合同，只对企业和签订劳动合同的劳动者本人具有约束力。

第六，效力层次不同。集体合同的法律效力一般高于劳动合同的法律效力。我国《劳动法》第35条明确规定："……职工个人与企业订立的劳动合同中劳动条件和劳动报酬等标准不得低于集体合同的规定。"《集体合同规定》第6条第2款进一步规定：用人单位与职工个人签订的劳动合同约定的劳动条件和劳动报酬等标准，不得低于集体合同或专项集体合同的规定。《劳动合同法》第55条规定："集体合同中劳动报酬和劳动条件等标准不得低于当地人民政府规定的最低标准；用人单位与劳动者订立的劳动合同中劳动报酬和劳动条件等标准不得低于集体合同规定的标准。"

第七，争议类型及处理方式不同。集体合同争议包括因签订而发生的争议（即集体协商争议）和因履行而发生的争议两种。对因签订集体合同发生的争议，当事人不能协商解决的，当事人一方或双方可以书面向劳动保障行政部门提出协调处理申请；未提出申请的，劳动行政部门认为必要时也可以主动进行协调处理。因履行集体合同所确定的权利义务当事人发生争议的，先由当事人协商解决，协商解决不成的，可以向劳动争议仲裁委员会申请仲裁；对仲裁裁决不服的，可以自收到仲裁裁决书之日起15日内向人民法院提起诉讼。同时，我国《劳动合同法》第56条规定："用人单位违反集体合同，侵犯职工劳动权益的，工会可以依法要求用人单位承担责任；因履行集体合同发生争议，经协商解决不成的，工会可以依法申请仲裁、提起诉讼。"而劳动合同争议，其处理方式包括协商、调解、仲裁和诉讼。

**五、集体合同的分类**

对集体合同可以按不同的标准进行不同的分类。

（一）综合性集体合同与专项集体合同

这是根据集体合同所规定的内容进行的分类，也是我国2004年《集体合同规定》对集体合同采用的一种分类方法。当事人之间就劳动报酬、工作时间、休息休假、劳动安全卫生、职业培训、保险福利等一揽子事项达成的协议，均为综合性集体合同。它所涉及的内容是综合性的集体劳动条件，比较全面。如果当事人双方仅就集体协商的某项内容达成协议的,则是专项集体合同。它所涉及的内容比较单一,仅是集体劳动条件之中的某一项,或是关于劳动报酬的专项集体协议,或是关于工作时间的专项协议等。正因为是专项协议,因而就该问题一般规定得非常详细、具体,所以可操作性也非常强。一个用人单位往往可以与本单位职工签订多个专项集体合同。

(二) 单一层次集体合同与多层次集体合同

这是根据集体合同的缔约主体的数量进行的分类。由企业与本单位工会组织就集体协商内容达成的协议是单一层次集体合同;多层次集体合同是指由产业工会、行业工会、地方性联合工会、全国性联合工会与用人单位或用人单位团体就集体协商内容达成的协议。现代西方国家集体合同大多为多层次集体合同。

我国《集体合同规定》只承认企业层次的集体合同,而不认可企业层次之外的多层次集体合同。但在实践中,这种情况有了变化,区域性、行业性集体协商已在实际工作中作了一些新的尝试,取得了较好的效果。我国《劳动合同法》第 53 条规定,在县级以下区域内,建筑业、采矿业、餐饮服务业等行业可以由工会与企业方面代表订立行业性集体合同,或者订立区域性集体合同。

(三) 纲领性集体合同和具体性集体合同

这是根据集体合同的内容进行的分类。从集体合同的内容看,内容上仅作原则性、概括性规定的是纲领性集体合同;在纲领性协议的基础上达成的,以具体的细节化的条款为内容的集体合同则为具体性集体合同。一般而言,产业性、行业性等宏观层次集体合同多采用纲领性合同,而企业级用人单位与所在工会签订的多为具体性合同。具体性集体合同与纲领性集体合同相辅相成,形成多层次集体合同模式。

(四) 单层管理的集体合同与多层管理的集体合同

这是根据集体合同的管理体制进行的分类。单层管理的集体合同的管理体制是指设立官方或半官方的机构统一对集体合同的运行进行宏观管理。这种体制主要在西方国家采用,如在英国由劳资关系裁判所管理,在法国由中央集体协议委员会管理,在日本由劳动事务裁决委员会管理,这些国家对集体合同的单层管理体制在现代已形成了一套完整、有效的体系,在这种管理体制下的集体合同就是单层管理的集体合同。多层管理的集体合同的管理体制,主要指在我国目前由地方劳动行政部门、上级工会组织和企业主管部门联合管理集体合同,且以劳动行政部门的管理为主。在这种管理体制下的集体合同就是多层管理的集体合同。

(五) 定期的集体合同、不定期的集体合同及以完成一定项目为期集体合同

这是根据合同期限的不同进行的分类,集体合同按照期限形式不同,可分为定期集体合同、不定期集体合同和以完成一定项目为期集体合同。各国一般采用定期集体合同,并在立法中限制其最短期限(通常规定为 1 年)和最长期限(通常规定为 3—5 年)。也有些国家还采用不定期集体合同,立法中只规定其生效时间而不规定其终止时间,如法国、日本等。按照惯例,这种集体合同可以随时由当事人提前一定期限通知对方终止。还有少数国家采用以完成一定项目为期限的集体合同,如利比亚等。在实践中,当这种集体合同

约定的工作(工程)未能在法定最长期限内完成时,一般将法定最长期限视为该集体合同的有效期限。① 我国《集体合同规定》规定,集体合同的期限为1—3年。可见我国只有定期集体合同。

**六、集体合同的产生与发展**

集体合同起源于资本主义国家,是工人阶级为争取自由和维护自己的利益而坚持斗争的产物。在资本主义制度下,由于雇主与雇佣劳动者经济实力强弱的差异和利益上的冲突与对抗,再加上国家契约自由原则的保护②,劳动契约对雇佣劳动者来讲成了不平等的条约,劳动条件苛刻,劳动待遇低下。工人们为了改善劳动条件,提高劳动待遇,集体行动起来,通过怠工、罢工等方式向雇主施加压力。雇主为了避免持续怠工、罢工造成更大的损失,便与工人代表通过集体谈判达成和解协议,以缓和劳资矛盾,解决劳资纠纷,于是产生了集体合同。英国是世界上最早出现集体协议的国家,18世纪末英国出现了雇佣劳动团体与雇主签订的集体协议。19世纪初,在英国某些行业,由雇主协会和工会双方成立的避免发生劳资争议的机构是世界上集体谈判的雏形。到19世纪末,资本主义各国已普遍实行集体合同制度,但集体合同只是劳资双方的"君子协定",不具有法律约束力,法院也不受理集体合同争议案件。20世纪初,随着工人运动的进一步发展,特别是十月革命的影响,资产阶级政府才开始承认集体合同,并以立法的形式加以确认。但早期的集体合同立法,内容比较简单,而且大多列入工会法、民法之中。如英国1871年制定的世界第一部《工会法》和1875年制定的《企业主和工人法》,率先肯定工会有与企业主签订契约的权利。第一次世界大战以后,出现了一些较有影响的单行集体合同法或劳动法典等基本法中的集体合同专章(篇)。如德国在1918年发布了《劳动协约、劳动者及使用人委员会暨劳动争议调停令》,并于1921年颁布了《劳动协约法(草案)》,1935年美国颁布的劳资关系法中也承认了工会有代表工人同雇主订立集体合同的权利。第二次世界大战以后,集体谈判与集体合同制度在西方各国得到了进一步的发展。一些国家制定和修订劳动法时,大都对集体合同作了专门规定,有些国家还制定了新的集体合同法。另外,原苏联和东欧各国也建立了集体合同制度,一些第三世界国家也对集体合同作了专门规定。20世纪60年代以来,集体合同制度已普及于各市场经济国家,成为调节劳资关系的一项基本制度。

和早期的集体合同立法相比,现代集体合同无论是从形式还是从内容上都日臻完善。集体合同立法已成为国际劳工立法的最主要内容之一。国际劳工组织制定了多项有关集体合同的公约和建议书,如1949年第98号公约《组织权利和集体谈判权利公约》(八大基本国际劳工公约之一)、1951年第91号建议书《集体协议建议书》、1981年的第154号公约《促进集体谈判公约》和第163号《促进集体谈判建议书》等。

---

① 王全兴:《劳动法》,法律出版社1997年版,第201页。
② 欧美资产阶级政府起初认为雇佣劳动者团体迫使工厂雇主签订团体协约有悖于"契约自由"的原则,妨碍自由竞争,因而禁止缔结集体合同。

对我国而言,集体合同制度在新中国成立之前就已存在。1922年中国劳动组合书记部拟订的《劳动法案大纲》就提出"劳动者有缔结团体契约权",这是我国涉及集体合同问题的首次立法议案。在工人运动的强大压力下,1930年国民党政府公布了《团体协约法》,尽管由于各种原因该法并未真正实施,但它毕竟是旧中国第一部单项集体合同法规。在中国共产党领导的革命根据地,1931年中华工农苏维埃第一次全国代表大会通过《中华苏维埃共和国劳动法》,对集体合同的内容、法律效力等作了明确规定。抗战时期,陕甘宁边区总工会于1940年制定了《陕甘宁边区战时工厂集体合同暂行条例》,等等。这些法规在保证完成战时生产任务与维护工人阶级合法权益等方面发挥了积极的作用。

我国在新中国成立初期非常重视推行集体合同制度,不仅在《中国人民政治协商会议共同纲领》和《工会法》等立法中对集体合同作了规定,而且还制定了关于集体合同的专项规章——《关于私营工商企业劳资双方订立集体合同的暂行办法》,目的在于维护私营企业、公私合营企业中雇用劳动者的合法权益。但到1956年社会主义改造基本完成以后,在认识上出现了偏差,认为社会主义公有制基础上建立的劳动关系,其双方当事人根本利益是一致的,不会发生劳动争议,再加上后来法律虚无主义的影响,集体合同逐渐销声匿迹。1979年党的十一届三中全会以后,随着全国工作重心的转移和社会主义法制的加强,集体合同制度在立法上得到了重新肯定。如1983年中国工会通过的《中国工会章程》,1986年国务院制定的《全民所有制工业企业劳动者代表大会条例》、1988年国务院发布的《中华人民共和国私营企业暂行条例》和1992年颁布的《中华人民共和国工会法》,均作了有关工会代表劳动者与企业签订集体合同的规定,从而使一度中断的集体合同制度得以恢复。这些规定虽然没有得到充分的实施,但为集体合同制度的推行奠定了基础。1994年的《劳动法》适应社会主义市场经济条件下劳动关系法律调整的要求,将集体合同作为一项重要内容加以明确规定。《劳动法》第33条明确规定:"企业职工一方与企业可以就劳动报酬、工作时间、休息休假、劳动安全卫生、保险福利等事项,签订集体合同。……"并把集体合同置于与劳动合同并列的地位。为了规范集体协商和签订集体合同行为,依法维护劳动者和用人单位的合法权益,1994年12月5日原劳动部又制定了《集体合同规定》,共5章41条,对集体合同的签订、审查及争议处理等作出比较具体的规定。1995年8月,中华全国总工会制定了《工会参加平等协商和签订集体合同试行办法》,就工会对集体合同运行各环节的参与,规定了较详细的规则。2001年10月27日第九届全国人大常委会第二十四次会议对1992年的《工会法》作了修正,进一步肯定了集体合同制度,这对普遍推行和健全集体合同制度,具有特别重要的意义。随着我国社会主义市场经济的深入发展,在集体协商领域出现了许多新问题,因此2004年1月20日劳动和社会保障部发布了新的《集体合同规定》,并于2004年5月1日起正式实施。这部新的《集体合同规定》从原来的5章41条扩充为8章57条。新颁布的《集体合同规定》丰富和拓展了集体合同的内容和范围,在原有的劳动报酬、工作时间、休息休假、劳动安全与卫生等内容的基础上,增加了补充保险和福利、女职工和未成年工的特殊保护、职业技能培训、劳动合同管理、奖惩、裁员等内容,并逐条加以细化,使集体协商集体合同的内容更加具体,更具有可操作性。根据集体合同实践的需要,新颁布的《集体合同规定》增加了专项集体合同的规定,明确企业与劳动者可以就劳动关系某一方面的突出问题,进行集体协商,签订专项集体合同。在此基础上,劳动与社会保障部、中华全国总工会、中国企业联合会及中国企业家联合会在2004年5月14日联合发布的《关于贯彻实施〈集体合同规定〉的通知》中要求要在总结经验的基础上,积极探索区域性、行业性集体协商。且区域性、行业性集体协商已在实际工作中作了一些新的尝试,取得了较好的效果,2006年8月,三部门又联合颁布了《关于开展区域性、行业性集体协商工作的意见》,2007年6月29日通过的《劳动合同法》第53条规定,在县级以下区域内,建筑业、采矿业、餐饮服务业等行业可以由工会与企业方面代表订立行业性集体合同,或者订立区域性集体合同。2008年以来,全国总工会先后就工会参加工资集体协商、建立集体协商指导员队伍、开展集体协商要约行动、开展行业性工资集体协商等下发指导意见。2010年5月,全国总工会又联合人力资源和社会保障部、中国企业联合会/中国企业家协会下发了《全面实施集体合同制度"彩虹计划"》①,加大推动力度。根据全国总工会提供的资料显示,截至2009年年底,全国共签订集体合同124.70万份,覆盖企业211.21万个,覆盖职工16196.42万人。其中,签订工资专项集体合同51.2万份,覆盖企业90.2万个,覆盖职工6177.6万人。所有这一切,表明我国集体合同立法得到了进一步的完善。

## 第二节 集体合同的订立及内容

### 一、集体合同的订立

(一) 集体合同的订立主体

集体合同的订立主体也称为集体合同签约人、缔约人,实际上就是集体合同的订约当事人,包括劳动者方签约人和用人单位方签约人。

1. 劳动者方签约人

劳动者方签约人一般情况下为工会,但是,在没有工会的情况下,由劳动者根据本国法律或条例正式选出或委任的代表为劳动者方签约人。就工会而言,由于各国的工会组织体系模式有所不同,劳动者方的签约当事人有所不同,采用一元化模式的国家,各级工会组织都具有集体合同签约当事人的资格,采用多元化模式的国家因允许自由组织工会,不同的工会组织会产生竞争,所以,还有一个主体适格性判断程序。通常情况下,各级工会组织只有当其会员数额在一定范围内占劳动者总数的比例达到法定标准(一般不少于半数)时,才有资格成为集体合同的签约当事人。在此情况下,是否具备当事人资格须依

---

① 《彩虹计划》确立的目标任务是:从2010年到2012年,力争用3年时间基本在各类已建工会的企业实行集体合同制度。其中,2010年集体合同制度覆盖率达到60%以上;2011年集体合同制度覆盖率达到80%以上。对未建工会的小企业,通过签订区域性、行业性集体合同努力提高覆盖比例。集体协商机制逐步完善,集体合同实效性明显增强。

法认定。

我国的工会体系属于一元化模式,不需要主体适格性判断程序,而是直接由法律规定。我国《集体合同规定》、《工会法》等法律法规只赋予基层工会委员会以集体合同签约人资格,故原则上以基层工会为主,《劳动合同法》出台,使得行业性、区域性工会成为签约当事人。此外,如果用人单位未建立工会组织,则允许由其上级工会指导职工(大会或代表大会投票过半数)推选的代表充当签约当事人。

2. 用人单位方签约人

从各国的立法看,用人单位方签约人既可以是用人单位(雇主)本身,也包括用人单位(雇主)的团体或组织。但无论何种团体或组织,其地位应与作为对方当事人的工会组织对等。依我国立法规定,与工会相对的集体合同当事人主要限于用人单位。《劳动合同法》出台,使得一些行业性、区域性用人单位(雇主)的团体或组织有可能成为签约当事人。

(二)我国集体合同订立原则

根据我国《集体合同规定》第5条规定,进行集体协商,签订集体合同或专项集体合同,应当遵循下列原则:(1)遵守法律、法规、规章及国家有关规定;(2)相互尊重,平等协商;(3)诚实守信,公平合作;(4)兼顾双方合法权益;(5)不得采取过激行为。

(三)我国集体合同订立程序

在我国,集体合同必须以书面形式订立,属于要式合同,其订立程序非常严格。依照我国《劳动法》第33条、第34条和《集体合同规定》的规定,集体合同的签订必须经过以下步骤:

1. 确定协商代表

集体协商由双方推选代表进行。集体协商代表(以下统称"协商代表")是指按照法定程序产生并有权代表本方利益进行集体协商的人员。

(1)对集体协商双方代表的一般规定。

集体协商双方的代表人数应当对等,每方至少3人,并各确定1名首席代表。协商代表履行职责的期限由被代表方确定。用人单位协商代表与职工协商代表不得相互兼任。集体协商双方首席代表可以书面委托本单位以外的专业人员作为本方协商代表。委托人数不得超过本方代表的1/3。首席代表不得由非本单位人员代理。协商代表应当维护本单位正常的生产、工作秩序,不得采取威胁、收买、欺骗等行为。协商代表应当保守在集体协商过程中知悉的用人单位的商业秘密。企业内部的协商代表参加集体协商视为提供了正常劳动。

协商代表应履行下列职责:① 参加集体协商;② 接受本方人员质询,及时向本方人员公布协商情况并征求意见;③ 提供与集体协商有关的情况和资料;④ 代表本方参加集体协商争议的处理;⑤ 监督集体合同或专项集体合同的履行;⑥ 法律、法规和规章规定的其他职责。

(2)职工一方的协商代表的产生。

职工一方的协商代表由本单位工会选派。未建立工会的,由其上级工会指导本单位职工民主推荐,并经本单位半数以上职工同意。职工一方的首席代表由本单位工会主席担任。工会主席可以书面委托其他协商代表代理首席代表。工会主席空缺的,首席代表由工会主要负责人担任。未建立工会的,职工一方的首席代表从协商代表中民主推举产生。工会可以更换职工一方协商代表;未建立工会的,经本单位半数以上职工同意可以更换职工一方协商代表。协商代表因更换、辞任或遇有不可抗力等情形造成空缺的,应在空缺之日起15日内按照相关规定产生新的代表。

对职工一方的协商代表的保护:职工一方协商代表在其履行协商代表职责期间劳动合同期满的,劳动合同期限自动延长至完成履行协商代表职责之时,除出现下列情形之一的,用人单位不得与其解除劳动合同:① 严重违反劳动纪律或用人单位依法制定的规章制度的;② 严重失职、营私舞弊,对用人单位利益造成重大损害的;③ 被依法追究刑事责任。职工一方协商代表履行协商代表职责期间,用人单位无正当理由不得调整其工作岗位。职工一方协商代表因上述权利与用人单位发生争议的,可以向当地劳动争议仲裁委员会申请仲裁。

(3)用人单位一方代表的产生。

用人单位一方的协商代表,由用人单位法定代表人指派。首席代表由单位法定代表人担任或由其书面委托的其他管理人员担任。用人单位法定代表人可以更换用人单位一方协商代表。协商代表因更换、辞任或遇有不可抗力等情形造成空缺的,应在空缺之日起15日内按照本规定产生新的代表。

2. 集体协商、形成草案

集体协商是《集体合同规定》确认的用人单位与本单位职工签订集体合同或专项集体合同以及确定相关事宜时,应当采取双方平等协商达成一致意见的方式。集体协商的一般规则有:

(1)集体协商任何一方均可就签订集体合同或专项集体合同以及相关事宜,以书面形式向对方提出进行集体协商的要求。一方提出进行集体协商要求的,另一方应当在收到集体协商要求之日起20日内以书面形式给予回应,无正当理由不得拒绝进行集体协商。

(2)协商代表在协商前应进行下列准备工作:① 熟悉与集体协商内容有关的法律、法规、规章和制度;② 了解与集体协商内容有关的情况和资料,收集用人单位和职工对协商意向所持的意见;③ 拟定集体协商议题,集体协商议题可由提出协商一方起草,也可由双方指派代表共同起草;④ 确定集体协商的时间、地点等事项;⑤ 共同确定一名非协商代表担任集体协商记录员,记录员应保持中立、公正,并为集体协商双方保密。

(3)集体协商会议由双方首席代表轮流主持,并按下列程序进行:① 宣布议程和会议纪律;② 一方首席代表提出协商的具体内容和要求,另一方首席代表就对方的要求作出回应;③ 协商双方就商谈事项发表各自意见,开展充分讨论;④ 双方首席代表归纳意见。达成一致的,应当形成集体合同草案或专项集体合同草案,由双方首席代表签字。

(4)集体协商未达成一致意见或出现事先未预料的问题时,经双方协商,可以中止协商。中止期限及下次协商时间、地点、内容由双方商定。①

3. 通过草案

由于集体合同最终要对用人单位和全体职工发生约束力,所以经双方协商代表协商一致的集体合同草案或专项集体合同草案应当提交职工代表大会或者全体职工,就草案中的有关问题充分讨论、酝酿,提出修改意见,并就修改后的草案正式表决通过。职工代表大会或全体职工讨论集体合同草案时应当有 2/3 以上职工代表或者职工出席,而且必须经过全体职工代表半数以上或者全体职工半数以上同意,该集体合同草案方可通过。讨论通过后的集体合同草案由集体协商双方首席代表正式签字。②

4. 集体合同的审查与生效

集体合同属于要式合同。法律不仅明确规定集体合同应采取书面形式,还专门设置了一个颇为严格的审查程序作为其生效条件。

（1）报送期限。集体合同草案或专项集体合同草案经职工代表大会或职工大会通过后,由集体协商双方首席代表签字。用人单位一方应当在签字后的 10 日内将集体合同文本一式三份报送劳动保障行政部门审查。劳动保障行政部门对报送的集体合同或专项集体合同应当办理登记手续。

（2）审查机关及管辖范围。县级以上劳动保障行政部门负责审查本行政区域内的集体合同或专项集体合同。集体合同或专项集体合同审查实行属地管辖,具体管辖范围由省级劳动保障行政部门规定。中央管辖的企业以及跨省、自治区、直辖市的用人单位的集体合同应当报送劳动保障部或劳动保障部指定的省级劳动保障行政部门。

（3）审查内容。劳动保障行政部门应当对报送的集体合同或专项集体合同的下列事项进行合法性审查：① 集体协商双方的主体资格是否符合法律、法规和规章的规定；② 集体协商程序是否违反法律、法规、规章规定；③ 集体合同或专项集体合同内容是否与国家规定相抵触。

（4）审查意见书与审查期限。劳动保障行政部门对报送的集体合同或专项集体合同应当办理登记手续；应当对报送的集体合同或专项集体合同的合法性进行审查；有异议的,应当自收到文本之日起 15 日内将《审查意见书》送达双方协商代表。《审查意见书》应当载明以下内容：① 集体合同或专项集体合同当事人双方的名称、地址；② 劳动保障行政部门收到集体合同或专项集体合同的时间；③ 审查意见；④ 作出审查意见的时间。《审查意见书》应当加盖劳动保障行政部门印章。用人单位与本单位职工就劳动保障行政部门提出异议的事项经集体协商重新签订集体合同或专项集体合同的,用人单位一方应当按照上述规定将文本报送劳动保障行政部门审查。

5. 即行生效、公布履行

劳动保障行政部门自收到文本之日起 15 日内未提出异议的,集体合同或专项集体合

---

① 我国 2004 年《集体合同规定》并没有规定中止的最长期限,1994 年《集体合同规定》规定中止期限最长不超过 60 天。

② 我国《劳动法》第 33 条以及《集体合同规定》第 36 条、第 37 条规定。

同即行生效。生效的集体合同或专项集体合同,应当自其生效之日起由协商代表及时以适当的形式向本方全体人员公布,并积极履行各自义务,确保集体合同的顺利实现。

(四)集体协商争议的协调处理

由于集体协商双方各自的利益存在差异和对立,协商中的矛盾与冲突不可避免,因而协商不可能一帆风顺。如果在协商过程中发生争议,处理不当,就可能使协商陷入僵局,继而导致谈判破裂,甚至引发更为激烈的对抗事件,给社会安定带来消极影响。但由于集体协商争议是在双方"确权"的过程中发生的,不同于因履行集体合同发生的争议,不存在"违约"、"侵权"事实,因此不宜采用仲裁或诉讼的方式。《集体合同规定》第七章专门规定了"集体协商争议的协调处理"。因签订集体合同或专项集体合同发生的争议,按以下途径处理:

1. 当事人协商

由双方当事人自行协商解决有利于双方及时化解分歧,达成共识。

2. 劳动保障行政部门协调处理

(1)提出申请和受理申请。

集体协商过程中发生争议,双方当事人不能协商解决的,当事人一方或双方可以用书面的形式向劳动保障行政部门提出协调处理申请,后者应及时受理申请。视情况需要,劳动保障行政部门也可以在当事人未提出申请的情况下主动介入集体协商争议,进行协调处理。

(2)协调处理的管辖。

集体协商争议处理实行属地管辖,具体管辖范围由省级劳动保障行政部门规定。中央管辖的企业以及跨省、自治区、直辖市用人单位因集体协商发生的争议,由劳动保障部指定的省级劳动保障行政部门组织同级工会和企业组织等三方面的人员协调处理,必要时,劳动保障部也可以组织有关方面协调处理。

(3)协调处理活动的具体环节。

第一,受理协调处理申请;第二,调查了解争议的情况;第三,研究与制定协调处理争议的方案;第四,制作《协调处理协议书》。

(4)《协调处理协议书》的内容和效力。

《协调处理协议书》应当载明协调处理申请、争议的事实和协调结果。双方当事人就某些协商事项不能达成一致的,应将继续协商的有关事项予以载明。《协调处理协议书》由集体协商争议协调处理人员和争议双方首席代表签字盖章后生效。争议双方均应遵守生效后的《协调处理协议书》。

(5)协调处理的期限。

协调处理集体协商争议,应当自受理协调处理申请之日起30日内结束协调处理工作。期满未结束的,可以适当延长协调期限,但延长期不得超过15日。

(6)协调处理的三方原则。

劳动保障行政部门应当组织同级工会和企业组织等三方面的人员,共同协调处理集体协商争议。

(五) 集体合同的效力

确认集体合同的效力,一般从其对人的效力、时间效力及空间效力层面进行全面的阐释。

1. 对人的效力

对人的效力是指集体合同对什么人有约束力。按有关规定,依法签订的集体合同对工会组织和用人单位或其团体、工会组织所代表的全体劳动者和用人单位团体所代表的各个用人单位具有法律约束力。国际劳工组织1951年第91号建议书《集体协议建议书》规定:"集体协议的条文,除协议中另有规定的之外,应适用于协议所覆盖的企业雇佣的各种层次的工人。"在集体合同已经成立的情况下,无论劳动者是否工会会员,也无论在订立合同当时是否为受集体合同约束的用人单位的职工(包括对集体合同持反对意见的劳动者和用人单位、用人单位新招录的职工和新加入用人单位团体的用人单位)都要受该集体合同的约束。我国《劳动合同法》第54条第2款也规定:"依法订立的集体合同对用人单位和劳动者具有约束力。行业性、区域性集体合同对当地本行业、本区域的用人单位和劳动者具有约束力。"

2. 时间效力

时间的效力是指集体合同何时生效、何时终止效力以及有无溯及力和余后效力的问题。其表现形式有三种类型:第一,当期效力,即集体合同在其存续期间内具有约束力。我国劳动立法对集体合同的生效与失效作了明确规定,《集体合同规定》第38条明确规定:集体合同或专项集体合同期限一般为1年至3年。也即我国的集体合同是有固定期限的,集体合同只在其存续期间有效。其生效时间,有的国家规定为集体合同经审查合格之日或依法推定审查合格之日,如我国《集体合同规定》第47条明确规定:"劳动保障行政部门自收到文本之日起15日内未提出异议的,集体合同或专项集体合同即行生效。"有的国家则规定为双方在合同上签字盖章之日。其失效时间,一般为定期集体合同的期满、约定终止、法定终止或依法解除之日。第二,溯及效力,即对其生效前已签订的劳动合同是否产生约束力。有约束力的即为有溯及力,不产生约束力的为无溯及力。集体合同一般不具有溯及效力,但某些国家规定,当事人如有特别理由,并经集体合同管理机关认可,允许集体合同有溯及效力。第三,余后效力,即集体合同终止后对依其订立并仍然生效的劳动合同继续产生约束力的状况。余后效力旨在避免现存的集体合同效力终止后新集体合同生效前的无规则状态。① 我国劳动立法对集体合同未涉及余后效力问题。但许多国家作了具体规定,如德国1969年《集体合同法》第4条规定:"集体合同期限届满以后,其法律规范仍然有效,直至它被另一协议代替为止"。俄罗斯1992年《集体合同和协议法》第14条也规定:"……如合同有效期已满,则集体合同在双方尚未签署新合同或未修改和补充现行合同的情况下继续有效。"值得注意的是,由于溯及力和余后效力对劳动合同的约

---

① 参见〔德〕W. 杜茨著:《劳动法》,张国文译,法律出版社2005年版,第206页。

束力都发生在集体合同的效力期间之外,所以,溯及效力和余后效力都只限于一定条件,溯及效力与余后效力有冲突的,以对劳动者更有利的集体合同为准。我国立法应予以借鉴。

3. 空间的效力

空间的效力是指集体合同在什么地域、产业(职业)范围内发生效力。全国性或地方性集体合同分别对全国范围或某特定地域内的用人单位及其劳动者有效;产业(职业)的集体合同则对该产业的覆盖范围内的用人单位及其劳动者有效;企业的集体合同只对该企业的范围内的用人单位及其劳动者有效。

**二、集体合同的内容**

集体合同的内容,是指集体合同中对双方当事人具体权利义务的规定。它是劳动者集体劳动权益的体现。世界各国关于集体合同内容的立法例,主要有三种:(1) 列举式。即在集体合同立法中详细列举了其必要条款,如法国、美国等。(2) 排除式。即在立法中对集体合同的内容作排除性规定,除此之外由当事人自由协商,如波兰。(3) 自由式。即对集体合同的内容立法不做规定,由双方当事人自由协商,如德国、日本、俄罗斯等。

我国集体合同的内容,根据《劳动法》第33条、《集体合同规定》第8条以及《劳动合同法》的规定来看,属于列举式立法例。集体协商双方可以就下列多项或某项内容进行集体协商,签订集体合同或专项集体合同:

(1) 劳动报酬。主要包括用人单位工资水平、工资分配制度、工资标准和工资分配形式;工资支付办法;加班、加点工资及津贴、补贴标准和奖金分配办法;工资调整办法;试用期及病、事假等期间的工资待遇;特殊情况下职工工资(生活费)支付办法;其他劳动报酬分配办法等。

(2) 工作时间。主要包括工时制度;加班加点办法;特殊工种的工作时间;劳动定额等。

(3) 休息休假。主要包括日休息时间、周休息日安排、年休假办法;不能实行标准工时职工的休息休假;其他假期等。

(4) 劳动安全卫生。主要包括劳动安全卫生责任制;劳动条件和安全技术措施;安全操作规程;劳保用品发放标准;定期健康检查和职业健康体检等。

(5) 补充保险和福利。主要包括补充保险的种类、范围;基本福利制度和福利设施;医疗期延长及其待遇;职工亲属福利制度等。

(6) 女职工和未成年工的特殊保护。主要包括女职工和未成年工禁忌从事的劳动;女职工的经期、孕期、产期和哺乳期的劳动保护;女职工、未成年工定期健康检查;未成年工的使用和登记制度等。

(7) 职业技能培训。主要包括职业技能培训项目规划及年度规划;职业技能培训费用的提取和使用;保障和改善职业技能培训的措施等。

(8) 劳动合同管理。主要包括劳动合同签订时间;确定劳动合同期限的条件;劳动合同变更、解除、续订的一般原则及无固定期限劳动合同的终止条件;试用期的条件和期限等。

(9) 奖惩。主要包括劳动纪律;考核奖惩制度;奖惩程序等。

(10) 裁员。主要包括裁员的方案;裁员的程序;裁员的实施办法和补偿标准等。

(11) 集体合同期限。一般为1年至3年。

(12) 变更、解除集体合同的程序。

(13) 履行集体合同发生争议时的协商处理办法。

(14) 违反集体合同的责任。

(15) 双方认为应当协商的其他内容。

集体合同的内容按功能可以分为两种类型:(1) 标准性条款。标准性条款也称规范性条款。指劳动合同加以约束和规范的集体合同条款,包括劳动报酬、劳动定额、工作时间、休息休假、劳动安全卫生、补充保险和福利、女职工和未成年工的特殊保护、职业技能培训等方面。标准性条款是集体合同的核心内容,它制约着劳动合同相关中的内容,能对劳动合同中的劳动报酬、劳动条件等内容直接产生制约和规范作用,直接体现集体合同的规范效力。(2) 程序性条款。程序性条款,即规定集体合同自身运行的程序规则的条款。包括集体合同的订立、履行、变更、解除、终止、续订,以及违反集体合同责任的承担、集体合同争议的处理程序,以及职工的录用、工资调整办法、奖惩程序、裁员程序等。程序性条款的目的在于保障集体合同所确立的权利、义务得以落实,是保证集体合同履行及维护集体合同主体双方合法权益不可缺少的保证。

## 第三节 集体合同的履行、变更、解除和终止

### 一、集体合同的履行

集体合同的履行,是指集体合同依法生效后,双方当事人全面按照合同约定履行合同义务的行为。集体合同的履行应当坚持实际履行、适当履行和协作履行的原则。

在集体合同履行过程中,应针对不同的合同条款采用不同的履行方法。对于其中的标准性条款,要求在合同有效期限内始终按照集体合同规定的各项标准签订和履行劳动合同,确保劳动者劳动权利的实现不低于集体合同中所规定的标准;对于约定不明确的内容,凡国家法律、法规有明确规定的按规定执行,无明确规定的,由双方当事人协商议定。对于履行集体合同发生的争议,双方可以协商解决;协商不成的,可以向劳动争议仲裁机构申请仲裁,对仲裁裁决不服的,可以向人民法院提起诉讼。

集体合同履行过程中,监督是非常必要的。企业工会、企业职代会及其职工代表、签约双方代表以及劳动行政部门、企业主管部门、地方和产业工会,都应当对集体合同的履行实行监督。尤其是用人单位和工会组织双方代表,应定期对合同的执行情况进行检查,并随时向职代会或劳动者群众通报情况,接受劳动者群众的监督。通过经常性的监督和

检查,可以提高企业履行集体协议的责任感和全体劳动者履行集体合同规定义务的事业心,既能提高劳动者的劳动条件和物质文化生活条件,又能增强企业劳动者的凝聚力。

### 二、集体合同的变更与解除

集体合同的变更,是指集体合同生效以后,未履行完毕之前,由于主观或客观情况发生变化,当事人依照法律规定的条件和程序,对原合同中的某些条款进行增减或修改。集体合同的解除,是指集体合同生效以后,未履行完毕之前,由于主观或客观情况发生变化,当事人依照约定或法律规定的条件和程序,提前终止合同的行为。

依据《集体合同规定》,集体合同变更与解除的条件为:(1)双方协商一致。即一方提出变更或解除合同的建议,经与对方当事人协商,并取得一致意见,即可变更或解除集体合同。但变更后的合同内容不得违背国家有关法律、法规的规定。(2)用人单位因被兼并、解散、破产等原因,致使集体合同无法履行。(3)因不可抗力等原因致使集体合同无法履行或部分无法履行。(4)集体合同约定的变更或解除条件出现。(5)法律、法规、规章规定的其他情形。

集体合同变更或解除应当履行法定程序。变更或解除集体合同适用集体协商程序。

### 三、集体合同的终止

集体合同的终止,是指由于某种法律事实的发生而导致集体合同所确立的法律关系的消灭。《集体合同规定》第 38 条第 1 款规定:集体合同或专项集体合同期限一般为 1 至 3 年,期满或双方约定的终止条件出现,即行终止。

集体合同终止的原因:(1)合同期限届满。集体合同的期限为 1 至 3 年,具体期限从合同约定。如果合同中没有明确规定期限,一般应认为有效期为 1 年,有效期满,集体合同即行终止。(2)约定的终止条件出现。双方当事人在签订集体合同时,可以根据实际情况在合同中规定终止条件。如"当事人一方违约使集体合同的履行成为不必要"、"国家劳动制度进行重大改革"等,均可以作为集体合同终止的条件。

## 第四节 工 会

### 一、工会及工会立法

(一) 西方国家及国际工会立法概述

工会产生于工人阶级的经济斗争基础之上,它是工人阶级为加强内部团结,集中斗争力量,维护自身利益而自愿组成的社会团体。世界上最早的工会组织出现于 19 世纪初西欧的一些资本主义国家。工会组织的产生与发展,必然要反映在国家的立法上。由于"工会是反对劳动压迫者的机关,是反对资本主义的机关"[①]。所以,资本主义国家早期的工会立法经历了三个阶段,即禁止阶段,视工人组织工会为非法行为、犯罪行为;限制阶段,承认劳动者的结社权,但对工会活动作了种种限制;承认阶段,完全认可工会存在的合法地位,并对工会活动自由权加以保护,以1871年英国颁布的《工会法》为标志,工会最终获得法律上的合法地位。工会组织在西方国家普遍取得合法地位则是在第二次世界大战以后。在现代,许多国家的宪法都明确肯定了工会的合法地位。工会的合法地位也为国际法所确立。

1948年12月联合国大会通过并颁布的《世界人权宣言》第23条第4款中规定:"人人有维护其利益而组织和参加工会的权利"。1949年国际劳工组织《组织权与集体谈判权公约》(第98号公约)的目的是保护工人在就业方面免受任何排斥工会行为的歧视[②]:"工人应享有充分保护,以抵制在雇佣方面的反工会的歧视行为"。"对雇佣工人以其不得加入工会或放弃工会会员资格为录用条件","因工人为工会会员或因其在工作时间外,或经雇主同意在工作时间内参加工会活动,而将其开除,或用其他方法使其蒙受损害"。1966年联合国的《经济、社会、文化公约》要求缔约各国承担下述保证:(1)人人有权组织工会和参加其所选择的工会,以促进和保护其经济和社会利益;这种权利只受工会有关规章的限制。对这一权利的行使,除法律所规定的及在民主社会中为了国家安全或公共秩序的利益或为保护他人权利和自由所必需的限制以外,不得加以任何限制。(2)工会有权建立全国性的协会或联合会,有权组织或参加国际工会组织。(3)工会有权自由地进行工作,除法律所规定的及在民主社会为了国家安全或者公共秩序的利益或者为保护他人的权利和自由所必需的限制外,不受任何限制。(4)有权罢工,但应按照各个国家的法律行使此项权利。

(二) 我国工会立法概述

我国工会是职工自愿结合的工人阶级的群众组织。中国共产党成立后,于1921年8月建立了中国劳动组合书记部,领导全国工人运动。1925年5月在广州召开的第二次全国劳动大会上,成立了中华全国总工会,取代了中国劳动组合书记部。我国最早出现的工会立法是1924年11月孙中山以大元帅的名义公布的《工会条例》。1929年10月21日,国民政府正式公布了《工会法》,于同年11月1日起开始施行。我国真正代表工人阶级利益和意志的工会立法,始于1930年中央革命根据地制定的《赤色工会组织法》,该法规明确规定了工会的宗旨、职权和活动范围。此后,在我国各个时期的革命根据地制定的劳动立法中,也都包括工会工作的内容。中华人民共和国成立后,废除了南京国民政府的《工会法》,并且在1950年6月28日颁布了《中华人民共和国工会法》,共5章26条,明确规定了工会的性质、法律地位、权利和职责。它与当时的《土地改革法》、《婚姻法》成为新中国最早成立的三部重要法律。这是新中国成立后的第一部《工会法》,首次在国家法律的

---

① 《列宁全集》第38卷,人民出版社1986年版,第285页。
② 刘旭:《国际劳工标准概述》,中国劳动社会保障出版社2003年版,第44页。

意义上确认了工会的权利和义务,使工会在国家政治、经济和社会生活中的地位有了法律保障。该法对于建立新中国的工会组织,巩固人民民主专政的政权,维护广大职工的合法权益,组织和教育广大职工在社会主义革命和建设中发挥主动性、积极性、创造性起到了重要的作用。党的十一届三中全会以后,随着国家中心工作的转移,我国处于重大的历史性转变的新时期,根据新时期对工会工作的要求,在总结近十几年来实行改革开放,发展社会主义商品经济的工会工作经验,1992年4月3日第七届全国人民代表大会第五次会议通过并颁布了新的《中华人民共和国工会法》,内容扩充为6章42条,有些内容与1950年工会法一脉相承;另外,增加了一些新内容,例如:工会有参与权,工会具有法人资格,工会有权参加劳动争议处理,工会应协助处理停工怠工事件等。这进一步明确了工会的性质、法律地位及在新的历史时期的权利和职责。1994年《劳动法》对工会也有相当多的规定。1998年10月24日,中国工会第十三次全国代表大会对原来的《中国工会章程》进行修订,颁发了新的《中国工会章程》。但是随着我国社会主义市场经济的深入发展,非公有制经济大量涌现,劳动关系又发生了深刻变革,愈趋多样化和复杂化。1992年工会法在实施中显现出一定的不适应性。因此,2001年10月27日第九届全国人大常委会第二十四次会议对1992年的《工会法》作了修正,扩充为7章57条。这对于保障工会在国家政治、经济和社会生活中的地位,确定工会的权利义务,发挥工会在社会主义现代化建设事业中的作用,具有重大意义。2003年9月26日中国工会第十四次全国代表大会通过《中国工会章程(修正案)》。2004年12月23日,中华全国总工会十四届二次执委会议审议通过《中华全国总工会关于进一步加强基层工会工作的决定》。2006年7月6日,中华全国总工会又通过了《企业工会工作条例(试行)》。2007年6月、8月、12月、2010年10月、分别通过的《劳动合同法》、《就业促进法》、《劳动争议调解仲裁法》、《社会保险法》对工会有一些新规定。为确保《工会法》的实施,正确审理涉及工会经费和财产、工会工作人员权利的案件,2008年6月25日,最高人民法院颁布了《关于在民事审判工作中适用〈中华人民共和国法〉若干问题的解释》。至此,我国形成了以《工会法》、《劳动法》、《中国工会章程》等为主体的较为完善的有关工会的规范体系。

(三) 工会的类型

在国外,工会一般分为以下几种类型:(1) 雇佣单位工会,即以受雇于同一雇用人的雇工所组成的工会。(2) 职业工会,也称"行业工会",是指从事同一职业或相类似职业的工人所组成的工会。即从事同一种职业或相类似职业的雇工所组成的工会。[1] 行业工会属于一种横向的组织,包括了不同产业内、不同企业内的同一行业或者相近行业的一切劳动者。(3) 产业工会,是指联合同一产业内各部分不同职业工人所组织的工会。[2] 产业工会是一种纵向的组织,包括了同一产业或者相近产业内的一切劳动者。行业工会的出现早于产业工会,但是,工业化大生产发展以来,各国产业工会较行业工会流行。(4) 联

---

[1] 史尚宽:《劳动法原论》,台湾正大印书馆1978年版,第157页。
[2] 黄越钦:《劳动法新论》,中国政法大学出版社2003年版,第266页。

合工会,即由各个单独工会联合组成的工会组织。

在我国,工会可以分为全国总工会、地方总工会、产业工会与基层工会四种形式。我国《工会法》没有规定行业工会,只规定了产业工会。根据我国《工会法》第10条:中国工会实行产业和地方相结合的组织领导原则。同一企业、事业、机关单位中的会员,组织在一个工会基层组织中;同一行业或性质相近的几个行业,根据需要建立全国的或地方的产业工会组织。除少数行政管理体制实行垂直管理的产业,其产业工会实行产业工会和地方工会双重领导,以产业工会领导为主外(如中华全国铁路总工会、民航工会等产业工会等),其他产业工会均实行以地方工会领导为主,同时接受上级产业工会领导的体制。(如教育工会等)各产业工会的领导体制,由中华全国总工会确定。省、自治区、直辖市、自治州、市、县(旗)建立地方总工会。地方总工会是当地地方工会组织和产业工会地方组织的领导机关。全国建立统一的中华全国总工会。中华全国总工会是各地方总工会和各产业工会全国组织的领导机关。

**二、我国工会的性质及地位**

(一) 工会的性质

我国《工会法》第2条第1款规定:"工会是职工自愿结合的工人阶级的群众组织。"《中国工会章程》规定:"中国工会是中国共产党领导的职工自愿结合的工人阶级群众组织,是党联系职工群众的桥梁和纽带,是国家政权的重要社会支柱,是会员和职工利益的代表。"这一规定表明:

(1) 工会是职工群众自愿结合的组织。工会作为职工劳动者群体利益的代表者,是职工群众自己建立起来维护自己利益的组织。工会组织坚持入会自愿、退会自由的原则,职工加入工会或退出工会完全是根据本人自愿申请,而不受任何限制或强制。

(2) 工会是工人阶级的组织。我国工会只能由工人阶级的成员组成,非工人阶级的成员不得加入工会。在我国现阶段,工人阶级的成员包括企业、事业组织、国家机关、社会团体等组织者中的以工资收入为主要生活来源或者与用人单位建立劳动关系的体力劳动者和脑力劳动者。而那些非工人阶级成员如农民、个体劳动者及外资企业中的外商代理人等,均不得加入工会。这就保证了工会的阶级性和内部利益的一致性。

(3) 工会是工人阶级最广泛的群众组织。我国《工会法》第3条规定:"在中国境内的企业、事业单位、机关中以工资收入为主要生活来源的体力劳动者和脑力劳动者,不分民族、种族、性别、职业、宗教信仰、教育程度,都有依法参加和组织工会的权利。……"这表明工会是最大限度地、广泛地团结广大工人阶级群众的组织。

(二) 我国工会的法律地位

我国工会的法律地位表现在三个方面:一是工会的唯一性和独立性;二是工会大都具有法人资格;三是工会的永续性。

1. 工会的唯一性①和独立性

工会在我国是唯一合法的、联合广大职工并代表国家利益的群众组织。在全国范围内具有统一的组织体系。任何单位和个人都不得在职工群众中另立组织,不得进行分裂工会组织的活动。同时工会在我国是一个独立的工人阶级群众组织,有一套独立的组织体系,在宪法和法律的范围内依据《中国工会章程》独立自主地开展工作。工会服从共产党的政治领导和遵守国家的法律,但不是党和政府的一个部门或附属机构,基层工会和单位在法律上处于平等地位。

2. 工会大都具有法人资格

由于各级工会的具体情况差别较大,所以,我国《工会法》第14条对工会的法律地位问题分两种情况作了规定。《工会法》第14条规定:"中华全国总工会、地方总工会、产业工会具有社会团体法人资格。基层工会组织具备民法通则规定的法人条件的,依法取得社会团体法人资格。"我国《民法通则》第37条所规定的法人条件为:依法成立,有必要的财产,有一定的组织机构和场所,并能够独立承担民事责任的社会组织。根据《民法通则》第50条第2款的规定,我国社会团体法人成立的方式有两种:一是依法不需要办理法人登记的,从成立之日起,具有法人资格;二是依法需要办理法人登记,经核准登记,取得法人资格。《工会法》规定中华全国总工会、地方总工会、产业工会具有社会团体法人资格,属于第一种成立方式。②

作为法人的工会,能够独立地享有民事权利资格,并依法对外开展活动,如工会代表职工同用人单位签订集体合同,成为集体合同的一方当事人;再如,当工会的经费、财产等权益受到侵犯时,工会可以以独立的法人主体资格诉诸法律,请求保护,成为独立的诉讼主体。

3. 工会的永续性

中国工会不是暂设性组织,而是永久性连续性的组织。基层工会所在企业终止或者所在的事业单位、机关被撤销,该工会组织相应撤销;它的经费财产由上级工会处置;会员的会籍可以继续保留。中国工会作为一个整体,它是永久存在的组织。

### 三、工会的组织原则与职能

(一) 我国工会的组织原则

我国工会的组织原则是民主集中制原则。具体为:(1) 各级工会委员会都由会员大会或者会员代表大会民主选举产生;(2) 各级工会委员会向同级会员大会或者会员代表

---

① 在西方国家,有一元化、多元化工会组织体系之分。一元化工会组织体系,即有一个统一全国各种工会组织的全国性工会联合组织,各工厂一级雇用单位也只存在一个工会组织。多元化工会组织体系,即在全国并存几个不同的组织体系,没有一个统一全国各种工会组织的全国性工会联合组织,各工厂一级雇用单位也不只存在一个工会组织。参见黄道钦:《劳动法新论》,中国政法大学出版社2003年版,第278页。

② 目前,我国基层工会包括国有企业工会、集体企业工会、外商投资企业工会、机关工会等。这些基层工会情况千差万别,并不是全部具备《民法通则》规定的法人条件,所以规定基层工会要依法取得法人资格,应以《民法通则》第37条规定的条件,经有关主管机关依法确定。

大会负责并报告工作并接受其监督;(3) 工会会员大会或者会员代表大会有权撤换或者罢免其选举的代表或者委员会组成人员;(4) 上级工会组织领导下级工会组织;(5) 工会主席、副主席任期未满时,不得随意调动其工作;因工作需要调动时,应当征得本级工会委员会和上一级工会的同意。

(二) 我国工会的职能

按照《工会法》的规定,我国工会的基本职能有:维权职能、参与职能、组织职能、教育职能。

1. 维权职能

工会在维护全国人民总体利益的同时,维护职工的合法权益,维护职工合法权益是工会的基本职责。工会必须密切联系职工,听取和反映职工的意见和要求,关心职工的生活,帮助职工解决困难,全心全意为职工服务。

2. 参与职能

工会通过各种途径和形式,参与管理国家事务,管理经济和文化事业,管理社会以及本企业的有关事务,协调人民政府开展工作,从而巩固工人阶级领导的以工农联盟为基础的人民民主专政的社会主义国家政权。

3. 组织职能

工会组织职工依照宪法和法律的规定行使民主权利,参加本单位的民主管理和民主监督,发动和组织职工努力完成生产任务和工作任务;组织职工开展劳动竞赛,开展群众性的合理化建议、技术革新和技术协作活动;提高劳动生产率和经济效益,发展社会生产力。

4. 教育职能

工会动员和教育职工以主人翁态度对待劳动,爱护国家和企业财产,遵守劳动纪律。工会对职工进行爱国主义、集体主义、社会主义教育,进行民主、法制、纪律教育以及科学、文化、技术教育,提高职工的思想道德、科学、文化、技术、业务素质,使职工成为有理想、有道德、有文化、有纪律的劳动者。

**四、我国工会的基本权利和义务**

工会的基本权利与义务是相互联系、辩证统一的整体。工会权利的实现以义务的履行为条件,而义务的履行又以权利的享有为前提。工会在享有一定权利的同时,还必须要承担一定的义务。工会代表和维护职工合法权益,既是工会的权利,又是工会的义务和基本职责。根据我国《工会法》和《劳动法》等相关法律、法规的规定,工会在代表职工利益和维护职工合法权益方面具有如下权利和义务[①]:

(一) 参与立法和政策制定

工会代表和组织职工群众参与国家和社会事务的管理,是法律赋予工会的一项重要

---

① 可参阅中华全国总工会法律工作部"《工会法》篇"系列文章。中华全国总工会网 http://www.acftu.org,2005年7月11日访问。

权利,也是工会组织承担的维护职工合法权益的重要义务。

1. 参与立法

《工会法》第33条第1款明确了工会的参与立法权。国家机关在组织起草或者修改直接涉及职工切身利益的法律、法规、规章时,应当听取工会意见。

2. 参与国民经济和社会发展计划制订

《工会法》第33条第2款规定,县级以上各级人民政府制定国民经济和社会发展计划,对涉及职工利益的重大问题,应当听取同级工会的意见。

3. 参加劳动政策、措施的研究制定

《工会法》第33条第3款规定,劳动就业、工资、劳动安全卫生、社会保险等问题与职工的利益息息相关,县级以上各级人民政府及其有关部门在研究制定劳动政策、措施时,应当吸收同级工会参加研究,听取工会意见。

4. 建立与政府的工作联系制度

《工会法》第34条第1款规定,县级以上地方各级人民政府可以召开会议或者采取适当方式,向同级工会通报政府的重要的工作部署和工会工作有关的行政措施,研究解决工会反映的职工群众的意见和要求。

(二) 参与劳动关系的协调

1. 参加劳动关系三方协商组织

《工会法》第34条第2款规定,各级人民政府劳动行政部门应当会同同级工会和企业方面代表,建立劳动关系三方协商机制,共同研究解决劳动关系方面的重大问题。

2. 代表职工协商签订集体合同

《工会法》第6条第2款规定,工会通过平等协商和集体合同制度,协调劳动关系,维护企业职工劳动权益。《工会法》第20条规定,工会代表职工与企业以及实行企业化管理的事业单位进行平等协商,签订集体合同。企业违反集体合同,侵犯职工劳动权益的,工会可以依法要求企业承担责任;因履行集体合同发生争议,经协商解决不成的,工会可以向劳动争议仲裁机构提请仲裁,仲裁机构不予受理或者对仲裁裁决不服的,工会可以向人民法院提起诉讼。

3. 参与企、事业单位停工、怠工事件的协调处理

《工会法》第27条规定,企业、事业单位发生停工、怠工事件,工会应当代表职工同企业、事业单位或者有关方面协商,反映职工的意见和要求并提出解决意见。对于职工的合理要求,企业、事业单位应当予以解决。工会协助企业、事业单位做好工作,尽快恢复生产、工作秩序。

4. 参加劳动争议的调解和仲裁

《工会法》第28条规定,工会参加企业的劳动争议调解工作。地方劳动争议仲裁组织应当有同级工会代表参加。《劳动争议调解仲裁法》也有同样的规定。

（三）监督劳动法律、法规的执行

1. 工会应当对用人单位职工民主管理权利进行监督

《工会法》第19条规定，工会有权要求纠正，保障职工依法行使民主管理的权利。人民政府有责任也有义务责令企业、事业单位改正。

2. 对用人单位用工权的监督

《工会法》第21条第1款、第2款规定，企业、事业单位处分职工，工会认为不适当的，有权提出意见。企业单方面解除职工劳动合同，应当事先将理由书面通知工会，工会认为企业违反法律、法规和有关合同，要求重新研究处理时，企业应当研究工会意见，并将处理结果书面通知工会。

3. 对用人单位侵犯职工劳动权益的监督

《工会法》第22条规定，工会主要是对企事业单位违反劳动法律、法规规定，克扣职工工资，不提供劳动安全卫生条件，随意延长劳动时间，侵犯女职工和未成年工特殊权益等严重侵犯职工劳动权益的问题进行监督。如发生侵犯职工合法权益的行为，工会应当对侵权行为进行调查、交涉和要求纠正。企业、事业单位拒不改正的，工会有权请求当地人民政府依法作出处理。

4. 对用人单位劳动安全卫生状况的监督

（1）参加"三同时"的检查验收。

《工会法》第23条规定，工会依照国家规定对新建、扩建企业和技术改造工程中的劳动条件和安全卫生设施与主体工程同时设计、同时施工、同时投产使用进行监督。对工会提出的意见，企业或者主管部门应当认真处理，并将处理结果书面通知工会。

（2）对重大事故隐患的监督与处理。

《工会法》第24条规定，工会发现企业违章指挥、强令职工冒险作业，或者生产过程中发现明显重大事故隐患和职业危害，有权提出解决的建议，企业应当及时研究答复；发现危及职工生命安全的情况时，工会有权向企业建议组织职工撤离危险现场，企业必须及时作出处理决定。

（3）参加伤亡事故的调查处理。

《工会法》第26条规定，职工因工伤亡事故和其他严重危害职工健康问题的调查处理，必须有工会参加。工会应当向有关部门提出处理意见，并有权要求追究直接负责的主管人员和有关责任人员的责任。《工会法》第53条第3项规定，妨碍工会参加职工因工伤亡事故以及其他侵犯职工合法权益问题的调查处理的，由县级以上人民政府责令改正，依法处理。这进一步加强了工会参加伤亡事故调查处理的法律保障。

（四）提供法律帮助

1. 为所属工会和职工提供法律帮助

《工会法》第29条规定："县级以上各级总工会可以为所属工会和职工提供法律服务。"《中国工会章程》规定，县和县级以上各级工会设立法律顾问组织，为保障会员和工会组织的合法权益服务。

2. 帮助和指导职工签订劳动合同

3. 对发生劳动争议职工的法律支持与帮助

《工会法》第 21 条第 3 款规定,职工认为企业侵犯其劳动权益而申请劳动争议仲裁或者向人民法院提起诉讼的,工会应当给予支持和帮助。

(五) 建设四有职工队伍

提高职工素质,是工会的一项重要义务。造就一支有理想、有道德、有文化、有纪律的职工队伍对我国的社会主义现代化建设具有重要意义。对此,工会肩负着重要的责任。《工会法》第 7 条规定,工会动员和组织职工积极参加经济建设,努力完成生产任务和工作任务。教育职工不断提高思想道德、技术业务和科学文化素质,建设有理想、有道德、有文化、有纪律的职工队伍。

(六) 协助企业促进经济发展

工会作为工人阶级的群众组织,有责任推动社会生产力的发展,实现职工的根本利益。工会应当与用人单位相互支持、相互配合、共谋发展。

1. 会同企业、事业单位提高劳动生产率、发展经济

《工会法》第 31 条规定,工会会同企业、事业单位教育职工以国家主人翁态度对待劳动,爱护国家和企业的财产。组织职工开展群众性的合理化建议、技术革新活动。调动和发挥广大职工的积极性,提高劳动生产率。

2. 做好劳模工作

《工会法》第 32 条规定,根据政府委托,工会与有关部门共同做好劳动模范和先进生产(工作)者的评选、表彰、培养和管理工作。

3. 办好职工集体福利事业

《工会法》第 30 条规定,工会协助企业、事业单位、机关办好职工集体福利事业,做好工资、劳动安全卫生和社会保险工作。

# 第六章 工作时间与休息休假制度

工作时间与休息休假制度是劳动法的重要内容,是对劳动者基本人权保障的具体落实。工作时间与休息休假制度主要包括:规定日工作时间和周工作时间的最长限度;规定休息日、法定节假日和年休假;限制延长工作时间等。

## 第一节 工作时间制度

### 一、工作时间的概念与特征

工作时间是指劳动者根据国家的法律规定,在一个昼夜或一周之内从事本职工作的时间。法律规定的一昼夜内从事工作的小时数总和称为工作日;一周内从事工作的工作日的总和称为工作周。工作时间是劳动者用来创造物质财富和精神财富的时间,是衡量每一个劳动者向社会所作贡献的大小和取得劳动报酬的重要依据。因此,任何一个国家都通过立法确定劳动者正常状态下工作时间的标准,并依据这个标准,确定劳动者的一系列的基本权利和义务。

工作时间作为一个法律范畴,具有以下特征:

(1) 它具有较强的法定性,即工作时间最长限度由法律规定,用人单位安排劳动者劳动不得超过法定最高工时。

(2) 它是履行劳动义务和计发劳动报酬的依据。劳动者按照用人单位依法规定的时间从事生产或工作,用人单位按照劳动者在工作时间内提供劳动的数量和质量计发劳动报酬。

(3) 它是实际工作时间与有关活动时间的总和。工作时间不仅包括劳动者的实际工作时间,还包括生产或工作的准备时间、结束前的整理与交接时间,以及工间休息时间、女职工哺乳时间、行政活动时间、工会活动时间、出差时间、履行社会职责的时间等。劳动者在法定工作时间内按照法律规定或用人单位的要求从事其他活动,虽然没有从事生产或工作,但由于这些活动时间大都与生产、再生产活动有关,因此视为工作时间。

### 二、工作时间法律调整的意义

有关劳动者工作时间的立法是劳动立法史中最早由法律规定的内容。被公认为现代劳动立法开端的1802年英国颁布的《学徒健康与道德法》就是以限制工作时间为主要内容的劳动立法。国际劳工组织的第一个国际劳工公约也主要是对劳动者工作时间的规定。以法律规定劳动者的工作时间有重要意义。

（一）保护劳动者身体健康和实现其休息权

工作时间立法对标准工作时间及最高工时作了具体规定，禁止任意延长工作时间。劳动者在规定的时间内从事劳动，在工余时可以合理支配其休息时间，有劳有逸，可以缓解其疲惫的身心和松弛其紧张的神经。如果劳动者劳动过度，超过其生理的忍受极限，必然会损害其身体健康，造成劳动能力无法恢复。因此工作时间立法对保护劳动者身体健康、实现劳动者的休息权具有重要意义。

（二）提高劳动者的素质和劳动生产率

科学确定工作时间制度才能保证劳动者在工作之外有充足的休息时间，才能使劳动者有更为充沛的精力和体力继续从事劳动，才能使劳动者有时间进行专业知识学习和职业技能培训，提高自己的素质和工作能力，从而提高劳动生产率。

（三）协调劳动报酬分配和促进就业

工作时间是确定劳动者报酬的一个重要的衡量依据。劳动报酬直接来源于劳动者在工作时间内为自己完成的产品的数量，间接来源于劳动者为自身劳动的必要的劳动时间。工作时间与劳动报酬这一必然联系和互助性，使得我们可以通过对劳动者工作时间的调整，间接协调劳动报酬的分配。

工作时间除了在规范用人单位和劳动者个人方面发挥作用之外，国家还可以通过制定工作时间标准调节劳动力供需之间的矛盾。当社会失业的劳动者大量增加，给社会和政府造成强大压力，而影响工作时间的其他因素不变时，国家通过缩短工作时间的立法，可以为失业劳动者提供更多的劳动岗位，缓解就业的矛盾。这种工作时间同社会就业之间的关系，反映了工作时间立法对劳动力市场配置的宏观调控作用和功能。

（四）促进企业的现代化管理

法律规定劳动者工作时间的目的主要有两个：一是保护劳动者的身体健康；二是维护正常的生产工作秩序。因此，在规定劳动者的工作时间长度时必须考虑劳动者生理上所能承受的劳动强度，保障劳动者有足够的休息时间恢复体力，同时工作时间的长短也要适应生产活动的客观需要，以维护正常的生产秩序。企业的现代化管理以人、物、时间为基本要素。工作时间构成了正常劳动秩序的基本前提，它对企业现代化管理的具体作用表现在：(1) 通过合理的工作时间法律规范，企业可以制定以保证其正常生产经营秩序的内部考勤制度和岗位责任制。(2) 法定的工作时间，是衡量劳动生产率的基本单位，运用工作时间的法律规定，企业可以制定以不断提高劳动生产率为目标的生产经营计划。(3) 稳定的工作时间制度，使企业建立科学和合理的生产班组制度成为可能。

### 三、工作时间立法的起源与发展

工作时间立法起源于 19 世纪工业革命以后，是劳动立法历史中最古老和最基本的内容之一。早期的工时立法的一个明显的特点在于，这些立法主要是限制童工、女工的最高工时。如被称为现代劳动立法开端的 1802 年英国《学徒健康与道德法》，就是一项以限制童工劳动时间为基本内容的立法。1839 年德国颁布的《普鲁士工厂矿山规则》和法国于

1841年、1879年分别颁布的有关工时的立法,其基本内容都是限制童工和女工的最高工时。直到1848年,瑞士颁布了世界上第一部限制成年男工工时的法律。

早期工时立法的另外一个特点在于所限定的工时都在8小时以上。工人们为争取8小时工作日制进行了长期不懈的斗争。著名的斗争体现在1877年7月美国三条主要铁路工人大罢工,1886年5月1日,美国全国性大罢工才迫使美国资本家承认了8小时工作日制。第二国际于1889年7月在巴黎召开国际工人代表大会,把争取以8小时工作日作为中心的国际劳工保护立法列为议程并作出相应决议。

1908年新西兰的立法最早确立了"8小时工作、8小时休息、8小时睡眠"的原则。俄国十月革命胜利之后第四天,就颁布了由列宁签署的关于8小时工作日的法令。第一次世界大战以后,欧洲大陆主要国家相继在立法上确立了8小时工作制度。1919年的《国际劳动宪章》规定,工厂的工作时间以每日8小时或每周48小时为标准、每周至少有一次连续24小时休息,并尽量以星期日为公休日。1919年举行的第一届国际劳工大会通过了《工业劳动一日8小时公约》。1921年的第三届国际劳工大会通过了《工业实行每周休息公约》,8小时工作制开始成为标准工时制度。20世纪三四十年代,有些国家开始实行每周5日40小时工作制。1935年的第十九届国际劳工大会通过了每周工时减至40小时的第47号公约,许多国家开始先后实行了40小时工作周制。近年来,还有些国家甚至实行35小时以下的工作周制。

我国自1949年新中国成立以后,实行8小时工作制日、48小时工作周制。1994年2月7日国务院公布了《关于职工工作时间的规定》,从1994年3月1日我国实行职工每日工作8小时、平均每周工作44小时的工时制度;1995年7月5日通过的《劳动法》专门规定了工时制度;1995年3月25日,国务院修改了《关于职工工作时间的规定》,从1995年5月1日起由44小时工作周制进一步缩短为40小时工作周制。

**四、工作时间立法的主要内容**

关于工作时间的立法,是各国劳动法的重要内容之一。我国从不同法律规范层次,形成和完善了我国工作时间法律体系。

(一) 标准工作时间

标准工作时间是指国家法律规定的,在正常情况下,劳动者从事职业劳动的统一工作时间,分为标准工作日和标准工作周。标准工作时间是工时立法的基础,非标准工作时间的确定都要以标准工作时间为依据。

法律通常规定标准工作时间的最高限度。我国《劳动法》第36条规定:"国家实行劳动者每日工作时间不超过8小时,平均每周工作时间不超过44小时的工时制度。"第38条规定:"用人单位应当保证劳动者每周至少休息1日。"1995年3月重新修订的《关于职工工作时间的规定》中对标准工作时间重新进行了限定,该《规定》适用于在中华人民共和国境内的国家机关、社会团体、企业事业单位以及其他组织的职工,"职工每日工作8小时,每周工作40小时"。"国家机关、事业单位实行统一的工作时间,星期六和星期日为周休息日。企业和不能实行前款规定的统一工作时间的事业单位,可以根据实际情况灵活安排周休息日。"

(二) 非标准工作时间

非标准工作时间是指在特殊情形下适用的不同于标准工作时间的工作时间。根据我国《劳动法》的规定,企业因生产特点不能实行标准工作时间的,经劳动行政部门批准,可以实行其他工作和休息办法。根据目前我国法律、法规的规定,我国的非标准工作时间可以分为以下几种:缩短工作时间、延长工作时间、不定时工作时间、综合计算工作时间和计件工作时间。

1. 缩短工作时间

缩短工作时间是指法定特殊条件或特殊情况下少于标准工作时间长度的工作时间。国务院《关于职工工作时间的规定》第4条规定:"在特殊条件下从事劳动和有特殊情况,需要适当缩短工作时间的,按照国家有关规定执行。"1995年3月25日劳动部发布的《国务院〈关于职工工作时间的规定〉的实施办法》第4条规定:"在特殊条件下从事劳动和有特殊情况,需要在每周工作40小时的基础上再适当缩短工作时间的,应在保证完成生产和工作任务的前提下,根据《中华人民共和国劳动法》第36条的规定,由企业根据实际情况决定。"1995年3月26日人事部发布的《国家机关、事业单位贯彻国务院〈关于职工工作时间的规定〉的实施办法》第4条规定:"在特殊情况下从事劳动和有特殊情况,需要适当缩短工作时间的,由各省、自治区、直辖市和各主管部门按隶属关系提出意见,报人事部批准。"

根据目前相关法律规定,目前允许实行缩短工作时间的情形限于以下几种:(1) 特定的岗位。从事矿山井下作业、高山作业、严重有毒有害作业、特别繁重和过度紧张的体力劳动的职工,每个工作日的时间要少于8小时。(2) 夜班。实行三班制的企业,从事夜班工作的时间比白班减少1小时。在这里,夜班一般是指在当日晚上10点至次日早晨6点之间当班。(3) 哺乳期女工。哺乳未满周岁婴儿的女职工,每班工作时间内可哺乳两次(含人工喂养),每次30分钟;多胞生育的每多哺乳一婴儿,每次哺乳时间增加30分钟;一班内两次哺乳可以合并使用。哺乳时间和哺乳往返时间算工作时间。(4) 未成年工和怀孕女工。未成年工应实行少于8小时工作日制度。怀孕7个月以上的女职工,在正常工作时间内应安排一定的休息时间。

2. 延长工作时间

延长工作时间是指根据法律的规定,在标准工作时间之外延长劳动者的工作时间。它适用于从事受自然条件或技术条件限制的季节性作业的职工,并且只能在一年中的某段时间(忙季)实行;以后应当以实行缩短工作日或者补休的方式,抵补超过标准工作时间长度的工时。这部分的内容放到第三节详细讲述。

3. 不定时工作时间

不定时工作时间,又称不定时工作制,是指根据法律规定在特殊条件下实行的,每日无固定工作时间,是适用于因生产特点、工作特殊需要或职责范围的关系,无法按标准工作时间衡量或需要机动作业的劳动者的一种工作时间安排。根据目前的规定,主要适用于以下人员:(1) 企业中的高级管理人员、外勤人员、推销人员、部分值班人员和其他因工作无法按标准工作时间衡量的职工;(2) 企业中的长途运输人员、出租汽车司机和铁路、港口、仓库的部分装卸人员以及因工作性质特殊,需机动作业的职工;(3) 其他因生产特点、工作特殊需要或职责范围的关系,适合实行不定时工作制的职工。

对于实行不定时工作时间的劳动者,不受《劳动法》关于日延长工作时间标准和月延长工作时间标准的限制,但是用人单位应根据《劳动法》的规定,在保障职工身体健康并充分听取职工意见的基础上,采用集中工作、集中休息、轮休调休、弹性工作时间等适当方式,确保职工的休息休假权利和生产、工作任务的完成。

4. 综合计算工作时间

综合计算工作时间,也称为综合计算工时工作制,是指分别以周、月、季、年等为周期,综合计算工作时间,但其平均日工作时间和平均周工作时间应与法定标准工作时间基本相同。也就是说,在综合计算周期内,某一具体日(或周)的实际工作时间可以超过8小时(或40小时),但综合计算周期内的总实际工作时间不应超过总法定标准工作时间,超过部分应视为延长工作时间并按《劳动法》的规定支付工资报酬,其中法定休假日安排劳动者工作的,按《劳动法》的规定支付工资报酬。而且,延长工作时间的小时数平均每月不得超过36小时。如果在整个综合计算周期内的实际工作时间总数不超过该周期的法定标准工作时间总数,只是该综合计算周期内的某一具体日(或周、或月、或季)超过法定标准工作时间,其超过部分不应视为延长工作时间。

根据目前的规定,综合计算工作时间主要适用于以下人员:(1) 交通、铁路、邮电、水运、航空、渔业等行业中因工作性质特殊,需连续作业的职工;(2) 地质及资源勘探、建筑、制盐、制糖、旅游等受季节和自然条件限制的行业的部分职工;(3) 其他适合实行综合计算工时工作制的职工。对于那些在市场竞争中,由于外界因素的影响,生产任务不均衡的企业的部分劳动者,经劳动行政部门严格审批后,可以参照综合计算工作时间的方法实施。但是用人单位应采取适当方式确保劳动者的休息休假权利和生产、工作任务的完成。

与实行不定时工作制一样,用人单位同样应根据《劳动法》有关规定,在保障职工身体健康并充分听取职工意见的基础上,采用集中工作、集中休息、轮休调休、弹性工作时间等适当方式,确保职工的休息休假权利和生产、工作任务的完成。

5. 计件工作时间

《劳动法》第37条规定:"对实行计件工作的劳动者,用人单位应当根据本法第36条规定的工时制度合理确定其劳动定额和计件报酬标准。"虽然这一规定表面上是通过确定劳动者的劳动数量(计件)来计算劳动报酬的规定,但是实际上也规定了劳动者劳动时间,即以劳动定额来计算工作时间。实行计件工作时间,劳动者的劳动定额要根据标准工时制度来合理确定。

## 第二节 休息休假制度

### 一、休息时间的概念

休息时间是指劳动者按照国家的法律规定,不从事工作而自由支配的时间,是劳动者在工作时间之外的所有休息时间的总和。它包括狭义休息时间和休假。狭义的休息时间仅指劳动者依法获得的一工作日或工作周循环周期的不计付工资报酬的自由支配时间。休假是指劳动者依法获得的具有某种特定意义的计付工资的自由支配时间。

狭义的休息时间和休假归为广义上的休息范畴,但作为严格的法律概念,二者各有所指,各有特点。二者的区别在于:

(1) 休息时间的总量要大于休假;

(2) 休息时间固定而且普遍存在,而休假除法定节日外,不具有固定性且享有的程度不同;

(3) 休息不带薪,而休假一般都带薪;

(4) 休假往往具有特定的目的或价值。

休息休假制度属于法律范畴,劳动者在国家规定和与用人单位依法约定的休息休假期间内,有权主张休息权;用人单位不得任意缩短劳动者的休息时间,否则就是侵犯了劳动者的休息权。休息权是在劳动权的基础上产生的,有劳才有逸,劳动消耗了劳动者的体力和脑力,休息使劳动者体力和精力得以恢复,同时休息也为劳动者家庭生活和社会活动提供便利,提高其休息的质量。如果不能保证劳动者休息的时间和质量,就会造成其肌体不能恢复、劳动能力萎缩,直接损害其身体健康,而且身心疲惫的劳动者在劳动中更易发生工伤事故,影响生产,使企业付出更大的代价。因此合理安排工作时间和休息时间,对于保护劳动者身体健康,促进经济发展具有十分重要的作用。同时休息时间的长短也反映国家的公共政策,反映社会进步和文明的程度。

### 二、休息休假立法的起源与发展

休息休假的立法最早体现在 1936 年国际劳工大会通过的《带薪休假公约》(第 52 号公约),该公约规定,凡在公私工商企业、服务部门、事业单位、机关就业的工作人员,连续服务满 1 年以后,应当至少有 6 天带薪年休假。1970 年国际劳工大会通过了一项新的《带薪休假公约》(第 132 号公约),该公约规定,连续工作 6 个月者,有权享受年休假;连续工作 6 个月至 12 个月者,有权享有与其工作时间相称的年休假;连续工作 1 年者,休假不应少于 3 个工作周。休息休假制度开始广泛体现在世界各国劳动立法之中。

我国目前关于休息休假的相关立法主要有:1981 年 3 月 14 日国务院发布的《关于职工探亲待遇的规定》;1981 年 3 月 26 日国家劳动总局发布的《关于制定国务院〈关于职工探亲待遇的规定〉实施细则的若干问题的意见》;1994 年通过的《劳动法》明确规定了休息

休假制度;1949年12月23日政务院发布、1999年9月18日国务院第一次修订发布、2007年12月14日第二次修订发布的《全国年节及纪念日放假办法》;2007年12月14日国务院发布的《职工带薪年休假条例》;2008年2月15日人事部发布的《机关事业单位工作人员带薪年休假实施办法》;2008年9月18日人力资源和社会保障部发布的《企业职工带薪年休假实施办法》。

### 三、休息休假的种类

休息休假的种类一般是依据生产经营特点、民族传统习惯、劳动者的基本活动的需要等因素,由立法加以规定的,根据法律、法规的规定,我国目前休息休假分为以下几种:

(一) 一个工作日内的休息时间

一个工作日内的休息时间,是指劳动者在一个工作日内进行工作过程中的休息时间和用膳时间。根据人生理条件的限制,劳动者经过一定时间的劳动后都会感到疲劳,如果不及时休息,必然会损害劳动者的身体健康,减低劳动生产率,在工作一段时间之后进行休息既是保障劳动者健康的需要,也有利于提高劳动生产率。一个工作日内的休息时间的长短、次数一般可以由用人单位根据本单位的实际情况自主决定,通常劳动者在连续工作4小时后应当安排一次休息,其中用餐的休息时间一般不得少于半小时,这种休息时间不计入劳动者的工作时间之内。

(二) 连续两个工作日之间的休息时间

连续两个工作日之间的休息时间是指劳动者在前一个工作日结束后至后一个工作日开始之间的休息时间。一般而言,这种休息时间应当是连续不间断的。在标准工作时间下,劳动者每日的工作时间不得超过8小时,也就是在连续两个工作日之间的休息时间不得少于16小时。

(三) 公休日

公休日,即周休息日,是劳动者工作一个工作周后的休息时间。《劳动法》第38条规定:"用人单位应当保证劳动者每周至少休息一日。"即用人单位必须保证劳动者每周至少有一次24小时不间断的休息。根据国务院《关于职工工作时间的规定》的规定,一般情况下星期六和星期日为周休息日;用人单位也可以根据本单位的实际情况,灵活安排确定本单位的周休息日。

(四) 法定节假日

法定节假日是国家法律统一规定的用以开展纪念、庆祝活动的休息时间。法定节日一般可以分为三种:一是政治性节日,如国庆节、独立日等;二是宗教性节日,如圣诞节;三是民族传统习惯的节日,如我国的春节。根据我国《劳动法》的规定,用人单位应当依法安排劳动者休假的节日包括:元旦、春节、国际劳动节、国庆节,以及法律、法规规定的其他休假节日。

《全国年节及纪念日放假办法》(1949年12月23日政务院发布,1999年9月18日国务院第一次修订发布,2007年12月14日国务院第二次修订发布)系统地规定了我国的

法定节日和放假办法,主要内容包括:

其一,全体公民放假的节日有:(1) 新年,放假1天(1月1日);(2) 春节,放假3天(农历正月初一、初二、初三);(3) 清明节,放假1天(农历清明当日);(4) 劳动节,放假1天(5月1日);(5) 端午节,放假1天(农历端午节当日);(6) 中秋节,放假1天(农历中秋当日);(7) 国庆节,放假3天(10月1日、2日、3日)。

其二,部分公民放假的节日及纪念日有:(1) 妇女节(3月8日),妇女放假半天;(2) 青年节(5月4日),14周岁以上28周岁以下的青年放假半天;(3) 儿童节(6月1日),13周岁以下的少年儿童放假1天;(4) 中国人民解放军建军纪念日(8月1日),现役军人放假半天。

其三,少数民族习惯的节日,由各少数民族聚居地区的地方人民政府,按照各该民族习惯,规定放假日期。

其四,二·七纪念日、五·卅纪念日、七·七抗战纪念日、九·三抗战胜利纪念日、九·一八纪念日、教师节、护士节、记者节、植树节等其他节日、纪念日,均不放假。

其五,全体公民放假的假日,如果适逢星期六、星期日,应当在工作日补假。部分公民放假的假日,如果适逢星期六、星期日,则不补假。

(五) 探亲假

探亲假,是指劳动者的工作地点与父母或配偶的居住地不在一地,不住在一起,在公休假日不能团聚时享受的与父母或配偶团聚的带薪假期。

1981年3月国务院公布施行的《关于职工探亲待遇的规定》对劳动者享受探亲假待遇作出了规定,该规定至今仍然有效,该《规定》的主要内容包括:

1. 劳动者享受探亲假的条件

凡在国家机关、人民团体和全民所有制企业、事业单位工作满1年的固定职工,与配偶不住在一起,又不能在公休假日团聚的,可以享受本规定探望配偶的待遇;与父亲、母亲都不住在一起,又不能在公休假日团聚的,可以享受本规定探望父母的待遇。但是,职工与父亲或与母亲一方能够在公休假日团聚的,不能享受本规定探望父母的待遇。父母包括自幼抚养职工长大,现在由职工供养的亲属,但不包括岳父母、公婆。"不能在公休假日团聚"是指不能利用公休假日在家居住一夜和休息半个白天。

2. 探亲假的期限

探亲假期是指职工与配偶、父、母团聚的时间,另外,根据实际需要给予路程假。(1) 职工探望配偶的,每年给予一方探亲假一次,假期为30天。(2) 未婚职工探望父母,原则上每年给假一次,假期为20天。如果因为工作需要,本单位当年不能给予假期,或者职工自愿两年探亲一次的,可以两年给假一次,假期为45天。(3) 已婚职工探望父母的,每四年给假一次,假期为20天。上述假期均包括公休假日和法定节日在内。凡实行休假制度的职工(例如学校的教职工),应该在休假期间探亲;如果休假期较短,可由本单位适当安排,补足其探亲假的天数。

### 3. 探亲假的待遇

职工在规定的探亲假期和路程假期内,按照本人的标准工资发给工资。职工探望配偶和未婚职工探望父母的往返路费,由所在单位负担。已婚职工探望父母的往返路费,在本人月标准工资30%以内的,由本人自理,超过部分由所在单位负担。

需要特别指出的是,以上规定仅仅适用于一般职工,对于一些特殊群体,我国相关法律、法规作了特别规定。例如,对于内地进藏职工探亲假和华侨、侨眷职工的探亲假按照有关规定执行。

### (六) 年休假

年休假是指劳动者每年享受的一定期限的带薪休假。我国在新中国成立初期曾在部分单位实行过年休假,但以后由于社会经济等方面的原因没有实行。1994年通过的《劳动法》第45条对年休假作出了原则性的规定:"国家实行带薪年休假制度。""劳动者连续工作一年以上的,享受带薪年休假。具体办法由国务院规定。"据此,国务院于2007年12月14日发布了《职工带薪年休假条例》,详细规定了有关职工带薪年休假制度。主要内容包括:

### 1. 年休假的适用范围

年休假适用于"机关、团体、企业、事业单位、民办非企业单位、有雇工的个体工商户等单位的连续工作1年以上的"职工。

### 2. 年休假的享受条件

职工累计工作已满1年不满10年的,年休假5天;已满10年不满20年的,年休假10天;已满20年的,年休假15天。国家法定休假日、休息日不计入年休假的假期。

依据该《条例》第4条之规定,职工有下列情形之一的,不享受当年的年休假:职工依法享受寒暑假,其休假天数多于年休假天数的;职工请事假累计20天以上且单位按照规定不扣工资的;累计工作满1年不满10年的职工,请病假累计2个月以上的;累计工作满10年不满20年的职工,请病假累计3个月以上的;累计工作满20年以上的职工,请病假累计4个月以上的。

### 3. 年休假的具体安排

依据该条例第3条之规定,单位根据生产、工作的具体情况,并考虑职工本人意愿,统筹安排职工年休假。年休假在1个年度内可以集中安排,也可以分段安排,一般不跨年度安排。单位因生产、工作特点确有必要跨年度安排职工年休假的,可以跨1个年度安排。

### 4. 年休假的工资待遇和应休未休年休假的补偿

职工在年休假期间享受与正常工作期间相同的工资收入。单位确因工作需要不能安排职工休年休假的,经职工本人同意,可以不安排职工休年休假。对职工应休未休的年休假天数,单位应当按照该职工日工资收入的300%支付年休假工资报酬。

### 5. 年休假的监督检查

县级以上地方人民政府人事部门、劳动保障部门应当依据职权对单位执行年休假制度的情况主动进行监督检查。工会组织依法维护职工的年休假权利。

6. 相关法律责任

单位不安排职工休年休假又不依照法律规定给予年休假工资报酬的,由县级以上地方人民政府人事部门或者劳动保障部门依据职权责令限期改正;对逾期不改正的,除责令该单位支付年休假工资报酬外,单位还应当按照年休假工资报酬的数额向职工加付赔偿金;对拒不支付年休假工资报酬、赔偿金的,属于公务员和参照公务员法管理的人员所在单位的,对直接负责的主管人员以及其他直接责任人员依法给予处分;属于其他单位的,由劳动保障部门、人事部门或者职工申请人民法院强制执行。

7. 年休假争议的处理

职工与单位因年休假发生的争议,依照国家有关法律、行政法规的规定处理。

另外,2008年2月15日人事部发布的《机关事业单位工作人员带薪年休假实施办法》、2008年9月18日人力资源和社会保障部发布的《企业职工带薪年休假实施办法》分别对机关事业单位、企业职工年休假制度作了更为详细的规定。

(七) 婚丧假

婚丧假,是指劳动者本人结婚以及劳动者的直系亲属死亡时依法享受的假期。婚丧是每个劳动者都有可能遇到的情况,需要给予一定的假期,使劳动者有闲暇处理相关事务,这是对劳动者的精神抚慰,体现了国家对劳动者的福利政策,也是对其权益的保护,对于调动劳动者的积极性具有重要意义。为此,我国《劳动法》第51条规定:"劳动者在法定休假日和婚丧假期间以及依法参加社会活动期间,用人单位应当依法支付工资。"

根据原劳动部1959年6月1日发布的《对企业单位工人职员在加班加点、事假、病假和停工期间工资待遇的意见》中对于工人职员请婚丧假的有关规定和1980年2月国家劳动总局、财政部发布的《关于国营企业职工请婚丧假和路程假问题的通知》的规定,企业单位的职工请婚丧假在3个工作日以内的,工资照发;职工本人结婚或职工的直系亲属(父母、配偶和子女)死亡时,可以根据具体情况,由本单位行政领导批准,酌情给予1至3天的婚丧假;职工结婚时双方不在一地工作的;职工在外地的直系亲属死亡时需要职工本人去外地料理丧事的,都可以根据路程远近,另给予路程假;在批准的婚丧假和路程假期间,职工的工资照发。途中的车船费等,全部由职工自理。

至于假期超过3天的,全国目前没有明确规定工资计发的统一标准。各地只有参考地方性规定。

(八) 女职工的产假

《劳动法》第62条规定:"女职工生育享受不少于90天的产假。"有关女职工产假待遇的规定在女职工特殊保护和生育保险等章节中有详细论述。

# 第三节 延长工作时间

## 一、延长工作时间的概念

延长工作时间是指根据法律的规定,在标准工作时间之外延长劳动者的工作时间。

延长工作时间一般可以分为两种情形:加班和加点。加班是指劳动者根据用人单位的要求在休息日和节假日进行工作;加点是指劳动者根据用人单位的要求在一个标准工作日之外延长工作时间。用人单位不得违反法律规定延长劳动者的工作时间。

工作时间的长度和上下班时间一般具有固定性,这虽然同生产、工作的常规需要相适应,却难以满足生产、工作的特殊需要,加班加点正是因为能够弥补这种不足而有存在的必要。但是,加班加点意味着挤占休息时间,同法定最高工时标准相矛盾,因此,在工时立法中,对加班加点既允许又限制,并规定补偿标准,以防止加班加点的滥用,保障劳动者休息权和有关权益的实现。

### 二、延长工作时间的主要规定

(一)限制延长工作时间的规定

1. 劳动者范围的限制

根据我国《劳动法》及相关法律法规的规定,怀孕7个月以上和哺乳期内的女职工,不得安排延长工作时间,禁止安排未成年工延长工作时间。

2. 延长工作时间的长度限制

根据我国《劳动法》规定,用人单位由于生产经营需要,经与工会和劳动者协商后可以延长劳动时间,一般每日不得超过1小时;因特殊原因需要延长工作时间的,在保障劳动者身体健康的条件下延长工作时间每日不得超过3小时,但是每月不得超过36小时。延长工作时间的长度限制包括正常工作日的加点、休息日和法定休假日的加班。即每月工作日的加点、休息日和法定休假日的加班的总时数不得超过36小时。

3. 延长工作时间的条件

延长工作时间需要符合以下条件:

(1)生产经营需要。生产经营需要是指来料加工、商业企业在旺季完成收购、运输、加工农副产品紧急任务等情况。

(2)用人单位要与工会和劳动者进行协商。协商是用人单位决定延长工作时间的必经程序(特殊情况延长工作时间的除外)。

(二)特殊情况下延长工作时间的规定

根据法律规定,出现以下情况时,延长工作时间可以不受法律规定的延长工作时间的长度限制:

(1)发生自然灾害、事故或者因其他原因,威胁劳动者生命健康和财产安全,需要紧急处理的;

(2)生产设备、交通运输线路、公共设施发生故障,影响生产和公众利益,必须及时抢修的;

(3)法律、行政法规规定的其他情形,主要包括:① 在法定节日和公休假日内工作不能间断,必须连续生产、运输或者营业的;② 必须利用法定节日或公休假日的停产期间进行设备检修、保养的;③ 为完成国防紧急任务的;④ 为完成国家下达的其他紧急生产任务的。

### (三) 延长工作时间的劳动报酬

我国《劳动法》规定:"安排劳动者延长工作时间的,支付不低于工资的150%的工资报酬;""休息日安排劳动者工作又不能安排补休的,支付不低于工资的200%的工资报酬;""法定休假日安排劳动者工作的,支付不低于工资的300%的工资报酬。"在这里,作为计算加班加点工资基数的正常工作时间工资,有日工资和小时工资两种。日工资为本人月工资标准除以平均每月法定工作天数所得的工资额;小时工资为日工资标准除以8小时所得的工资额。

休息日安排劳动者加班工作的,应先按同等时间安排其补休,不能安排补休的应按法律规定支付劳动者延长工作时间的工资报酬;法定节假日(元旦、春节、劳动节、国庆节)安排劳动者加班工作的,应按规定支付劳动者延长工作时间的报酬,一般不安排补休。

# 第七章 工资基准与工资集体协商制度

工资是劳动关系中财产属性的重要表现,是劳动者实现生存权的基本途径,也是劳资关系博弈的永恒主题。工资基准与工资集体协商制度作为劳动法的重要组成部分,对维护劳动者的权益以及维护和发展稳定和谐的劳动关系意义非常重要。

## 第一节 工资基准概述

**一、工资的概念和特征**

工资也称薪金,是指劳动者因履行劳动合同义务获得的,用人单位以法定或约定方式向劳动者支付的劳动报酬。工资是劳动者劳动收入的主要组成部分。工资的法律规定对保障劳动者的生存权具有重要意义。另外,工资内涵也影响着加班报酬、经济补偿、代通知金、社会保险费的计算,以及涉及人身侵权赔偿时的标准计算。与这一概念相联系的是,我国法律法规及政策中也有工资总额、工资标准、标准工资、基本工资、基础工资、劳动报酬等法律概念。由于没有统一的《工资法》,这些概念在认识上和执行上尚不统一。

1949年国际劳工组织制定的《保护工资公约》(第95号,以下简称95号公约)中规定,工资是指无论名称或计算方式如何,由一位雇主对一位受雇者,为其已完成或将要完成的工作或已提供或将要提供的服务,以货币结算并由共同协议或国家法律或条例予以确定,而凭书面或口头雇用合同支付的报酬或收入。

日本《劳动基准法》第11条规定:本法所指工资,包括工资、薪水、津贴、奖金及其他雇主支付给工人的不论以何种名义的劳动报酬。95号公约和日本的规定都在强调劳动基准法中的工资是一个广义上的概念,其中可以包含无论以何种名称(名义)出现的劳动报酬。

韩国《劳动基准法》第18条规定,"工资"一词在本法中系指雇主以工资、薪金或其他名称支付给职工的相应于其提供的劳务的钱或其他价值的物。这一概念指出工资支付以"劳动为对象",即强调工资与劳动者提供的劳动之间的对价关系。

我国台湾地区"劳动基准法"第2条第3款规定:工资,谓劳工因工作而获得之报酬;包括工资、薪金及按计时、计月、计件以现金或实物等方式给付之奖金、津贴及其他任何名义之经常性给与均属之。这一概念指出的"因工作而获得"包含了对价关系,同时也强调其他任何名义的报酬如系"经常性给付"的性质也应当列入工资的范畴。[①]

---

① 台湾劳动法学界对于"经常性给与"存在两种不同的理解。参见台湾劳动法学会编:《劳动基准法释义——施行之回顾与展望》,台湾新学林出版股份有限公司2005年版,第292页。

美国企业职工工资一般由三部分构成:基本工资、刺激性工资及福利津贴。美国《公平劳动标准法》第 3 条第 15 款还规定,如果雇主提供的膳食、宿舍或其他设施时习惯供给,雇主支付给受雇者的工资,包括由雇主提供给受雇人之膳食、宿舍或其他设施的合理费用;此等费用由劳工部部长决定。

英国《雇佣权利保护法》(1996 年)第 27 条第 1 款规定,本法所称的工资,是指支付给工人所有与其雇用有关的报酬,包括酬金、奖金、佣金、假期津贴以及其他与雇用相关的报酬,无论是合同约定支付还是其他。

我国香港特别行政区《雇佣条例》第 2 条规定,"工资"除第(2)及第(3)款另有规定外,指所有能以金钱形式支付予根据雇用契约工作之雇员之酬金、入息、津贴、小费及服务费,不论其名称为何或以任何方式计算,但不包括:(a) 由雇主提供之居所、教育、食物、燃料、照明、医疗或食水之价值;(b) 雇主自愿拨作长俸基金或公积金之任何款项;(c) 任何交通津贴或交通上优待之价值;(d) 发给雇员,俾其支付因工作而须付出之特别开支之任何款项;(da) 根据第 2 甲部支付之年终酬金或其部分;(e) 于雇用契约期满或终止时支付予雇员之任何酬金;或(f) 任何属于赏赠性质或仅由雇主酌情发给之每年花红或其部分。

从劳动合同关系分析,劳动给付与工资给付构成合同的对价关系。工资是劳动者以劳动行为支出而获得的对价。它具有以下几个方面的特征:(1) 工资的产生是基于劳动者与用人单位之间的劳动关系。其他的劳动收入或劳动报酬可能基于自雇劳动、民事劳务关系。(2) 工资标准的确定依据是劳动法、集体合同、劳动合同的规定和约定。劳动法规定的标准即为工资基准,集体合同、劳动合同约定的即为双方在工资基准的基础上约定的劳动报酬数额或计算办法。(3) 工资的形式及支付方式是法定的。国家对工资的构成及表现形式作了明确的规定。同时,对工资的支付方式也有相关的基准制度。(4) 工资体现了国家与劳动关系主体之间、劳动关系主体之间的双重属性。工资是用人单位基于劳动者劳动义务履行而支付的劳动报酬,体现着私法上的债权债务关系,同时,由于工资是社会收入分配的重要方式,一定程度上决定着社会成员的整体消费水平,国家立法对这种私法上的对价关系进行了一系列的刚性规定和制约,因此,工资又体现着一定程度的公法关系。

目前,我国调整工资的主要法律、法规、规章有《劳动法》、《劳动合同法》、《工资集体协商试行办法》、《最低工资规定》、《工资支付暂行规定》、《对〈工资支付暂行规定〉有关问题的补充规定》以及劳动部《关于贯彻执行〈中华人民共和国劳动法〉若干问题的意见》中的相关部分,《工资条例》正在加紧制定中。

## 二、工资基准与工资集体协商、工资自决的关系

工资基准、工资集体协商、工资自决是确定工资的几种法律途径。三者之间具有紧密的关联性。工资基准是劳动基准的组成部分。劳动基准是国家立法规定的最低劳动标准,即劳动者在劳动关系中劳动条件的法定最低标准。工资基准是指国家立法规定的用人单位在签订劳动合同、核算和支付劳动者工资时所应遵守的最低标准。其基本内容应

包括最低工资制度、工资支付保障制度、工资优先支付制度等。工资基准是工资集体协商、工资自决权行使的基础和前提,后者在行使权利时均不得违反工资基准的相关规定。工资自决是企业法、劳动法赋予用人单位经营自主权在工资分配上的表现,但其不能违反工资基准、工资集体协商条款约定的基本条件。我国《劳动法》第47条规定:"用人单位根据本单位的生产经营特点和经济效益,依法自主确定本单位的工资分配方式和工资水平。"值得强调的是,工资自决权除了受到工资基准、集体合同的约束之外,还必须经过法定的程序和方式听取工会和职工代表的意见,在协商的基础上由用人单位来确定。我国《劳动合同法》第4条第2款规定:"用人单位在制定、修改或者决定有关劳动报酬、工作时间、休息休假、劳动安全卫生、保险福利、职工培训、劳动纪律以及劳动定额等直接涉及劳动者切身利益的规章制度或者重大事项时,应当经职工代表大会或者全体职工讨论,提出方案和意见,与工会或者职工代表平等协商确定。"工资自决包括了工资分配方式确定权和工资水平确定权。分配方式主要指基本工资制度、工资标准、工资形式、增减工资的办法等;工资水平主要指工资总额、职工平均工资等。从法律性质上分析,工资基准属公法上的关系,反映的是国家与用人单位、劳动者之间的物质利益关系;工资集体协商、工资自决属私法上的关系,反映的是用人单位与劳动者之间的物质利益关系。我国《劳动合同法》第51条第1款规定:企业职工一方与用人单位通过平等协商,可以就劳动报酬、工作时间、休息休假、劳动安全卫生、保险福利等事项订立集体合同。该法第55条规定:"集体合同中劳动报酬和劳动条件等标准不得低于当地人民政府规定的最低标准;用人单位与劳动者订立的劳动合同中的劳动报酬和劳动条件等标准不得低于集体合同规定的标准。"

### 三、工资形式及构成

#### (一) 工资形式

工资形式是指计量劳动和支付工资的形式。我国现行的工资形式主要有计时工资、计件工资两种基本形式,另外,在一定范围内实行年薪制。

1. 计时工资

计时工资是按照单位时间工资率(即计时工资标准)和工作时间支付劳动者个人工资的一种形式。

计时工资可以分为月工资制、日工资制和小时工资制三种。其优点是操作简单易行,适用面广,任何用人单位和工种均可适用;缺点是只以劳动时间作为计算工资报酬的依据,工资报酬没有直接与劳动的数量和质量相挂钩,难以准确反映劳动者的劳动效率。因此,计时工资虽具有广泛性,但还存在对象的选择性,一般要与计件工资配套使用。在实行计时工资时,劳动者完成法定或者劳动合同约定的工作时间后,用人单位以该劳动者的工资等级和工资标准确定标准工资。如用人单位实行计时工资与计件工资相结合的制度,则劳动者的工资由标准工资、超额劳动工资(计件工资)以及其他补贴等组成工资总额。

2. 计件工资

计件工资是指按照劳动者完成的合格产品的数量和预先规定的计件单位计算工资的

形式。它是用一定时间内的劳动成果来计算的工资,即用间接劳动时间来计算,因此它是计时工资的转化形式。计件工资的优点是能够使劳动成果与劳动报酬直接联系起来,更好地体现了按劳分配的原则;缺点是容易因追求数量而忽视质量。计件工资的使用范围不具有普遍性,一般适用于劳动工序简单独立、工作量能精确计算、产品质量有国家或者行业明确标准的企业。

3. 年薪

年薪是指对符合一定条件的劳动者实行以一个账务年度为核算工资依据计发劳动报酬的工资形式。我国《劳动法》及相关法律并未对普通劳动者推行此种工资形式。目前,按照有关企业行政管理规定,只适用于企业高级管理人员如总经理(厂长)、董事、监事等。我国有的地方制定了具体的实施方法。例如,南京市规定,经营者年薪原则上由基础年薪、效益年薪组成。经营者年薪原则上不得超过本企业职工平均工资的8倍。还规定,企业经营者实行年薪制,必须承担经营风险责任,须缴纳风险抵押金、年薪预留金。实行年薪制应先向企业职代会报告,并需报企业主管部门审批。

(二) 工资构成

工资构成即指工资总额由几部分相互联系的内容组成。目前,我国工资构成逐步改革为工资自决的范畴。我国《劳动法》第47条规定:"用人单位根据单位的生产经营特点和经济效益,依法自主确定本单位的工资分配方式和水平。"最常见的工资构成单元有:

1. 基本工资

基本工资是指劳动者与用人单位在劳动合同中约定的与工作岗位相适应的相对固定的工资单位。劳动者在法定或约定的工作时间内提供正常劳动的情况下即可获得基本工资。与奖金、津贴、补贴等其他劳动报酬相比,基本工资的主要特点是:(1) 常规性。即基本工资所对应的是劳动者在法定工作时间内和正常条件下所完成的恒常劳动或定额劳动。(2) 固定性。即劳动者所享有的基本工资标准,在一定期限内一般固定不变或者说不具有浮动性。(3) 主干性。即基本工资构成劳动者所得全部工资额中的主干部分,亦即占全部工资额的较大比重。(4) 基准性。即基本工资往往是计算和确定其他工资收入(如加班加点工资)和其他待遇(如失业、养老等社会保险费的计算)的标准。(5) 等级性。即基本工资体现了不同劳动者劳动质量、技能水平、岗位条件等多方面的差异,具有一定的等级差别。基本工资构成工资的基础,是最低工资法、工资集体协商、工资自决制度的主要调整对象和依据,与奖金、津贴、补贴等辅助工资相对应。

2. 奖金

奖金是用人单位支付给劳动者的超额劳动或相关非基本工资核算要素的报酬。奖金是对劳动者在创造超过正常劳动定额以外的社会所需要的劳动成果时,所给予的物质补偿,是辅助工资的构成内容之一。按照不同的标准,可以对奖金进行不同的分类:(1) 以直接增加社会财富为标准,可以将其分为超产奖、质量奖、节约奖等;(2) 以为增加社会财富创造条件为标准,可以将其分为劳动竞赛奖、创造发明奖、安全生产奖等;(3) 以设奖形式为标准,可以将其分为单项奖、综合奖、集体奖、个人奖等。

### 3. 津贴

津贴是指补偿劳动者在特殊条件下的额外劳动消耗和生活费额外支出的工资补充形式。这里的津贴,与事业单位基本工资制度中的"津贴"的活动工资部分,不是同一概念。① 依据津贴的设置目的和所起的作用,可以将我国现行的津贴分为以下几大类:(1)为补偿劳动者额外劳动消耗而设置的津贴,如高空作业津贴、高温津贴、夜班津贴。(2)为补偿职工特殊劳动和生活费额外支出的双重性而调协的津贴,如林区津贴、山区津贴、驻岛津贴、艰苦气象站津贴、船员津贴、外勤工作津贴、铁路乘务津贴,以及为鼓励职工到艰苦地方去工作而设置的津贴等。(3)为保障职工身体健康而设置的津贴,如对从事粉尘、高压、有毒有害气体、接触放射性物质和从事潜水作业等工作发放的保健津贴、医疗卫生津贴等。(4)为鼓励职工钻研技术、努力工作而设置的津贴,如科研津贴、优秀运动员津贴、体育津贴等。(5)为维护社会所需要的工作的正常进行而设置的津贴,如环卫工人、物资回收工人所享有的津贴等。(6)为补偿职工的特殊贡献而设置的奖励性津贴,如对作出突出贡献的专家、学者和科技人员的政府特殊津贴等。

### 4. 补贴

补贴是工资构成中较固定和稳定的单元。一般是针对特定条件下因物价变动影响而对劳动者所作的临时性工资辅助,其目的是保证劳动者生活水平免受较大的冲击。补贴具有基准性特征,在特定的地区,补贴与工资部分应该大致相等。但与奖金相对,具有附加性特征,其在工资总额中占的比例相对较小,较之奖金的浮动性相比要稳定,因此,激励作用不大。

值得注意的是,劳动者的以下劳动收入不属于工资范围:(1)单位支付给劳动者个人的社会保险福利费用,如丧葬抚恤救济费、生活困难补助费、计划生育补贴等;(2)劳动保护方面的费用,如用人单位支付给劳动者的工作服、解毒剂、清凉饮料费用等;(3)按规定未列入工资总额的各种劳动报酬及其他劳动收入,如根据国家规定发放的创造发明奖、国家星火奖、自然科学奖、科学技术进步奖、合理化建议和技术改进奖、中华技能大奖等,以及稿费、讲课费、翻译费等。

## 第二节 最低工资制度

### 一、最低工资的概念及特点

最低工资是指劳动者在法定工作时间或劳动合同约定的工作时间内提供了正常劳动的前提下,用人单位依法应当支付的最低劳动报酬。最低工资制度是国家为了维护劳动者取得劳动报酬的合法权益,保障劳动者个人及其家庭成员的基本生活需要而建立的法律制度,它体现了《劳动法》促进社会进步的立法目的,与按劳分配原则相辅相成,并行

---

① 王全兴著:《劳动法》,法律出版社2004年版,第238页。

不悖。

最低工资的立法,最早出现于19世纪末。澳大利亚的维多利亚州在1896年颁布的最低工资法令,被认为是世界上专门最低工资立法的开端。1909年,英国颁布了最低工资法。第一次世界大战后,最低工资立法开始在各国盛行。我国劳动部于1993年制定了《企业最低工资规定》,这是我国第一部全国性的最低工资法规。我国目前规范最低工资制度的主要法律依据是《劳动法》以及劳动和社会保障部2004年3月颁布的《最低工资规定》以及各个地方的最低工资规定等。国际劳工组织针对最低工资,制定了《1928年确定最低工资办法公约》(第26号公约)及相应的建议书、《确定最低工资并特别考虑发展中国家公约》(第131号公约)及相应的建议书。1948年联合国大会通过的人权宣言中指出,任何人都有享受公平合理的劳动报酬的权利,以保证劳动者和其家人具有人的尊严。1949年国际劳工组织通过了《工资保护条约》(第95号公约)和同名建议书(第85号),1970年,国际劳工组织通过了面向发展中国家特别推荐建立最低工资确定办法的《确定最低工资公约》(第131号公约)和第135号同名建议书。2008年,国际劳工组织首次发表了《全球工资报告》,2010年12月,国际劳工组织《2010—2011年全球工资报告》正式发布。报告呼吁各国切实提高工资水平和最低工资。

最低工资有以下法律特征:

(1)最低工资的保障范围是劳动者个人及其家庭成员的基本生活需要。主要包括:维持劳动者本人最低生活的费用和劳动者平均赡养人口的最低生活费用。

(2)最低工资是国家通过立法确定的法定标准。为了防止用人单位片面追求经济效益、滥用工资分配自主权,从而侵害劳动者取得劳动报酬的权利,需要国家通过立法确定最低工资。最低工资标准一般采取月最低工资标准和小时最低工资标准的形式。月最低工资标准一般适用于全日制就业劳动者,小时最低工资标准适用于非全日制就业劳动者。

(3)最低工资是劳动者获得劳动报酬的最低标准。它要求劳动合同、集体合同在约定劳动者工资标准时以及在劳动者提供了正常的情况下用人单位向劳动者支付工资时,均不得低于最低工资标准,否则,约定无效,并按最低工资标准执行。

最低工资的功能还在于引导用人单位按照劳动者劳动的数量和质量合理确定劳动报酬,并依据法律法规以及劳动合同确定的工资标准支付,不得违反以上规定或约定而给予劳动者支付最低工资。

最低工资额与用人单位单位相同岗位最低档工资是两个不同的概念。用人单位单位相同岗位最低档工资是各工种(岗位)的最低一级工资标准。确定用人单位单位相同岗位最低档工资,除了要考虑职工基本生活需要,还要更多考虑其他因素,如各工种(岗位)的技术业务、劳动强度、职工技能等,因而不同工种(岗位)的最低档工资不尽相同。最低工资仅与职工基本生活需要对应,与其他因素无关,并不因工种(岗位)不同而有所差异。我国《劳动合同法》第20条规定:劳动者在试用期的工资不得低于本单位相同岗位最低档工资或者劳动合同约定工资的80%,并不得低于用人单位所在地的最低工资标准。

## 二、最低工资标准的确定

### (一) 确定最低工资标准的原则

确定最低工资标准的原则,直接关系到最低工资标准的水平和科学、合理程度,也涉及劳动关系双方当事人之间的物质利益。在历史上,各国确定最低工资的原则有所不同:英美等国曾采用生活工资原则;法国等则曾采取公平工资原则。现代各国一般将两项原则综合使用。根据我国《劳动法》的立法目的和有关规定,可以将确定最低工资标准的原则概括为以下三项:(1) 协调原则。即最低工资标准的确定,应当与其相关因素综合考虑,相互协调。最低工资受多种因素、条件的制约,因此,科学合理的最低工资标准,应当是在对各项因素综合考虑、相互协调的基础上确定的。(2) 基本生活保障原则。即以保障劳动者个人及其家庭成员的基本生活需要为目标。这一原则,是最低工资立法基于社会公正和保护弱者的指导思想的具体反映。(3) 分级管理原则。现阶段,我国经济发展和生活水平的地区不平衡还比较突出,由此决定了难以在全国实行统一的最低工资标准。因此,《劳动法》、《最低工资规定》规定:最低工资的具体标准由省、自治区、直辖市人民政府规定,报国务院备案,省、自治区、直辖市范围内的不同行政区域也可以有不同的最低工资标准。

### (二) 最低工资标准的构成

最低工资标准的构成,通常应当包括以下三个部分:

1. 维持劳动者本人最低生活的费用

即对劳动者从事一般劳动时消耗体力和脑力给予补偿的生活资料的费用。这一费用是最低工资标准中最基本的部分,它与基本生活费的性质及确定依据完全相同。确定劳动者本人最低生活费用时,应根据特定地区劳动者的平均最低标准予以测定。

2. 劳动者平均赡养人口的最低生活费用

这部分费用,不仅是保证社会生产正常进行在后备劳动力方面的必要开支,而且也是《婚姻法》赋予劳动者的义不容辞的责任。因此,最低工资标准中应当含有劳动者"养家"的费用。

3. 其他因素

如《最低工资规定》第6条规定,确定和调整月最低工资标准,应参考当地就业者及其赡养人口的最低生活费用、城镇居民消费价格指数、职工个人缴纳的社会保险费和住房公积金、职工平均工资、经济发展水平、就业状况等因素。确定和调整小时最低工资标准,应在颁布的月最低工资标准的基础上,考虑单位应缴纳的基本养老保险费和基本医疗保险费因素,同时还应适当考虑非全日制劳动者在工作稳定性、劳动条件和劳动强度、福利等方面与全日制就业人员之间的差异。

### (三) 确定和调整最低工资标准的参考因素

1. 劳动者本人及平均赡养人口的最低生活费用

这是最低工资确定中的核心考量因素,也是最低工资制度的立法宗旨。

2. 社会平均工资水平

最低工资应该低于当地社会平均工资水平。但二者之间的比例关系在我国各地方有较小范围的差别。我国最低工资占社会平均工资的比例一般在34%—36%之间。

3. 劳动生产率

不同地区、不同行业之间,劳动生产率是有差异的,由此决定了最低工资水平的差异性。

4. 就业状况

劳动力供求既反映了工资的基本水平,也反映了经济的运行状况。

5. 地区之间经济发展水平的差异

由于最低工资的基本生活保障作用,地区经济发展的差异导致消费品物价水平的不同,由此也决定了最低工资的差异水平。

(四) 最低工资的确定程序

根据我国《劳动法》第48条第1款和《最低工资规定》,确定最低工资标准的具体程序是:

(1) 由省、自治区、直辖市人民政府劳动保障行政部门会同同级工会、企业联合会/企业家协会拟订最低工资标准的确定方案。

(2) 省、自治区、直辖市人民政府劳动保障行政部门将确定最低工资标准的方案送劳动和社会保障部(现为人力资源和社会保障部,下同)。

(3) 劳动和社会保障部在收到拟订方案后,应征求全国总工会、中国企业联合会/企业家协会的意见。劳动和社会保障部对方案可以提出修订意见,若在方案收到后14日内未提出修订意见的,视为同意。

(4) 在得到劳动和社会保障部同意后,省、自治区、直辖市劳动保障行政部门应将本地区最低工资标准方案报省、自治区、直辖市人民政府批准。

(5) 在批准后7日内在当地政府公报上和至少一种全地区性报纸上发布。

(6) 省、自治区、直辖市劳动保障行政部门应在发布后10日内将最低工资标准报劳动和社会保障部。用人单位应在最低工资发布后10日内将该标准向本单位全体劳动者公示。

### 三、最低工资标准的适用范围

最低工资标准的适用范围包括其适用的主体范围、时间范围和劳动种类范围。

(一) 最低工资标准适用的主体范围

根据《最低工资规定》第2条,凡在中华人民共和国境内的企业、民办非企业单位、有雇工的个体工商户和与之形成劳动关系的劳动者,国家机关、事业单位、社会团体和与之建立劳动关系的劳动者,均应适用最低工资标准。

(二) 最低工资标准适用的时间范围

最低工资标准的时间适用范围是指劳动者在哪些时间内从事劳动,才能享受最低工资制度保障的情况。根据《最低工资规定》,劳动者享受最低工资制度保障的时间范围,应当是在法定工作时间或依法签订的劳动合同约定的工作时间内。按照这一标准和《劳动部关于贯彻执行〈中华人民共和国劳动法〉若干问题的意见》,下列几种情形不适用最低工资标准:(1) 劳动者在工作时间内有迟到、早退、旷工等违纪行为。(2) 企业下岗待工人员。此类人员,由企业依据当地政府的有关规定支付其生活费,生活费可以低于最低工资标准。(3) 因患病或非因工负伤处于治疗期间的职工。职工患病或非因工负伤治疗期间,在规定的医疗期间内由企业按有关规定支付其病假工资或疾病救济费,病假工资或疾病救济费可以低于当地最低工资标准支付,但不能低于最低工资标准的80%。(4) 处于非带薪假期间的人员,如事假等。

(三) 最低工资标准适用的劳动种类范围

最低工资标准的劳动种类的适用范围是指劳动者在法定工作时间或依法签订的劳动合同约定的时间内,提供哪些种类的劳动才有权享受最低工资制度保障的情况。根据《最低工资规定》,劳动者只有在法定或依法约定的工作时间内提供了正常劳动的,才有权享受最低工资保障。

### 四、最低工资的计算和支付

(一) 最低工资的计算

计算最低工资,应当严格按照国家有关规定进行。目前,我国计算最低工资应剔除下列各项:(1) 延长工作时间工资;(2) 中班、夜班、高温、井下、有毒有害等特殊工作环境、条件下的津贴;(3) 法律、法规和国家规定的劳动者福利待遇等。另外,以货币形式支付的住房和用人单位支付的伙食补贴也不应包括在最低工资范围内。

(二) 最低工资的支付

根据我国《劳动法》第48条第2款和《最低工资规定》,在劳动者提供了正常劳动的情况下,用人单位支付给劳动者的工资在剔除上述各项后不得低于当地最低工资标准。实行计件工资或提成工资等工资形式的用人单位,在科学合理的劳动定额的基础上,其支付劳动者的工资不得低于相应的最低工资标准。

根据劳动部《关于贯彻执行〈中华人民共和国劳动法〉若干问题的意见》,劳动者与用人单位形成或建立劳动关系后,试用、熟练、见习期间,在法定工作时间内提供了正常劳动,其所在的用人单位应当支付其不低于最低工资标准的工资。因劳动者本人原因给用人单位造成经济损失的,用人单位可按照劳动合同的约定要求赔偿经济损失并可从劳动者本人的工资中扣除。若扣除后的剩余工资部分低于当地月最低工资标准,则按照最低工资标准执行。我国《劳动合同法》第20条规定:劳动者在试用期的工资不得低于本单位相同岗位最低档工资或者劳动合同约定工资的80%,并不得低于用人单位所在地的最低工资标准。最低工资应当以货币形式支付,不得以实物或有价证券形式替代货币支付。

### 五、最低工资标准的调整

最低工资标准发布实施后,如果当地就业者及其赡养人口的最低生活费用、城镇居民消费价格指数、职工个人缴纳的社会保险费和住房公积金、职工平均工资、经济发展水平、就业状况等相关因素发生变化,应当适时调整。最低工资标准每两年至少调整一次。

前几年各地加快最低工资标准调整的基础上,2010年很多地区执行了新的最低工资标准,最低工资标准有了较大幅度的提高。例如,统计数据显示,自2010年以来,中国有30个省份上调了最低工资标准,大部分省份的调整幅度都在10%左右,一些甚至达到25%以上。而2011年,随着诸多省市调整最低工资标准步伐的迈开,中国可能会迎来继2010年之后的又一个最低工资标准调整年。① 2011年4月1日起,深圳最低工资标准将由2010年的每月1100元上涨至1320元,同比涨幅达20%。相对应的非全日制就业劳动者小时最低工资标准提高至11.7元/小时,增长19.4%。这一标准目前为全国最高。②

## 第三节 工资保障制度

我国工资保障法律制度的基本内容,可概括为两个方面,即:劳动者实际工资水平保障的立法、保障工资按规定支付的立法。

### 一、劳动者实际工资水平保障

实际工资是劳动者所得货币工资所能够买到的生活资料和服务的数量。保障实际工资水平,就是要处理好工资与物价的关系,一方面,力求把物价上升控制在较温和的程度之内,即力求避免物价剧烈的、较大幅度的上升;另一方面,力求使职工货币工资以至少不低于物价上涨的幅度上升,并尽可能使职工货币工资的增长率大于物价的上涨率。

在我国,处理工资与物价关系的基本方式有:(1)工资调整。即国家在大幅度调价的同时,进行工资普调,以弥补职工因调价而受到的实际工资损失。(2)物价补贴。在劳动法意义上,仅指在大幅度调价的同时,通过财政支出或企业支出渠道,以货币形式向职工发放补贴。它可以是根据物价总水平的上涨幅度及居民生活费指数上涨幅度等因素给予补贴,属明补形式。至于明补以外在商品流通环节的暗补,则不属于劳动法的范围。上述两种方式,都是在物价主要由国家调整的条件下所采用的。而按市场经济的要求,物价变动应由市场调节,这就大大增加了采用上述两种方式的局限性。为此,我国需要探索以新的方式来处理工资与物价的关系。

### 二、工资支付保障

根据我国《劳动法》、《工资支付暂行规定》、《对〈工资支付暂行规定〉有关问题的补充规定》等有关规定,工资支付主要包括工资支付项目、工资支付水平、工资支付形式、工

---

① 《中国各地纷纷上调最低工资标准》,新华网北京2011年3月1日电(记者姚湜)。
② 《深圳最低工资标准调至全国最高》,载《羊城晚报》,记者李薇。

资支付对象、工资支付时间以及特殊情况下的工资支付、欠薪支付保障等。

（一）工资支付的一般规则

1. 工资支付形式和对象

工资应当以法定货币形式支付给劳动者本人，不得以实物及有价证券替代货币支付。劳动者本人因故不能领取工资时，可由其亲属或委托他人代领。用人单位可委托银行代发工资。

2. 工资支付时间

工资必须在用人单位与劳动者约定的日期支付。如遇节假日或休息日，则应提前在最近的工作日支付。工资至少每月支付一次，实行周、日、小时工资制的可按周、日、小时支付工资。对完成一次性临时劳动或某项具体工作的劳动者，用人单位应按有关协议或合同规定在其完成任务后即支付工资。劳动关系双方依法解除或终止劳动合同时，用人单位应在解除或终止劳动合同时一次付清劳动者工资。

3. 工资支付凭据

用人单位必须书面记录支付劳动者工资的数额、时间、领取者的姓名以及签字，并保存两年以上备查。用人单位在支付工资时应向劳动者提供一份其个人的工资清单。

4. 用人单位不得无故拖欠劳动者的工资

无故拖欠是指用人单位无正当理由超过规定付薪时间未支付劳动者工资。我国《劳动合同法》第85条规定："用人单位有下列情形之一的，由劳动行政部门责令限期支付劳动报酬、加班费或者经济补偿；劳动报酬低于当地最低工资标准的，应当支付其差额部分；逾期不支付的，责令用人单位按应付金额50%以上100%以下的标准向劳动者加付赔偿金：(1) 未按照劳动合同的约定或者国家规定及时足额支付劳动者劳动报酬的；(2) 低于当地最低工资标准支付劳动者工资的；(3) 安排加班不支付加班费的；(4) 解除或者终止劳动合同，未依照本法规定向劳动者支付经济补偿的。"

下列情形不属于无故拖欠劳动者的工资：(1) 用人单位遇到非人力所能抗拒的自然灾害、战争等原因，无法按时支付工资；(2) 用人单位确因生产经营困难，资金周转受到影响，在征得本单位工会同意后可暂时延期支付劳动者工资，延期时间的最长期限可由省、自治区、直辖市劳动行政部门根据当地情况确定。

5. 用人单位不得克扣劳动者的工资

所谓克扣，是指用人单位无正当理由扣减劳动者应得工资（即在劳动者已提供正常劳动的前提下用人单位按劳动合同规定的标准应当支付给劳动者的全部劳动报酬）。但在法定情况下，用人单位可依法代扣或者减发劳动者工资。根据我国《工资支付暂行规定》第15、16条的规定，有下列情形之一的，用人单位可以扣除劳动者工资：(1) 用人单位代扣代缴的个人所得税；(2) 用人单位代扣代缴的应由劳动者个人负担的各项社会保险费用；(3) 法院判决、裁定中要求代扣的抚养费、赡养费；(4) 因劳动者本人原因给用人单位造成经济损失的，用人单位可按照劳动合同的约定要求赔偿损失。经济损失的赔偿，可从劳动者本人的工资中扣除。但每月扣除的部分不得超过劳动者当月工资的20%。若扣除后的剩余工资部分低于当地月最低工资标准,则按最低工资标准支付。

允许减发劳动者工资的情形。根据我国《对〈工资支付暂行规定〉有关问题的补充规定》第3条的规定,有下列情形之一的,允许用人单位减发劳动者工资:(1)国家法律、法规中有明确规定的;(2)依法签订的劳动合同中有明确规定的;(3)用人单位依法制定并经职代会批准的厂规、厂纪中有明确规定的;(4)企业工资总额与经济效益相联系,经济效益下浮时,工资必须下浮的(但支付给劳动者工资不得低于当地的最低工资标准);(5)因劳动者请事假等相应减发工资。

(二) 特殊情况下的工资支付规则

特殊情况下的工资是指依照法律、法规规定或劳动合同约定在特殊时间内或者特殊工作情况下支付给劳动者的工资。我国现行的特殊情况下的工资,主要有以下几种:

1. 加班加点工资

加班是指在法定节日、公休假日从事工作。加点是指在一个工作日内延长工作时间。根据《劳动法》第44条的规定,有下列情形之一的,用人单位应当按照下列标准支付高于劳动者正常工作时间工资的工资报酬:(1)安排劳动者延长工作时间的,支付不低于工资的150%的工资报酬;(2)休息日安排劳动者工作又不能安排补休的,支付不低于工资的200%的工资报酬;(3)法定休假日安排劳动者工作的,支付不低于工资的300%的工资报酬。

2. 休假期间的工资

劳动者的休假期间包括年休假、探亲假、婚丧假和事假、病假等。其中前三项均属于带薪休假,因此,在休假期间,用人单位应按劳动合同约定的标准支付劳动者工资。劳动者请事假是否享受工资,由用人单位确定,可以设定减发工资的标准,也可以不发工资。劳动者无故旷工,一般停发工资。劳动者患病或非因工负伤治疗期间,在规定的医疗期内,由企业按有关规定支付其病假工资或疾病救济费,病假工资或疾病救济费可以低于当地最低工资标准,但不得低于当地最低工资的80%。

3. 停工、停产期间的工资

非因劳动者原因造成单位停工、停产在一个工资支付周期内的,用人单位应按劳动合同规定的标准支付劳动者工资。超过一个工资支付周期的,若劳动者提供了正常劳动,则支付给劳动者的劳动报酬不得低于当地的最低工资标准;若劳动者没有提供正常劳动,应按国家有关规定办理。如因劳动者的原因造成的停工,则要根据劳动者过失的大小和所造成的损失程度,确定扣除工资的数额和赔偿数额。

4. 依法参加社会活动期间的工资

劳动者在法定工作时间依法参加社会活动期间,用人单位应视同其提供了正常劳动而支付工资。社会活动包括:(1)依法行使选举权和被选举权;(2)当选代表出席乡(镇)、区以上政府、党派、工会、青年团、妇女联合会等组织召开的会议;(3)出任人民法院证明人;(4)出席劳动模范、先进工作者大会;(5)《工会法》规定的不脱产工会基层委员会委员因工会活动占用的生产或工作时间;(6)其他依法参加的社会活动。

5. 女职工在孕期内定期检查身体时的工资

孕期检查是生理上的客观需要,依法应当算作劳动时间。用人单位不得将怀孕女职工孕期检查身体按事假扣发工资。用人单位不得在女职工怀孕期、产期、哺乳期降低其基本工资,或者解除劳动合同。

### (三) 欠薪支付保障

我国在一定时期用人单位拖欠工资的情况较为严重,改制、破产的国有企业拖欠职工工资,私营企业拖欠职工工资,各类企业拖欠农民工工资的现象经常发生。我国目前尚未有统一完善的欠薪支付保障制度。一些部门、地方政府为维护劳动者利益已积极尝试建立这一制度。现行欠薪支付保障措施主要有欠薪索赔优先权制度、欠薪保障基金制度、欠薪报告和欠薪预警制度等。

1. 欠薪索赔优先权

是指劳动者依法享有的对欠薪单位就其欠薪优先索赔的权利。劳动报酬作为一种特定之债,无论从形式上所反映出来的人身属性与财产属性兼而有之的特性看,还是从实质定义上所反映出来的保障生存权实质平等的价值功能看,都需要确立劳动报酬权的优先权性质。或者说,劳动报酬权的性质决定了它必须具有优先权属性。我国关于劳动报酬权的优先权立法,散见于《中华人民共和国企业破产法》、《中华人民共和国海商法》、《中华人民共和国航空法》、《中华人民共和国合伙企业法》、《中华人民共和国个人独资企业法》、《中华人民共和国公司法》、《中华人民共和国民事诉讼法》等法律中。

2. 欠薪保障基金

虽然我国《劳动法》等法律尚未对建立欠薪保障基金作出规定,但一些地方政府作了许多有益的尝试,出台了一系列的规定。比如《深圳经济特区欠薪保障条例》[①]、《上海市小企业欠薪保障金收缴及使用实施细则》等。凡在工商行政管理部门登记注册、缴纳社会保险费的企业,均需缴纳一定的欠薪保障费,加上财政补贴、欠薪保障基金的合法利息以及接受的合法捐赠组成欠薪保障基金的资金,企业缴费后,如发生歇业、破产或业主逃匿等情况,因此而拖欠员工工资的,即可申请垫付欠薪。上述两件立法均属于地方法规规章。这些地方的法律依据主要是地方性法规或者规章,效力等级具有局限性,因此,进一步明确欠薪保障基金制度的基本原则、设立专门的基金管理机构和监督机构、明确欠薪保障项目的支付和追偿等,需要实践中的进一步探索。

3. 欠薪报告和欠薪预警制度

企业欠薪报告制度,是指企业发生拖欠职工工资情况后,必须向劳动保障部门填报《企业欠薪情况报告书》的制度。《企业欠薪情况报告书》内容包括:企业拖欠工资金额、人数及原因、企业偿还拖欠工资的计划、进度及保证措施等。欠薪预警保障制度是指政府通过法律、经济、行政等手段尤其是法律手段,对拖欠职工工资的用人单位发出警示,并强

---

① 深圳市1997年颁布实施《深圳经济特区欠薪保障条例》,在全国第一个建立欠薪保障制度。为进一步完善欠薪保障制度,深圳市第四届人民代表大会常务委员会第十八次会议于2008年4月1日修订《深圳经济特区欠薪保障条例》,自2008年6月1日起施行。

制其补发拖欠的工资,依法保护劳动者取得合法劳动报酬的权益的制度。用人单位接到预警通知后,应制订工资补发计划,提出切实可行的整改措施,明确补发时间,连同有关财务报表报送劳动保障行政部门备案。预警期由劳动保障行政部门根据用人单位情况确定,一般为不超过3个月。预警期间,劳动保障行政部门定期进行抽查,用人单位应将工资支付情况报劳动保障行政部门备案。对严重或恶意拖欠职工工资、限期整改不到位、屡犯不改的用人单位,由劳动保障行政部门予以通报,或在报纸、电台等新闻媒体曝光。

另外,工资支付信用等级制度、欠薪加速偿付制度等也是重要的欠薪支付保障措施。

## 第四节　工资集体协商制度

### 一、工资集体协商的概念及特点

#### (一) 工资集体协商的概念

工资集体协商是集体协商的重要内容。我国《劳动法》第33条第1款规定:"企业职工一方与企业可以就劳动报酬、工作时间、休息休假、劳动安全卫生、保险福利等事项,签订集体合同。集体合同草案应当提交职工代表大会或者全体职工讨论通过。"工资集体协商是劳资双方专门性事项的法律行为。协商目的一般有二:一是通过平等协商,制定用人单位工资分配等方面的制度;二是直接签订工资集体协议,以合同的形式约束双方特别是用人单位的工资自主分配权。目前,我国法律规定并逐步推行的专项集体协商有:劳动安全卫生集体协商、女职工权益保护集体协商以及工资及其调整机制专项集体协商。与以上集体协商相适应,企业与工会或职工代表通过协商程序签订相应的专项集体合同。劳资双方如果签订了综合性的集体合同,则专项工资协议作为集体合同的附件,并与集体合同具有同等的效力。

《工资集体协商试行办法》第3条规定:"本办法所称工资集体协商,是指职工代表与企业代表依法就企业内部工资分配制度、工资分配形式、工资收入水平等事项进行平等协商,在协商一致的基础上签订工资协议的行为。"集体协商是用人单位工资分配决定的基本方式。劳动者享有工资权,其中的一个重要内容是工资分配参与权。用人单位的工资分配自主权,是法定范围内的自主,并不是指完全由企业单方决定工资分配,用人单位工资分配制度、方案等应当由职工代表大会或职工大会审议,在平等协商的基础上确定。而工资集体协商,是企业与工会方平等协商的最主要方式。在劳动者基本权利健全的国家,如果劳动者一方向用人单位提出进行工资集体谈判的合法要求,用人单位在法定时间内如无合理正当的理由拒绝谈判,则构成不当劳动行为。

工资集体协商实际上是劳动力供求关系决定工资率的市场机制延伸到企业而演变为工资增长由劳资双方共同决定的机制。在我国,它是处理资本与劳动分配关系的重要手段。工资集体协商的主要理由是:第一,劳动力和资本是创造利润的最基本要素。工资是劳动力的价格。要实现劳动力的再生产,维持生产活动,创造更多的社会财富,则必须要保证劳动者的基本生存费用。工资集体协商,是实现劳动者生存权的基本方式。第二,劳动力价格主要由劳动者生存发展及劳动者赡养(抚养)的人口的基本费用构成。但是,在市场经济条件下,劳动力价格即工资并不能准确和客观反映这一需要,这是因为市场的不完全及市场的不普遍等原因存在。因此,集体协商可以通过合同的形式,有效地或者尽可能地校正市场对工资形成的偏差。第三,工资形成的公平与公正还受到一国劳动关系现状及供求关系的因素影响。在我国,劳动关系尚处在市场经济的初期,二元经济结构向一元经济结构转换的过程中,产生大量的新类型产业工人,劳动者的权利意识与维权能力不高。同时,劳动力整体性的供大于求及供求结构的局部失衡,都可能使得劳动者的弱势地位明显。有必要在个别劳动合同的工资形成机制之外,通过集体的力量,借助于政府的干预机制,推进工资形成的公平性。

(二)工资集体协商的特点

工资集体协商具有以下特点:

1. 工资集体协商是通过法定的程序确定劳动者一方工资水平的方式

工资形成机制中,既有影响工资水平的若干因素,如特定区域内的人工成本、职工平均工资、工资指导线、城镇居民消费价格指数、劳动力供求状况等,也有确定工资水平的一般要素,如工资的国家宏观调控政策、最低工资标准、劳动合同制度、集体合同制度等。工资集体协商是以用人单位为一方,企业工会或职工代表为另一方,依照法定的协商程序来确定工资总额、工资水平、工资方式、工资增长机制的制度。它以影响工资水平的若干因素为参考,来协商并签订工资协议。与确定工资水平的若干因素不同:在集体谈判中,应以政府的工资宏观调控为指导,以最低工资标准为底线。当个别劳动合同的约定低于工资集体协议时,应以工资集体协议为准。从合同的订立程序看,虽然劳动合同也存在订立、履行、变更与解除等阶段,但与集体合同相比,其程序相对要简单,在合同内容期限、效力等方面尤为不同。

2. 工资集体协议必须经过劳动行政部门审查监督

由于涉及劳动者一方的整体利益,工资集体协议与劳动合同不同,必须报经有管辖权的劳动保障行政部门审查。经过审查无异议的,应当及时向协商双方送达《工资协议审查意见书》,工资协议即行生效。劳动保障行政部门对工资协议有意见的,应将修改意见在《工资协议审查意见书》中通知协商双方。双方应修改工资协议,并重新报送审查。工资协议向劳动保障行政部门报送经过15日后,协议双方未收到劳动行政部门的《工资协议审查意见书》,视为已经劳动保障行政部门同意,该工资协议即行生效。

3. 工资集体协商的结果——工资集体协议,具有劳动基准法的效能

工资集体协商的内容,包括了工资水平、工资支付形式、工资增长等。在工资水平上,我国有工资行业指导线规定以及最低工资规定。在工资形式上,有计时工资、计件工资、奖金、津贴、年薪的规定。在工资支付保障上,有若干工资支付原则。这就决定了工资集体协商的较高水平和较高保障。另外,根据我国法律、法规的规定,依法订立的集体合同对用人单位和全体职工具有法律约束力。劳动者个人与用人单位订立的劳动合同中的劳

动报酬标准不得低于工资集体协议约定的标准,否则无效。这就使得工资集体协议在用人单位内部具有劳动基准法的效能。

### 二、工资集体协商代表及其权利义务

(一) 代表的产生

工资集体协商代表应依照法定程序产生。双方的代表人数应当对等,每方至少3人,并各确定1名首席代表。职工一方由工会代表。未建立工会的企业由职工民主推举代表,并取得半数以上职工的同意。企业代表由法定代表人或法定代表人指定的其他人员担任。工会方的首席代表应当由工会主席担任,工会主席可以书面委托其他人员作为自己的代理人。企业的首席代表应当由法定代表人担任,法定代表人可以书面委托其他人员作为自己的代理人。集体协商的双方首席代表可以书面委托本单位以外的专业人员作为本方协商代表。委托人数不得超过本方代表的1/3。但首席代表不得由非单位人员代理。

(二) 首席代表的职责

协商双方的首席代表在工资集体协商期间轮流担任协商会议执行主席。执行主席的主要职责是负责工资集体协商的组织协调工作,并对协商过程中发生的问题提出处理建议。

(三) 协商代表的权利义务

协商代表具有以下权利:

(1) 协商代表双方享有平等的建议权、否决权和陈述权;

(2) 协商代表参加协商的活动视为提供正常劳动,享受正常的工资、奖金、津贴、补贴、保险福利待遇;

(3) 协商代表享有公平对待权,不得歧视,即用人单位不得在工资、福利、任用上给予差别对待,不得以此变更或解除与协商代表(劳动者)的劳动合同。

协商代表具有以下义务:

(1) 履行双方确定的协商规则,履行代表职责;

(2) 保守企业商业秘密;

(3) 任何一方不得采取过激、威胁、收买、欺骗等行为从事集体协商活动或为集体协商提供以上辅助性行为,以此实现违法的目的;

(4) 协商代表应及时了解和掌握工资分配的有关情况,接受本方人员对工资集体协商有关问题的质询。

### 三、工资集体协商的内容

(一) 工资集体协商及工资协议的主要内容

工资集体协商的主要内容构成工资协议的主要条款,因此,二者基本上是一致的。这些内容主要包括:

（1）工资协议的期限，一般为1年至3年；
（2）工资分配制度、工资标准和工资分配形式；
（3）职工年度平均工资水平及其调整幅度；
（4）奖金、津贴、补贴等分配办法；
（5）工资支付办法；
（6）试用期及病、事假等期间的工资待遇；
（7）变更、解除工资协议的程序；
（8）工资协议的终止条件：工资协议期满或双方约定终止的条件出现，即行终止；
（9）工资协议的违约责任；
（10）双方认为应当协商约定的其他事项。

（二）协商工资应参考的因素

（1）地区、行业、企业的人工成本水平；
（2）地区、行业的职工平均工资水平；
（3）当地政府发布的工资指导线、劳动力市场工资指导价位；
（4）本地区城镇居民消费价格指数；
（5）企业劳动生产率和经济效益；
（6）国有资产保值增值；
（7）上年度企业职工工资总额及职工平均工资水平；
（8）其他与工资集体协商有关的情况。

### 四、工资集体协商程序

（一）工资集体协商要求的提出

职工和企业任何一方均可向对方以书面形式提出集体协商的意向书，明确协商的时间、地点、内容等。一方提出要求的，另一方应当在收到集体协商要求之日起20日内以书面形式予以回应，无正当理由不得拒绝进行集体协商。

（二）协商的准备与材料提供

协商代表在准备协商会议前，应熟悉有关法律、法规、规章和制度，了解与工资集体协商有关的情况和资料，以及双方各自对集体协商所持的意见；确定1名非协商代表担任协商记录员。在不违反有关法律、法规的前提下，协商双方有义务按照对方要求，在协商开始前5日内，提供与工资集体协商有关的真实情况和资料。

（三）协商

协商由双方首席代表轮流主持。由一方首席代表提出协商的具体内容和要求，另一方首席代表就对方的要求作出回应，双方就商谈事项各自发表意见，展开讨论；对达成一致的意见，应予以归纳肯定，并订立工资集体协议草案，由双方首席代表签字。

（四）职工代表大会审议

草案应当提交职工代表大会或者全体职工讨论。讨论时，应当有2/3以上职工代表出席,且经过全体职工代表半数以上或者全体职工半数以上同意,工资集体协议草案方获通过。

(五) 工资集体协议成立

工资集体协议草案通过职工代表大会或职工大会审议通过后,由企业一方制作工资集体协议文本,经双方首席代表签字盖章后成立。

**五、工资协议的审查和生效**

县级以上劳动保障行政部门依法对工资集体协议进行审查,对协议的履行情况进行监督检查。

工资集体协议签订后,应于7日内由企业将工资集体协议一式三份及说明报送劳动保障行政部门审查。劳动保障行政部门应在收到工资集体协议5日内,对工资集体协议双方代表资格、工资集体协议的条款内容和签订程序等进行审查。

劳动保障行政部门对工资集体协议无异议,应及时向协商双方送达《工资集体协议审查意见书》,工资集体协议即行生效。劳动保障行政部门对工资集体协议有修改意见,应将修改意见在《工资集体协议审查意见书》中通知协商双方。双方应就修改意见及时协商,修改工资集体协议,并重新报送劳动保障行政部门。工资集体协议向劳动保障行政部门报送经过15日后,协议双方未收到劳动保障行政部门的《工资集体协议审查意见书》,视为已经劳动保障行政部门同意,该工资集体协议即行生效。

协商双方应于5日内将已经生效的工资集体协议以适当形式向本方全体人员公布。

工资集体协商一般情况下一年进行一次。职工和企业双方均可在原工资协议期满前60日内,向对方书面提出协商意见书,进行下一轮的工资集体协商,做好新旧工资集体协议的相互衔接。

# 第八章 劳动安全卫生基准制度

劳动安全卫生基准制度,是劳动法人本主义精神的集中体现,是最初的劳动法重要内容,也一直是国际劳工组织关注的重点之一。劳动安全卫生基准主要规定用人单位和劳动者必须执行的劳动安全与卫生规程及标准;规定伤亡事故和职业病的统计报告和处理制度;规定劳动安全卫生管理制度及特殊劳动保护制度等。

## 第一节 劳动安全卫生基准概述

### 一、劳动安全卫生的概念和特征

劳动安全卫生,又称职业安全卫生,我国过去称为"劳动保护",它是指直接保护劳动者在劳动或工作中的生命安全和身体健康的法律制度。在生产劳动过程中,存在着各种不安全、不卫生的因素,如果不采取相应的保护措施,就会严重危害劳动者的生命安全和身体健康,同时也会影响到生产的正常进行。因此,保护劳动者在生产过程中的安全与健康,就成为各国劳动立法的重要内容之一。劳动保护制度根据保护对象的不同,分为一般保护制度和特殊保护制度两种。一般保护制度是指对全体劳动者都适用的劳动保护制度,即我们通常所说的"劳动安全卫生"或称"职业安全卫生";而特殊保护制度则是指专门为女职工和未成年工、残疾人劳动者,以及远洋作业、森林作业等特殊岗位上的劳动者而设立的保护制度。

保护劳动者的各项合法权利,是任何一个国家劳动法的根本任务和重要立法目的。在劳动者的各项权利中,生命安全和身体健康权是最基本的权利,基于对这项基本权利的保护而建立的劳动安全卫生法律制度具有以下特征:

(1)劳动安全卫生制度的实施具有强制性。由于劳动安全卫生制度以劳动者的人身为保护对象,这一制度建立的基础是劳动者的生命权和健康权,因此,这项制度的实施具有强制性。这种强制性表现为:它排除了用人单位通过任何形式免除劳动安全卫生保护责任的可能性,同时也不允许劳动者本人基于任何动机放弃劳动安全卫生保护的权利。在用人单位与劳动者签订的劳动合同中,有关免除用人单位保护责任的条款和劳动者放弃保护权利的条款均一律无效。

(2)劳动安全卫生制度以劳动过程为其保护范围。劳动安全卫生关系是基于劳动关系而产生的保护关系,因此,所有劳动安全卫生制度的基本法律规范的保护范围都只限于劳动过程之中。这一特点,决定了劳动安全卫生制度必须针对劳动过程的特点和劳动过程所涉及的物理因素、化学因素以及自然因素等,制定相应的规范和措施。同时,也只有在劳动过程中采取的各种改善劳动条件、保护劳动者生命安全和身体健康的措施,才属于劳动安全卫生制度的范围。

(3) 劳动安全卫生制度以改善劳动条件和劳动环境为主要途径,通过消除劳动过程中不安全和不卫生的因素,实现对劳动者生命安全和身体健康的保护。这一特征决定了劳动安全卫生制度必须以"安全第一,预防为主,综合治理"为基本方针。

**二、劳动安全卫生立法的作用**

通过立法对劳动者生命安全和身体健康给予保护,既有自然环境的客观基础,也有人类社会的思想基础。就前者而言,由于人力不可预测的自然灾害,自然环境的恶劣,人类科学进步导致的机械的、化学的、物理的等因素的危害,在客观上极大地威胁和损害着劳动者的生命安全和身体健康;就后者而言,当人类的思想运动将劳动者的生命、健康权上升为最基本人权的范畴时,二者的融合,必然导致国家通过立法建立保护劳动者生命安全和身体健康的制度。我国一贯重视对劳动者生命安全和身体健康权的保护,通过立法建立了劳动安全卫生制度,保护劳动者在生产劳动过程中的安全与健康。劳动安全卫生立法的作用主要体现为以下两个方面:

(一) 有利于保障劳动者的生命权和健康权

生命权和健康权是人不可剥夺的首要人权。既然劳动过程客观上存在着危害劳动者生命安全和身体健康的因素,那么,就必须对劳动者实施保护措施。保障劳动者的生命安全和身体健康,防止伤亡事故和职业病的危害是我国劳动立法的重要任务,也是我国社会主义法律的正义体现。我国《劳动法》第52条明确规定:"用人单位必须建立、健全劳动安全卫生制度,严格执行国家劳动安全卫生规程和标准,对劳动者进行劳动安全卫生教育,防止劳动过程中的事故,减少职业危害。"第54条规定:"用人单位必须为劳动者提供符合国家规定的劳动安全卫生条件和必要的劳动防护用品,对从事有职业危害作业的劳动者应当定期进行健康检查。"同时,国家有关部门依法制定了各项劳动安全卫生规程和标准,这些立法和规定,有利于保证劳动者得到正常的、符合劳动安全卫生要求的劳动条件,使劳动者免受伤亡事故和职业病的威胁。

(二) 有利于促进生产力的发展和劳动生产率的不断提高

社会发展需要正常的生产秩序,而正常的生产秩序以人、物、环境三要素的协调为基本前提。由于劳动者是生产力要素中最具决定性作用的因素,也是提高劳动生产率的重要因素,因此,发展生产力、提高劳动生产率,需要充分发挥劳动者的聪明才智,充分发挥劳动者的劳动积极性、主动性和创造性。而发挥劳动者这些作用的前提是要求劳动者必须有充沛的精力和健康的体魄。通过立法建立劳动安全卫生制度,要求用人单位严格执行国家劳动安全卫生标准,不断改善劳动条件,为劳动者创造安全、卫生、舒适的劳动条件和劳动环境;而改善劳动条件往往伴随着生产技术和生产工具的改进,有利于减轻劳动者的劳动负担、推动生产技术的进步。可见,加强劳动安全卫生立法能够有效地协调人、物和环境三要素之间的相互关系,从而为促进生产力的发展和劳动生产率的提高创造有利条件,推动社会发展和进步。

### 三、劳动安全卫生基准制度的立法概况

(一) 外国及国际劳工组织立法概况

劳动安全卫生立法最早产生于资本主义工业革命以后。1802年英国的《学徒健康与道德法》是最早的劳动保护立法。该法规定了纺织工厂童工的劳动保护条件。随后,英国多次颁布工厂法来规定工人的劳动安全卫生问题,如1833年颁布了使用与棉毛麻丝等行业的《工厂法》、1842年颁布了《矿业法》、1845年颁布了《印染工厂法》、1869年颁布了《工厂法扩充条例》和《工厂管理条例》等。在法、德等国的工厂法里,规定了工厂应有安全和卫生设备,防止发生伤亡事故和职业病。1888年美国马萨诸塞州首先规定了伤亡事故报告制度。进入20世纪以来,随着经济的发展和社会的进步,各国迅速加强了劳动安全卫生方面的专门立法,如1937年,英国在《工厂法》中设"工厂安全与卫生"专章;法国、德国、意大利、比利时等国都先后颁布了矿山安全法或煤矿安全法。在美国,第二次世界大战以前,劳动安全卫生方面的立法权都属于各州。第二次世界大战期间,联邦设立了一个国家安全委员会,并于1970年公布了《职业安全和卫生法》、1927年公布了《联邦矿山安全与卫生法》。在日本,1947年公布了《工人赔偿法》、1972年颁布了《劳动安全卫生法》。

在各国不断加强劳动安全与卫生的劳动立法的同时,有关的国际劳工立法也日益加强并在深度和广度上极大地影响着各国的劳动安全卫生立法。这方面的国际劳工立法主要有:1921年《油漆中使用白铅公约》和《受雇用于海上工作的儿童及未成年人的强制体格检查公约》;1925年《工人事故赔偿公约》、《工人职业病赔偿公约》(1934年修改)、《本国与外国工人关于事故赔偿的同等待遇公约》和《面包房夜间工作公约》;1930年《防止码头工人事故公约》(1932年修改);1937年《建筑业的安全规定公约》;1960年《保护工人免受离子辐射公约》;1967年《准许工人搬运的最大重量的公约》;1971年《防止苯中毒引起危害公约》;1974年《预防和控制由致癌物质和致癌剂造成职业危害公约》;1977年《保护工人免遭因工作场所中的空气污染、噪声和振动而造成的职业危害公约》;1979年《港口装卸的劳动安全和劳动卫生公约》;1981年《职业安全卫生与工作环境公约》(第155号公约)和同名建议书(第164号);1985年,国际劳工组织又制定了《职业卫生设施公约》(第161号公约)和同名建议书(第171号建议书)两项职业安全国际标准,作为第155号公约和第164号建议的补充。2002年,国际劳工大会通过的议定书,对第155号公约中有关职业事故、职业病登记和报告等内容进行了修订补充,形成了内容较为完整的国际劳工职业安全保护制度体系。这些国际性公约,从一个侧面反映了劳动安全卫生制度在劳动法律体系中的重要性及地位。

(二) 我国劳动安全卫生立法概况

新中国成立后,党和政府特别重视劳动安全卫生立法,并在国家宪法和宪法性文件中对此作了明确规定。如早在《共同纲领》中就规定:"保护青工女工的特殊利益。实行工

矿检查制度,以及改进工矿的安全卫生设备。"1954年《宪法》中也规定,要"加强劳动保护,改善劳动条件"。根据《共同纲领》和1954年《宪法》的规定,国家颁布了一系列劳动安全卫生法规。例如,1950年5月原劳动部颁布了《工厂卫生暂行条例(草案)》;1952年12月颁布了《关于沥青中毒的办法》;1956年5月国务院颁布了关于劳动安全卫生的"三大规程",即《工厂安全卫生规程》、《建筑安装工程安全技术规程》和《工人职员伤亡事故报告规程》,同时还颁布了《国务院关于防止厂矿企业中矽尘危害的决定》,这些法规明确了劳动过程中的安全与卫生标准。1963年3月国务院还颁布了《关于加强企业生产中安全工作的几项规定》,对安全卫生责任制、安全技术措施计划、安全生产教育、安全生产的定期检查、伤亡事故的调查和处理等作了明确规定。

党的十一届三中全会以来,我国的劳动安全卫生立法有了很大的发展。1982年国务院发布了《矿山安全条例》、《矿山安全监察条例》和《锅炉压力容器安全监察暂行条例》。1983年国务院批转了劳动人事部等发出的《关于加强安全生产和劳动安全监察工作的通知》。1984年国务院发布《关于加强防尘防毒工作》。1987年11月,卫生部、劳动人事部、财政部、中华全国总工会修订颁布了《职业病范围和职业病患者处理办法的规定》,废除了旧的职业病名单,确定了新的9大类99种职业病名单。同年12月,国务院还发布了《中华人民共和国尘肺病防治条例》。1988年国务院发布了《女职工保护规定》。1991年国务院发布了《企业职工伤亡事故报告规定》,取代了1956年的《工人职员伤亡事故报告规程》。1992年11月,第七届全国人大常委会第28次会议通过了《中华人民共和国矿山安全法》,这是我国第一部有关劳动安全卫生法律,该法于1993年5月1日起正式实施。1993年1月国务院批转原劳动部等部门《关于制止小煤矿乱挖滥采确保煤矿安全生产意见的通知》,同年8月原劳动部还颁布了《劳动监察规定》。1994年7月5日第八届全国人大常委会第八次会议通过的《中华人民共和国劳动法》第6章专章规定了"劳动安全卫生"。为了预防、控制和消除职业病危害,防治职业病,保护劳动者健康及其相关权益,促进经济发展,2001年10月,我国颁布实施《中华人民共和国职业病防治法》,该法于2002年5月1日起施行,适用于中华人民共和国领域内的职业病防治活动,对我国的职业病防治事业产生了积极的影响。2002年6月,全国人大常委会通过《中华人民共和国安全生产法》,并于2002年11月1日起施行,这是为保障安全生产的顺利进行作出的重大举措,首次明晰了劳动者享有职业安全权的具体权利内容。2006年10月,我国人民代表大会常务委员会批准了1981年的第155号《职业安全与工作环境公约》。2010年7月22日,国家安全监管总局、国家煤矿安监局下发了《煤矿作业场所职业危害防治规定(试行)》,于9月1日正式实施。该《规定》旨在规范煤矿企业落实职业危害防治主体责任、保护广大煤矿从业人员的职业安全健康。《规定》明确了煤矿作业场所存在的粉尘、噪声、高温、中毒等四种主要职业危害因素防治工作要求,明确了每种职业危害因素防治的标准、测定方法和具体措施,体现了全面防治。

在我国,《劳动法》、《职业病防治法》、《安全生产法》、《矿山安全法》及国务院发布的劳动安全卫生法规以及有关部门制定的大量劳动安全卫生的规章、标准,构成了我国的劳动安全卫生法律制度体系。

**四、劳动安全卫生法律关系主体的权利与义务**

劳动安全卫生法律关系,主要有三方主体,即劳动安全卫生行政管理部门、用人单位和劳动者。另外,劳动安全卫生设施的检验、检测等服务机构也作为重要一方当事人,在相应的法律关系中,享受权利,承担义务。

(一) 劳动安全卫生行政管理部门的职责

我国现行劳动安全卫生管理体制为:国家安全生产监督管理行政部门(国家煤矿安全监察部门)综合管理全国安全生产工作和监督监察工作;劳动和社会保障行政部门负责对用人单位贯彻执行劳动安全卫生法律制度情况的监督检查和工伤保险监督管理工作;卫生行政部门主要负责职业病防治工作等。目前,管理体制改革与调整还在进行中。

劳动安全卫生本身的重要性和现行有关法律确立的调控模式决定了我国劳动安全卫生行政主管部门在劳动安全卫生法律制度中的地位和职责,根据我国《劳动法》、《安全生产法》、《职业病防治法》等有关规定,劳动安全卫生行政部门的职责主要包括:

(1) 根据管理权限制定统一执行的劳动安全卫生标准,使劳动安全卫生制度管理科学化、规范化,并力争同国际劳动立法标准接轨。如安全技术规程、劳动卫生规程、劳动安全卫生防护设施标准、劳动环境质量标准、高处作业标准、体力劳动强度标准等。

(2) 组织和推动劳动安全卫生科学研究工作,为建立科学合理的劳动安全卫生法律制度提供科学依据,开发更多的劳动安全卫生保护产品,并负责组织推广。

(3) 建立劳动安全卫生基础制度,如工伤保险制度、职业病统计报告制度、伤亡事故报告处理制度、劳动安全卫生教育制度、劳动安全卫生认证制度、劳动安全卫生监督检查与处罚制度等。

(4) 对用人单位执行劳动安全卫生制度进行监督、检查以及对违反劳动安全卫生法规的单位或个人依法给予处罚。

(二) 用人单位的义务与权利

1. 用人单位的义务

保护劳动者的生命安全和身体健康,用人单位负有不可推卸的法定义务,归纳起来,主要包括以下几方面:

(1) 建立、健全各项劳动安全卫生制度,包括企业内部安全监督检查组织系统和工作制度,各种内部安全卫生规章制度等等,防止劳动过程中的事故发生,减少职业性危害。我国《劳动法》第52条明确规定:"用人单位必须建立、健全劳动安全卫生制度,严格执行国家劳动安全卫生规程和标准……"我国《职业病防治法》第5条规定:"用人单位应当建立、健全职业病防治责任制,加强对职业病防治的管理,提高职业病防治水平,对本单位产生的职业病危害承担责任。"

(2) 广泛开展劳动安全卫生教育。劳动安全与卫生,是用人单位与劳动者双方的相关活动,如果不在每一个劳动者中树立"安全第一、预防为主",人人自觉遵守操作规程和规范的观念,要实现劳动安全卫生法律制度的目标是不可能的。因此,我国《劳动法》第52条要求用人单位"对劳动者进行劳动安全卫生教育"。我国《安全生产法》第21条规定:"生产经营单位应当对从业人员进行安全生产教育和培训,保证从业人员具备必要的安全生产知识,熟悉有关的安全生产规章制度和安全操作规程,掌握本岗位的安全操作技能。未经安全生产教育和培训合格的从业人员,不得上岗作业。"我国《职业病防治法》第31条第1款、第2款规定:"用人单位的负责人应当接受职业卫生培训,遵守职业病防治法律、法规,依法组织本单位的职业病防治工作。用人单位应当对劳动者进行上岗前的职业卫生培训和在岗期间的定期职业卫生培训,普及职业卫生知识,督促劳动者遵守职业病防治法律、法规、规章和操作规程,指导劳动者正确使用职业病防护设备和个人使用的职业病防护用品。"

(3)按规定提供劳动安全卫生设施和条件。良好的劳动安全卫生设施条件,是防止事故、减少职业危害的基本因素,因此,我国《劳动法》第53条和第54条规定:"劳动安全卫生设施必须符合国家规定的标准。新建、改建、扩建工程的劳动安全卫生设施必须与主体工程同时设计、同时施工、同时投入生产和使用。""用人单位必须为劳动者提供符合国家规定的劳动安全卫生条件和必要的劳动保护用品……"我国《安全生产法》第30条规定:"生产经营单位使用的涉及生命安全、危险性较大的特种设备,以及危险物品的容器、运输工具,必须按照国家有关规定,由专业生产单位生产,并经取得专业资质的检测、检验机构检测、检验合格,取得安全使用证或者安全标志,方可投入使用。……"我国《职业病防治法》第4条第2款规定:"用人单位应当为劳动者创造符合国家职业卫生标准和卫生要求的工作环境和条件,并采取措施保障劳动者获得职业卫生保护。"

(4)对未成年劳动者和从事有职业危害作业的劳动者进行定期的健康检查。法律规定的健康检查的时间算作工作时间,检查所需的费用由用人单位负担。

(5)对劳动者进行安全技术培训,特别是从事特种作业的劳动者,必须经过专门培训并取得特种作业资格证书,才能从事相应的特种作业劳动。凡用人单位未履行培训义务而发生事故的,事故责任应由用人单位承担。我国《安全生产法》第23条规定:"生产经营单位的特种作业人员必须按照国家有关规定经专门的安全作业培训,取得特种作业操作资格证书,方可上岗作业。"

(6)依法参加工伤社会保险,为劳动者缴纳保险费。我国《安全生产法》第43条规定:"生产经营单位必须依法参加工伤社会保险,为从业人员缴纳保险费。"

2. 用人单位的权利

用人单位在履行法定职业安全卫生义务时,也同时享有以下权利:

(1)有权依法制定内部劳动安全卫生规章,并要求劳动者必须遵守这些规章制度和操作规范。

(2)有权对企业内部的劳动安全卫生规章制度的执行实施监督检查,纠正违章操作行为。

(3)有权对违反劳动安全卫生规章制度并造成事故的劳动者给予纪律处罚。

(三) 劳动者的权利与义务

在劳动安全卫生法律制度中,无论是保护措施的落实还是保护目标的实现,最终都落脚于劳动者。因此,劳动者在劳动安全卫生法律制度中,在享有最完整的权利的同时也承担着最重要的义务。

劳动者享有的劳动安全卫生保护权利,可归纳为五个方面:

(1) 获得各项保护条件和保护待遇的权利。劳动安全卫生法律制度的目的在于保护劳动者的生命安全和身体健康,以此为目的确定的用人单位的各项义务,都直接在另一方面转化为劳动者的权利。如劳动者有获得符合劳动安全卫生条件的权利;有获得本岗位安全卫生知识、技术培训的权利;有获得劳动保护用品的权利;有获得定期健康检查的权利;有参加工伤保险和获得伤亡赔偿的权利,等等。

(2) 危险因素和应急措施的知情权。生产经营单位,特别是从事矿山、建筑、危险物品生产经营和公众聚集场所,往往存在着一些对从业人员生命和健康带有危险、危害的因素。直接接触这些危险因素的从业人员往往是生产安全事故的直接受害者。许多生产安全事故造成从业人员严重伤亡的教训之一,就是从业人员不知道危险因素的存在和发生事故时应当如何采取应急措施。如果从业人员知道并且掌握有关安全知识和处理办法,就可以消除许多不安全因素和事故隐患,避免事故发生或者减少人身伤亡。我国《安全生产法》第36条规定:"生产经营单位应当教育和督促从业人员严格执行本单位的安全生产规章制度和安全操作规程;并向从业人员如实告知作业场所和工作岗位存在的危险因素、防范措施以及事故应急措施。"我国《职业病防治法》第30条第1款、第2款规定:"用人单位与劳动者订立劳动合同(含聘用合同,下同)时,应当将工作过程中可能产生的职业病危害及其后果、职业病防护措施和待遇等如实告知劳动者,并在劳动合同中写明,不得隐瞒或者欺骗。""劳动者在已订立劳动合同期间因工作岗位或者工作内容变更,从事与所订立劳动合同中未告知的存在职业病危害的作业时,用人单位应当依照前款规定,向劳动者履行如实告知的义务,并协商变更原劳动合同相关条款。"第32条第1款规定:"对从事接触职业病危害的作业的劳动者,用人单位应当按照国务院卫生行政部门的规定组织上岗前、在岗期间和离岗时的职业健康检查,并将检查结果如实告知劳动者。职业健康检查费用由用人单位承担。"

(3) 拒绝权。在劳动安全卫生条件恶劣、隐患严重的情况下,劳动者有权拒绝从事该项工作或者撤离现场。我国《劳动法》第56条明确规定:劳动者对用人单位管理人员违章指挥、强令冒险作业,有权拒绝执行。

(4) 监督权。劳动者对企业及其管理者不执行劳动安全卫生规定,不提供法律规定的安全卫生条件,以及违章指挥,强令冒险作业等行为,有权提出批评、检举和控告。我国《劳动法》第56条第2款规定:劳动者对危害生命安全和身体健康的行为,有权提出批评、检举和控告。《安全生产法》第46条规定:"生产经营单位不得因从业人员对本单位安全生产工作提出批评、检举、控告或者拒绝违章指挥、强令冒险作业而降低其工资、福利等待遇或者解除与其订立的劳动合同。"

(5) 紧急情况下的停止作业和紧急撤离权。由于生产经营场所不可避免地存在自然和人为的危险因素,经常会在生产经营作业过程中发生一些意外的或者人为的直接危及劳动者人身安全的危险情况,将会或者可能会对劳动者造成人身伤害。比如从事矿山、建筑、危险物品生产作业的劳动者,一旦发现将要发生透水、瓦斯爆炸、煤和瓦斯突出、冒顶、片帮、坠落、倒塌、危险物品泄露、燃烧、爆炸等紧急情况,并且无法避免时,最大限度地保护现场作业人员的生命安全是第一位的,法律赋予现场作业人员停止作业和紧急撤离的权利。我国《安全生产法》第47条规定:"从业人员发现直接危及人身安全的紧急情况时,有权停止作业或者在采取可能的应急措施后撤离作业场所。生产经营单位不得因从业人员在前款紧急情况下停止作业或者采取紧急撤离措施而降低其工资、福利等待遇或者解除与其订立的劳动合同。"

在享有上述权利的同时,劳动者也应履行一定的义务。在劳动安全卫生法律制度中,劳动者应承担的主要义务是严格遵守安全操作规程,执行企业内部规章制度和岗位责任制,同时,不断提高熟练程度和专业技术水平,防止因主观因素导致事故的发生。

**五、劳动安全卫生管理制度**

(一) 安全生产责任制度

安全生产责任制度是根据我国"安全第一,预防为主,综合治理"的安全生产方针和安全生产法律法规建立的各级领导、职能部门、工程技术人员、岗位操作人员在劳动生产过程中对安全生产层层负责的制度。安全生产责任制是劳动安全卫生管理制度的核心,也是用人单位岗位责任制的一个组成部分。国家通过法律、行政法规和有关部委的规章规定安全生产责任制度,主要内容包括:

1. 规定各级人民政府及其职能部门以及行业主管部门在安全生产中的责任。这类责任,主要是监督、检查以及事故报告处理方面的责任。例如,我国《安全生产法》第8条、第9条、第11条分别规定了国务院和地方各级人民政府在安全生产工作方面的领导、支持、监督管理、宣传等职责。

2. 规定用人单位在安全生产方面的责任。用人单位在安全生产中具有纽带性的作用,其安全生产责任必须强化。我国《安全生产法》第4条规定:"生产经营单位必须遵守本法和其他有关安全生产的法律、法规,加强安全生产管理,建立、健全安全生产责任制度,完善安全生产条件,确保安全生产。"

3. 规定了生产经营单位负责人在安全生产中的责任,包括在安全生产责任制建立方面的责任、违章指挥生产的责任、安全生产管理失误以及失职产生的责任等等。例如,我国《安全生产法》第5条规定:"生产经营单位的主要负责人对本单位的安全生产工作全面负责。"第17条规定:"生产经营单位的主要负责人对本单位安全生产工作负有下列职责:(1)建立、健全本单位安全生产责任制;(2)组织制定本单位安全生产规章制度和操作规程;(3)保证本单位安全生产投入的有效实施;(4)督促、检查本单位的安全生产工作,及时消除生产安全事故隐患;(5)组织制定并实施本单位的生产安全事故应急救援预案;(6)及时、如实报告生产安全事故。"

4. 规定了在特殊工作岗位工作的劳动者的责任和安全检查人员应负的责任,如特种作业人员操作规程及违章操作的责任、安全检查人员的责任等。

(二) 劳动安全卫生教育制度

任何一项安全措施或安全卫生规范最终都要通过用人单位及职工的行为才能实现,因此,任何一种有效的劳动安全制度都不能不将安全教育作为其基本内容。在许多国家,提高公众对职业安全与卫生的认识,被确定为劳动行政管理部门和用人单位的基本职责。

我国一贯十分重视劳动安全卫生教育,劳动安全卫生教育制度在法律层面已经确立。一方面,现行法律往往将劳动安全或卫生教育作为企业的义务之一,例如,我国《安全生产法》第21条要求,生产经营单位应当对从业人员进行安全生产教育;另一方面,法律也会要求相关行政部门加强安全卫生宣传,例如,我国《职业病防治法》第10条规定:"县级以上人民政府卫生行政部门和其他有关部门应当加强对职业病防治的宣传教育,普及职业病防治的知识,增强用人单位的职业病防治观念,提高劳动者的自我健康保护意识。"

从实践看,几乎每一项有关安全卫生法规的颁布,相关行政管理部门都要组织广泛的宣传教育活动。从教育内容上看,劳动安全卫生教育包括政治思想、劳动纪律观念、职业道德、劳动安全卫生基础知识、劳动安全卫生法规、劳动安全卫生规范和规程等;从教育方式上看,包括对普通从业人员的教育、对特殊工作岗位人员的专业安全技术培训教育、对安全管理人员和检查人员的专业知识与技能教育等。

(三) 劳动安全卫生标准制度

劳动安全卫生标准制度,是指国家劳动安全卫生行政部门依照法定程序制定和公布的执行劳动安全卫生法规时参照或依据的各项指标或规定。劳动安全卫生标准制度是劳动安全卫生的一项基础性制度,也是市场经济条件下劳动纪律体系的不可缺少的组成部分。通过制定和执行统一的安全卫生标准,不仅使劳动安全卫生制度有坚实的科学基础为依据,而且能使劳动法对劳动者的保护同国际劳工立法接轨。

我国《劳动法》第5条规定,国家采取各种措施,制定劳动标准;第52条规定,用人单位必须严格执行国家劳动安全卫生规程和标准。《职业病防治法》第4条规定,用人单位应当为劳动者创造符合国家职业卫生标准和卫生要求的工作环境和条件;第11条规定,有关防治职业病的国家职业卫生标准,由国务院卫生行政部门制定并公布。《安全生产法》第10条规定:"国务院有关部门应当按照保障安全生产的要求,依法及时制定有关的国家标准或者行业标准,并根据科技进步和经济发展适时修订。生产经营单位必须执行依法制定的保障安全生产的国家标准或者行业标准。"第16条规定:"生产经营单位应当具备本法和有关法律、行政法规和国家标准或者行业标准规定的安全生产条件;不具备安全生产条件的,不得从事生产经营活动。"

根据1992年劳动部《标准化工作管理办法》的规定,我国的劳动安全卫生标准主要包括这几类:(1)劳动安全及劳动卫生工程技术标准;(2)工业产品在设计、生产、检验、储运、使用过程中的安全卫生技术标准;(3)特种设备(锅炉、压力容器、起重机械等)安全技术标准和使用安全技术标准,安全附件安全技术标准;(4)工矿企业工作条件及工作场所的安全卫生标准;(5)劳动安全卫生管理和特种作业人员安全技能考核标准;(6)气瓶产品标准;(7)劳动防护用品标准。

(四)劳动安全卫生认证制度

劳动安全卫生认证制度,是指在生产经营过程进行之前,依法对参与生产经营活动的主体的能力、资格以及其他安全卫生因素进行审查、评价,并据此确认其资格或条件的制度。我国现行的安全卫生认证,主要包括对企业安全生产许可证制度、对特殊岗位或特种作业人员的资格认证制度。

1. 企业安全生产许可证制度

为了严格规范安全生产条件,进一步加强安全生产监督管理,防止和减少生产安全事故,国务院根据《安全生产法》的有关规定,于2004年颁布了《安全生产许可证条例》。该《条例》第2条规定:"国家对矿山企业、建筑施工企业和危险化学品、烟花爆竹、民用爆破器材生产企业实行安全生产许可制度。企业未取得安全生产许可证的,不得从事生产活动。"

2. 对特殊岗位或特种作业人员的资格认证制度

(1)对特殊岗位人员的资格认证。

为规范安全生产管理,提高从业人员的安全生产素质,促进安全生产,国家实行对特殊岗位人员的资格认证制度。国家安全生产监督管理局(国家煤矿安全监察局)依据《安全生产法》的有关规定,于2002年发布了《关于生产经营单位主要负责人、安全生产管理人员及其他从业人员安全生产培训考核工作的意见》,规定:"生产经营单位主要负责人和安全生产管理人员必须按国家有关规定,经过安全生产培训,具备与本单位所从事的生产经营活动相应的安全生产知识和管理能力。危险物品的生产、经营、储存单位以及矿山、建筑施工单位的主要负责人和安全生产管理人员,必须经过安全生产培训,由安全生产监督管理部门或法律、法规规定的有关主管部门考核合格并取得安全资格证书后,方可任职。"

(2)对特种作业人员的安全资格认证。

为了加强对特种作业人员安全技术管理工作,防止危险岗位事故的发生,国家专门建立了特种作业人员的安全资格认证制度。《劳动法》第55条规定:"从事特种作业的劳动者必须经过专门培训并取得特种作业资格。"为规范特种作业人员的安全技术培训、考核与发证工作,防止人员伤亡事故,促进安全生产,依据《安全生产法》、《矿山安全法》和国家经贸委《特种作业人员安全技术培训考核管理办法》,国家安全生产监督管理局于2002年发布了《关于特种作业人员安全技术培训考核工作的意见》,对特种作业人员安全技术培训、考核与发证工作进行了规范。

(五)安全卫生设施"三同时"制度

安全卫生设施"三同时"制度,是指通过立法规定的,在我国境内的一切生产性建设项目的安全卫生设施,都必须与主体工程同时设计、同时施工、同时投入生产和使用的制度。安全卫生设施"三同时"制度,是我国安全卫生工作的长期经验的总结,各种相关法律、行政法规和规章,都规定有"三同时"制度。例如,我国《劳动法》第 53 条规定:"劳动安全卫生设施必须符合国家规定的标准。新建、改建、扩建工程的劳动安全卫生设施必须与主体同时设计、同时施工、同时投入生产和使用。"我国《职业病防治法》第 16 条规定:"建设项目的职业病防护设施所需费用应当纳入建设项目工程预算,并与主体工程同时设计,同时施工,同时投入生产和使用。"我国《安全生产法》第 24 条规定:"生产经营单位新建、改建、扩建工程项目的安全设施,必须与主体工程同时设计、同时施工、同时投入生产和使用。……"

安全卫生设施"三同时"制度的基本内容包括:(1) 建设单位在申报建设项目时,应按规定同时提出安全卫生设施的方案,所需经费应纳入总投资计划,审批部门应一并审批;(2) 设计单位在设计主体工程项目时,应同时编制《职业安全卫生篇》,详细说明可能产生的职业危害和应采取的措施及其预期效果等,并严格规定与主体工程同时设计;(3) 施工单位对安全卫生设施应按设计要求与主体工程同时施工,并保证质量;(4) 工程项目竣工后,当地劳动、卫生等有关部门应对工程的安全卫生设施进行试运行和验收,凡验收不合格的,工程不得投入使用。

(六) 劳动安全卫生检查与监察制度

1. 劳动安全卫生检查制度

劳动安全卫生检查制度,是指国家有关行政部门以及企业本身对企业执行劳动安全卫生法规情况定期或不定期的检查制度。通过检查,可以督促企业和职工增强安全卫生意识,发现和消除劳动过程中不安全和不卫生的因素,防患于未然。劳动安全卫生检查包括企业本身对生产中的安全与卫生的经常性检查和劳动部门、监察部门对企业安全卫生情况的检查。检查的内容主要包括:安全卫生措施的计划和完成情况;各种安全技术、工业卫生规程的执行情况;各项安全卫生设施的运行、检修情况;各种机械设备、厂房建筑和安全设备的技术情况;个人防护用品的保管和使用情况等。

2. 劳动安全卫生监察制度

劳动安全卫生监察制度,是指国家劳动行政部门和其他有关部门对劳动安全卫生进行检查监督,并对违法行为进行制止和处罚的制度。对此,不仅我国《劳动法》作了相关规定,在现行的劳动安全卫生行政法规和规章中,都区分不同性质和情况,规定了劳动监察制度。例如,我国《安全生产法》第 56 条规定:"负有安全生产监督管理职责的部门依法对生产经营单位执行有关安全生产的法律、法规和国家标准或者行业标准的情况进行监督检查,行使以下职权:(1) 进入生产经营单位进行检查,调阅有关资料,向有关单位和人员了解情况;(2) 对检查中发现的安全生产违法行为,当场予以纠正或者要求限期改正;对依法应当给予行政处罚的行为,依照本法和其他有关法律、行政法规的规定作出行政处罚决定;(3) 对检查中发现的事故隐患,应当责令立即排除;重大事故隐患排除前或者排除过程中无法保证安全的,应当责令从危险区域内撤出作业人员,责令暂时停产停业或者停止使用;重大事故隐患排除后,经审查同意,方可恢复生产经营和使用;(4) 对有根据认为不符合保障安全生产的国家标准或者行业标准的设施、设备、器材予以查封或者扣押,并应当在 15 日内依法作出处理决定。监督检查不得影响被检查单位的正常生产经营活动。"

关于劳动法上的监察制度,我国还专门颁布了《劳动保障监察条例》,在劳动保障监察中,也会涉及对劳动安全卫生的监察。

(七)生产安全事故报告和调查处理制度

为了规范生产安全事故的报告和调查处理,落实生产安全事故责任追究制度,防止和减少生产安全事故,根据《安全生产法》和有关法律,国务院于 2007 年制定了《生产安全事故报告和调查处理条例》,专门适用于生产经营活动中发生的造成人身伤亡或者直接经济损失的生产安全事故的报告和调查处理。

1. 事故等级

根据生产安全事故造成的人员伤亡或者直接经济损失,事故一般分为以下等级:(1)特别重大事故,是指造成 30 人以上死亡,或者 100 人以上重伤(包括急性工业中毒),或者 1 亿元以上直接经济损失的事故;(2)重大事故,是指造成 10 人以上 30 人以下死亡,或者 50 人以上 100 人以下重伤,或者 5000 万元以上 1 亿元以下直接经济损失的事故;(3)较大事故,是指造成 3 人以上 10 人以下死亡,或者 10 人以上 50 人以下重伤,或者 1000 万元以上 5000 万元以下直接经济损失的事故;(4)一般事故,是指造成 3 人以下死亡,或者 10 人以下重伤,或者 1000 万元以下直接经济损失的事故。

2. 事故报告和调查处理的准则

(1)事故报告应当及时、准确、完整。

任何单位和个人对事故不得迟报、漏报、谎报或者瞒报。

(2)事故调查处理应当及时、准确、公正。

事故调查处理应当坚持实事求是、尊重科学的原则,及时、准确地查清事故经过、事故原因和事故损失,查明事故性质,认定事故责任,总结事故教训,提出整改措施,并对事故责任者依法追究责任。事故发生单位负责人接到事故报告后,应当立即启动事故相应应急预案,或者采取有效措施,组织抢救,防止事故扩大,减少人员伤亡和财产损失。事故发生地有关地方人民政府、安全生产监督管理部门和负有安全生产监督管理职责的有关部门接到事故报告后,其负责人应当立即赶赴事故现场,组织事故救援。

事故调查组应当自事故发生之日起 60 日内提交事故调查报告;特殊情况下,经负责事故调查的人民政府批准,提交事故调查报告的期限可以适当延长,但延长的期限最长不超过 60 日。技术鉴定所需时间不计入事故调查期限。

重大事故、较大事故、一般事故,负责事故调查的人民政府应当自收到事故调查报告之日起 15 日内作出批复;特别重大事故,30 日内作出批复,特殊情况下,批复时间可以适当延长,但延长的时间最长不超过 30 日。

(3)妥善保护事故现场和相关证据。

事故发生后,有关单位和人员应当妥善保护事故现场以及相关证据,任何单位和个人不得破坏事故现场、毁灭相关证据。因抢救人员、防止事故扩大以及疏通交通等原因,需要移动事故现场物件的,应当作出标志,绘制现场简图并作出书面记录,妥善保存现场重要痕迹、物证。

(4) 保守事故调查的秘密。

事故调查组成员在事故调查工作中应当遵守事故调查组的纪律,保守事故调查的秘密。未经事故调查组组长允许,事故调查组成员不得擅自发布有关事故的信息。

事故处理的情况由负责事故调查的人民政府或者其授权的有关部门、机构向社会公布,依法应当保密的除外。

3. 事故调查处理的主体

(1) 县级以上人民政府。县级以上人民政府应当依照法律规定,严格履行职责,及时、准确地完成事故调查处理工作。

(2) 有关地方人民政府。事故发生地有关地方人民政府应当支持、配合上级人民政府或者有关部门的事故调查处理工作,并提供必要的便利条件。

(3) 有关部门和单位。安全生产监督管理部门和负有安全生产监督管理职责的有关部门应当建立值班制度,并向社会公布值班电话,受理事故报告和举报。参加事故调查处理的部门和单位应当互相配合,提高事故调查处理工作的效率。

(4) 工会。工会依法参加事故调查处理,有权向有关部门提出处理意见。

(5) 其他参与主体。根据事故的具体情况,事故调查组由有关人民政府、安全生产监督管理部门、负有安全生产监督管理职责的有关部门、监察机关、公安机关以及工会派人组成,并应当邀请人民检察院派人参加。事故调查组可以聘请有关专家参与调查。

有关地方人民政府或者有关部门故意拖延或者拒绝落实经批复的对事故责任人的处理意见的,由监察机关对有关责任人员依法给予处分。

事故发生地公安机关根据事故的情况,对涉嫌犯罪的,应当依法立案侦查,采取强制措施和侦查措施。犯罪嫌疑人逃匿的,公安机关应当迅速追捕归案。

4. 事故报告的内容和程序

(1) 事故报告的内容。

报告事故应当包括下列内容:① 事故发生单位概况;② 事故发生的时间、地点以及事故现场情况;③ 事故的简要经过;④ 事故已经造成或者可能造成的伤亡人数(包括下落不明的人数)和初步估计的直接经济损失;⑤ 已经采取的措施;⑥ 其他应当报告的情况。

自事故发生之日起 30 日内,事故造成的伤亡人数发生变化的,应当及时补报。道路交通事故、火灾事故自发生之日起 7 日内,事故造成的伤亡人数发生变化的,应当及时补报。

(2) 事故报告的程序。

事故发生后,事故现场有关人员应当立即向本单位负责人报告;单位负责人接到报告后,应当于 1 小时内向事故发生地县级以上人民政府安全生产监督管理部门和负有安全生产监督管理职责的有关部门报告。

情况紧急时,事故现场有关人员可以直接向事故发生地县级以上人民政府安全生产监督管理部门和负有安全生产监督管理职责的有关部门报告。

安全生产监督管理部门和负有安全生产监督管理职责的有关部门接到事故报告后,应当依照下列规定上报事故情况,并通知公安机关、劳动保障行政部门、工会和人民检察院:① 特别重大事故、重大事故逐级上报至国务院安全生产监督管理部门和负有安全生产监督管理职责的有关部门;② 较大事故逐级上报至省、自治区、直辖市人民政府安全生产监督管理部门和负有安全生产监督管理职责的有关部门;③ 一般事故上报至设区的市级人民政府安全生产监督管理部门和负有安全生产监督管理职责的有关部门。

安全生产监督管理部门和负有安全生产监督管理职责的有关部门依照前款规定上报事故情况,应当同时报告本级人民政府。国务院安全生产监督管理部门和负有安全生产监督管理职责的有关部门以及省级人民政府接到发生特别重大事故、重大事故的报告后,应当立即报告国务院。

必要时,安全生产监督管理部门和负有安全生产监督管理职责的有关部门可以越级上报事故情况。

安全生产监督管理部门和负有安全生产监督管理职责的有关部门逐级上报事故情况,每级上报的时间不得超过2小时。

## 第二节 劳动安全基准制度

### 一、劳动安全基准制度的概念

劳动安全基准制度,是指国家为了防止劳动者在生产和工作过程中的伤亡事故,保障劳动者的生命安全和防止生产设备遭到破坏而建立的基准制度。

我国《宪法》规定,"加强劳动保护,改善劳动条件"。为了解决劳动安全技术问题,国家针对不同行业的生产特点和不同的劳动设备和劳动条件,制定了一系列劳动安全法规。主要有《职业病防治法》、《安全生产法》、《建筑法》、《建设工程质量管理条例》、《建设工程安全生产管理条例》、《危险化学品安全管理条例》、《使用有毒物品作业场所劳动保护条例》、《危险化学品安全管理条例》、《使用有毒物品作业场所劳动保护条例》、《矿山安全法》、《矿山安全法实施条例》、《特种设备安全监察条例》等。《安全生产法》更是对生产经营单位的安全生产保障、从业人员的权利和义务、安全生产的监督管理、安全生产事故的应急救援与调查处理、法律责任等分别作了专章的规定。此外,《劳动法》第六章"劳动安全卫生"也对劳动安全作了原则规定。

### 二、劳动安全基准制度的主要内容

劳动安全基准制度的内容十分广泛,它涉及生产和经营的各个领域概括起来,主要包括以下三个方面:

(一) 工厂安全技术准则

工厂的生产活动,涉及来自各方的不安全因素的危害,也是机器设备最集中的场所。因此,围绕工厂的活动,我国颁布了一系列安全技术准则,主要内容包括:

1. 工厂工作场所或环境的安全技术准则

工作场所是劳动者进行劳动和生产的地方,必须保证安全。根据《安全生产法》第28条规定:"生产经营单位应当在有较大危险因素的生产经营场所和有关设施、设备上,设置明显的安全警示标志。"第34条规定:"生产、经营、储存、使用危险物品的车间、商店、仓库不得与员工宿舍在同一座建筑物内,并应当与员工宿舍保持安全距离。生产经营场所和员工宿舍应当设有符合紧急疏散要求、标志明显、保持畅通的出口。禁止封闭、堵塞生产经营场所或者员工宿舍的出口。"另外,根据《职业病防治法》第13条规定:"产生职业病危害的用人单位的设立除应当符合法律、行政法规规定的设立条件外,其工作场所还应当符合下列职业卫生要求:(1)职业病危害因素的强度或者浓度符合国家职业卫生标准;有与职业病危害防护相适应的设施;(2)生产布局合理,符合有害与无害作业分开的原则;(3)有配套的更衣间、洗浴间、孕妇休息间等卫生设施;(4)设备、工具、用具等设施符合保护劳动者生理、心理健康的要求;(5)法律、行政法规和国务院卫生行政部门关于保护劳动者健康的其他要求。"第20条规定:"用人单位必须采用有效的职业病防护设施,并为劳动者提供个人使用的职业病防护用品。用人单位为劳动者个人提供的职业病防护用品必须符合防治职业病的要求;不符合要求的,不得使用。"第22条规定:"产生职业病危害的用人单位,应当在醒目位置设置公告栏,公布有关职业病防治的规章制度、操作规程、职业病危害事故应急救援措施和工作场所职业病危害因素检测结果。"第23条规定:"对可能发生急性职业损伤的有毒、有害工作场所,用人单位应当设置报警装置,配置现场急救用品、冲洗设备、应急撤离通道和必要的泄险区。对放射工作场所和放射性同位素的运输、贮存,用人单位必须配置防护设备和报警装置,保证接触放射线的工作人员佩戴个人剂量计。"

2. 机械设备方面的安全技术准则

为了预防工人在生产操作过程中的伤亡事故,安全技术准则要求机械各危险部位有防护装置、压力机械安全装置、信号装置以及危险牌示和识别标志等。机器设备的危险部分,如传动带、明齿轮、砂轮、电锯、接近于地面的联轴节、转轴、皮带轮和飞轮等,都要安设防护装置。压力机械的施压部分,如延压机、冲压机等都要有安全装置。起重机应该标明起重吨位,并要有信号装置。轿式起重机应该有卷扬限制器、行程限制器、缓冲器和自动连锁装置等。起重机在使用时,不能超负荷、超速度和斜吊,禁止人站在吊运物品上或者在下面停留和行走。机器设备和工具要定期检修,如有损坏,应及时修理。

3. 电气设备方面的安全技术准则

电气设备在生产过程中被广泛地使用,必须保证安全用电,防止发生触电、火灾事故。电气设备和线路的绝缘必须良好,裸露的带电导体应该安装在碰不着的处所,否则应设置安全遮挡和明显的警告标志。电气设备要装有可熔保险器或自动开关。电钻、电镐等手持电动工具,在使用前必须采取保护性接地或接零措施。产生大量蒸汽、气体、粉尘的工作场所,要使用密闭式电气设备。有爆炸危险的气体或者粉尘的工作场所,要使用防爆型电气设备,电气设备的开关要指定专人管理。

4. 锅炉压力容器方面的安全技术准则

锅炉等压力容器是工业生产和交通运输等部门常用的生产和运输设备。我国于2009年5月1日起施行的《特种设备安全监察条例》对此作出了一般性规定。(1)压力容器的设计单位应当经国务院特种设备安全监督管理部门许可,方可从事压力容器的设计活动。(2)锅炉使用单位应当按照安全技术规范的要求进行锅炉水(介)质处理,并接受特种设备检验检测机构实施的水(介)质处理定期检验。从事锅炉清洗的单位,应当按照安全技术规范的要求进行锅炉清洗,并接受特种设备检验检测机构实施的锅炉清洗过程监督检验。(3)压力容器使用单位应当对作业人员进行特种设备安全、节能教育和培训,保证作业人员具备必要的特种设备安全、节能知识。(4)压力容器的监督检验、定期检验、型式试验和无损检测应当由依照本条例经核准的特种设备检验检测机构进行。检验检测工作应当符合安全技术规范的要求。

(二)建筑安装工程安全技术准则

建筑安装工程具有高空作业、露天作业、流动性大、劳动强度大和劳动条件差等特点。为了保障建筑工人的安全和健康,防止各类伤亡事故的发生,国家颁布了《安全生产法》、《建筑法》、《建设工程质量管理条例》和《建设工程安全生产管理条例》等一系列的建筑安装工程安全技术准则,要求各施工单位严格执行。

其中,《建设工程安全生产管理条例》对施工的一般要求作了明确规定,它要求:(1)施工单位应当设立安全生产管理机构,配备专职安全生产管理人员。专职安全生产管理人员负责对安全生产进行现场监督检查。(2)垂直运输机械作业人员、安装拆卸工、爆破作业人员、起重信号工、登高架设作业人员等特种作业人员,必须按照国家有关规定经过专门的安全作业培训,并取得特种作业操作资格证书后,方可上岗作业。(3)施工单位应当在施工现场入口处、施工起重机械、临时用电设施、脚手架、出入通道口、楼梯口、电梯井口、孔洞口、桥梁口、隧道口、基坑边沿、爆破物及有害危险气体和液体存放处等危险部位,设置明显的安全警示标志。安全警示标志必须符合国家标准。(4)施工单位应当将施工现场的办公、生活区与作业区分开设置,并保持安全距离;办公、生活区的选址应当符合安全性要求。职工的膳食、饮水、休息场所等应当符合卫生标准。施工单位不得在尚未竣工的建筑物内设置员工集体宿舍。(5)施工单位应当在施工现场建立消防安全责任制度,确定消防安全责任人,制定用火、用电、使用易燃易爆材料等各项消防安全管理制度和操作规程,设置消防通道、消防水源,配备消防设施和灭火器材,并在施工现场入口处设置明显标志。(6)施工单位应当向作业人员提供安全防护用具和安全防护服装,并书面告知危险岗位的操作规程和违章操作的危害。

(三)矿山安全法律规范

采矿业是我国重要的原料工业,在矿山生产中,受自然条件的限制,存在着许多不安全和不卫生的因素,容易对劳动者的安全和健康造成威胁。为了保障矿山安全生产,保护劳动者的生命安全,我国制定了以《矿山安全法》为基础的一系列矿山劳动安全法律规范。

根据我国《矿山安全法》的规定,关于矿山建设的安全保障要求有:(1) 矿山建设工程的安全设施必须和主体工程同时设计、同时施工、同时投入生产和使用。(2) 矿山建设工程的设计文件,必须符合矿山安全规程和行业技术规范,并按照国家规定经管理矿山企业的主管部门批准;不符合矿山安全规程和行业技术规范的,不得批准。(3) 矿山设计下列项目必须符合矿山安全规程和行业技术规范:矿井的通风系统和供风量、风质、风速;露天矿的边坡角和台阶的宽度、高度;供电系统;提升、运输系统;防水、排水系统和防火、灭火系统;防瓦斯系统和防尘系统;有关矿山安全的其他项目。(4) 每个矿井必须有两个以上能行人的安全出口,出口之间的直线水平距离必须符合矿山安全规程和行业技术规范。(5) 矿山必须有与外界相通的、符合安全要求的运输和通讯设施。

根据我国《矿山安全法》的规定,矿山开采的安全保障要求有:(1) 矿山开采必须具备保障安全生产的条件,执行开采不同矿种的矿山安全规程和行业技术规范。(2) 矿山设计规定保留的矿柱、岩柱,在规定的期限内,应当予以保护,不得开采或者毁坏。(3) 矿山使用的有特殊安全要求的设备、器材、防护用品和安全检测仪器,必须符合国家安全标准或者行业安全标准;不符合国家安全标准或者行业安全标准的,不得使用。(4) 矿山企业必须对机电设备及其防护装置、安全检测仪器,定期检查、维修,保证使用安全。(5) 矿山企业必须对作业场所中的有毒有害物质和井下空气含氧量进行检测,保证符合安全要求。(6) 矿山企业必须对下列危害安全的事故隐患采取预防措施:冒顶、片帮、边坡滑落和地表塌陷;瓦斯爆炸、煤尘爆炸;冲击地压、瓦斯突出、井喷;地面和井下的火灾、水害;爆破器材和爆破作业发生的危害;粉尘、有毒有害气体、放射性物质和其他有害物质引起的危害;其他危害。(7) 矿山企业对使用机械、电气设备,排土场、矸石山、尾矿库和矿山闭坑后可能引起的危害,应当采取预防措施。

## 第三节 劳动卫生基准制度

### 一、劳动卫生基准制度的概念

劳动卫生基准制度,又称为劳动卫生规程,是指国家为了改善劳动条件,保护劳动者在劳动过程中的身体健康,防止有毒有害物质的危害和防止职业病的发生所采取的各种防护措施的法律规范的总称。国家颁布的有关劳动卫生方面的法律法规主要有:《工厂安全卫生规程》、《关于防止沥青中毒办法》、《关于防止厂、矿企业中矽尘危害的决定》、《关于加强防尘防毒工作的决定》、《中华人民共和国尘肺病防治条例》、《工业企业设计卫生标准》、《工业企业卫生噪声卫生标准》、《中华人民共和国职业病防治法》等。

## 二、劳动卫生基准制度的主要内容

（一）防止粉尘危害的法律规定

粉尘是工业生产中对劳动者健康影响非常严重的有害物质，为此，国家制定了一系列有关防止粉尘危害的法规。如《工厂防止矽尘危害技术措施暂行办法》、《关于制定防毒防尘规划要求》、《国务院关于加强防尘防毒工作的决定》等等。这些规定的主要内容包括：

（1）劳动场所中的各种生产性粉尘在空气中的含量不得超过规定标准；

（2）粉尘作业或扬尘点，必须采取密闭除尘等措施或实行湿式作业；

（3）严禁在没有防尘措施的情况下进行干式生产或干式凿岩；

（4）对接触矽尘的工人应发给防尘口罩、防尘工作服和保健食品；

（5）应对从事粉尘作业的劳动者进行定期健康状况体检；

（6）对尘肺病患者应按规定给予治疗、疗养或调换工作等。

（二）防止职业中毒的法律规定

为防止劳动者因从事有毒有害物质的劳动而发生职业性中毒，我国颁布了有关防止职业中毒的法律规范。如《关于防止酒精中毒的办法》、《橡胶业汽油中毒预防暂行办法》、《职业中毒和职业病报告试行办法》、《油船、油码头防油气中毒规定》等。这些规定的主要内容包括：

（1）规定有毒有害作业的范围为接触铅、汞、锰、铬、砷、氯、氟、氰、硫、磷、有机溶剂等工种；

（2）放置的有毒有害物质不得超过规定的最高容许浓度；

（3）对有毒有害的废气、废渣、废液，应进行综合利用和净化处理；

（4）对从事有毒有害工作的劳动者，应按规定给予防护用品；

（5）有毒有害物质的工作场所，应按规定设有防护救护设施或用具；

（6）对个别有毒有害工作岗位，劳动者应依规定定期轮换；

（7）对遭受职业性毒害或患职业病的劳动者，应及时给予治疗、疗养和调换工作；

（8）对防护用品应定期检修、调换和做好消毒工作。

（三）防止噪声和强光刺激的法律规定

劳动过程中的噪声和强光，对劳动者听觉和视觉会产生不良影响。为减少和消除这些不良影响，国务院颁布的《工厂安全卫生规程》对此作出了规定，主要内容包括：

（1）发生强烈噪音的生产应当尽量在设有消声设备的单独工作房中进行；

（2）对在有噪声、强光、辐射热和溅火花、碎片、刨屑场所操作的劳动者应提供和要求戴护耳器、防护镜、面具和帽盔等；

（3）工作地点的局部照明亮度应符合操作技术规范和劳动卫生规范的要求；等等。

（四）防暑降温和防冻取暖的法律规定

为了保护劳动者的身体健康，防止劳动场所过度高温或低温对劳动者健康的影响，

《工厂安全卫生规程》、《防暑降温措施暂行办法》和国务院批转国家经济委员会《关于从事有毒有害、高温、井下作业工人的食品供应情况和意见报告》等都作出了具体规定,主要内容包括:

(1) 室内工作地点的温度经常高于35℃,低于5℃的时候,应当采取降温取暖措施;

(2) 采取技术措施,疏散热源,合理布置热源,使用隔热材料、循环水冷却等方式降低高温;

(3) 采取保健措施,实行入前健康检查,组织巡回医疗和防治观察,供应符合卫生要求的饮料;

(4) 按规定要求提供防暑、防冻劳动保护用品等。

(五) 工作场所通风照明的法律规定

根据我国《工厂安全卫生规程》、《矿山安全法》等的规定,工厂、矿山在通风照明方面应达到法定的标准:

(1) 矿井必须有完整合理的通风系统,在未形成设计规定要求的通风系统前,不准投入生产;

(2) 通风设施应当达到规定的标准,如井下必须采取机械通风,风流、风质必须符合规定标准;

(3) 通风系统的运转、使用管理必须有专人负责;

(4) 工作场所和通道的光线应当充足,局部照明的光度应当符合操作要求,通道应该有足够的照明,窗户要经常擦拭,启闭装置应该灵活,人工照明设施应保持清洁完好等。

(六) 个人防护用品和保健的法律规定

为了保护劳动者的安全与健康,合理发放和使用个人防护用品,劳动部1963年公布了《国营企业职工个人防护用品发放标准》,对防护用品的发放原则和范围,以及发放种类和工种、具体标准等作了全面系统的规定。1963年3月18日国务院批转国家经委《关于从事有毒、有害、高温、井下工作人员食品供应情况和意见的报告》,随后,劳动部、卫生部、商业部、粮食部、财政部、国家统计局、中华全国总工会又联合发出《实行保健食品制度的通知》,较为全面和系统地规定了保健制度的范围、原则、标准和具体发放办法。

(七) 职业病防治及处理的法律规定

职业病,是指劳动者在职业活动中,因接触粉尘、放射性物质和其他有毒、有害物质等因素而引起的疾病。为了防止职业危害和预防职业病,我国先后制定了一系列关于职业病防治及处理的规定。如《中华人民共和国尘肺病防治条例》、《职业病范围和职业病患者处理办法的规定》、《职工工伤与职业病致残程度鉴定标准(试行)》、《职业病防治法》等,这些规定的主要内容包括:

(1) 规定了我国职业病的具体范围。根据1987年《职业病范围和职业病患者处理办法的规定》,我国法定的职业病有9大类,共99种。2002年4月18日,卫生部、劳动和社会保障部根据《职业病防治法》第2条规定,颁布了新的《职业病目录》,将职业病范围确定为10大类,共115种。各地区、部门需要增补的职业病,应报经卫生部审批。

(2) 职业病的确定应按卫生部颁发的《职业病诊断管理办法》及有关规定执行。凡被确定为职业病的,应由诊断机构发给《职业病诊断证明》。

(3) 规定了职业病应当享受的待遇。包括医疗待遇、疗养待遇、调整工作、调换工作岗位等等。

我国《职业病防治法》对职业病的前期预防、劳动过程中的防护与管理、职业病诊断与职业病病人保障、职业病的监督检查和法律责任等问题均作了十分具体的规定,将对我国的职业病防治工作产生重大的影响。

## 第四节 特殊劳动保护制度

### 一、特殊劳动保护制度的概念

特殊劳动保护制度是指专门为女职工和未成年工这两个特殊劳动者群体而设立的劳动保护法律制度。其中,女职工特殊保护,是指在通常的劳动保护之外,根据女职工身体结构、生理机能的特点以及生育子女的特殊需要而实行的,对于女职工的特殊的劳动保护法律制度。女职工包括从事体力劳动和脑力劳动的一切女性职业劳动者。未成年工特殊保护,是指在通常的劳动保护之外,根据未成年工的身体发育尚未成型的身体和生理特点而在劳动过程中采取的特殊劳动保护法律制度。在我国,未成年工是指年满16周岁未满18周岁的劳动者。

### 二、特殊劳动保护制度的意义

法律对于女职工和未成年工的特殊保护作出专门规定,是由女职工和未成年工的身体和生理特点所决定的。女性的身体结构和生理机能特点决定女性与男性不同,需要得到不同的保护,对于女性的保护,还关系到下一代的身体健康。未成年工是未成年的劳动者,作为未成年人,其仍处于生长发育期间,身体尚未发育成熟,通过专门的法律规定来保护其正常的发育成长是必需的。对于女职工和未成年工实行特殊的劳动保护,其意义主要体现在以下几个方面:

(一) 体现了社会的进步和发展

社会公平和人的权利得到充分保护是社会进步与发展的重要标志。对于女职工和未成年工进行特殊的劳动保护,有利于实现劳动者在劳动领域内的实质公平,有利于女职工和未成年工正当权利的保护。

(二) 有利于提高劳动生产率

女性担负着孕育下一代的社会使命,未成年人是劳动力的后备力量,对女职工和未成年工实行与其身体健康、生理需要相适应的保护措施,有利于提高人口的质量和劳动者的基本素质,而人口质量和劳动者基本素质的提高是提高劳动生产率的一个基本条件。

### 三、女职工特殊保护制度的主要内容

(一) 禁止女职工从事的劳动范围

由于女性的身体结构和生理机能与男性不同,有些工作会给女性的身体健康带来危害,从保护女职工的生命安全、身体健康的角度出发,法律规定女职工禁止从事的劳动范围,这不属于对女职工的性别歧视,而是对女职工的保护。在我国,《劳动法》第59条规定:"禁止安排女职工从事矿山井下、国家规定的第四级体力劳动强度的劳动和其他禁忌从事的劳动。"《女职工劳动保护规定》中也有相同的规定。《女职工禁忌劳动范围的规定》中具体列举了女职工禁忌从事的劳动范围。

(二) 女职工特殊生理期间的保护

女职工特殊生理期间的保护是指对女职工在经期、孕期、产期、哺乳期的保护,也称为女职工的"四期"保护。我国《劳动法》、《女职工劳动保护规定》和《女职工禁忌劳动范围的规定》中都分别作出了规定。

1. 经期保护

经期保护是指对女职工在月经期间的各种保护。我国《劳动法》第60条规定:"不得安排女职工在经期从事高处、低温、冷水作业和国家规定的第三级体力劳动强度的劳动。"《女职工劳动保护规定》中也有类似的规定。

《女职工禁忌劳动范围的规定》中规定的女职工在月经期间禁忌从事的劳动范围包括:(1) 食品冷冻库内及冷水等低温作业;(2)《体力劳动强度分级》标准中第Ⅲ级体力劳动强度的作业;(3)《高处作业分级》标准中第Ⅱ级(含Ⅱ级)以上的作业。

2. 孕期保护

女职工孕期保护是指对女职工在怀孕期间的各种保护。我国《劳动法》第61条规定:"不得安排女职工在怀孕期间从事国家规定的第三级体力劳动强度的劳动和孕期禁忌从事的劳动。对怀孕7个月以上的女职工,不得安排其延长工作时间和夜班劳动。"《女职工劳动保护规定》中规定:女职工在怀孕期间,所在单位不得安排其从事国家规定的第三级体力劳动强度的劳动和孕期禁忌从事的劳动,不得在正常劳动日以外延长劳动时间;对不能胜任原劳动的,应当根据医务部门的证明,予以减轻劳动量或者安排其他劳动。怀孕7个月以上(含7个月)的女职工,一般不得安排其从事夜班劳动;在劳动时间内应当安排一定的休息时间。怀孕的女职工,在劳动时间内进行产前检查,应当算作劳动时间。

《女职工禁忌劳动范围的规定》中规定了怀孕女职工禁忌从事的劳动范围。

3. 产期保护

产期保护是指对女职工生育期间的保护,包括产假和产假期间的待遇。产假期间的待遇在生育保险章节中有详细介绍,这里主要介绍我国《劳动法》和《女职工劳动保护规定》中的有关产假的规定。

《劳动法》第62条规定:"女职工生育享有不少于90天的产假。"《女职工劳动保护规定》中规定:"女职工产假为90天,其中产前休假15天。难产的,增加产假15天。多胞胎

生育的,每多生育一个婴儿,增加产假15天。""女职工怀孕流产的,其所在单位应当根据医务部门的证明,给予一定时间的产假。"

4. 哺乳期保护

哺乳期保护是对女职工在哺乳不满一周岁婴儿期间的保护。我国《劳动法》第63条规定:"不得安排女职工在哺乳未满一周岁的婴儿期间从事国家规定的第三级体力劳动强度的劳动和哺乳期禁忌从事的其他劳动,不得安排其延长工作时间和夜班劳动。"《女职工劳动保护规定》中规定:"有不满一周岁婴儿的女职工,其所在单位应当在每班劳动时间内给予其两次哺乳(含人工喂养)时间,每次30分钟。多胞胎生育的,每多哺乳一个婴儿,每次哺乳时间增加30分钟。女职工每班劳动时间内的两次哺乳时间,可以合并使用。哺乳时间和在本单位内哺乳往返途中的时间,算作劳动时间。""女职工在哺乳期内,所在单位不得安排其从事国家规定的第三级体力劳动强度的劳动和哺乳期禁忌从事的劳动,不得延长其劳动时间,一般不得安排其从事夜班劳动。"

《女职工禁忌劳动范围的规定》中规定了女职工在哺乳期禁忌从事的劳动范围。

(三) 女职工劳动保护设施的规定

我国《女职工劳动保护规定》第11条规定:"女职工比较多的单位应当按照国家有关规定,以自办或者联办的形式,逐步建立女职工卫生室、孕妇休息室、哺乳室、托儿所、幼儿园等设施,并妥善解决女职工在生理卫生、哺乳、照料婴儿方面的困难。"

(四) 女职工特殊保护权益的救济

女职工劳动保护的权益受到侵害时,有权向所在单位的主管部门或者当地劳动部门提出申诉。受理申诉的部门应当自收到申诉书之日起30日内作出处理决定;女职工对处理决定不服的,可以在收到处理决定书之日起15日内向人民法院起诉。

对违反《女职工劳动保护规定》,侵害女职工劳动保护权益的单位负责人及其直接责任人员,其所在单位的主管部门,应当根据情节轻重,给予行政处分,并责令该单位给予被侵害女职工合理的经济补偿;构成犯罪的,由司法机关依法追究刑事责任。

(五) 侵犯女职工特殊劳动保护权的法律责任

国务院2004年颁布的《劳动保障监察条例》第23条规定:用人单位有下列行为之一的,由劳动保障行政部门责令改正,按照受侵害的劳动者每人1000元以上5000元以下的标准计算,处以罚款:(1) 安排女职工从事矿山井下劳动、国家规定的第四级体力劳动强度的劳动或者其他禁忌从事的劳动的;(2) 安排女职工在经期从事高处、低温、冷水作业或者国家规定的第三级体力劳动强度的劳动的;(3) 安排女职工在怀孕期间从事国家规定的第三级体力劳动强度的劳动或者孕期禁忌从事的劳动的;(4) 安排怀孕7个月以上的女职工夜班劳动或者延长其工作时间的;(5) 女职工生育享受产假少于90天的;劳动或者哺乳期禁忌从事的其他劳动,以及延长其工作时间或者安排其夜班劳动的。

**四、未成年工特殊保护制度的主要内容**

(一) 最低就业年龄

保护未成年工,首先要确定招用未成年工的最低年龄限制,也就是最低就业年龄限制。用人单位可以依法招用未成年工。对于招用未成年工的用人单位的特殊要求是要对未成年工进行特殊的保护,未成年工是达到法定最低就业年龄的未成年人。各国劳动法对于最低就业年龄的规定不同,1973年,国际劳工组织通过的《准予就业最低年龄公约》(第138号公约)规定的最低就业年龄标准为15周岁,我国最低就业年龄一般为16周岁。我国《劳动法》第15条规定:"禁止用人单位招用未满16周岁的未成年人。""文艺、体育和特种工艺单位招用未满16周岁的未成年人,必须依照国家有关规定,履行审批手续,并保障其接受义务教育的权利。"第58条第2款规定:"未成年工是指年满16周岁未满18周岁的劳动者。"

(二) 禁止使用童工

使用童工是指招用不满16周岁的未成年人。文艺、体育单位经未成年人的父母或者其他监护人同意,可以招用不满16周岁的专业文艺工作者、运动员。用人单位应当保障被招用的不满16周岁的未成年人的身心健康,保障其接受义务教育的权利。学校、其他教育机构以及职业培训机构按照国家有关规定组织不满16周岁的未成年人进行不影响其人身安全和身心健康的教育实践劳动、职业技能培训劳动,不属于使用童工。

1. 禁止用人单位招用童工

国家机关、社会团体、企业事业单位、民办非企业单位或者个体工商户(用人单位)均不得招用不满16周岁的未成年人。禁止任何单位或者个人为不满16周岁的未成年人介绍就业。禁止不满16周岁的未成年人开业从事个体经营活动。不满16周岁的未成年人的父母或者其他监护人应当保护其身心健康,保障其接受义务教育的权利,不得允许其被用人单位非法招用。

2. 用人单位招用未成年人的特殊要求

用人单位招用人员时,必须核查被招用人员的身份证;对不满16周岁的未成年人,一律不得录用。用人单位录用人员的录用登记、核查材料应当妥善保管。

3. 违法使用童工的法律责任

(1) 不满16周岁的未成年人的父母或者其他监护人允许其被用人单位非法招用的,所在地的乡(镇)人民政府、城市街道办事处以及村民委员会、居民委员会应当给予批评教育。

(2) 用人单位使用童工的,由劳动保障行政部门处以罚款;在使用有毒物品的作业场所使用童工的,从重处罚。劳动保障行政部门并应当责令用人单位限期将童工送回原居住地交其父母或者其他监护人,所需交通和食宿费用全部由用人单位承担。用人单位经劳动保障行政部门责令限期改正,逾期仍不将童工送交父母或者其他监护人的,从责令限期改正之日起,由劳动保障行政部门处以罚款,并由工商行政管理部门吊销其营业执照或者由民政部门撤销民办非企业单位登记；用人单位是国家机关、事业单位的，由有关单位依法对直接负责的主管人员和其他直接责任人员给予降级或者撤职的行政处分或者纪律处分。

（3）单位或者个人为不满16周岁的未成年人介绍就业的，由劳动保障行政部门处以罚款；职业中介机构为不满16周岁的未成年人介绍就业的，并由劳动保障行政部门吊销其职业介绍许可证。

（4）用人单位未按照规定保存录用登记材料，或者伪造录用登记材料的，由劳动保障行政部门处以罚款。

（5）无营业执照、被依法吊销营业执照的单位以及未依法登记、备案的单位使用童工或者介绍童工就业的，处以罚款，该非法单位由有关的行政主管部门予以取缔。

（6）童工患病或者受伤的，用人单位应当负责送到医疗机构治疗，并负担治疗期间的全部医疗和生活费用。童工伤残或者死亡的，用人单位由工商行政管理部门吊销营业执照或者由民政部门撤销民办非企业单位登记；用人单位是国家机关、事业单位的，由有关单位依法对直接负责的主管人员和其他直接责任人员给予降级或者撤职的行政处分或者纪律处分；用人单位还应当一次性地对伤残的童工、死亡童工的直系亲属给予赔偿，赔偿金额按照国家工伤保险的有关规定计算。

（7）拐骗童工，强迫童工劳动，使用童工从事高空、井下、放射性、高毒、易燃易爆以及国家规定的第四级体力劳动强度的劳动，使用不满14周岁的童工，或者造成童工死亡或者严重伤残的，依照刑法关于拐卖儿童罪、强迫劳动罪或者其他罪的规定，依法追究刑事责任。

（8）国家行政机关工作人员有下列行为之一的，依法给予记大过或者降级的行政处分；情节严重的，依法给予撤职或者开除的行政处分；构成犯罪的，依照刑法关于滥用职权罪、玩忽职守罪或者其他罪的规定，依法追究刑事责任：① 劳动保障等有关部门工作人员在禁止使用童工的监督检查工作中发现使用童工的情况，不予制止、纠正、查处的；② 公安机关的人民警察违反规定发放身份证或者在身份证上登录虚假出生年月的；③ 工商行政管理部门工作人员发现申请人是不满16周岁的未成年人，仍然为其从事个体经营发放营业执照的。

（三）未成年工劳动过程中的保护

未成年工是指年满16周岁，未满18周岁的劳动者。未成年工的劳动保护是针对未成年工处于生长发育期的特点，以及接受义务教育的需要，采取的特殊劳动保护措施。我国《未成年人保护法》规定，任何组织和个人不得招用未满16周岁的未成年人，国家另有规定的除外。任何组织和个人依照国家有关规定招收已满16周岁未满18周岁的未成年人的，应当在工种、劳动时间、劳动强度和保护措施等方面执行国家有关规定，不得安排其从事过重、有毒、有害的劳动或者危险作业。我国《劳动法》第64条规定："不得安排未成年工从事矿山井下、有毒有害、国家规定的第四级体力劳动强度的劳动和其他禁忌从事的劳动。"第65条规定："用人单位应当对未成年工定期进行健康检查。"1994年12月9日

劳动部发布,1995年1月1日起施行的《未成年工特殊保护规定》中对未成年工的特殊保护作出了具体的规定:

(1) 规定了用人单位不得安排未成年工从事的劳动范围。

(2) 规定了未成年工患有某种疾病或具有某些生理缺陷(非残疾型)时,用人单位不得安排其从事的劳动范围。

(3) 规定了用人单位应对未成年工定期进行健康检查。用人单位在未成年工安排工作岗位之前、工作满1年、年满18周岁,距前一次的体检时间已超过半年要进行健康检查。未成年工的健康检查,应按《未成年工健康检查表》列出的项目进行。用人单位应根据未成年工的健康检查结果安排其从事适合的劳动,对不能胜任原劳动岗位的,应根据医务部门的证明,予以减轻劳动量或安排其他劳动。

(4) 实行未成年工的使用和特殊保护实行登记制度。用人单位招收使用未成年工,除符合一般用工要求外,还须向所在地的县级以上劳动行政部门办理登记。劳动行政部门根据《未成年工健康检查表》、《未成年工登记表》,核发《未成年工登记证》。未成年工须持《未成年工登记证》上岗。《未成年工登记证》由国务院劳动行政部门统一印制。

(5) 未成年工上岗前用人单位应对其进行有关的职业安全卫生教育、培训;未成年工体检和登记,由用人单位统一办理和承担费用。

(四) 侵犯未成年工特殊劳动保护权的法律责任

根据我国《劳动保障监察条例》的规定:用人单位安排未成年工从事矿山井下、有毒有害、国家规定的第四级体力劳动强度的劳动或者其他禁忌从事的劳动的;未对未成年工定期进行健康检查的,由劳动保障行政部门责令改正,按照受侵害的劳动者每人1000元以上5000元以下的标准计算,处以罚款。

# 第九章 社会保险法

社会保险法是保障劳动者及全体社会成员基本生活所不可缺少的社会保障制度,是对宪法所规定的人权的基础权利生存权的保障,是维护社会安全与稳定的重要法律制度。

## 第一节 社会保险法概述

### 一、社会保险的概念和作用

（一）社会保险的概念及其历史演进

社会保险,是指国家通过立法实施的,对遭遇年老、疾病、失业、生育、因工伤残或者患职业病等社会风险的社会成员或职业劳动者,提供一定物质补偿和帮助的社会保障法律制度。我国当前的社会保险制度涵盖养老保险、医疗保险、工伤保险、失业保险、生育保险等领域。社会保险制度的目的在于保障社会成员的经济生活的安定和身心健康,它通过采用风险集中管理技术,建立风险分摊机制,筹集保险基金,对遭遇社会风险的社会成员提供经济补偿,保障其基本生活水平,以维护社会公平和社会秩序的安定。

社会保险属于社会保障制度体系,是社会保障制度体系的重要组成部分和核心内容。世界各国由于政治经济制度、经济发展阶段、价值取向、法律文化传统等方面的不同,社会保障的项目内容体系各有差异。在我国,社会保险属于社会保障的范畴,它同社会福利、社会救济和社会优抚共同构成了社会保障的主要内容体系。

社会保险是人类社会应对工业化、城市化所导致人类生存基础发生根本变化后出现的社会问题的产物。社会保险和劳动法律制度密切相连。现代意义上的社会保险制度实际上起源于对劳动者的社会保险。它自19世纪80年代在德国社会立法中开始得到确立以来,迄今已有一百二十多年的演进历史,经历了产生、发展、改革与完善的过程。在这个发展过程中,俾斯麦时代的德国社会保险立法、1935年美国《社会保障法案》,以及1948年英国《贝弗里奇报告》及其后续社会立法是具有里程碑式意义的历史事件,在社会保险法领域也分别代表着三种不同的社会保障模式:传统型保障模式、自由型保障模式、福利型保障模式。进入20世纪70年代以来,由于经济危机的影响,以及一些国家体制的转变,世界各国开始对包括社会保险在内的社会保障制度进行改革。这种改革主要有两种做法:一种是主张对社会保险制度进行根本性改革,将国家及社会(主要是雇主)对于化解个人社会风险的责任完全转移给个人,如智利等拉美国家就将原来现收现付制的养老保险制度改为劳动者个人缴费、实行完全积累并交由私营公司管理的强制性的个人储蓄保障制度,以减轻政府及雇主负担,并试图提高管理效率。另一种更为主流的做法是在现行的社会保险制度框架内进行结构以及技术性调整,基本方向是增加保险费收入、减少社会保险给付支出并引入市场机制以提高制度管理运行效率。我国传统理论一般认为,社会保险制度的建立以劳动关系的建立为基础,以工资收入为主要生活来源的劳动者为保护对象。随着社会经济的发展,社会保险制度的保护范围也会不断扩大,将会逐步扩展到全体公民。我国 2010 年 10 月 28 日通过的《中华人民共和国社会保险法》(简称《社会保险法》)把养老保险和医疗保险覆盖到了各类劳动者和全体公民,工伤、失业、生育保险则覆盖全体职业人群。

(二) 社会保险制度的作用

社会保险制度的作用即社会保险的功能。具体体现在:

1. 维护社会秩序的稳定

社会保险能够使公民在遭遇年老、疾病、伤残、死亡、失业、生育等风险,生活面临困难时,得到社会或国家的物质帮助,从而渡过难关,重振精神,或者安度晚年。这有利于消除和缓解社会矛盾。为此,社会保险被誉为社会秩序的"安全网"和"减震器"。

2. 促进社会发展和进步

社会保险的实施为公民解除了后顾之忧,使其能够专心致力于工作和生产劳动,极大地激发了公民的积极性和创造性,从而促进生产技术的进步和劳动生产率的提高。社会保险的实施也减轻了用人单位的压力和负担,为用人单位解除了后顾之忧,使其能够集中精力从事生产经营,提高经济效益,增强市场竞争力。同时,社会保险还保障了公民的基本生活需要,使其得以生息和繁衍,对劳动力的生产和再生产发挥着积极的促进作用。

3. 对国民收入进行再分配

社会保险的费用一般由用人单位和劳动者共同负担,政府财政给予补助,当遭受劳动风险时,由社会保险基金给予物质帮助,实现了国民收入的再分配。

4. 促进社会的精神文明建设

社会保险制度以法律手段帮助公民中的弱者及困难的群体的同时,也在全社会倡导和促进了社会成员的精神文明建设,提高了社会成员的精神文明程度。

## 二、社会保险法的概念、调整对象和基本原则

(一) 社会保险法的概念和性质

社会保险法是调整社会保险关系的法律规范的总称。在我国,社会保险法有广义和狭义之分。狭义的社会保险法仅指 2010 年 10 月 28 日第十一届全国人民代表大会常务委员会第十七次会议通过的《社会保险法》。广义的社会保险法还包括宪法、法律、行政法规中关于社会保险的相关规定。社会保险法是中国特色社会主义法律体系的重要组成部分,对于维护劳动者的社会保险权,保障劳动者共享改革发展成果,促进我国社会保险制度的定型、稳定与可持续发展,推动我国经济的转型,维护社会和谐稳定和国家长治久安具有重要意义。

社会保险法不同于传统的法律,它以社会利益为本位,主要强调对社会公益、社会公

平、社会安全等社会发展目标的追求,对弱势群体和公共利益的保护,具有明显的社会法性质。

(二) 社会保险法的调整对象和覆盖范围

社会保险法的调整对象是社会保险关系。法律意义上的社会保险关系,是指依据社会保险法律法规的规定,社会保险经办机构与社会成员或者用人单位、劳动者之间在社会保险中的权利和义务关系,它包括养老保险关系、医疗保险关系、失业保险关系、工伤保险关系和生育保险关系。我国《社会保险法》确立了国家建立基本养老保险、基本医疗保险、工伤保险、失业保险、生育保险等社会保险制度的社会保险体系基本框架,并明确了各项社会保险制度的覆盖范围。具体为:

第一,基本养老保险制度和基本医疗保险制度覆盖了我国城乡全体居民。即用人单位及其职工应当参加职工基本养老保险和职工基本医疗保险;无雇工的个体工商户、未在用人单位参加社会保险的非全日制从业人员以及其他灵活就业人员可以参加职工基本养老保险和职工基本医疗保险;农村居民可以参加新型农村社会养老保险和新型农村合作医疗;城镇未就业的居民可以参加城镇居民社会养老保险和城镇居民基本医疗保险。同时,规定进城务工的农村居民依法参加社会保险;公务员和参照公务员法管理的工作人员养老保险的办法由国务院规定。

第二,工伤保险、失业保险和生育保险制度覆盖了所有用人单位及其职工。

第三,被征地农民按照国务院规定纳入相应的社会保险制度。被征地农民到用人单位就业的,都应当参加全部五项社会保险。对于未就业,转为城镇居民的,可以参加城镇居民社会养老保险和城镇居民基本医疗保险,继续保留农村居民身份的,可以参加新型农村社会养老保险和新型农村合作医疗。

第四,在中国境内就业的外国人,也应当按照法律规定参加我国的社会保险。

(三) 社会保险法的宗旨和基本原则

社会保险法的宗旨主要体现在促进社会和谐稳定方面。这是因为,社会保险的首要目的是为公民的基本生活提供安全保障,缓和社会矛盾,预防社会不稳定因素的产生和发展。我国《社会保险法》第1条明确规定:"为了规范社会保险关系,维护公民参加社会保险和享受社会保险待遇的合法权益,使公民共享发展成果,促进社会和谐稳定,根据宪法,制定本法。"

社会保险法的基本原则是指贯穿社会保险法始终,对立法、司法、执法具有指导性作用的根本准则。它对于社会保险立法以至于社会保险法体系的建立起着至关重要的作用。它不仅体现社会保险法的立法理念和精神,而且在法律适用中还能发挥弥补法律空白的作用。按照我国《社会保险法》相关规定,社会保险法的基本原则有:

1. 社会保险水平与社会生产力发展水平相适应原则

社会保险需要社会生产力的发展为其提供可能和创造条件,只有当生产力发展到一定水平,社会财富较为丰富时,国家才有能力提供较高水平的社会保险;同时,社会生产力的发展水平还制约着社会保险的水平,社会保险水平过高或过低,都会阻碍社会生产力的发展。因此,我国《劳动法》第71条规定了"社会保险水平应当与社会经济发展水平和社会承受能力相适应"的原则。我国《社会保险法》第3条规定了"社会保险制度坚持广覆盖、保基本、多层次、可持续的方针,社会保险水平应当与经济社会发展水平相适应"的原则。

2. 社会保险一体化和社会化相统一的原则

社会保险一体化即统一社会保险的项目、统一社会保险或基本社会保险的标准、统一社会保险的管理与实施机制等。实行社会保险一体化原则有利于实现劳动者的自由流动和劳动力资源的合理配置。社会保险社会化要求进一步扩大社会保险的覆盖范围,鼓励劳动者积极参与监督社会保险制度的实施;同时实行社会保险管理的社会化,即把原来的各部门、各单位分散管理的形式逐步转为统一的社会化管理,将用人单位承担的社会保险方面的事务性工作转为社会化服务,逐步健全全社会统一的社会化服务组织。

3. 保障功能与激励机制相结合的原则

社会保险制度是为实现社会公平而设立的,但社会保险在实质上不是超越劳动者自身行为以外的恩赐,它需要每个劳动者的积极参与和投入,与每个劳动者的切身利益挂钩。因此,对社会保险的法律调整要坚持保障功能与激励机制相结合的原则,要处理好权利与义务、公平与效率、保障与激励的关系。为此,我国《社会保险法》从基本国情的实际出发,在政府主导的社会保险制度上,优先体现公平原则,作出适当的普惠性安排,通过增加政府公共财政投入,加大社会财富再分配力度,防止和消除两极分化,促进社会和谐;同时体现激励和引导原则,坚持权利与义务相适应,把缴费型的社会保险作为社会保障的核心制度。

**三、社会保险法律关系**

(一) 社会保险法律关系的概念

一般认为,社会保险法律关系是指社会保险主体之间依法形成的收取和交纳社会保险费、支付和享受社会保险待遇的相互权利义务关系。在社会保险法律关系中,社会保险主体各自既享有一定的权利,又承担一定的义务。

(二) 社会保险法律关系的要素

社会保险法律关系的要素是指构成社会保险法律关系的必备要件,包括社会保险法律关系的主体、社会保险法律关系的客体、社会保险法律关系的内容三个方面。

1. 社会保险法律关系的主体

社会保险法律关系的主体,是指依法参与社会保险法律关系,享受社会保险权利和承担社会保险义务的人。具体来讲,包括保险人、投保人、被保险人、受益人、其他社会保险的服务主体、管理人和监督人等。

2. 社会保险法律关系的客体

社会保险法律关系的客体,是指社会保险法律关系主体的权利义务所指向的对象,可以是资金和给付等服务行为。

3. 社会保险法律关系的内容

社会保险法律关系的内容,是指社会保险法律关系主体在各项社会保险活动中所享有的权利和承担的义务。在不同类型的社会保险法律关系中,具体的权利义务会有相应的差别。

(三) 社会保险法律事实

社会保险法律事实是指由社会保险法所规范的,能够引起社会保险法律关系产生、变更和终止的各种事实。具体来讲包括两类:事件和行为。

**四、社会保险基金制度**

(一) 社会保险基金的概念

社会保险基金是指国家为了保障公民基本生活需要,以法律形式强制征缴的社会保险费和以政府财政补贴的形式集中起来的由专门机构管理并用于支付社会保险金的资金。

(二) 社会保险基金的来源与征缴

1. 社会保险基金的来源

社会保险基金包括基本养老保险基金、基本医疗保险基金、工伤保险基金、失业保险基金、生育保险基金。国家多渠道筹集社会保险资金,我国《社会保险法》规定了各项社会保险制度的筹资渠道,明确了用人单位、个人和政府在社会保险筹资中的责任。每种基金的具体来源有所差别,其来源呈现出多渠道的特征,概括来讲,社会保险基金的来源有个人缴费、用人单位缴费、政府补贴、保险金的收入和罚款等四部分构成。

2. 社会保险费征缴制度

在总结《社会保险费征缴暂行条例》实施经验的基础上,我国《社会保险法》进一步完善了社会保险费征缴制度,增强了征缴的强制性,为加强征缴工作提供了更有力的法律保障。

第一,规定了社会保险信息沟通共享机制。为了保证社会保险相关信息的及时性、准确性,《社会保险法》规定,工商行政管理部门、民政部门和机构编制管理机关应当及时向社会保险经办机构通报用人单位的成立、终止情况,公安机关应当及时向社会保险经办机构通报个人的出生、死亡以及户口登记、迁移、注销等情况。

第二,规定了灵活就业人员社会保险登记、缴费制度。我国《社会保险法》规定,参加社会保险的无雇工的个体工商户、未在用人单位参加社会保险的非全日制从业人员以及其他灵活就业人员,向社会保险经办机构申请办理社会保险登记,可以直接向社会保险费征收机构缴纳社会保险费。

第三,规定了社会保险费实行统一征收的方向,授权国务院规定实施步骤和具体办法。

第四,建立了社会保险费的强制征缴制度。包括以下措施:

一是从用人单位存款账户直接划拨社会保险费。我国《社会保险法》第63条规定,用人单位未按时足额缴纳社会保险费,经社会保险费征收机构责令其限期缴纳或者补足,逾期仍不缴纳或者补足的,社会保险费征收机构可以申请县级以上有关行政部门作出从用人单位存款账户中划拨社会保险费的决定,并书面通知其开户银行或者其他金融机构划拨社会保险费。

二是用人单位账户余额少于应当缴纳的社会保险费的,社会保险费征收机构可以要求该用人单位提供担保,签订延期缴费协议。

三是用人单位未足额缴纳社会保险费且未提供担保的,社会保险费征收机构可以申请人民法院扣押、查封、拍卖其价值相当于应当缴纳社会保险费的财产,以拍卖所得抵缴社会保险费。

(三) 社会保险基金的运营

社会保险基金除了支付当期应支付的社会保险金之外,还有相当部分的社会保险基金要延期支付。而这一部分延期支付的社会保险金却面临贬值的压力。因此,有必要在保障安全性、流动性和效益性的前提下对社会保险基金进行运营。

(四) 社会保险基金的监管

社会保险基金的监管是国家授权专门的机构依法对社会保险基金收缴、安全运营、基金保增值等过程进行监督管理,以确保社会保险基金正常稳定运行的制度和规则体系的总称。社会保险基金关系到众多人群的利益,因此,世界各国都十分重视对社会保险基金的监管。我国《社会保险法》从人大监督、行政监督、社会监督等三个方面,建立了比较完善的社会保险基金监督体系。

1. 人大监督

我国《社会保险法》规定,各级人民代表大会常务委员会听取和审议本级人民政府对社会保险基金的收支、管理、投资运营以及监督检查情况的专项工作报告,组织对法律实施情况的执法检查等,依法行使监督职权。

2. 行政监督

我国《社会保险法》规定,国家对社会保险基金实行严格监管,并明确了各级人民政府及其社会保险行政部门、财政部门、审计机关在社会保险监督方面的职责。

第一,规定了各级人民政府在社会保险监督方面的职责:国务院和省、自治区、直辖市人民政府建立健全社会保险基金监督管理制度,保障社会保险基金安全、有效运行。

第二,从两个方面规定了社会保险行政部门的监督职责:一是规定县级以上人民政府社会保险行政部门应当加强对用人单位和个人遵守社会保险法律、法规情况的监督检查;二是规定社会保险行政部门对社会保险基金的收支、管理和投资运营情况进行监督检查,并规定了三项措施:(1) 查阅、记录、复制与社会保险基金收支、管理和投资运营相关的资料,对可能被转移、隐匿或者灭失的资料予以封存;(2) 询问与调查事项有关的单位和个人,要求其对与调查事项有关的问题作出说明、提供有关证明材料;(3) 对隐匿、转移、侵占、挪用社会保险基金的行为予以制止并责令改正。

第三,规定财政部门、审计机关按照各自职责,对社会保险基金的收支、管理和投资运营情况实施监督。

3. 社会监督

我国《社会保险法》要求县级以上人民政府采取措施,鼓励和支持社会各方面参与社会保险基金的监督,并作了以下规定:

第一,规定了社会保险监督委员会的设立、组成和主要职责。规定统筹地区人民政府成立由用人单位代表、参保人员代表,以及工会代表、专家等组成的社会保险监督委员会。其主要职责是:掌握、分析社会保险基金的收支、管理和投资运营情况,对社会保险工作提出咨询意见和建议,实施社会监督;听取社会保险经办机构关于社会保险基金的收支、管理和投资运营情况的汇报;聘请会计师事务所对社会保险基金的收支、管理和投资运营情况进行年度审计和专项审计;对发现存在问题的,有权提出改正建议;对社会保险经办机构及其工作人员的违法行为,有权向有关部门提出依法处理建议。

第二,规定了工会的监督。规定工会依法维护职工的合法权益,有权参与社会保险重大事项的研究,参加社会保险监督委员会,对与职工社会保险权益有关的事项进行监督。

第三,规定有关部门和单位应当向社会公布或者公开社会保险方面的信息,主动接受社会监督。包括:社会保险行政部门应当定期向社会公布社会保险基金检查结果;社会保险经办机构应当定期向社会公布参加社会保险情况以及社会保险基金的收入、支出、结余和收益情况;社会保险监督委员会应当向社会公开审计结果。

**五、社会保险的经办服务**

社会保险的经办服务是支撑社会保险制度健康运行的一项十分重要的基础性工作。为了改进社会保险经办服务,维护参保人员权益,我国《社会保险法》作了以下规定:

第一,确立了社会保险经办服务体制。包括:

一是规定了社会保险经办机构的设立原则。本法规定,统筹地区设立社会保险经办机构。社会保险经办机构根据工作需要,经所在地的社会保险行政部门和机构编制管理机关批准,可以在本统筹地区设立分支机构和服务网点。

二是规定了社会保险经办的经费保障。本法规定,社会保险经办机构的人员经费和经办社会保险发生的基本运行费用、管理费用,由同级财政按照国家规定予以保障。

三是规定了社会保险经办机构的基本职责。主要是:负责社会保险登记、社会保险费核定、按照规定征收社会保险费;按时足额支付社会保险待遇;根据管理服务的需要,与医疗机构、药品经营单位签订服务协议,规范医疗服务行为;及时、完整、准确地记录参加社会保险的个人缴费和用人单位为其缴费,以及享受社会保险待遇等个人权益记录,定期将个人权益记录单免费寄送本人;免费向用人单位和个人提供查询服务;提供社会保险咨询等相关服务。

第二,对社会保险信息系统建设作了原则规定。社会保险信息化建设是社会保险管理和经办服务的基础性工作,没有完善的信息系统支撑,对参保人员记录一生、服务一生、保障一生的目标就无法实现。因此,我国《社会保险法》第75条规定:"全国社会保险信息系统按照国家统一规划,由县级以上人民政府按照分级负责的原则共同建设。"

第三,规定了社会保险关系转移接续办法。我国《社会保险法》规定了基本养老保险、基本医疗保险、失业保险的转移接续制度:一是个人跨统筹地区就业的,其基本养老保险关系随本人转移,缴费年限累计计算。个人达到法定退休年龄时,基本养老金分段计算、统一支付。具体办法由国务院规定。二是个人跨统筹地区就业的,其基本医疗保险关系随本人转移,缴费年限累计计算。三是职工跨统筹地区就业的,其失业保险关系随本人转移,缴费年限累计计算。

## 第二节 养老保险法律制度

### 一、养老保险的概念及特点

养老保险,又称"年金保险",是指劳动者因年老或病残丧失劳动能力而退出劳动岗位后,从国家和社会获得物质补偿和帮助的一种社会保险制度。养老保险是社会保险制度的重要组成部分,是一种最传统、最广泛的社会保险类型。它直接关系着劳动者退出劳动领域后的基本生活,是实现劳动者老有所养的保障。

养老保险具有如下特点:

(1) 强制性。养老保险由国家立法强制实行,企业单位和个人都必须依法参加,符合养老条件的人,可向社会保险部门领取养老金。

(2) 补偿性。劳动者享受养老保险待遇,必须先行缴费,劳动者在任职期间应依法缴纳保险费,在退休、退职后就可以从养老保险经办机构领取退休金。因此,劳动者所领取的退休金和获得的其他待遇中有一部分是自己所缴纳的保险费的返回,还有一部分是对劳动者劳动贡献的回报,具有一定的补偿性质。

(3) 广泛性。养老保险的适用对象是所有退休、退职的劳动者。年老或丧失劳动能力是任何人都不可抗拒的自然规律,退休、退职对所有人都不可避免(在法定劳动年龄内死亡者除外),所以,养老保险所保障的对象是所有的劳动者,并不进行某种选择和区分。尽管不同国家、不同时期,养老保险的范围不尽相同,但从发展来看,都在逐步扩大至所有的劳动者。

(4) 社会性。养老保险影响很大,享受人多且时间较长,费用支出庞大,因此,必须设置专门机构,实行现代化、专业化、社会化的统一规划和管理。

### 二、养老保险立法概况

现代意义上的养老保险是与其立法相伴随而产生的,一般以德国 1889 年颁布的《残疾和老年保险法》为养老保险法诞生的标志。继德国之后,许多欧洲国家也颁布了养老保险法,实施了养老保险制度。美国于 1935 年颁布了以养老保险为主要内容的《社会保障法》,并于同年实行年金保险制度。20 世纪下半叶,新兴的发展中国家和社会主义国家,也相继通过立法建立了养老保险制度。

20世纪50年代以来,养老保险立法得到了国际社会的重视和支持,1952年国际劳工组织通过的《社会保障最低标准公约》(第102号)强调,要"使受保护者获得养老补助金而无虞"。1982年在维也纳召开的老龄问题世界大会提出,"必须解决保障、保护及维护老年人收入的问题",会议通过的《行动计划》建议各国政府采取行动保证所有老龄者能有适当的最低收入,根据对所有老年人都提供保险的原则建立或制定社会保险制度。通过国际社会和各国政府与有关组织的努力,养老保险立法得到迅速发展。世界上绝大多数国家和地区实行了养老保险制度。目前,为了应对人口老龄化的挑战,世界上大多数国家都在进行养老保险制度改革。

我国的养老保险立法始于20世纪50年代初。1951年政务院公布了《中华人民共和国劳动保险条例》(1953年和1958年进行了两次修改),该条例适用于企业的工人和职员,其中包括养老保险的规定。1955年,开始建立不同于企业职工的国家机关和事业单位工作人员的养老保险制度。这两种保险制度待遇标准不一样,互相影响。1958年2月,国务院公布了《关于工人、职员退休处理的暂行规定》;1958年3月,国务院又公布了《关于工人、职员退职处理的暂行规定》,统一了两种养老制度。"文化大革命"期间,全国范围内的退休基金被取消,养老保险变成了单位保险。

我国从20世纪80年代初开始进行养老保险制度改革。主要内容是实现养老保险的社会化、基金筹集和保险形式的多元化、逐步建立多层次养老保险体系。1991年在总结养老保险制度改革经验的基础上,国务院发布了《关于企业职工养老保险制度改革的决定》,明确规定了养老保险制度改革的原则、基金筹集渠道和方式、待遇标准、基金管理等内容。该《决定》有力地促进了我国养老保险制度改革的步伐。1992年,我国确立了市场经济体制改革目标。市场经济发展对养老保险制度提出了新的改革要求。为了加强对养老保险基金的管理,规范基金的筹集和支付活动,劳动部于1993年发布了《企业职工养老保险基金规定》。1994年公布的《劳动法》的实施,明确了我国养老保险制度改革的基本方向。为了深化养老保险制度改革,1995年,国务院发布《关于深化企业职工养老保险制度改革的通知》,进一步明确了企业职工养老保险改革的方向、原则和主要任务。在此基础上,国务院于1997年又发布了《关于建立统一的企业职工基本养老制度的决定》,明确了统一养老保险制度的建设目标和具体的制度内容。2010年10月28日第十一届全国人民代表大会常务委员会第十七次会议通过的《社会保险法》第二章专门对我国基本养老保险相关内容作出了规范。

### 三、我国现行养老保险体系

我国是一个发展中国家,经济还不发达,为了使养老保险既能发挥保障生活和安定社会的作用,又能适应不同经济条件的需要,以利于劳动生产率的提高。为此,我国的养老保险由基本养老保险、企业补充养老保险和个人储蓄性养老保险三个部分(或层次)组成。

### (一) 基本养老保险

基本养老保险亦称国家基本养老保险，它是按国家统一政策规定强制实施的为保障广大离退休人员基本生活需要的一种养老保险制度。在我国，20世纪90年代之前，企业职工实行的是单一的养老保险制度。1991年，国务院《关于企业职工养老保险制度改革的决定》中明确提出："随着经济的发展，逐步建立起基本养老保险与企业补充养老保险和职工个人储蓄性养老保险相结合的制度"。从此，我国逐步建立起多层次的养老保险体系。在这种多层次养老保险体系中，基本养老保险可称为第一层次，也是最高层次。2010年10月28日通过的《社会保险法》把基本养老保险的范围已经扩大到包括劳动者、城镇居民、农民、农民工、外国人在内的全体自然人。

### (二) 企业补充养老保险

企业补充养老保险，国外称为企业年金，是指由企业根据自身经济实力，在国家规定的实施政策和实施条件下为本企业职工所建立的一种辅助性的养老保险。它居于多层次的养老保险体系中的第二层次，由国家宏观指导、企业内部决策执行。2004年1月劳动和社会保障部发布《企业年金试行办法》，对企业补充养老保险作出了规定。

企业补充养老保险与基本养老保险既有区别又有联系。其区别主要体现在两种养老保险的层次和功能上的不同，其联系主要体现在两种养老保险的政策和水平相互联系、密不可分。企业补充养老保险由劳动保障部门管理，单位实行补充养老保险，应选择经劳动保障行政部门认定的机构经办。企业补充养老保险的资金筹集方式有现收现付制、部分积累制和完全积累制三种。企业补充养老保险费可由企业完全承担，或由企业和员工双方共同承担，承担比例由劳资双方协议确定。企业内部一般都设有由劳、资双方组成的董事会，负责企业补充养老保险事宜。

### (三) 个人储蓄性养老保险

职工个人储蓄性养老保险是我国多层次养老保险体系的一个组成部分，是由职工自愿参加、自愿选择经办机构的一种补充保险形式。由社会保险机构经办的职工个人储蓄性养老保险，由社会保险主管部门制定具体办法，职工个人根据自己的工资收入情况，按规定缴纳个人储蓄性养老保险费，计入当地社会保险机构在有关银行开设的养老保险个人账户，并应按不低于或高于同期城乡居民储蓄存款利率计息，以提倡和鼓励职工个人参加储蓄性养老保险，所得利息计入个人账户，本息一并归职工个人所有。职工达到法定退休年龄经批准退休后，凭个人账户将储蓄性养老保险金一次总付或分次支付给本人。职工跨地区流动，个人账户的储蓄性养老保险金应随之转移。职工未到退休年龄而死亡，计入个人账户的储蓄性养老保险金应由其指定人或法定继承人继承。

实行职工个人储蓄性养老保险的目的，在于扩大养老保险经费来源，多渠道筹集养老保险基金，减轻国家和企业的负担；有利于消除长期形成的保险费用完全由国家"包下来"的观念，增强职工的自我保障意识和参与社会保险的主动性；同时也能够促进对社会保险工作实行广泛的群众监督。

## 四、养老保险基金的筹集

养老保险基金是保障劳动者能够切实享受到养老保险待遇的物质基础。养老保险基金的来源有三个基本渠道:国家财政补贴、用人单位(或雇主)和劳动者缴纳保险费。养老保险基金由国家、用人单位和劳动者个人三方负担是各国养老保险制度的共同的做法。在三者之中,一般都以用人单位和个人为主,国家为辅。国家财政的支持起到一种补充和保障的作用。如果养老基金数额较大,能够满足支付养老保险待遇之需,国家财政的负担就会减轻。反之,国家支持和补贴的力度就要加大。用人单位缴纳的养老保险费,是养老保险基金的最主要的来源。用人单位缴纳养老保险费一般是按照本单位职工工资总额的一定比例在税前提取。用人单位缴纳养老保险费的比例由当地政府确定。按照我国1997年国务院发布的《关于建立统一的企业职工基本养老制度的决定》的规定:企业缴纳养老保险费的比例,一般不得超过企业工资总额的20%,这是企业缴纳养老保险费的最高标准。职工个人缴纳养老保险费的比例最高不得超过职工个人缴费工资的8%,这是个人缴费的最高标准。个人缴纳的养老保险费由企业从职工工资中代为扣缴。在我国,确立养老保险个人缴费的原则是养老保险制度的改革成果,这既符合世界各国养老保险之通例,又可体现权利义务相统一的原则。

养老保险基金除来源于上述三个基本渠道之外,还有按规定收取的滞纳金、基金存储的利息和按规定进行投资的收益等。

## 五、养老保险待遇的给付

(一) 养老保险待遇给付的条件

养老保险待遇给付的条件,是指劳动者享有养老保险待遇的条件或依据,主要包括:

1. 劳动风险

养老保险的劳动风险包括退休年龄条件和丧失劳动能力。

退休年龄条件直接关系到养老保险基金的筹集与发放。一般每个国家都要根据本国社会经济发展的需要、人口的平均寿命及劳动力供求状况确定退休年龄。我国现行法律规定的退休年龄条件,根据身份的不同分为两种情况:

(1) 职员(干部)的退休年龄。分为三种情况:① 一般退休年龄,男年满60周岁,女年满55周岁,并且工作年限达到10年;② 提前退休年龄,男年满50周岁,女年满45周岁,工作年限满10年,经证实完全丧失劳动能力的,可以提前退休;③ 延迟退休年龄,如高级专家经批准可延迟退休,但正职不超过70周岁,副职不超过65周岁。

(2) 工人的退休年龄。分为两种情况:① 一般退休年龄:男年满60周岁,女年满50周岁,并且连续工龄达到10年;② 提前退休年龄:特殊情况下,男年满55周岁,女年满45周岁,连续工龄达到10年;此外,男年满50周岁,女年满45周岁,连续工龄满10年的工人,经证实完全丧失劳动能力的,也可以提前退休。

我国法律规定,退职的条件是:劳动者因工致残或患有职业病,经医院证明,并经劳动鉴定委员会确认完全丧失劳动能力的。尽管不具备退休条件,应当退职。退职待遇是养老保险待遇的特殊形式。

2. 工龄条件

工龄是指劳动者以工资收入为其全部或主要生活来源的劳动年限。各国对工龄作为养老保险待遇给付条件的规定不尽相同,一般要求职工连续工龄达到一定年限,短的为15年,长的为40年,有的国家还规定男女职工退休工龄不同。在实行劳动者个人缴费制度的国家,工龄即为缴费年限,多数国家规定为15年至20年之间。

3. 缴费年限

缴费年限是指用人单位和职工共同缴纳养老保险费的年限。各国一般都规定一个最低缴费年限,即最低保龄。最低保龄是参照人的正常寿命和可能的工作年限并结合保险金支出的财务状况而确定。关于最低保龄的长短,国际劳工组织建议为15年。最低缴费年限的计算有连续计算和累计计算两种。

我国改革前的养老保险不存在职工个人缴费的问题,所以保险待遇的给付依据主要是劳动风险和工龄,不包括缴费年限。近些年来,缴费年限成为一项重要的给付依据,并在立法中予以确认。根据我国《社会保险法》第16条的规定:"参加基本养老保险的个人,达到法定退休年龄时累计缴费满15年的,按月领取基本养老金。参加基本养老保险的个人,达到法定退休年龄时累计缴费不足15年的,可以缴费至满15年,按月领取基本养老金;也可以转入新型农村社会养老保险或者城镇居民社会养老保险,按照国务院规定享受相应的养老保险待遇。"

(二) 养老保险待遇项目

养老保险的待遇项目是养老保险基金支出的主要项目,是退休、退职劳动者所直接获得的待遇项目。按我国现行规定,养老保险的待遇项目包括:

(1) 退休金或退职生活费。退休职工按月领取退休金,从退休第二个月起发放,直到死亡。退职职工按月领取退职生活费,直到死亡。在待遇标准上,退职生活费要低于退休金。退休金和退职生活费都是按照职工退休、退职前标准工资的一定比例计发。退职生活费的比例低于退休金的比例。

(2) 医疗待遇和死亡待遇与在职职工相同。

(3) 其他待遇。主要是指退休职工的异地安家补助费、异地安置车旅费、住房补贴、冬季取暖补贴等,均按规定标准执行。

(三) 养老保险待遇标准的调整

养老保险待遇标准一般以劳动者在职工资收入为基础,再辅之以工龄或缴费年限和退休年龄进行计算。一般认为,养老待遇水平在任何情况下都不能高于在职时的收入,因此退休金不可能是原工资的100%,而只是其一定的百分比,这种百分比,称为"退休金的工资取代率"。国际劳工组织1967年通过的《疾病、老年、遗属补助公约》(第128号)规定,缴费和就业30年,并有一个符合养老条件的配偶,正常的养老保险金不得低于原工资收入的40%—50%。

在我国,养老保险待遇的计发是以标准工资为基数的。由于工资制度的改革,使得标准工资占实得工资的比例下降,已由1978年的85.7%下降至近几年的55%,以标准工资为养老保险待遇计发基数的办法受到了极大的冲击,必须进行调整。因此,《关于建立统一的企业职工养老保险制度的决定》规定:"本决定实施前已经离退休的人员,仍按国家原来的规定发给养老金,同时执行养老金调整办法。各地区和有关部门要按照国家规定进一步完善基本养老金正常调整机制,认真抓好落实。"

同时随着经济的发展,物价水平的上涨,生活水平的提高,养老保险待遇的标准也不能长期不变,应该随着经济的发展适时进行调整。从世界范围考察,调整方法主要有四种:(1)退休金随物价指数的上升而增加,如美国、日本等国家;(2)退休金随工资水平的提高而增加,如法国、德国等国家;(3)退休金随物价和工资增长而增加,如英国、瑞典等国家;(4)在普通退休金之外加发与工资收入挂钩的退休金,如加拿大、挪威、丹麦等国家。我国《社会保险法》第18条规定:"国家建立基本养老金正常调整机制。根据职工平均工资增长、物价上涨情况,适时提高基本养老保险待遇水平。"

**六、养老保险基金的监督管理**

养老保险基金的安全性至关重要。保险基金的流失、贬值、被挪用、侵占,必然会影响正常的保险待遇给付,直接影响退休、退职职工的生活。要确保养老保险基金的安全,必须加强对社会保险基金筹集、运营、支出活动的监督管理。我国《劳动法》第74条规定:"社会保险基金经办机构依照法律规定收支、管理和运营社会保险基金,并负有使社会保险基金保值增值的责任。社会保险基金监督机构依照法律规定,对社会保险基金的收支、管理和运营实施监督。……任何组织和个人不得挪用社会保险基金。"

## 第三节 医疗保险法律制度

**一、医疗保险的概念和特点**

(一) 疾病保险与医疗保险的概念

疾病保险,又称"病伤保险"、"健康保险",是指劳动者及其供养的亲属由于患病或非因工负伤后,在医疗和生活上获得物质帮助的一种社会保险制度。它是社会保险中的一个重要的组成部分。有些国家将生育保险、死亡保险包括在内。

通常把疾病保险中在医疗方面获得的服务和物质帮助称为"医疗保险"。

疾病保险与医疗保险既有联系又有区别。单纯的医疗保险待遇是直接用于医疗服务的费用,而疾病保险包括被保险人医疗期间的休养、工资、病伤救济和医疗服务等。医疗保险与疾病保险都是对发生疾病的保险,但二者的保障目的不同。医疗保险是保障医疗费支出,其功能是实现医疗费用补偿;疾病保险是对工资收入损失的保障,其功能是收入保障。基于此,医疗保险又称为医疗保健,疾病保险又称为疾病津贴或生活补助。

（二）疾病保险与医疗保险的特点

疾病保险和医疗保险具有以下特点：

第一，这两种保险形式与其他保险形式之间的交叉性较大。其他保险形式中，也都包含着对发生疾病的医疗费补偿和疾病津贴的内容。如养老保险待遇项目中包含着医疗费用待遇，而工伤保险待遇中也包含着工伤医疗费用和津贴，失业保险中有失业期间的医疗补助金等。

第二，与上述第一点特征相联系，医疗保险和疾病保险具有一种补充保险的特点。也就是说，其他保险形式所不能涵盖的风险（非工伤范畴的疾病，非生育、失业和养老期间的疾病），只能通过医疗保险和疾病保险实现保障。正是有了医疗保险和疾病保险的兜底作用，社会保险制度才在保障功能的发挥上，表现出严密性和充分性。

第三，医疗保险和疾病保险的范围是整个社会公民，不限于单位职工，不限于城市居民。正是基于医疗保险和疾病保险的覆盖面宽广的特点，在某种意义上，我们也可以将这两种保险形式看成是一种社会福利。

## 二、疾病保险和医疗保险的立法概况

疾病保险是起源最早的社会保险项目，无论是早期的团体互济的劳动保险，还是现代社会保险，莫不始于疾病保险。历史上被视为社会保险制度开端的立法，就是1883年《德国劳工疾病保险法》。后来，疾病保险在20世纪上半叶的整个欧洲以各种形式推行，不少国家也相继有了疾病保险的立法。1927年国际劳工组织通过了《工商业工人及家庭佣工疾病保险公约》（第24号公约）和《农业工人疾病保险公约》（第25号公约）分别要求在工商业和农业实行强制性疾病保险制度。1969年通过的《医疗护理和疾病津贴公约》（第130号公约），又扩大了疾病保险的适用范围。目前所有发达国家和许多发展中国家都建立了疾病保险制度。

我国从20世纪50年代起，在城镇职工中实行了的劳动保险制度包括疾病保险的内容，对于在实施范围内的职工患病或非因工负伤，给予生活救济，发给病假工资；在医疗服务方面，分别对企业职工实施劳保医疗和对国家机关、事业单位和社会团体职工实施公费医疗。在农村，则开展合作医疗服务。20世纪80年代，我国开始进行职工医疗保险制度改革。近年来，医疗保险制度改革主要体现在：（1）普遍实行医疗费用与个人挂钩的办法，劳动者就医适当负担部分医疗费用；（2）离退休人员医疗费用逐步实行社会统筹；（3）劳动者大病医疗费用实行社会统筹；（4）改革公费医疗经费管理办法；（5）改革公费医疗管理体制，等等。

在总结改革经验的基础上，国务院于1998年12月下发了《关于建立城镇职工基本医疗保险制度的决定》，部署全国范围内全面推进职工医疗保险制度改革工作，要求1999年内全国基本建立职工基本医疗保险制度。1999年4月26日，劳动和社会保障部、国家药品监督管理局颁布、实施了《城镇职工基本医疗保险定点零售药店管理暂行办法》；1999年5月11日，劳动和社会保障部、卫生部、国家中医药管理局联合颁发、实施了《城镇职工基本医疗保险定点医疗机构管理暂行办法》;1999年5月12日,劳动和社会保障部、国家发展计划委员会、国家经济贸易委员会、财政部、卫生部、国家药品监督管理局、国家中医药管理局联合颁发、实施了《城镇职工基本医疗保险用药范围管理暂行办法》;1999年6月29日,劳动和社会保障部、国家经济贸易委员会、财政部、卫生部联合颁布、实施了《关于加强城镇职工基本医疗保险费用结算管理的意见》等。全国各省、直辖市、自治区都陆续出台了具体改革实施方案。2009年3月,中共中央、国务院发布了《关于深化医药卫生体制改革的意见》,开始了包括医疗保险在内的新的医药卫生体制改革。2010年10月28日通过的《社会保险法》第三章又对基本医疗保险进行了专门规定。

### 三、我国城镇医疗保险制度改革的内容

1998年12月14日国务院发布《关于建立城镇职工基本医疗保险制度的决定》,在认真总结近年来各地医疗保险制度改革试点经验的基础上,决定在全国范围内进行医疗保险制度改革。主要内容为:

(一) 改革的任务和原则

医疗保险制度改革的主要任务是建立城镇职工基本医疗保险制度,即适应社会主义市场经济体制,根据财政、企业和个人的承受能力,建立保障职工基本医疗需求的社会医疗保险制度。

建立城镇职工基本医疗保险制度的原则是:

(1) 基本医疗保险的水平要与社会主义初级阶段生产力发展水平相适应;

(2) 城镇所有用人单位及其职工都要参加基本医疗保险,实行属地管理;

(3) 基本医疗保险费由用人单位和职工双方共同负担;

(4) 基本医疗保险基金实行社会统筹和个人账户相结合。

(二) 覆盖范围和缴费办法

(1) 覆盖范围:城镇所有用人单位,包括企业(国有企业、集体企业、外商投资企业、私营企业等)、机关、事业单位、社会团体、民办非企业单位及其职工,都要参加基本医疗保险。乡镇企业及其职工、城镇个体经济组织业主及其从业人员是否参加基本医疗保险,由各省、自治区、直辖市人民政府决定。

(2) 缴费办法:基本医疗保险费由用人单位和职工共同缴纳。用人单位缴费率应控制在职工工资总额的6%左右,职工缴费率一般为本人工资收入的2%。随着经济发展,用人单位和职工缴费率可作相应调整。

(三) 建立基本医疗保险统筹基金和个人账户

(1) 基本医疗保险基金由统筹基金和个人账户构成。职工个人缴纳的基本医疗保险费,全部计入个人账户。用人单位缴纳的基本医疗保险费分为两部分,一部分用于建立统筹基金,一部分划入个人账户。划入个人账户的比例一般为用人单位缴费的30%左右,具体比例由统筹地区根据个人账户的支付范围和职工年龄等因素确定。

(2) 统筹基金和个人账户要划定各自的支付范围,分别核算,不得互相挤占。要确定

统筹基金的起付标准和最高支付限额,起付标准原则上控制在当地职工年平均工资的10%左右,最高支付限额原则上控制在当地职工年平均工资的4倍左右。起付标准以下的医疗费用,从个人账户中支付或由个人自付。起付标准以上、最高支付限额以下的医疗费用,主要从统筹基金中支付,个人也要负担一定比例。超过最高支付限额的医疗费用,可以通过商业医疗保险等途径解决。统筹基金的具体起付标准、最高支付限额以及在起付标准以上和最高支付限额以下医疗费用的个人负担比例,由统筹地区根据以收定支、收支平衡的原则确定。

(四) 健全基本医疗保险基金的管理和监督机制

基本医疗保险基金纳入财政专户管理,专款专用,不得挤占、挪用。

社会保障经办机构负责基本医疗保险基金的筹集、管理和支付,并要建立健全预决算制度、财务会计制度和内部审计制度。社会保险经办机构的事业经费不得从基金中提取,由各级财政预算解决。

(五) 加强医疗服务管理

要确定基本医疗保险的服务范围和标准。基本医疗保险实行定点医疗机构(包括中医医院)和定点药店管理。

要积极推进医药卫生体制改革。

(六) 妥善解决有关人员的医疗待遇

(1) 离休人员、老红军的医疗待遇不变,医疗费用按原资金渠道解决,支付确有困难的,由同级人民政府帮助解决。

(2) 二等乙级以上革命伤残军人的医疗待遇不变,医疗费用按原资金渠道解决,由社会保险经办机构单独列账管理。医疗费支付不足部分,由当地人民政府帮助解决。

(3) 退休人员参加基本医疗保险,个人不缴纳基本医疗保险费。对退休人员个人账户的计入金额和个人负担医疗费的比例给予适当照顾。

(4) 国家公务员在参加基本医疗保险的基础上,享受医疗补助政策。具体办法另行制定。

(5) 允许建立企业补充医疗保险。企业补充医疗保险费在工资总额4%以内的部分,从职工福利费中列支,福利费不足列支的部分,经同级财政部门核准后列入成本。

(6) 国有企业下岗职工的基本医疗保险费,包括单位缴费和个人缴费,均由再就业服务中心按照当地上年度职工平均工资的60%为基数缴纳。

**四、我国《社会保险法》中关于基本医疗保险的新规定**

由于我国各地经济发展水平不同,医疗服务提供能力和医疗消费水平等差距都很大,国务院只对基本医疗保险起付标准、支付比例和最高支付限额等作了原则规定,具体待遇给付标准由统筹地区人民政府按照以收定支的原则确定。考虑到这个实际,我国《社会保险法》没有对基本医疗保险待遇项目和享受条件作更为具体的规定。需要特别指出的有两点:

第一,为了缓解个人垫付大量医疗费的问题,我国《社会保险法》规定了基本医疗保险费用直接结算制度。参保人员就医发生的医疗费用中,按照规定应当由基本医疗保险基金支付的部分,由社会保险经办机构与医疗机构、药品经营单位直接结算;社会保险行政部门和卫生行政部门应当建立异地就医医疗费用结算制度,方便参保人员享受基本医疗保险待遇。

第二,在明确应当由第三人负担的医疗费用不纳入基本医疗保险基金支付范围的同时,我国《社会保险法》规定,医疗费用依法应当由第三人负担,第三人不支付或者无法确定第三人的,由基本医疗保险基金先行支付后,向第三人追偿。

## 第四节 工伤保险法律制度

### 一、工伤保险的概念和特点

(一) 工伤保险的概念

工伤保险,又称职业伤害保险或职业伤害赔偿保险,是指依法为在生产、工作中遭受事故伤害或患职业性疾病的劳动者及其亲属提供医疗救治、生活保障、经济补偿、医疗和职业康复等物质帮助的一种社会保险制度。工伤保险制度建立的基础是劳动者的生命权和健康权。为了保障因工作遭受事故伤害或者患职业病的职工获得医疗救治和经济补偿,促进工伤预防和职业康复,分散用人单位的工伤风险,应当建立工伤保险制度。工伤保险是社会保险制度中产生较早,发展较为完善和普遍的保险形式。

(二) 工伤保险的特点

工伤保险具有以下特点:

(1) 工伤保险对象范围是在生产劳动过程中的劳动者。由于职业危害无所不在,无时不在,任何人都不能完全避免职业伤害。因此工伤保险作为抗御职业危害的保险制度适用于所有职工,任何职工发生工伤事故或遭受职业疾病,都应毫无例外地获得工伤保险待遇。

(2) 工伤保险的责任具有赔偿性。工伤即职业伤害所造成的直接后果是伤害到职工生命健康,并由此造成职工及家庭成员的精神痛苦和经济损失,也就是说劳动者的生命健康权、生存权和劳动权受到影响、损害甚至被剥夺了。因此工伤保险是基于对工伤职工的赔偿责任而设立的一种社会保险制度,其他社会保险是基于对职工生活困难的帮助和补偿责任而设立的。

(3) 工伤保险实行无过错责任原则,无论工伤事故的责任归于用人单位还是职工个人或第三人,用人单位均应承担保险责任。

(4) 工伤保险不同于养老保险等险种,劳动者不缴纳保险费,全部费用由用人单位负担。即工伤保险的投保人为用人单位。

(5) 工伤保险待遇相对优厚,标准较高,但因工伤事故伤残等级的不同而有所差别。

## 二、工伤保险的立法概况

工伤保险是世界上产生较早的社会保险项目,最早的工伤保险立法是德国1884年颁布的《劳工伤害保险法》,这也是历史上第二部社会保险法规。目前世界上大多数国家或地区都建立了工伤保险制度。国际劳工组织于1921年通过了《农业工人赔偿公约》(第12号公约);1925年通过了《工人事故赔偿公约》(第17号公约)、《工人职业病赔偿公约》(第18号公约,后由1935年第42号公约修改)和《本国工人与外国人在工伤事故赔偿方面享受同等待遇公约》(第19号公约);1952年第102号公约有工伤保险的规定;1964年通过了《工伤事故津贴公约》(第121号公约),扩大了适用范围,并规定改善医疗护理和有关服务,还规定了工伤津贴最低标准。

在我国,工伤保险一直是社会保险制度的重要组成部分,1951年政务院颁布的《劳动保险条例》及其实施细则都对工伤保险作了具体规定。1957年2月28日卫生部制定了《职业病范围和职业病患者处理办法的规定》,首次在我国将职业病伤害纳入工伤保险的保障范畴。1987年11月5日,卫生部、财政部、原劳动人事部、全国总工会修订颁发了《职业病范围和职业病患者处理办法的规定》,列入职业病的有9大类,共99种。2002年4月18日,卫生部、劳动和社会保障部颁布了新的《职业病目录》,将职业病范围确定为10大类,共115种。1996年8月,原劳动部制定了《企业职工工伤保险试行办法》。2001年10月27日全国人大常委会通过了《职业病防治法》,对职业病的前期预防、劳动过程中的防护与管理、职业病诊断与职业病病人保障、监督检查和法律责任等作出了详细的规定。卫生部于2002年3月28日发布了《职业病危害事故调查处理办法》、《职业病诊断与鉴定管理办法》、《职业病危害项目申报管理办法》、《建设项目职业病危害分类管理办法》等配套规章。2003年4月27日国务院颁布了《工伤保险条例》,该条例自2004年1月1日起施行。2010年10月28日全国人大常委会通过了《社会保险法》,该法自2011年7月1日起实施。2010年12月20日国务院修订了《工伤保险条例》,该条例于2011年1月1日起施行,是《社会保险法》的重要配套法规,对于进一步保障工伤职工合法权益,分散用人单位工伤风险,促进工伤保险制度的完善具有重要意义。至此,我国已形成较为完善的工伤保险法律体系。

## 三、工伤保险制度的作用

工伤保险之所以在世界上深受欢迎而普遍施行,是因为采用社会保险形式的工伤保险发挥着显著的制度功能。工伤保险制度的作用表现以下几方面:

(一)保证受伤和患职业病的劳动者得到及时医治

发生职业伤害事故或职业病的劳动者,必须及时得到医疗救治。及时治疗,需要有充分的经济保证。工伤保险可以保证工伤劳动者的治疗需要,而且在有些时候,可以预支医疗费。即使是发生了由他人所致的意外事故(如交通事故),在责任者逃匿,责任难于追究的情况下,工伤保险也可起到一种补充保险的作用。总之,因为有了工伤保险,因工受伤或患病的劳动者及时得到治疗才成为可能,早日康复才增加了希望。

(二) 补偿损失,维持生活

劳动者因工受伤或患病导致暂时或永久地丧失劳动能力,不仅会增加大量的医疗费支出,而且会造成工资损失。劳动者在发生工伤的情况下支出增加而收入减少或断绝,必然恶化劳动者本人及其所供养的亲属的生活状况。工伤保险及时支付各种保险待遇,可以补偿劳动者所受到的损失,可以满足维持生活安定之经济需要。

(三) 减轻企业负担,稳定保险待遇支付

在工伤没有采取社会保险形式以前,工伤赔偿责任完全落在企业身上。随着工伤事故的增加,企业的负担加重。而且采用企业保险的形式,保险待遇的支付受企业经济状况所左右。如果企业亏损,无力支付劳动者的工伤保险待遇,则工伤保险目的落空,受伤和患病的劳动者仍然无助。工伤社会保险实现保险基金社会统筹,保险基金在一个较大的范围内调剂使用。企业的繁琐和负担因此而减轻,劳动者的工伤待遇因此也有了可靠的安全的保障。

(四) 预防职业危害,减少职业伤害和疾病

工伤保险的作用不仅是事后消极的补偿或赔偿,还具有积极预防的功能。主要表现在:工伤保险基金的支出项目中包含事故预防费、宣传科研费和安全奖励金,这些支出直接用于促进企业安全卫生事业的发展;在工伤保险基金的筹集上,采用差别费率,事故发生率高的企业要提高收费标准;对于没有发生工伤事故和职业病或发生率低于本行业平均水平的企业,工伤保险经办机构从该企业当年缴纳的工伤保险费中,返还5%至20%,用于促进安全生产事业。

**四、我国工伤保险制度的覆盖范围**

我国《社会保险法》第33条规定:"职工应当参加工伤保险,由用人单位缴纳工伤保险费,职工不缴纳工伤保险费。"我国2010年修订的《工伤保险条例》第2条规定:"中华人民共和国境内的企业、事业单位、社会团体、民办非企业单位、基金会、律师事务所、会计师事务所等组织和有雇工的个体工商户(以下称用人单位)应当依照本条例规定参加工伤保险,为本单位全部职工或者雇工(以下称职工)缴纳工伤保险费。中华人民共和国境内的企业、事业单位、社会团体、民办非企业单位、基金会、律师事务所、会计师事务所等组织的职工和个体工商户的雇工,均有依照本条例的规定享受工伤保险待遇的权利。"进一步明确了工伤保险的覆盖范围,即全体劳动者。

**五、工伤和职业病的认定**

(一) 工伤的认定

所谓工伤,是指劳动者在劳动过程中因执行职务(业务)而受到的意外伤害。根据我国《工伤保险条例》第14、15条规定,职工有下列情形之一的,应当认定为工伤:

(1) 在工作时间和工作场所内,因工作原因受到事故伤害的;

(2) 工作时间前后在工作场所内,从事与工作有关的预备性或者收尾性工作受到事故伤害的;

(3) 在工作时间和工作场所内,因履行工作职责受到暴力等意外伤害的;

(4) 患职业病的;

(5) 因工外出期间,由于工作原因受到伤害或者发生事故下落不明的;

(6) 在上下班途中,受到非本人主要责任的交通事故或者城市轨道交通、客运轮渡、火车事故伤害的;

(7) 法律、行政法规规定应当认定为工伤的其他情形。

职工有下列情形之一的,视同工伤:

(1) 在工作时间和工作岗位,突发疾病死亡或者在48小时之内经抢救无效死亡的;

(2) 在抢险救灾等维护国家利益、公共利益活动中受到伤害的;

(3) 职工原在军队服役,因战、因公负伤致残,已取得革命伤残军人证,到用人单位后旧伤复发的。

此外,我国《社会保险法》和《工伤保险条例》还规定了职工因故意犯罪、醉酒或者吸毒、自残或者自杀等行为导致本人在工作中伤亡的,不得认定为工伤或者视同工伤。

(二) 职业病的认定

职业病是指企业、事业单位和个体经济组织等用人单位的劳动者在职业活动中,因接触粉尘、放射性物质和其他有毒、有害物质等因素而引起的疾病。由于职业病的产生是基于劳动(职业)的危险性和劳动安全卫生条件不符合标准所致,所以,它同工伤事故一样,用人单位应对职业病患者承担赔偿责任。正因为如此,各国都把职业病作为工伤保险的保险事故。

职业病作为一种慢性伤害,在实践中比工伤更难认定,它必须在确认患者所得的疾患与生产劳动直接相关的前提下,借助现代医疗技术的检测,从患者的病因、病种和职业接触史等多方面进行认定。所以职业病范围,在各国均由有关法规直接规定。只有列入法规或法定部门所规定职业病名单的疾病,才是法律上承认的职业疾病。根据1987年《职业病范围和职业病患者处理办法的规定》,我国法定的职业病有9大类,共99种。2002年4月18日,卫生部、劳动和社会保障部根据《中华人民共和国职业病防治法》第2条规定,颁布了新的《职业病目录》,将职业病范围确定为10大类,共115种。

在国家规定的职业病范围之外,各地区、各部门需要增补的职业病,应报卫生部审批。

(三) 工伤或职业病的认定程序

遭受工伤事故或患职业病,不必然地获得工伤保险待遇,法律一般都规定获得工伤保险待遇的程序条件。我国《工伤保险条例》第17条第1款、第2款规定:"职工发生事故伤害或者按照职业病防治法规定被诊断、鉴定为职业病,所在单位应当自事故伤害发生之日或者被诊断、鉴定为职业病之日起30日内,向统筹地区社会保险行政部门提出工伤认定申请。遇有特殊情况,经报社会保险行政部门同意,申请时限可以适当延长。用人单位未按前款规定提出工伤认定申请的,工伤职工或者其近亲属、工会组织在事故伤害发生之日或者被诊断、鉴定为职业病之日起1年内,可以直接向用人单位所在地统筹地区社会保险行政部门提出工伤认定申请。"我国《社会保险法》36条规定:"职工因工作原因受到事故伤害或者患职业病,且经工伤认定的,享受工伤保险待遇;其中,经劳动能力鉴定丧失劳动能力的,享受伤残待遇。工伤认定和劳动能力鉴定应当简捷、方便。"

为进一步规范工伤认定程序,人力资源和社会保障部于2010年12月31日修订发布了《工伤认定办法》,规定了工伤认定申请、受理、调查核实和认定的具体程序和要求。

**六、工伤保险基金的筹集与支出**

(一)工伤保险基金的筹集

工伤保险基金的筹集奉行一个普遍的原则,即个人不缴费原则。工伤保险费主要由用人单位承担。各国确定工伤保险费率的方式主要有三种:

(1)统一费率制:按照工伤统筹范围内的预测开支需求,与相同范围内企业的工资总额相比较,求出一个总的工伤保险费率,所有的企业均按这一比例缴费。

(2)差别费率制:对单个用人单位或行业单独确定工伤保险费的缴纳比例,主要根据各行业或企业单位一定时期内的伤亡事故与职业病统计,以及工伤费用的预测而确定。

(3)浮动费率制:这是在差别费率的基础上,每年对各行业或企业的安全卫生状况和工伤保险费用支出状况进行分析评估,根据评估结果,由主管部门决定该行业或企业工伤保险费率的上浮或下浮。

世界上多数国家采用差别费率制与浮动费率制。

按照我国《社会保险法》和《工伤保险条例》的规定,我国工伤保险基金由用人单位缴纳的工伤保险费、工伤保险基金的利息和依法纳入工伤保险基金的其他资金构成。工伤保险费根据以支定收、收支平衡的原则,确定费率。国家根据不同行业的工伤风险程度确定行业的差别费率,并根据工伤保险费使用、工伤发生率等情况在每个行业内确定若干费率档次。行业差别费率及行业内费率档次由国务院社会保险行政部门制定,报国务院批准后公布施行。用人单位应当按照本单位职工工资总额,根据社会保险经办机构确定的费率缴纳工伤保险费。

(二)工伤保险基金的支出

工伤保险基金存入社会保障基金财政专户,用于法律法规规定的工伤保险待遇,劳动能力鉴定,工伤预防的宣传、培训等费用,以及用于工伤保险的其他费用的支付。任何单位或者个人不得将工伤保险基金用于投资运营、兴建或者改建办公场所、发放奖金,或者挪作其他用途。

根据我国《社会保险法》规定,因工伤发生的下列费用,按照国家规定从工伤保险基金中支付:

(1)治疗工伤的医疗费用和康复费用;

(2)住院伙食补助费;

(3)到统筹地区以外就医的交通食宿费;

(4) 安装配置伤残辅助器具所需费用;

(5) 生活不能自理的,经劳动能力鉴定委员会确认的生活护理费;

(6) 一次性伤残补助金和一级至四级伤残职工按月领取的伤残津贴;

(7) 终止或者解除劳动合同时,应当享受的一次性医疗补助金;

(8) 因工死亡的,其遗属领取的丧葬补助金、供养亲属抚恤金和因工死亡补助金;

(9) 劳动能力鉴定费。

因工伤发生的下列费用,按照国家规定由用人单位支付:

(1) 治疗工伤期间的工资福利;

(2) 五级、六级伤残职工按月领取的伤残津贴;

(3) 终止或者解除劳动合同时,应当享受的一次性伤残就业补助金。

工伤职工符合领取基本养老金条件的,停发伤残津贴,享受基本养老保险待遇。基本养老保险待遇低于伤残津贴的,从工伤保险基金中补足差额。

职工所在用人单位未依法缴纳工伤保险费,发生工伤事故的,由用人单位支付工伤保险待遇。用人单位不支付的,从工伤保险基金中先行支付。从工伤保险基金中先行支付的工伤保险待遇应当由用人单位偿还。用人单位不偿还的,社会保险经办机构可以依法追偿。

由于第三人的原因造成工伤,第三人不支付工伤医疗费用或者无法确定第三人的,由工伤保险基金先行支付。工伤保险基金先行支付后,有权向第三人追偿。

工伤职工有下列情形之一的,停止享受工伤保险待遇:(1) 丧失享受待遇条件的;(2) 拒不接受劳动能力鉴定的;(3) 拒绝治疗的。

**七、工伤保险待遇的项目和标准**

工伤保险待遇项目因工伤事故后果不同而不同。工伤事故可能造成职工受伤、患职业病、残疾或死亡。一般据此划分为三种具体待遇类型:工伤医疗期间待遇;伤残待遇;工亡待遇。根据《工伤保险条例》规定,我国工伤保险待遇的项目和标准的主要内容为:

(一) 工伤医疗期间保险待遇

职工因工作遭受事故伤害或者患职业病进行治疗,享受工伤医疗待遇。工伤医疗待遇的项目包括:

1. 工伤保险基金支付的项目和标准

包括:(1) 符合工伤保险诊疗项目目录、工伤保险药品目录、工伤保险住院服务标准的治疗工伤所需费用。(2) 职工住院治疗工伤的伙食补助费,以及经医疗机构出具证明,报经办机构同意,工伤职工到统筹地区以外就医所需的交通、食宿费用。基金支付的具体标准由统筹地区人民政府规定。(3) 符合规定的,工伤职工到签订服务协议的医疗机构进行工伤康复的费用。

2. 由所在单位支付的项目和标准

包括:(1) 职工因工作遭受事故伤害或者患职业病需要暂停工作接受工伤医疗的,在停工留薪期内,原工资福利待遇不变,由所在单位按月支付。停工留薪期一般不超过12个月。伤情严重或者情况特殊,经设区的市级劳动能力鉴定委员会确认,可以适当延长,但延长不得超过12个月。(2)工伤职工在停工留薪期满后仍需治疗的,继续享受工伤医疗待遇。(3)生活不能自理的工伤职工在停工留薪期需要护理的,由所在单位负责。

(二)工伤伤残待遇

1. 劳动能力鉴定

劳动能力鉴定是指劳动功能障碍程度和生活自理障碍程度的等级鉴定。职工发生工伤,经治疗伤情相对稳定后存在残疾、影响劳动能力的,应当进行劳动能力鉴定。劳动功能障碍分为十个伤残等级,最重的为一级,最轻的为十级。生活自理障碍分为三个等级,即生活完全不能自理、生活大部分不能自理和生活部分不能自理。劳动能力鉴定标准由国务院劳动保障行政部门会同国务院卫生行政部门等部门制定。劳动能力鉴定由用人单位、工伤职工或者其直系亲属向设区的市级劳动能力鉴定委员会提出申请,并提供工伤认定决定和职工工伤医疗的有关资料。

2. 工伤职工经评残后,享受评残后工伤保险待遇

具体待遇项目和标准是:

(1)工伤职工已经评定伤残等级并经劳动能力鉴定委员会确认需要生活护理的,从工伤保险基金按照生活完全不能自理、生活大部分不能自理或者生活部分不能自理三个不同等级按月支付生活护理费,其标准分别为统筹地区上年度职工月平均工资的50%、40%或者30%。

(2)工伤职工因日常生活或者就业需要,经劳动能力鉴定委员会确认,可以安装假肢、矫形器、义眼、假牙和配置轮椅等辅助器具,所需费用按照国家规定的标准从工伤保险基金支付。

(3)职工因工致残被鉴定为一级至四级伤残的,保留劳动关系,退出工作岗位,享受以下待遇:① 从工伤保险基金按伤残等级支付一次性伤残补助金,标准为:一级伤残为27个月的本人工资,二级伤残为25个月的本人工资,三级伤残为23个月的本人工资,四级伤残为21个月的本人工资。② 从工伤保险基金按月支付伤残津贴,标准为:一级伤残为本人工资的90%,二级伤残为本人工资的85%,三级伤残为本人工资的80%,四级伤残为本人工资的75%。伤残津贴实际金额低于当地最低工资标准的,由工伤保险基金补足差额。③ 工伤职工达到退休年龄并办理退休手续后,停发伤残津贴,按照国家有关规定享受基本养老保险待遇。基本养老保险待遇低于伤残津贴的,由工伤保险基金补足差额。④ 职工因工致残被鉴定为一级至四级伤残的,由用人单位和职工个人以伤残津贴为基数,缴纳基本医疗保险费。

(4)职工因工致残被鉴定为五级、六级伤残的,享受以下待遇:① 从工伤保险基金按伤残等级支付一次性伤残补助金,标准为:五级伤残为18个月的本人工资,六级伤残为16个月的本人工资。② 保留与用人单位的劳动关系,由用人单位安排适当工作。难以安排工作的,由用人单位按月发给伤残津贴,标准为:五级伤残为本人工资的70%,六级伤残为本人工资的60%,并由用人单位按照规定为其缴纳应缴纳的各项社会保险费。伤残津

贴实际金额低于当地最低工资标准的,由用人单位补足差额。③ 经工伤职工本人提出,该职工可以与用人单位解除或者终止劳动关系,由工伤保险基金支付一次性工伤医疗补助金,由用人单位支付一次性伤残就业补助金。具体标准由省、自治区、直辖市人民政府规定。

(5) 职工因工致残被鉴定为七级至十级伤残的,享受以下待遇:① 从工伤保险基金按伤残等级支付一次性伤残补助金,标准为:七级伤残为13个月的本人工资,八级伤残为11个月的本人工资,九级伤残为9个月的本人工资,十级伤残为7个月的本人工资。② 劳动、聘用合同期满终止,或者职工本人提出解除劳动、聘用合同的,由工伤保险基金支付一次性工伤医疗补助金,由用人单位支付一次性伤残就业补助金。具体标准由省、自治区、直辖市人民政府规定。

(三) 工亡保险待遇

职工因工死亡,其直系亲属按照下列规定从工伤保险基金领取丧葬补助金、供养亲属抚恤金和一次性工亡补助金:

(1) 丧葬补助金为6个月的统筹地区上年度职工月平均工资。

(2) 供养亲属抚恤金按照职工本人工资的一定比例发给由因工死亡职工生前提供主要生活来源、无劳动能力的亲属。标准为:配偶每月40%,其他亲属每人每月30%,孤寡老人或者孤儿每人每月在上述标准的基础上增加10%。核定的各供养亲属的抚恤金之和不应高于因工死亡职工生前的工资。供养亲属的具体范围由国务院社会保险行政部门规定。

(3) 一次性工亡补助金标准为上一年度全国城镇居民人均可支配收入的20倍。

## 第五节　失业保险法律制度

### 一、失业保险的概念和特点

(一) 失业保险的概念

失业保险,我国过去称待业保险,是指劳动者因失业而暂时中断生活来源的情况下,在法定期间内从国家和社会获得物质帮助的一种社会保险制度。失业意味着劳动者个人和家庭的生存危机,给人们带来生活上的极大困难。失业率上升同时还会影响社会稳定。因此,各国政府都非常注意通过法律手段解决失业问题,建立失业保险制度就是其中的一种有效的方法。

失业保险的对象是失业劳动者。何谓"失业"? 失业是指具有劳动能力并有劳动意愿的劳动者处于得不到工作机会或就业后又失去工作岗位的状态。各国对失业者的定义各有不同的界定。如美国将失业者定义为:年满16周岁、没有工作或正在寻找工作的人。国际劳工组织对失业者作了如下界定:失业是指在调查期内达到一定年龄并满足以下条件者:(1) 没有工作,即未被雇用同时也未自谋职业者;(2) 目前可以工作,即可被雇用或自谋职业者;(3) 正在寻找工作,即在最近特定时期已经采取明确步骤寻找工作或自谋职业者。

在我国,改革开放以前,并不承认社会主义制度下会产生失业问题,因而也没有使用失业的概念,对于产生的失业问题,是以待业概念来取代的。1986年国家统计局对待业人员所下的定义是:"有非农户口,在一定劳动年龄内(16岁以上男50岁以下、女45岁以下),有劳动能力,无业而要求就业,并在当地就业服务机构进行待业登记的人员。"从1994年起,我国政府才开始使用国际通用的失业和失业率的名词。国家统计局统计年鉴对城镇登记失业人员的定义是:"有非农业户口,在一定的劳动年龄内,有劳动能力,无业而要求就业,并在当地就业服务机构进行求职登记的人员。"

(二) 失业保险的特点

失业保险是社会保险制度中的重要组成部分。失业保险除了具有社会保险的一般特征外,还具有以下特点:

1. 适用对象的特定性

失业保险以失去劳动机会为前提,只适用于失业的劳动者,而且必须是非自愿性失业。自愿性失业不享有失业保险待遇,这是各国失业保险的通例。根据我国法律规定,我国失业人员只限定为就业转失业的人员。

2. 享受保险待遇有一定期限

失业保险待遇不能永远享有,只能在法定期限内享有。超过法定期间,即使没有实现就业,也不再享受失业保险待遇。如我国规定劳动者领取失业保险金的最长期限为24个月。

3. 待遇水平较低

失业保险待遇只能保障失业劳动者的基本生活需要,一般都将失业保险待遇水平控制在社会救济水平和当地的最低工资标准之间,待遇水平比较低。

4. 保险功能的特殊性

失业保险主要有两大功能:一是通过预先筹集的失业保险基金,对因失业而失去生活来源的劳动者提供基本生活保障方面的经济援助,以帮助失业人员渡过难关,实现劳动力再生产;二是通过职业培训、职业指导、职业介绍和组织生产自救等综合性服务措施,为失业人员重新就业提供帮助,以提高失业人员的就业竞争力,并尽早实现重新就业的愿望。正是在这个意义上,失业保险又被称为"就业保险"或"主动式保险"。

**二、失业保险立法概况**

失业保险在社会保险制度中,是实行比较晚的险种。失业是市场经济运行的必然结果。在资本主义自由竞争时期,政府对失业现象采取了放任的政策,失业问题完全由市场来调整。而市场竞争的激烈却使失业问题对社会安全造成极大的冲击。为维护资本主义生产秩序,既发挥失业在市场运行中的作用,又减轻失业对社会的负面影响,各国政府开始将失业保险纳入了社会保险范畴,并开始了失业保险立法。1905年法国率先颁布了失业保险法。随即,挪威、丹麦两国也分别在1906年和1907年建立了类似于法国的失业保险制度。当时这几个国家实行的是非完全强制性失业保险制度,即法律确定范围内的人员是否参加失业保险取决于个人意愿,参加保险,就必须根据失业保险法律规定接受管理,包括承担一定的义务和享受相应的权利。1911年英国颁布国民保险法,实行国民强制保险制度,失业保险被纳入国民保险范围。以后,包括意大利、奥地利、波兰、德国等在内的许多国家纷纷仿效,也实行了强制性失业保险制度。到1997年年初,世界上已有68个国家和地区建立了失业保险制度,其中大多数国家和地区实行强制性保险,自愿性保险的范围只限于工会已建立失业保险基金的产业。

由于失业是一个世界性的问题,失业保险及其立法早就为国际劳工组织所关注。1934年通过了《对非自愿失业者保证给予津贴或补助公约》(第44号公约),要求批准公约的会员国应建立一种对非自愿失业者支付津贴(非救济)的制度。1952年第102号公约《社会保障最低标准公约》中,对失业津贴也作了详细规定。

早在新中国成立初期,为了解决旧中国遗留下来的失业问题,我国开始了有关解决失业问题的立法。1950年政务院发布了《关于救济失业工人的暂行办法》和《关于救济失业教师与处理学生失学问题的指示》。20世纪50年代中期,随着我国经济建设的全面恢复和发展,失业率大大降低。1957年,我国政府宣布消灭了失业,有关失业救济的办法也被废除了。20世纪50年代建立的劳动保险制度中并不包括失业保险。我国真正建立失业保险制度是在20世纪80年代中期。我国的失业保险制度,是在配合国有企业改革和劳动制度改革过程中建立起来的。1986年7月,国务院发布的《国有企业职工待业保险暂行规定》,此规定标志着我国失业保险制度正式建立。该规定对失(待)业救济的对象、基金来源、基金开支项目、发放办法等作了规定。1993年4月,国务院发布了《国有企业职工待业保险规定》,在1986年的基础上扩大了适用范围。《劳动法》把失业保险的范围扩大到我国境内的所有企业。《劳动法》第一次用"失业"代替了以往的"待业",并将失业保险作为社会保险中的一个险种,从而使我国的社会保险制度内容日趋完善。1999年1月,国务院颁布了《失业保险条例》,取代了1993年的规定,将失业保险的范围扩大到城镇企业、事业组织及其职工。该《条例》吸取了我国失业保险制度建立和发展的实践经验,借鉴了国外有益做法,在许多方面作了重大调整,体现了社会主义市场经济对失业保险制度的要求,体现了失业保险制度服务改革和稳定大局的精神,为形成具有中国特色的基本完善的失业保险制度打下了坚实基础。2010年全国人大常委会通过的《社会保险法》第五章专门规定了失业保险,进一步完善了我国的失业保险制度。

### 三、我国现行失业保险的覆盖范围

衡量失业保险制度是否完善的一个重要标准是覆盖范围。我国《失业保险条例》第2条规定:"城镇企业事业单位、城镇企业事业单位职工依照本条例的规定,缴纳失业保险费。城镇企业事业单位失业人员依照本条例的规定,享受失业保险待遇。本条所称城镇企业,是指国有企业、城镇集体企业、外商投资企业、城镇私营企业以及其他城镇企业。"

《失业保险条例》第32条规定:"省、自治区、直辖市人民政府根据当地实际情况,可以决定本条例适用于本行政区域内的社会团体及其专职人员、民办非企业单位及其职工、有雇工的城镇个体工商户及其雇工。"

根据此条例,我国失业保险的覆盖范围已将国有企业及其职工、企业化管理的事业单位及其职工扩大到城镇所有企业、事业单位及其职工。不包括乡镇企业及其职工。我国《社会保险法》则将失业保险的范围进一步扩展到所有依法缴纳失业保险的所有劳动者。

### 四、失业保险基金的筹集

失业保险基金是社会保险基金中的一种专项基金,是国家通过立法建立的用以保障失业人员基本生活的资金。其特点有:(1)强制性。即国家以法律规定的形式,向规定范围内的用人单位、个人征缴社会保险费。缴费义务人必须履行缴费义务,否则构成违法行为,承担相应的法律责任。(2)无偿性。即国家征收社会保险费后,不需要偿还,也不需要向缴费义务人支付任何代价。(3)固定性。即国家根据社会保险事业的需要,事先规定社会保险费的缴费对象、缴费基数和缴费比例。在征收时,不因缴费义务人的具体情况而随意调整。固定性还体现在社会保险基金的使用上,实行专款专用。

建立失业保险基金是失业保险制度的重要内容。一般说来,失业保险基金筹集的基本渠道是国家财政补贴、用人单位缴费和个人缴费。补充渠道是失业保险基金的利息收入和合法的投资收益。各国一般采取5种方式筹集失业保险所需资金:(1)由雇主和雇员双方负担;(2)由雇主和国家双方负担;(3)由雇员和国家双方负担;(4)由国家、雇员和雇主三方负担;(5)全部由雇主负担。全部由雇主负担失业保险所需资金的国家,主要采取征收保险税的办法,目前只有个别国家采用。各国主要采取的是征缴费用、建立基金的方式。

我国失业保险制度建立以来,一直实行基金制,在基金来源上采取用人单位缴费和财政补贴的方式。实践证明,基金制与我国经济发展水平是相适应的,可以为失业保险提供稳定的资金来源。但由于只限于用人单位缴费,职工个人不缴费,造成收缴数额有限,基金承受能力弱。若大幅度提高征缴比例,势必增加用人单位负担。在目前国家财力尚不充足和一些企业经营状况较为困难的情况下,适当提高用人单位缴费比例,并实行个人缴费较为可行,也有利于增强职工个人的保险意识。为此,《失业保险条例》第6条规定:"城镇企业事业单位按照本单位工资总额的2%缴纳失业保险费。城镇企业事业单位职工按照本人工资的1%缴纳失业保险费……"

### 五、失业保险基金的构成

我国失业保险基金由下列各项构成:

(一)城镇企业事业单位、城镇企业事业单位职工缴纳的失业保险费

失业保险费是失业保险基金的主要来源。因此,城镇企事业单位及其职工应当按照规定,及时、足额缴纳失业保险费,以保证基金的支付能力,切实保障失业人员基本生活和

促进再就业所需资金支出。

（二）失业保险基金的利息

征缴的失业保险费按规定存入银行或购买国债，取得的利息收入并入基金，这是保证基金不贬值的重要措施。

（三）财政补贴

发展失业保险事业是国家的一项重要职责，一方面，政府要组织好失业保险费的征缴和管理工作，另一方面，在失业保险费不能满足需要时，也有责任通过财政补贴的形式保证基金支出的需要。

（四）依法纳入失业保障基金的其他资金

其他资金是指按规定加收的滞纳金及应当纳入失业保险基金的其他资金。罚款不在此列。

### 六、失业保险基金的支出项目

失业保险基金如何使用，关系到失业保险基金的承受能力，以及失业保险制度功能的发挥。因此，许多国家都通过立法规定失业保险基金的支出项目。失业保险基金的支出项目包括两大方面：一是用于失业救济；二是用于促进就业。前者直接支付给失业劳动者，用于维持生活；后者由失业保险经办机构支出使用，以实现失业保险的促进就业功能。根据我国《失业保险条例》第10条的规定，我国失业保险基金主要支出项目为：

（1）失业保险金。失业保险金是指失业保险机构按规定支付给符合条件的失业人员的基本生活费用，它是最主要的失业保险待遇。

（2）领取失业保险金期间的医疗补助金。

（3）领取失业保险金期间死亡的失业人员的丧葬补助金和其供养的配偶、直系亲属的抚恤金。

（4）领取失业保险金期间接受职业培训、职业介绍的补贴。补贴的办法和标准由省、自治区、直辖市人民政府规定。

（5）国务院规定或者批准的与失业保险有关的其他费用。

### 七、失业保险待遇的支付条件和标准

规范申领失业保险待遇的条件和程序，有利于保障失业人员的合法权益，也有利于失业保险功能的真正发挥。失业保险待遇的支付条件，也就是劳动者领取失业保险待遇的条件。根据我国《失业保险条例》第14条的规定，失业人员领取失业保险金的条件为：

（1）按照规定参加失业保险，失业前用人单位和本人已经缴纳失业保险费满1年的。这是最主要的条件。按照规定参加失业保险，是指失业人员原来已经参加工作，并非新生劳动力。所在单位和本人已按照规定履行缴费义务满1年，是指失业人员享受失业保险待遇必须在失业前履行了法定缴费义务。缴费时间长短，不仅决定着能否享受失业保险待遇，而且还影响着领取失业保险金的期限。我国《社会保险法》第46条规定："失业人

员失业前用人单位和本人累计缴费满1年不足5年的,领取失业保险金的期限最长为12个月;累计缴费满5年不足10年的,领取失业保险金的期限最长为18个月;累计缴费10年以上的,领取失业保险金的期限最长为24个月。重新就业后,再次失业的,缴费时间重新计算,领取失业保险金的期限与前次失业应当领取而尚未领取的失业保险金的期限合并计算,最长不超过24个月。"

(2) 非因本人意愿中断就业的。失业有自愿与非自愿之分。享受失业保险待遇必须是非自愿失业的职工。如果自愿失业也包括在失业救济范围内,势必产生两个不利后果:救济面过宽,企业和国家负担沉重;鼓励懒惰和不劳而获,影响劳动热情。

(3) 已进行失业登记,并有求职要求的。办理失业登记是失业人员领取失业保险金的必经程序。享受失业保险待遇必须在失业后一定期间内,到政府指定的职业介绍部门办理失业登记,并表达求职愿望。办理失业登记的意义有三:一是有助于职业介绍部门和失业保险经办部门及时、准确掌握失业状况;二是便于及时为失业者介绍工作,促其再就业;三是可以借此评判失业是否为非自愿失业。

我国《社会保险法》第51条规定:"失业人员在领取失业保险金期间有下列情形之一的,停止领取失业保险金,并同时停止享受其他失业保险待遇:(1) 重新就业的;(2) 应征服兵役的;(3) 移居境外的;(4) 享受基本养老保险待遇的;(5) 无正当理由,拒不接受当地人民政府指定部门或者机构介绍的适当工作或者提供的培训的。"失业保险待遇项目包括:失业保险金、医疗费、丧葬补助金、向其遗属发放的抚恤金等。我国《社会保险法》第47条规定:"失业保险金的标准,由省、自治区、直辖市人民政府确定,不得低于城市居民最低生活保障标准。"第48条规定:"失业人员在领取失业保险金期间,参加职工基本医疗保险,享受基本医疗保险待遇。失业人员应当缴纳的基本医疗保险费从失业保险基金中支付,个人不缴纳基本医疗保险费。"第49条规定:"失业人员在领取失业保险金期间死亡的,参照当地对在职职工死亡的规定,向其遗属发给一次性丧葬补助金和抚恤金。所需资金从失业保险基金中支付。个人死亡同时符合领取基本养老保险丧葬补助金、工伤保险丧葬补助金和失业保险丧葬补助金条件的,其遗属只能选择领取其中的一项。"

## 第六节 生育保险法律制度

### 一、生育保险的概念与意义

(一) 生育保险的概念

生育保险,是指妇女劳动者因怀孕、分娩而暂时中断劳动时,获得生活保障和物质帮助的一种社会保险制度。生育保险的目的,是为了保证生育状态劳动妇女的身体健康,减轻其因繁衍后代而产生的经济困难,同时也是为了保证劳动力再生产的顺利进行,是对妇女生育社会价值的尊重与保护。生育保险提供的生活保障和物质帮助通常由现金补助和实物供给两部分组成。现金补助主要是指给予生育妇女发放的生育津贴。有些国家还包括一次性现金补助或家庭津贴。实物供给主要是指提供必要的医疗保健、医疗服务以及孕妇、婴儿需要的生活用品等。提供的范围、条件和标准主要根据本国的经济实力而确定。

(二) 实行生育保险制度的意义

实行生育保险制度的意义在于:

1. 保障生育女职工和婴儿的身体健康,促进优生优育

人类社会的发展,不仅表现在物质财富的增长,也表现在人口数量和质量的增长。对于人口压力比较大的国家,人口发展应该重点放在提高人口素质方面,并对人口数量实行一定的控制(即实行计划生育)。而要提高人口素质,优生优育是关键。女职工在生育期间享受产假,可以得到适当的休息;产假期间享受生育津贴,可以弥补工资损失,保障生活。女职工生育期间,需要医疗保健,以保障母子平安健康,生育保险可以提供生育期间的医疗保健费用。总之,生育保险是有利于保障生育女职工和婴儿的健康,有利于社会发展的一项保障措施。

2. 实行生育保险是对妇女生育价值的认可

妇女生育是社会发展的需要,她们在为家庭传宗接代的同时,也为社会劳动力再生产付出了努力,应当得到社会的补偿。因此对妇女生育权益的保护,被大多数国家接受和给予政策上的支持。

3. 有助于妇女解放,实现男女平等

妇女解放的基础是经济上的独立。女职工如果因生育而失去工资,则妇女的经济独立无从谈起。妇女经济不独立,其在家庭和社会中的独立地位就难于实现。生育保险确保生育女职工在生育期间不减少经济收入,为其独立创造物质条件。同时,由于有生育保险,企业女职工的生育经济负担由社会承担,企业因此减轻了压力,也就会减少招用女职工时的后顾之忧,这有助于促进在就业方面实现男女平等。

## 二、生育保险的立法概况

生育保险和其他社会保险制度一样,是随着经济的发展和社会的需要而产生的。由于生育保险成为保障人类健康繁衍和确保劳动力扩大再生产的有效途径,因而一直受到各国政府的重视,早在1883年德国《劳工疾病保险法》中,就有关于生育保险的内容,此后各国都把生育保险作为疾病保险的组成部分或作为妇女权益保障的内容,在立法中作出规定。

国际劳工组织分别在1919年和1952年制定了《妇女生育前后工作公约》(第3号公约)和《生育保护公约》(第103号公约),第102号公约也有关于生育保险实施范围、生育津贴、生育医疗服务的规定。根据国际劳工组织统计,目前世界上已有一百三十多个国家或地区通过立法实行生育保险制度。

我国生育保险制度是20世纪50年代初建立的。1951年《劳动保险条例》对生育保险有关待遇作了明确规定。1955年4月26日,国务院颁发了《关于女工作人员生育假期

的通知》对机关、事业单位女职工生育保险作了规定。1988年国务院颁发了《女职工劳动保护规定》,1994年原劳动部发布了《企业女职工生育保险试行办法》等,都对女职工生育保险作了规定。2010年10月28日通过的《社会保险法》第六章专门对生育保险作了规定。

### 三、我国女职工生育保险的内容

(一) 生育保险基金的筹集

生育保险基金是社会保险基金中的一个组成部分,是专门为生育女职工支付有关待遇的款项。主要作用是为生育而暂时离开工作岗位的女职工支付医疗费用和生育津贴。生育保险基金的来源是由参加统筹的单位按工资总额的一定比例缴纳,职工个人不缴纳生育保险费。

我国《企业女职工生育保险试行办法》第4条:"生育保险根据'以支定收,收支基本平衡'的原则筹集资金,由企业按照其工资总额的一定比例向社会保险经办机构缴纳生育保险费,建立生育保险基金。生育保险费的提取比例由当地人民政府根据计划内生育人数和生育津贴、生育医疗费等项费用确定,并可根据费用支出情况适时调整,但最高不得超过工资总额的1%。企业缴纳的生育保险费作为期间费用处理,列入企业管理费用。职工个人不缴纳生育保险费。"我国《社会保险法》第53条规定:"职工应当参加生育保险,由用人单位按照国家规定缴纳生育保险费,职工不缴纳生育保险费。"

(二) 生育保险的待遇

1. 产假

是指国家法律、法规规定,给予女职工在生育过程中休息的期限。具体解释为女职工在分娩前和分娩后的一定时间内所享有的假期。产假主要作用是使女职工在生育时期得到适当的休息,使其逐步恢复体力,并使婴儿得以受到母亲的精心照顾和哺育。

我国在20世纪80年代以前,把怀孕、生育和产后照料婴儿的假期规定为56天。1988年公布《女职工劳动保护规定》后,对原规定作了很大的修改。现法定正常产假为90天,其中产前假期为15天,产后假期为75天。难产的,增加产假15天。若系多胞胎生育,每多生育一个婴儿增加产假15天。流产产假以4个月划界,其中不满4个月流产的,根据医务部门的证明给予15—30天的产假;满4个月以上流产的,产假为42天。很多地区还采取了对晚婚、晚育的职工给予奖励政策,假期延长到180天。

2. 生育津贴

国家法律、法规规定对职业妇女因生育而离开工作岗位期间,给予的生活费用。有的国家又叫生育现金补助。我国生育津贴的支付方式和支付标准分两种情况:

(1) 在实行生育保险社会统筹的地区,支付标准按本企业上年度职工月平均工资的标准支付,期限不少于90天;

(2) 在没有开展生育保险社会统筹的地区,生育津贴由本企业或单位支付,标准为女职工生育之前的基本工资和物价补贴,期限一般为90天。

部分地区对晚婚、晚育的职业妇女实行适当延长生育津贴支付期限的鼓励政策。还有的地区对参加生育保险的企业中男职工的配偶，给予一次性津贴补助。

3. 医疗服务

生育医疗服务是由医院、开业医生或合格的助产士向职业妇女和男职工之妻提供的妊娠、分娩和产后的医疗照顾以及必须的住院治疗。生育医疗服务是生育保险待遇之一。各国的生育保险提供给怀孕妇女的医疗服务的项目不同，一般是根据本国的经济实力和社会保险基金的承受能力，规定相应的服务范围。大多数国家为女职工提供从怀孕到产后的医疗保健及治疗。我国生育保险医疗服务项目主要包括检查、接生、手术、住院、药品、计划生育手术费用等。

此外，我国《社会保险法》也明确了生育保险待遇的具体范围。《社会保险法》第54条规定："用人单位已经缴纳生育保险费的，其职工享受生育保险待遇；职工未就业配偶按照国家规定享受生育医疗费用待遇。所需资金从生育保险基金中支付。生育保险待遇包括生育医疗费用和生育津贴。"第55条规定："生育医疗费用包括下列各项：（1）生育的医疗费用；（2）计划生育的医疗费用；（3）法律、法规规定的其他项目费用。"第56条规定："职工有下列情形之一的，可以按照国家规定享受生育津贴：（1）女职工生育享受产假；（2）享受计划生育手术休假；（3）法律、法规规定的其他情形。生育津贴按照职工所在用人单位上年度职工月平均工资计发。"

# 第十章　劳动保障监察制度

劳动保障监察是劳动行政管理的一项重要内容,是保障劳动法能够正确实施的一个重要手段。劳动保障监察制度是建立完善的劳动法律体系的重要组成部分,规定有劳动保障监察的基本原则、劳动保障监察机构及其监察职责与监察事项、劳动保障监察管辖及劳动保障监察的形式等内容。

## 第一节　劳动保障监察制度概述

### 一、劳动保障监察的概念

劳动保障监察,是指由劳动保障行政部门对发生劳动关系的用人单位、劳动者以及其他社会组织遵守劳动法律、法规、规章情况进行检查并对违法行为予以处罚的执法活动的总称。劳动保障监察是劳动行政管理的一项重要内容,是保障劳动法实施的一种强制性手段。劳动保障监察具有以下基本属性:(1) 法定性。劳动保障监察规则直接为法律规定,含有许多强制性规定,如规定劳动保障监察机构的设立、劳动保障监察员的任职条件、劳动保障监察的程序、劳动行政处罚等。(2) 行政性。行政性是指劳动保障监察的行使主体是劳动行政主管部门。通过其行政行为对用人单位遵守劳动法律、法规、规章的情况进行监督检查。行政性是劳动保障监察与其他劳动监督检查相区别的重要方面。(3) 专门性。专门性是指劳动行政监察机构设置的目的,在于通过专门的机构、人员,通过法律、法规、规章规定的专门程序,履行行政执法职能。

劳动保障监察与其他组织、个人行使的劳动保障监督检查相比较,具有以下区别:(1) 行政监督检查的主体不同。劳动保障监察的行使主体是依法设立的劳动保障监察机构,具有行政性、专门性、唯一性等特点;而其他劳动保障监督检查的主体不是针对劳动执法而专门设立,既包括行政机关,也包括其他社会组织和个人。(2) 职权范围不同。劳动保障监察机构的职权范围是对用人单位执行劳动法进行综合性的监督检查,有关法律、法规、规章对监察的内容和程序作了明确规定,并依法享有处罚权;而其他劳动监督检查不具有综合性,一般只享有监督权,如批评权、建议权、检举、控告权等。有些行政部门如教育行政部门、工商管理部门、卫生行政管理部门、安全生产监管部门等,也有监督检查的行政执法权,甚至法律还赋予其处罚权,但其监督检查均依法律规定,只享有在劳动关系运行中的单项或某方面监管权,不具有综合性。(3) 法律效力不同。劳动保障监察是具有高度权威性的劳动监督,代表国家行使监督检查权力。表明了国家对劳动关系运行过程的监管;而其他劳动监督检查的权限有的虽来自法律的授权,但基本不享有劳动行政处罚权。而且,工会监督、群众监督等不具有强制性。另外,劳动保障监察同劳动仲裁,劳动保障监察与行政监察等也存在着明显的区别。

**二、劳动保障监察的基本原则**

根据我国《劳动保障监察条例》规定,劳动保障监察应坚持以下基本原则:

(一) 重在保护劳动者权益的原则

各级人民政府及劳动保障行政部门有责任对劳动者提供法律保护,使他们享有的劳动保障权益得到有效落实,切实保护好劳动者的合法权益。当然,这个原则并不意味着不保护用人单位的合法权益,对用人单位违法行为的纠正是以保障其合法权益为前提的。

(二) 合法原则

劳动保障监察执法工作涉及对用人单位的监察,因此,遵守合法原则尤为重要。无论实体违法与程序违法都将导致劳动保障监察执法行为无效。依法行政就是要将劳动保障监察执法工作纳入法治的轨道,以利于从根本上保护公民、法人和其他组织的合法权益。

(三) 公开原则

公开原则要求劳动保障监察执法活动除法律有特殊规定外,应当向社会公开。其本质是对公众知情权、参与权与监督权的保护,是接受人民群众监督的具体表现形式。

(四) 公正原则

坚持公正原则主要体现在劳动保障监察执法必须以事实为依据,以法律为准绳。在履行职责时,不仅在实体上和程序上都要合法,还要注意权利与义务、个人利益与国家利益、集体利益之间的平衡。此外,对违法案件的调查制度,劳动保障监察实行回避制度等,都体现了公正原则。

(五) 高效、便民原则

劳动保障监察的高效便民原则,主要是在监察执法活动中创造条件,为用人单位和劳动者提供方便快捷的服务,尽可能不影响用人单位正常的生产和经营活动,及时处理违法行为。

(六) 教育与处罚相结合原则

这是劳动保障监察在实施行政处罚时必须遵循的一项基本原则。既要对用人单位的违法行为予以惩罚和制裁,又要通过教育使用人单位增强法制意识,达到双重功效。

(七) 保障行政相对人权利原则

劳动保障行政部门对劳动保障违法行为作出行政处罚或者行政处理决定,应当保障行政相对人充分行使权利,人力资源社会保障行政部门和劳动保障监察员违法行使职权,侵犯用人单位、个人合法权益造成损害的,依法承担赔偿责任。

(八) 监察执法与社会监督相结合的原则

在贯彻实施劳动保障法律法规的过程中,需要劳动保障行政部门与政府有关部门及社会组织相互支持、密切配合,共同推进劳动保障法律监督制度建设。要加强工会、妇联、共青团等组织的监督,要加强新闻监督,要发挥群众监督作用,建立健全举报制度。

### 三、劳动保障监察的意义

劳动保障监察作为法律授权的专门机构，承担了监管用人单位严格依劳动法办事，对严重违法行为予以处罚和纠正的职责。通过劳动监督，保证劳动关系良性运转，维护劳动者的合法权益，从而调动劳动者的积极性。

（一）劳动保障监察是加强和完善劳动法制建设的一个重要方面

劳动保障监察是建立完善的劳动法律体系的一项重要内容。是保证劳动法能够正确实施的一个重要手段。我国《劳动法》第十一章规定了县级以上各级人民政府劳动行政部门的劳动保障监察权，其他有关行政规章对劳动保障监察机构的设立、职责范围、行使监察权的程序均作了明确规定。2004年11月1日，国务院发布了《劳动保障监察条例》。从完善我国劳动法律体系看，目前我国尚无劳动保障监察法，现行的有关规定效力层次较低。因此，必须尽快制定和颁布劳动监察法或劳动监督检查法。

（二）劳动保障监察是贯彻执行劳动法的有力保证

劳动法在我国社会主义市场经济体制完善和运行中起着重要作用。《劳动法》颁布实施以来，劳动和社会保障法律法规不断完善，工时制度、职业培训、社会保险等方面的法规相继出台，在劳动保障领域初步形成了有法可依的局面。但要做到有法必依，就必须有强有力的监察执法保障，确保劳动保障法律法规的权威和实施效果，劳动保障监察是其他劳动保障法律法规有效实施的重要保证。

（三）劳动保障监察有利于促进劳动关系的和谐和经济社会的发展

劳动保障监察执法是劳动保障行政部门调整用人单位和劳动者劳动关系的手段之一。通过监察执法检查和法律宣传，能够有效预防和减少违法案件的发生，促进用人单位和劳动者建立和谐稳定的劳动关系，在全社会营造良好的法治环境，从而也促进了经济社会协调和可持续发展。

## 第二节 劳动保障监察机构

### 一、劳动保障监察机构

在国外亦称"劳工检查机构"，是经法律授权代表国家对劳动法的遵守情况实行监督的专门机构。劳动保障监察机构一般设置在各级劳动行政部门，在同级人力资源社会保障行政机构的领导下开展工作。在我国，《劳动保障监察条例》明确规定：国务院劳动保障行政部门主管全国的劳动保障监察工作。县级以上地方人民政府劳动保障行政部门主管本行政区域内的劳动保障监察工作。因此，根据依法行政要求的主体法定原则，劳动保障行政部门是劳动保障监察执法的主体。其他有关部门虽然也有监督用人单位遵守劳动保障法律法规的职责，但不是劳动保障监察执法的主体。劳动保障行政部门必须依法履行监察职责，否则就要承担相应的法律责任。

## 二、劳动保障监察机构的监察职责与监察事项

《劳动保障监察条例》明确了劳动保障监察职责与监察事项。为了切实保护劳动者的合法权益,《劳动保障监察条例》规定了保障行政部门实施劳动保障监察应当履行的4项职责:(1) 宣传劳动保障法律、法规和规章,督促用人单位贯彻执行;(2) 检查用人单位遵守劳动保障法律、法规和规章的情况;(3) 受理对违反劳动保障法律、法规或者规章的行为的举报、投诉;(4) 依法纠正和查处违反劳动保障法律、法规或者规章的行为。《劳动保障监察条例》还规定了9项具体的劳动保障监察事项:(1) 用人单位制定内部劳动保障规章制度的情况;(2) 用人单位与劳动者订立劳动合同的情况;(3) 用人单位遵守禁止使用童工规定的情况;(4) 用人单位遵守女职工和未成年工特殊劳动保护规定的情况;(5) 用人单位遵守工作时间和休息休假规定的情况;(6) 用人单位支付劳动者工资和执行最低工资标准的情况;(7) 用人单位参加各项社会保险和缴纳社会保险费的情况;(8) 职业介绍机构、职业技能培训机构和职业技能考核鉴定机构遵守国家有关职业介绍、职业技能培训和职业技能考核鉴定的规定的情况;(9) 法律、法规规定的其他劳动保障监察事项。[①]《劳动合同法》对劳动合同方面的劳动保障监察作了更具体的规定。《劳动合同法》第74条规定:县级以上地方人民政府劳动行政部门依法对下列实施劳动合同制度的情况进行监督检查:(1) 用人单位制定直接涉及劳动者切身利益的规章制度及其执行的情况;(2) 用人单位与劳动者订立和解除劳动合同的情况;(3) 劳务派遣单位和用工单位遵守劳务派遣有关规定的情况;(4) 用人单位遵守国家关于劳动者工作时间和休息休假规定的情况;(5) 用人单位支付劳动合同约定的劳动报酬和执行最低工资标准的情况;(6) 用人单位参加各项社会保险和缴纳社会保险费的情况;(7) 法律、法规规定的其他劳动监察事项。《就业促进法》、《就业服务与就业管理规定》对就业促进方面的劳动保障监察也作了更具体的规定。

## 三、劳动保障监察员

劳动保障监察员,在国外亦称"劳工检查员"或"劳工检查官",是执行劳动保障监察的专职或兼职人员。我国《劳动保障监察条例》适应依法行政对行政执法人员的要求,对监察员的资格作了相应规定,即劳动保障行政部门和受委托实施劳动保障监察的组织中的监察员应当经过相应的考核或者考试录用。按照我国《劳动保障监察条例》的规定精神,各地在充实劳动保障监察人员时,除机关内部调剂解决以外,凡面向社会招收的,必须要组织进行考核或考试;考核或考试未通过的一律不得录用。

我国《劳动监察员管理办法》对劳动监察员的任职条件、主要职责划分、任命与考核都作了明确规定。

---

[①] 为适应1998年国务院机构改革后,我国《劳动法》规定由劳动部门负责的劳动安全卫生管理监督工作已划归其他部门负责的实际情况,我国《劳动保障监察条例》规定,劳动安全卫生的监督检查,由卫生、安全生产监管等有关部门依法执行。

1. 任职条件

（1）认真贯彻执行国家法律、法规和政策；（2）熟悉劳动业务，熟练掌握和运用劳动法律、法规知识；（3）坚持原则，作风正派，勤政廉洁；（4）在劳动行政部门从事劳动行政业务工作3年以上，并经国务院劳动行政部门或省级劳动行政部门劳动监察专业培训合格。

2. 专职劳动监察员和兼职劳动监察员的基本职权划分

我国有关规章规定，县级以上各级人民政府劳动行政部门根据工作需要配备专职和兼职劳动监察员。专职劳动监察员是劳动行政部门从事劳动监察工作人员，兼职劳动监察员是劳动行政部门非专门从事劳动监察的工作人员。兼职监察员，主要负责与其业务有关的单项监察，须对用人单位处罚时，应会同专职检查员进行。

3. 任命与考核

专职劳动监察员的任命，由劳动监察机构负责提出任命建议并填写中华人民共和国监察员审批表，经同级人事机构审核，报劳动行政部门领导批准；兼职劳动监察员的任命，由有关业务工作机构按规定推荐人选，并填写中华人民共和国劳动监察员审批表，经同级劳动监察机构和人事管理机构进行审核，报劳动行政部门领导批准。经批准任命的劳动监察员由劳动监察机构颁发中华人民共和国劳动监察员证件。劳动监察调离原工作岗位，或不再直接承担劳动监察任务时，由任命机关免去任职，监察机构负责收回其监察证件，并交回发证机关注销。

劳动监察员实行每3年进行一次考核验证制度。对经考核合格的换发新证。持证人未按规定考核验证或经考核不能胜任劳动监察工作的，注销其中华人民共和国劳动监察证件。劳动行政部门对模范执法、成绩优异的劳动监察员应按照《国家公务员暂行条例》（现为《公务员法》）给予奖励。对越权或非公务场合使用劳动监察证件，或利用职权谋取私利，违法乱纪的劳动监察人员，应给予批评教育；情节严重的，由任命机关撤销任命，收缴其劳动监察证件，并给予行政处分；触犯刑律的，由司法机关依法追究刑事责任。

## 第三节 劳动保障监察的实施

### 一、劳动保障监察管辖

劳动保障监察管辖，是指各级劳动保障行政部门之间对用人单位遵守劳动保障法律、法规和规章情况进行监督检查及对违反劳动保障法律、法规或者规章的行为进行行政处理的分工和权限划分。我国《劳动保障监察条例》确定了几种管辖形式。

（一）地域管辖

是指同级劳动保障行政部门在行使劳动保障监察权上的横向权限划分。《劳动保障监察条例》规定："对用人单位的劳动保障监察，由用人单位用工所在地的县级或设区的市级劳动保障行政部门管辖。"这里要明确两层含义：第一，劳动保障监察主要由县级、设区的市级劳动保障行政部门管辖。第二，由用人单位用工所在地的劳动保障行政部门管辖。即用人单位在哪个行政区域用工，就由该行政区域的劳动保障行政部门实施监察管辖。用人单位的用工所在地就是用工行为地，包括合法用工行为和违法用工行为。

（二）级别管辖

是指不同级别的劳动保障行政部门实施劳动保障监察的分工和权限划分，是一种纵向划分。由于各地的用人单位分布、性质、数量不平衡，各级劳动保障行政部门承担的工作任务和执法力量不均衡，情况差别很大，不宜也不可能在《劳动保障监察条例》中作出具体级别管辖的划分，所以进行了授权规定。《劳动保障监察条例》规定，省、自治区、直辖市人民政府可以对劳动保障监察的管辖制定具体办法。这是对包括级别管辖在内的监察管辖的全面授权规定。

（三）指定管辖

在监察执法实践中，有时对同一区域中的用人单位难以确定由哪个地区哪一级的监察机构去实施监察，会出现有两个劳动保障行政部门认为其有管辖权而产生争议。为了妥善处理这种管辖权的争议，《劳动保障监察条例》明确规定，劳动保障行政部门对劳动保障监察管辖发生争议的，报请共同的上一级劳动保障行政部门指定管辖。

（四）移送管辖

有的地方因管辖权不清楚，没有及时受理违法案件；而有的地方则越权处理了不属于本部门受理的案件。为增强劳动保障行政部门严格依法行政意识，《劳动保障监察条例》规定，劳动保障行政部门对违反劳动法律、法规或者规章的行为，应作出处理，如果发现违法案件不属于劳动保障监察范围的，应当及时移送有关部门处理；涉嫌犯罪的，应当及时移送司法机关。

## 二、劳动保障监察的形式

（一）日常巡视检查

劳动保障行政部门对用人单位及其劳动场所的日常巡视检查，应当制订年度计划和中长期规划，确定重点检查范围，并按照现场检查的规定进行。

（二）书面材料审查

劳动保障行政部门对用人单位按照要求报送的有关遵守劳动保障法律情况的书面材料应进行审查，并对审查中发现的问题及时予以纠正和查处。

（三）专项检查

劳动保障行政部门可以针对劳动保障法律实施中存在的重点问题集中组织专项检查活动，必要时，可以联合有关部门或组织共同进行。

（四）对举报和投诉的查处

劳动保障行政部门应当设立举报、投诉信箱，公开举报、投诉电话，依法查处举报和投诉反映的违反劳动保障法律的行为。

（五）应急预案制度

对因违反劳动保障法律、法规或者规章的行为引起的群体性事件，劳动保障行政部门应当根据应急预案，迅速会同有关部门处理。

（六）建立用人单位劳动保障守法诚信档案

诚信是市场经济的基石，我国社会主义市场经济的发展迫切需要建立社会信用制度，个人、企业、政府都要讲诚信。《劳动保障监察条例》规定了"劳动保障行政部门应当建立用人单位劳动保障守法诚信档案"。相应地要建立起用人单位劳动保障诚信制度。同时，为了促进各类企业提高遵守劳动保障法律的诚信度，发动社会各界对企业守法行为进行监督，《劳动保障监察条例》还明确规定，"用人单位有重大劳动保障违法行为的，由有关的劳动保障行政部门向社会公布"。通过媒体曝光，警示不法企业遵守劳动保障法律，改善企业形象。

### 三、劳动保障监察的程序

（一）受理与立案

劳动保障行政部门认为用人单位有违反劳动保障法律、法规或者规章的行为，需要进行调查处理的，应当及时立案。

（二）调查与检查

劳动保障行政部门实施劳动保障监察，有权采取相关调查、检查措施。劳动保障监察员进行调查、检查，不得少于2人，并应当佩戴劳动保障监察标志、出示劳动保障监察证件。

劳动保障监察员办理的劳动保障监察事项与本人或者其近亲属有直接利害关系的，应当回避。

劳动保障行政部门对违反劳动保障法律的行为的调查，应当自立案之日起60个工作日内完成；情况复杂的，经劳动保障行政部门负责人批准，可以延长30个工作日。

（三）案件处理

劳动保障行政部门对违反劳动保障法律的行为，根据调查、检查的结果，作出以下处理：(1) 对依法应当受到行政处罚的，依法作出行政处罚决定；(2) 对应当改正未改正的，依法责令改正或者作出相应的行政处理决定；(3) 对情节轻微，且已改正的，撤销立案。经调查、检查，劳动保障行政部门认定违法事实不能成立的，也应当撤销立案。发现违法案件不属于劳动保障监察事项的，应当及时移送有关部门处理；涉嫌犯罪的，应当依法移送司法机关。

# 第十一章　劳动法律责任

劳动法律责任,是劳动法主体实施违法行为应承担的否定性的法律后果。相关法律责任的规定,是劳动法律体系的重要组成部分,是法律强制力的表现,是劳动权利救济和执法监督的依据,是当事人劳动权得以充分实现的保障。

## 第一节　劳动法律责任概述

### 一、劳动法律责任概念

劳动法律责任,是指用人单位、劳动者、劳动行政机关及其他劳动法主体,违反劳动法的规定所应承担的否定性的法律后果。劳动法律责任是法律强制力的表现,这种强制力成为法律的权利救济和执法的监督依据。劳动法律责任要素主要包括:(1)法律责任主体是违反劳动法的单位和个人,主要包括用人单位、劳动者、劳动行政部门、社会保险经办机构及其工作人员、职业中介机构、职业培训机构等。(2)法律责任根据是法律责任主体存在违反劳动法律、法规的具体行为。既包括直接违反劳动基准法行为,也包括违反劳动合同法、集体合同制度等行为。违法行为是承担法律责任的根据和核心要素。(3)法律责任的性质具有法律价值的否定性和事实内容的不利性。否定性和不利性是任何一个法律部门对当事人违法行为价值评价的结果,价值的评价结果决定着事实内容的程度。劳动法律责任的否定性和不利性通过法律责任体系的规定,一方面明确昭示劳动法的维权、协调等基本职能,另一方面以独特的法律责任形式而区别于政治法律责任、道德法律责任、宗教法律责任。(4)法律责任形式表现为法律责任综合性特征,即综合民事责任、行政责任和刑事责任,既能体现法律责任承担的相对性,又能使各种法律责任形式有机统一。

### 二、劳动法律责任形式

我国《劳动法》第12章、《劳动合同法》第7章、《就业促进法》第8章、《工会法》第6章、《社会保险法》第11章以及《安全生产法》、《职业病防治法》等规定了违反劳动法的法律责任的形式,包括行政法律责任、民事法律责任和刑事法律责任三种类型。其中,最主要的是行政法律责任和民事法律责任。

(一) 行政法律责任

行政法律责任是违法行为人依法应当承担的,由有关行政机关以行政处罚或行政处分的方式予以追究的法律责任。行政责任的表现形式主要有行政处分、行政处罚等形式。

行政处罚是指行政机关或其他行政主体依照法定权限和程序对违反行政法律法规尚未构成犯罪的行为人给予行政制裁的具体行政行为。① 行政处罚形式主要有：罚款、责令改正、责令停产整顿、吊销营业执照等。行政处罚带有制裁性，主要表现为违法行为人权益的限制、剥夺，或科以新的义务。行政处分，是指国家有关行政机关、用人单位及其他中介机构对其内部工作人员违法行为而给予的处罚措施。它的种类、权限、程序、过错程度等由国家法律、法规和用人单位劳动纪律规定，形式主要有：警告、记过、记大过、降级、降职、撤职、留用察看、开除等。用人单位对职工实施的处分除以上八种处分外，还包括罚款、扣发工资、停发工资（奖金）等。

（二）民事法律责任

民事法律责任，是行为人违反劳动法律法规而依法应当承担的，旨在补偿受害人的损失的法律责任形式。民事法律责任的违法行为人主要包括用人单位和劳动者，特殊情况也包括国家有关行政机关。民事法律责任的承担方式主要有赔偿损失、经济补偿、强制履行合同、补发工资、补缴保险费、提供安全卫生条件等。劳动法中的民事法律责任，较一般民事法律责任具有如下特征：一是赔偿数额的法定性较强；二是出现独特的经济补偿；三是以责令支付作为实现民事法律责任的主要方式，如补发工资、责令提供劳动安全条件等，这就使民事法律责任兼有行政法律责任实现方式的特色。

（三）刑事法律责任

刑事法律责任，是行为人违反劳动法律规定，造成严重后果，触犯我国刑法，构成犯罪所应承担的法律责任形式。是劳动法律责任形式中处罚性最严的一种。违反劳动法的犯罪行为及其刑事责任，由《刑法》和有关劳动法律所规定，主要犯罪有：重大安全事故罪、违章冒险作业罪、危险物品肇事罪、强迫劳动罪、妨碍执行公务罪、滥用职权罪等。

## 第二节 用人单位违反劳动法的行为及法律责任

劳动关系的从属性，决定用人单位所处地位明显优于劳动者，劳动者的合法权益更容易受到不法侵害，实践中更多出现的也是用人单位违反劳动法的行为。我国《劳动法》及《劳动合同法》、《就业促进法》等相关法律法规，对用人单位违反劳动法的行为进行了严格规范，概括而言，用人单位违反劳动法的行为及法律责任大致如下：

### 一、用人单位违法制定劳动规章制度的行为及处理

制定和完善劳动规章制度既是用人单位的权利，也是义务。为了保障劳动者的合法权益，我国《劳动合同法》第4条规定：用人单位在制定、修改或者决定直接涉及劳动者切身利益的劳动报酬、工作时间、休息休假、劳动安全卫生、保险福利、职工培训、劳动纪律以及劳动定额管理等规章制度或重大事项时，应当经职工代表大会或者全体职工讨论，提出

---

① 王周户：《行政法学》，陕西人民出版社2002年版，第303页。

方案和意见,与工会或者职工代表平等协商确定,直接涉及劳动者切身利益的规章制度应当在单位内公示或者告知劳动者。

用人单位的劳动规章制度在以下几种情况下无效:一是规章制度违反法律、法规,即内容违法;二是涉及职工切身利益的事项未听取职工代表大会或全体职工的讨论意见,且并未通过平等协商确定,即程序违法。劳动规章制度因违法而无效后,由此而导致的依据违法的劳动规章而产生的法律后果将失去根据。我国《劳动合同法》第80条规定:用人单位制定的直接涉及劳动者切身利益的规章制度违反法律、法规规定的,由劳动行政部门责令改正,给予警告;给劳动者造成损害的,用人单位应当承担赔偿责任。

### 二、用人单位违反工时制度的行为及处理

我国《劳动法》第90条规定:"用人单位违反本法规定,延长劳动者工作时间的,由劳动行政部门给予警告,责令改正,并可以处以罚款。"用人单位安排在哺乳期的女职工和怀孕7个月以上的女职工延长工作时间和夜班工作的,应责令改正,并按每名受侵害女职工罚款3000元以下的标准处罚。我国《劳动保障监察条例》规定:用人单位违反劳动保障法律、法规或者规章延长劳动者工作时间的,由劳动保障行政部门给予警告,责令限期改正,并可以按照受侵害的劳动者每人100元以上500元以下的标准计算,处以罚款;安排怀孕7个月以上的女职工夜班劳动或者延长其工作时间的、女职工生育享受产假少于90天的、安排女职工在哺乳未满1周岁的婴儿期间延长其工作时间或者安排其夜班劳动的,由劳动保障行政部门责令改正,按照受侵害的劳动者每人1000元以上5000元以下的标准计算,处以罚款。

2007年12月7日,国务院颁布了《职工带薪年休假规定》。根据《职工带薪年休假规定》规定,机关、团体、企业、事业单位、民办非企业单位、有雇工的个体工商户的职工在同一单位连续工作1年以上的,享受带薪年休假。单位应当保证职工享受年休假。职工在年休假期间享受与正常工作期间相同的工资收入。

《职工带薪年休假规定》规定,单位不安排职工休年休假又不依照本条例规定给予年休假工资报酬的,由县级以上地方人民政府人事部门或者劳动保障部门依据职权责令限期改正;对逾期不改正的,除责令该单位支付年休假工资报酬外,单位还应当按照年休假工资报酬的数额向职工加付赔偿金;对拒不支付年休假工资报酬、赔偿金的,属于公务员和参照公务员法管理的人员所在单位的,对直接负责的主管人员以及其他直接责任人员依法给予处分;属于其他单位的,由劳动保障部门、人事部门或者职工申请人民法院强制执行。

### 三、用人单位违反工资制度的行为及处理

在我国,用人单位违反工资制度的行为及处理主要集中在《劳动法》、《最低工资规定》、《劳动合同法》等相关规定中。例如,《劳动合同法》第85条规定:用人单位有下列情形之一的,由劳动行政部门责令限期支付劳动报酬、加班费或者经济补偿;劳动报酬低于

当地最低工资标准的,应当支付其差额部分;逾期不支付的,责令用人单位按应付金额50%以上100%以下的标准向劳动者加付赔偿金:(1)未依照劳动合同的约定或者国家规定及时足额支付劳动者劳动报酬的;(2)低于当地最低工资标准支付劳动者工资的;(3)安排加班不支付加班费的;(4)解除或者终止劳动合同,未依照本法规定的向劳动者支付经济补偿的。

### 四、用人单位违反劳动安全卫生制度的行为及处理

劳动安全卫生法是我国《劳动法》特别法中一个庞大的系统,其目的在于保障劳动者的生命和健康权,防止和处罚侵害劳动者生命健康权的行为。违反劳动安全卫生法的法律责任的特点是:(1)责任体系涉及范围广,如安全卫生的教育培训责任、建设工程"三同时"责任、主要负责人安全卫生责任、生产安全事故追究责任、特殊操作人员责任、重大危险源管理责任、锅炉压力容器检测责任等。(2)责任形式多样化,集民事责任、行政责任、刑事责任于一体。(3)"并罚"责任承担方式。劳动者伤害事故发生后,用人单位承担"工伤"赔偿或补偿责任,还可能承担因过错而产生的民事赔偿责任。

用人单位违反劳动安全卫生法的法律责任主要包括:(1)用人单位劳动安全卫生条件不合法的法律责任。(2)用人单位违反建筑工程"三同时"制度的法律责任。(3)未为劳动者依法提供符合国家标准或行业标准的劳动防护用品的法律责任。(4)未依法设立安全生产管理机构或专职安全管理人员的法律责任。(5)用人单位违反危险物品的生产、经营、储存、管理规定的法律责任。(6)用人单位以合同条款形式免除或减轻其对劳动者因生产安全事故伤亡依法应承担的责任的法律责任。(7)用人单位违反职业病防治规定的法律责任。(8)用人单位未对有关责任人及其员工进行安全卫生教育培训的法律责任。(9)用人单位主要负责人违反法定职责的法律责任。具体责任标准见《劳动法》、《安全生产法》、《职业病防治法》、《安全生产许可证条例》、《使用有毒物品作业场所劳动保护条例》等法律、法规相关规定。

### 五、用人单位非法招用童工的行为及处理

为了加强对未成年人的保护,我国2002年12月1日起施行的《禁止使用童工规定》规定,国家机关、社会团体、企业事业单位、民办非企业单位或者个体工商户(以下统称用人单位)均不得招用不满16周岁的未成年人(招用不满16周岁的未成年人,以下统称使用童工)。县级以上各级人民政府劳动保障行政部门应当负责有关禁止使用童工的监督检查;县级以上各级人民政府公安、工商行政管理、教育、卫生等行政部门在各自职责范围内对禁止使用童工的情况也要进行监督检查,并对劳动保障行政部门的监督检查给予配合;工会、共青团、妇联等群众组织应当依法维护未成年人的合法权益;任何单位或者个人发现使用童工的,均有权向县级以上人民政府劳动保障行政部门举报。与此同时,《禁止使用童工规定》十分明确地规定了用人单位违法招用童工的法律责任:

(1)用人单位使用童工的,由劳动保障行政部门按照每使用一名童工每月处5000元

罚款的标准给予处罚;在使用有毒物品的作业场所使用童工的,按照《使用有毒物品作业场所劳动保护条例》规定的罚款幅度,或者按照每使用一名童工每月处5000元罚款的标准,从重处罚。劳动保障行政部门应当责令用人单位限期将童工送回原居住地交其父母或者其他监护人,所需交通和食宿费用全部由用人单位承担。

(2)用人单位由于使用童工而经劳动保障行政部门责令限期改正,逾期仍不将童工送交其父母或者其他监护人的,从责令限期改正之日起,由劳动保障行政部门按照每使用一名童工每月处1万元罚款的标准处罚,并由工商行政管理部门吊销其营业执照或者由民政部门撤销民办非企业单位登记;用人单位是国家机关、事业单位的,由有关单位依法对直接负责的主管人员和其他直接法律责任人员给予降级或者撤职的行政处分或者纪律处分。

(3)用人单位招用人员时,必须核查被招用人员的身份证;对不满16周岁的未成年人,一律不得录用。用人单位录用人员的录用登记、核查材料应当妥善保管。如果用人单位未按照规定保存录用登记材料,或者伪造录用登记材料的,由劳动保障行政部门处1万元的罚款。

(4)无营业执照、被依法吊销营业执照的单位以及未依法登记、备案的单位使用童工或者介绍童工就业的,加一倍罚款,该非法单位由有关的行政主管部门予以取缔。

(5)童工患病或者受伤的,用人单位应当负责送到医疗机构治疗,并负担治疗期间的全部医疗和生活费用。

(6)童工伤残或者死亡的,用人单位由工商行政管理部门吊销营业执照或者由民政部门撤销民办非企业单位登记;用人单位是国家机关、事业单位的,由有关单位依法对直接负责的主管人员和其他直接法律责任人员给予降级或者撤职的行政处分或者纪律处分;用人单位还应当一次性地对伤残的童工、死亡童工的直系亲属给予赔偿,赔偿金额按照国家工伤保险的有关规定计算。

(7)拐骗童工,强迫童工劳动,使用童工从事高空、井下、放射性、高毒、易燃易爆以及国家规定的第四级体力劳动强度的劳动,使用不满14周岁的童工,或者造成童工死亡或者严重伤残的,依照《刑法》关于拐卖儿童罪、强迫劳动罪或者其他罪的规定,依法追究刑事法律责任。

### 六、用人单位违反女职工及未成年工特殊保护规定的行为及处理

用人单位有下列行为之一的,由劳动保障行政部门责令改正,按照受侵害的劳动者每人1000元以上5000元以下的标准计算,处以罚款:(1)安排女职工从事矿山井下劳动、国家规定的第四级体力劳动强度的劳动或者其他禁忌从事的劳动的;(2)安排女职工在经期从事高处、低温、冷水作业或者国家规定的第三级体力劳动强度的劳动的;(3)安排女职工在怀孕期间从事国家规定的第三级体力劳动强度的劳动或者孕期禁忌从事的劳动的;(4)安排怀孕7个月以上的女职工夜班劳动或者延长其工作时间的;(5)女职工生育享受产假少于90天的;(6)安排女职工在哺乳未满1周岁的婴儿期间从事国家规定的第

三级体力劳动强度的劳动或者哺乳期禁忌从事的其他劳动,以及延长其工作时间或者安排其夜班劳动的;(7)安排未成年工从事矿山井下、有毒有害、国家规定的第四级体力劳动强度的劳动或者其他禁忌从事的劳动的;(8)未对未成年工定期进行健康检查的。

**七、用人单位违反我国《劳动合同法》的行为及处理**

用人单位必须要遵守《劳动合同法》、《劳动合同法实施条例》的相关规定,依法订立、履行、变更、解除和终止劳动合同,如有违反,应当承担法律责任。我国劳动法关于用人单位违反劳动合同的行为及处理,主要规定如下:

(一)用人单位提供的劳动合同文本缺乏劳动合同必备条款或不提供劳动合同文本的行为及处理

用人单位提供的劳动合同文本未载明本法规定的劳动合同必备条款或者用人单位未将劳动合同文本交付劳动者的,由劳动行政部门责令改正;给劳动者造成损害的,用人单位应当承担赔偿责任。

(二)用人单位不与劳动者订立书面劳动合同的行为及处理

用人单位自用工之日起超过1个月不满1年未与劳动者订立书面劳动合同的,应当依照《劳动合同法》第82条的规定向劳动者每月支付两倍的工资,并与劳动者补订书面劳动合同。

用人单位自用工之日起满1年未与劳动者订立书面劳动合同的,自用工之日起满1个月的次日至满1年的前一日应当依照《劳动合同法》第82条的规定向劳动者每月支付两倍的工资,并视为自用工之日起满1年的当日已经与劳动者订立无固定期限劳动合同,应当立即与劳动者补订书面劳动合同。

用人单位违反《劳动合同法》规定不与劳动者订立无固定期限劳动合同的,自应当订立无固定期限劳动合同之日起向劳动者每月支付二倍的工资。

根据《劳动合同法实施条例》第34条规定,用人单位依照劳动合同法的规定应当向劳动者每月支付两倍的工资而未支付的,劳动行政部门应当责令用人单位支付。

(三)用人单位违法约定试用期的行为及处理

用人单位违法规定与劳动者约定试用期的,由劳动行政部门责令改正,违法约定的试用期已经履行的,由用人单位以劳动者试用期满月工资为标准,按已经履行的试用期的期限向劳动者支付赔偿金。

(四)用人单位扣押劳动者身份证等证件的行为及处理

用人单位违反《劳动合同法》规定,扣押劳动者身份证等证件的,由劳动行政部门责令限期退还劳动者本人;依照有关法律规定给予处罚。用人单位违反《劳动合同法》规定,要求劳动者提供担保、向劳动者收取财物的,由劳动行政部门责令限期退还劳动者本人,按每一名劳动者500元以上2000元以下的标准处以罚款;给劳动者造成损害的,用人单位应当承担赔偿责任。劳动者依法解除或者终止劳动合同,用人单位扣押劳动者档案或者其他物品的,由劳动行政部门责令限期退还劳动者本人,按每一名劳动者500元以上

2000元以下的标准处以罚款;给劳动者造成损害的,用人单位应当承担赔偿责任。

（五）用人单位未依法支付劳动报酬、经济补偿等的行为及处理

《劳动合同法》第85条规定:用人单位有下列情形之一的,由劳动行政部门责令限期支付劳动报酬、加班费或者经济补偿;劳动报酬低于当地最低工资标准的,应当支付其差额部分;逾期不支付的,责令用人单位按应付金额50%以上100%以下的标准向劳动者加付赔偿金:(1)未依照劳动合同的约定或者国家规定及时足额支付劳动者劳动报酬的;(2)低于当地最低工资标准支付劳动者工资的;(3)安排加班不支付加班费的;(4)解除或者终止劳动合同,未依照本法规定的向劳动者支付经济补偿的。

（六）用人单位造成劳动合同无效的行为及处理

由于用人单位原因订立的无效合同,对劳动者造成损害的,应当承担赔偿责任。

（七）用人单位违反《劳动合同法》规定解除或者终止劳动合同的行为及处理

用人单位违反《劳动合同法》规定解除或者终止劳动合同的,应当依照《劳动合同法》第47条规定的经济补偿标准的二倍向劳动者支付赔偿金。

（八）用人单位不出具解除或者终止劳动合同的书面证明的行为及处理

解除、终止劳动合同证明是劳动者再就业的基本条件之一。劳动合同解除或终止后,劳动者需要寻求或已经获得新的用人岗位,但由于难以证明或无法证明自己不存在劳动关系而丧失再就业机会。特别是我国《失业保险条例》规定,领取失业救济金的基本条件之一是非自愿性失业。在失业登记时,劳动者必须提供非自愿失业的证明。因此,用人单位依照诚信原则所应履行的这项后合同义务。

用人单位违反《劳动合同法》规定未向劳动者出具解除或者劳动合同的书面证明,由劳动行政部门责令改正;给劳动者造成损害的,用人单位应当承担赔偿责任。

（九）新用人单位招用尚未终结与原用人单位劳动关系造成损失的处理

用人单位招用与其他用人单位尚未解除或者终止劳动合同的劳动者,给其他用人单位造成损失的,应当承担赔偿责任。

（十）劳务派遣单位、用工单位的违法行为及处理

劳务派遣单位是《劳动合同法》上的用人单位,应当承担和履行用人单位对劳动者的各项法定义务,包括平等缔约、保障劳动者的工资报酬权、休息休假权、社会保险权、结社权以及劳动者的其他权利;对于与劳动者订立的劳动合同,除《劳动合同法》第17条规定的必备条款外,还应载明用人单位及派遣期限、工作岗位等;应当与用工单位签订劳务派遣协议,明确双方责任;保障劳动者对劳动派遣协议的相关内容的知情权;不得直接克扣工资抵作劳务报酬等等。

劳务派遣单位违反《劳动合同法》规定的,由主管部门责令改正;情节严重的,按每一名劳动者1000元以上5000元以下的标准处以罚款,并由工商行政管理部门吊销营业执照。被派遣劳动者权益受到损害的,由劳务派遣单位和用工单位承担连带赔偿责任。

《劳动合同法实施条例》第35条规定,用工单位违反劳动合同法和本条例有关劳务派遣规定的,由劳动行政部门和其他有关主管部门责令改正;情节严重的,以每位被派遣劳

动者 1000 元以上 5000 元以下的标准处以罚款;给被派遣劳动者造成损害的,劳务派遣单位和用工单位承担连带赔偿责任。

(十一) 用人单位不依法建立职工名册的法律责任

用人单位违反《劳动合同法》有关建立职工名册规定的,由劳动行政部门责令限期改正;逾期不改正的,由劳动行政部门处 2000 元以上 2 万元以下的罚款。

(十二) 不具备合法经营资格的用人单位的违法行为及处理

对不具备合法经营资格的用人单位的违法犯罪行为,依法追究法律责任;劳动者已经付出劳动的,该单位或者其出资人应当依照本法有关规定向劳动者支付劳动报酬、经济补偿、赔偿金;给劳动者造成损害的,应当承担赔偿责任。

(十三) 个人承包经营的违法行为及处理

个人承包经营违反《劳动合同法》规定招用劳动者,给劳动者造成损害的,发包的组织与个人承包经营者承担连带赔偿责任。

### 八、用人单位严重侵犯劳动者人身权利的行为及处理

用人单位有下列情形之一的,依法给予行政处罚;构成犯罪的,依法追究刑事责任;给劳动者造成损害的,应当承担赔偿责任:(1) 以暴力、威胁或者非法限制人身自由的手段强迫劳动的;(2) 违章指挥或者强令冒险作业危及劳动者人身安全的;(3) 侮辱、体罚、殴打、非法搜查或者拘禁劳动者的;(4) 劳动条件恶劣、环境污染严重,给劳动者身心健康造成严重损害的。

### 九、用人单位违反我国《集体合同规定》的行为及处理

我国《劳动法》、《集体合同规定》均未明确规定有关集体合同的责任。尽管《集体合同规定》第 56 条规定:"用人单位无正当理由拒绝工会或职工代表提出的集体协商要求的,按照《工会法》及有关法律、法规的规定处理。"但并未进一步明确何种理由为正当或不正当,且仅仅规定了行政责任。至于企业在协商过程中应承担的其他责任则没有规定。《劳动合同法》第 56 条规定也存在同样问题。《劳动合同法》第 56 条规定:"用人单位违反集体合同,侵犯职工劳动权益的,工会可以依法要求用人单位承担责任;因履行集体合同发生争议,经协商解决不成的,工会可以依法申请仲裁、提起诉讼。"对于这种缺陷,我们只有通过不断完善相关法律、法规,完备集体合同的立法加以解决。

### 十、用人单位违反我国《就业促进法》的行为及处理[①]

(一) 劳动行政等有关部门及其工作人员违法行为及处理

劳动行政等有关部门及其工作人员滥用职权、玩忽职守、徇私舞弊的,对直接负责的

---

① 我国 2007 年 11 月 5 日颁布的《就业服务与就业管理规定》对用人单位违反《就业促进法》的行为及处理作了更具体的规定。

主管人员和其他直接责任人员依法给予处分。

(二) 实施就业歧视的行为及处理

实施就业歧视的,劳动者可以向人民法院提起诉讼。

(三) 违法向劳动者收取费用的行为及处理

地方各级人民政府和有关部门、公共就业服务机构举办经营性的职业中介机构,从事经营性职业中介活动,向劳动者收取费用的,由上级主管机关责令限期改正,将违法收取的费用退还劳动者,并对直接负责的主管人员和其他直接责任人员依法给予处分。

(四) 擅自从事职业中介活动的行为及处理

未经许可和登记,擅自从事职业中介活动的,由劳动行政部门或者其他主管部门依法予以关闭;有违法所得的,没收违法所得,并处1万元以上5万元以下的罚款。

(五) 擅自从事职业中介活动的行为及处理

职业中介机构提供虚假就业信息,为无合法证照的用人单位提供职业中介服务,伪造、涂改、转让职业中介许可证的,由劳动行政部门或者其他主管部门责令改正;有违法所得的,没收违法所得,并处1万元以上5万元以下的罚款;情节严重的,吊销职业中介许可证。

(六) 扣押劳动者居民身份证等证件的行为及处理

职业中介机构扣押劳动者居民身份证等证件的,由劳动行政部门责令限期退还劳动者,并依照有关法律规定给予处罚。违反本法规定,职业中介机构向劳动者收取押金的,由劳动行政部门责令限期退还劳动者,并以每人500元以上2000元以下的标准处以罚款。

(七) 有关企业职工教育经费违法的行为及处理

企业未按照国家规定提取职工教育经费,或者挪用职工教育经费的,由劳动行政部门责令改正,并依法给予处罚。

(八) 侵害劳动者合法权益的行为及处理

侵害劳动者合法权益,造成财产损失或者其他损害的,依法承担民事责任;构成犯罪的,依法追究刑事责任。

**十一、用人单位违反我国《社会保险法》的行为及处理**

(一) 用人单位不办理社会保险登记的行为及处理

用人单位不办理社会保险登记的,由社会保险行政部门责令限期改正;逾期不改正的,对用人单位处应缴社会保险费数额1倍以上3倍以下的罚款,对其直接负责的主管人员和其他直接责任人员处500元以上3000元以下的罚款。

(二) 用人单位拒不出具终止或者解除劳动关系证明的行为及处理

用人单位违反《劳动合同法》规定未向劳动者出具解除或者劳动合同的书面证明,由劳动行政部门责令改正;给劳动者造成损害的,用人单位应当承担赔偿责任。

(三) 用人单位未按时足额缴纳社会保险费的行为及处理

用人单位未按时足额缴纳社会保险费的,由社会保险费征收机构责令限期缴纳或者补足,并自欠缴之日起,按日加收万分之五的滞纳金;逾期仍不缴纳的,由有关行政部门处欠缴数额 1 倍以上 3 倍以下的罚款。

(四) 骗取社会保险待遇的行为及处理

以欺诈、伪造证明材料或者其他手段骗取社会保险待遇的,由社会保险行政部门责令退回骗取的社会保险金,处骗取金额 2 倍以上 5 倍以下的罚款。

### 十二、用人单位违反我国《工会法》的行为及处理

用人单位违反《工会法》,有下列行为之一的,由劳动保障行政部门责令改正:(1) 阻挠劳动者依法参加和组织工会,或者阻挠上级工会帮助、指导劳动者筹建工会的;(2) 无正当理由调动依法履行职责的工会工作人员的工作岗位,进行打击报复的;(3) 劳动者因参加工会活动而被解除劳动合同的;(4) 工会工作人员因依法履行职责被解除劳动合同的。

### 十三、用人单位违反我国《劳动监察条例》的行为及处理

用人单位无理抗拒、阻挠劳动保障行政部门依法实施劳动保障监察的;不按照劳动保障行政部门的要求报送书面材料,隐瞒事实真相,出具伪证或者隐匿、毁灭证据的;经劳动保障行政部门责令改正拒不改正,或者拒不履行劳动保障行政部门的行政处理决定的;打击报复举报人、投诉人的,由劳动保障行政部门责令其改正;对有前三项规定的行为的,处 2000 元以上 2 万元以下的罚款;违反以上规定,构成违反治安管理行为的,由公安机关依法给予治安管理处罚;构成犯罪的,依法追究刑事责任。

## 第三节 劳动者违反劳动法的行为及法律责任

### 一、劳动者不与用人单位订立书面劳动合同的行为及处理

自用工之日起 1 个月内,经用人单位书面通知后,劳动者不与用人单位订立书面劳动合同的,用人单位应当书面通知劳动者终止劳动关系,无需向劳动者支付经济补偿,但是应当依法向劳动者支付其实际工作时间的劳动报酬。

自用工之日起超过 1 个月不满 1 年,劳动者不与用人单位订立书面劳动合同的,用人单位应当书面通知劳动者终止劳动关系,并依照我国《劳动合同法》第 47 条的规定支付经济补偿。

### 二、劳动者造成劳动合同无效的行为及处理

由于劳动者原因订立的无效合同,对用人单位造成损害的,应当承担赔偿责任。这是

我国《劳动合同法》对劳动法律制度的一个新突破。我国《劳动法》及其有关法规、规章只规定了由于用人单位的原因造成劳动合同无效所承担的赔偿责任,而对于因劳动者的欺诈等手段签订的劳动合同所导致的无效,则无相关法律责任规定。《劳动法》施行以来,劳动者因此规避法律的现象相当普遍,如果对劳动者不课以赔偿责任,既对用人单位不公平,也不能体现劳动法的诚实信用原则。因此,《劳动合同法》本条规定既符合法理,也顺应劳动关系稳定的现实需要。

### 三、劳动者违法解除劳动合同的法律责任

劳动者提前30日(试用期为提前3日)以书面形式通知用人单位,即自动发生劳动合同解除的效力,提前30日既是劳动合同解除程序,也是劳动合同解除的生效要件。劳动者提出的辞职书30日届满时,劳动合同解除,劳动者有权要求用人单位办理解除劳动合同的相关手续。但劳动者提出的书面辞职书如未届满30日即离职,则发生本法规定的违法解除的后果。违法解除如造成用人单位损失,劳动者应予赔偿。

### 四、劳动者违反服务期约定的法律责任

用人单位为劳动者提供专项培训费用,对其进行专业技术培训的,可以与该劳动者订立协议,约定服务期。劳动者违反服务期约定的,应当按照约定向用人单位支付违约金。违约金的数额不得超过用人单位提供的培训费用。用人单位要求劳动者支付的违约金不得超过服务期尚未履行部分所应分摊的培训费用。

### 五、劳动者违反保密条款的法律责任

用人单位与劳动者可以在劳动合同中约定保守用人单位的商业秘密和与知识产权相关的保密事项。劳动者违反劳动合同中约定的保密义务,给用人单位造成经济损失的,应当承担赔偿责任。关于违约泄露或未履行保护商业秘密职责所造成的损失计算,依我国《反不正当竞争法》第20条的规定赔偿。

### 六、劳动者违反竞业限制协议的法律责任

劳动者违反竞业限制协议的法律责任一是支付违约金(如果双方约定违约金),二是造成用人单位经济损失的应承担赔偿责任。

对负有保密义务的劳动者,用人单位可以在劳动合同或者保密协议中与劳动者约定竞业限制条款,并约定在解除或者终止劳动合同后,在竞业限制期限内按月给予劳动者经济补偿。劳动者违反竞业限制约定的,应当按照约定向用人单位支付违约金。劳动者违反劳动合同中约定的竞业限制义务,给用人单位造成经济损失的,应当承担赔偿责任。关于违反竞业限制义务所造成的损失计算,依我国《反不正当竞争法》第20条的规定赔偿。

### 七、劳动者尚未解除劳动合同而建立双重劳动关系造成损失的法律责任

用人单位招用尚未解除劳动合同的劳动者,对原用人单位造成经济损失的,该劳动者承担直接赔偿责任。[①] 向原用人单位赔偿下列损失:(1) 对生产、经营和工作造成的直接经济损失;(2) 因获取商业秘密给原用人单位造成的经济损失。赔偿因获取商业秘密给原用人单位造成的经济损失,按《反不正当竞争法》第20条的规定执行。

### 八、劳动者骗取社会保险待遇的法律责任

以欺诈、伪造证明材料或者其他手段骗取社会保险待遇的,由社会保险行政部门责令退回骗取的社会保险金,处骗取金额2倍以上5倍以下的罚款。

## 第四节 劳动服务机构违反劳动法的行为及法律责任

劳动服务机构主要包括劳动就业服务机构、社会保险经办机构等。

### 一、我国《劳动保障监察条例》的规定

(1) 职业介绍机构、职业技能培训机构或者职业技能考核鉴定机构违反国家有关职业介绍、职业技能培训或者职业技能考核鉴定的规定的,由劳动保障行政部门责令改正,没收违法所得,并处1万元以上5万元以下的罚款;情节严重的,吊销许可证。

(2) 未经劳动保障行政部门许可,从事职业介绍、职业技能培训或者职业技能考核鉴定的组织或者个人,由劳动保障行政部门、工商行政管理部门依照国家有关无照经营查处取缔的规定查处取缔。

### 二、我国《就业促进法》的规定

(1) 违反本法规定,未经许可和登记,擅自从事职业中介活动的,由劳动行政部门或者其他主管部门依法予以关闭;有违法所得的,没收违法所得,并处1万元以上5万元以下的罚款。

(2) 违反本法规定,职业中介机构提供虚假就业信息,为无合法证照的用人单位提供职业中介服务,伪造、涂改、转让职业中介许可证的,由劳动行政部门或者其他主管部门责令改正;有违法所得的,没收违法所得,并处1万元以上5万元以下的罚款;情节严重的,吊销职业中介许可证。

(3) 违反本法规定,职业中介机构扣押劳动者居民身份证等证件的,由劳动行政部门责令限期退还劳动者,并依照有关法律规定给予处罚。

(4) 违反本法规定,职业中介机构向劳动者收取押金的,由劳动行政部门责令限期退

---

[①] 该用人单位应当承担连带赔偿责任,其连带赔偿的份额应不低于对原用人单位造成经济损失总额的70%。

还劳动者,并以每人 500 元以上 2000 元以下的标准处以罚款。

(5) 违反本法规定,(职业中介机构)侵害劳动者合法权益,造成财产损失或者其他损害的,依法承担民事责任;构成犯罪的,依法追究刑事责任。

### 三、我国《社会保险法》的规定

(1) 社会保险经办机构以欺诈、伪造证明材料或者其他手段骗取社会保险基金支出的,由社会保险行政部门责令退回骗取的社会保险金,处骗取金额二倍以上五倍以下的罚款。

(2) 社会保险服务机构以欺诈、伪造证明材料或者其他手段骗取社会保险待遇的,由社会保险行政部门责令退回骗取的社会保险金,处骗取金额 2 倍以上 5 倍以下的罚款。

(3) 社会保险经办机构及其工作人员有下列行为之一的,由社会保险行政部门责令改正;给社会保险基金、用人单位或者个人造成损失的,依法承担赔偿责任;对直接负责的主管人员和其他直接责任人员依法给予处分:① 未履行社会保险法定职责的;② 未将社会保险基金存入财政专户的;③ 克扣或者拒不按时支付社会保险待遇的;④ 丢失或者篡改缴费记录、享受社会保险待遇记录等社会保险数据、个人权益记录的;⑤ 有违反社会保险法律、法规的其他行为的。

(4) 社会保险费征收机构擅自更改社会保险费缴费基数、费率,导致少收或者多收社会保险费的,由有关行政部门责令其追缴应当缴纳的社会保险费或者退还不应当缴纳的社会保险费;对直接负责的主管人员和其他直接责任人员依法给予处分。

(5) 社会保险服务机构隐匿、转移、侵占、挪用社会保险基金或者违规投资运营的,由社会保险行政部门、财政部门、审计机关责令追回;有违法所得的,没收违法所得;对直接负责的主管人员和其他直接责任人员依法给予处分。

(6) 社会保险经办机构、社会保险费征收机构及其工作人员泄露用人单位和个人信息的,对直接负责的主管人员和其他直接责任人员依法给予处分;给用人单位或者个人造成损失的,应当承担赔偿责任。

### 四、有关社会保险基金的违法行为及处理

隐匿、转移、侵占、挪用社会保险基金或者违规投资运营的,由社会保险行政部门、财政部门、审计机关责令追回;有违法所得的,没收违法所得;对直接负责的主管人员和其他直接责任人员依法给予处分。

## 第五节 劳动行政部门及相关主体的法律责任

这里是指劳动行政部门和其他有关主管部门及其工作人员的法律责任。我国《劳动法》及其他单行法律、法规对劳动行政部门和有关部门及其工作人员在进行劳动行政管理过程中违反劳动法的法律责任,作了原则性或具体性规定。

### 一、我国《劳动法》的规定

劳动行政部门或者有关部门的工作人员滥用职权、玩忽职守、徇私舞弊,构成犯罪的,依法追究刑事责任;不构成犯罪的,给予行政处分。

### 二、我国《劳动合同法》的规定

劳动行政部门和其他有关主管部门及其工作人员玩忽职守、不履行法定职责,或者违法行使职权,给劳动者或者用人单位造成损害的,应当承担赔偿责任;对直接负责的主管人员和其他直接责任人员,依法给予行政处分;构成犯罪的,依法追究刑事责任。

### 三、我国《促进就业法》的规定

(1) 违反本法规定,劳动行政等有关部门及其工作人员滥用职权、玩忽职守、徇私舞弊的,对直接负责的主管人员和其他直接责任人员依法给予处分。

(2) 违反本法规定,地方各级人民政府和有关部门、公共就业服务机构举办经营性的职业中介机构,从事经营性职业中介活动,向劳动者收取费用的,由上级主管机关责令限期改正,将违法收取的费用退还劳动者,并对直接负责的主管人员和其他直接责任人员依法给予处分。

(3) (劳动行政等有关部门及其工作人员)违反本法规定,侵害劳动者合法权益,造成财产损失或者其他损害的,依法承担民事责任;构成犯罪的,依法追究刑事责任。

### 四、我国《安全生产法》的规定

负有安全生产监督管理职责的部门的工作人员,有下列行为之一的,给予降级或者撤职的处分;构成犯罪的,依照刑法有关规定追究刑事责任:(1) 对不符合法定安全生产条件的涉及安全生产的事项予以批准或者验收通过的;(2) 发现未依法取得批准、验收的单位擅自从事有关活动或者接到举报后不予取缔或者不依法予以处理的;(3) 对已经依法取得批准的单位不履行监督管理职责,发现其不再具备安全生产条件而撤销原批准或者发现安全生产违法行为不予查处的。

### 五、我国《职业病防治法》的规定

卫生行政部门不按照规定报告职业病和职业病危害事故的,由上一级卫生行政部门责令改正,通报批评,给予警告;虚报、瞒报的,对单位负责人、直接负责的主管人员和其他直接责任人员依法给予降级、撤职或者开除的行政处分。卫生行政部门及其职业卫生监督执法人员有本法第 60 条所列行为之一,导致职业病危害事故发生,构成犯罪的,依法追究刑事责任;尚不构成犯罪的,对单位负责人、直接责任的主管人员和其他直接责任人员依法给予降级、撤职或者开除的行政处分。

### 六、我国《社会保险法》的规定

社会保险行政部门及其工作人员泄露用人单位和个人信息的,对直接负责的主管人员和其他直接责任人员依法给予处分;给用人单位或者个人造成损失的,应当承担赔偿责任。国家工作人员在社会保险管理、监督工作中滥用职权、玩忽职守、徇私舞弊的,依法给予处分。

### 七、我国《劳动保障监察条例》的规定

劳动保障监察员滥用职权、玩忽职守、徇私舞弊或者泄露在履行职责过程中知悉的商业秘密的,依法给予行政处分;构成犯罪的,依法追究刑事责任。

劳动保障行政部门和劳动保障监察员违法行使职权,侵犯用人单位或者劳动者的合法权益的,依法承担赔偿责任。

# 第十二章 劳动争议处理制度

劳动争议处理制度是劳动法中的程序法律制度。正确处理劳动争议,对保护劳动者合法权益,协调劳动关系,进而促进经济和社会发展,有着极其重要的意义。劳动争议处理制度包括劳动争议处理机构及协商、调解、仲裁、诉讼等环节的具体规则等。

## 第一节 劳动争议处理概述

### 一、劳动争议的概念

劳动争议是指劳动者与用人单位之间所生之争议及用人单位或用人单位团体与工会之间围绕权利、义务以及相关利益所生的争议。正确理解和把握劳动争议,需要明确以下几点:(1)劳动争议的主体是特定的,即一方是劳动者及工会,另一方是用人单位及用人单位团体。也可以说,劳动争议的主体就是劳动关系的主体。(2)劳动争议的内容具有广泛性。劳动权利和义务本身就具有广泛性,既有法定权利,也有约定权利,既有财产性质权利,也有人身性质权利。包括就业、工时、工资、劳动安全与保护、劳动保险与福利、职业培训、民主管理、奖励惩罚等若干方面。同时,在集体合同争议中还会围绕相关利益生争议。(3)劳动争议围绕经济利益性展开。劳动争议是劳动领域中的经济利益的冲突,例如,劳动关系解除争议,从其实质讲,都是为了一定的利益而产生的争议。一方面,从法律形式上讲,劳动关系解除,劳动者就失去劳动的权利;另一方面,从实质上讲,劳动关系解除,意味着劳动者经济来源的丧失,生活失去保障。(4)劳动争议具有较强的社会性。劳动争议以劳动关系为基础,劳动关系又具有社会性特征,当劳动争议当事人之间特别是劳动者的权利或利益不能实现或不能完全实现,则会对其他劳动者甚至社会产生广泛的影响,因此,劳动争议具有较强的社会性。正因为如此,劳动争议无论从内容、形式到程序的设计,都具有某种独特性,与一般民事争议有所差别。

### 二、劳动争议的分类

劳动争议按照不同标准,具有不同分类。如按争议发生在不同所有制性质的用人单位与劳动者之间,分为国有企业、外资企业、私营企业等劳动争议。因争议内容的不同而分类,如劳动合同争议、工作时间争议、工资争议等。但最具理论与实践意义的分类,是以下两种分类。

(一) 劳动争议按照争议标的不同,可以分为权利争议与利益争议

1. 权利争议

权利争议,是指劳资双方依据法律、集体合同、劳动合同的规定,当事人主张权利存在与否或有无受到侵害或有无履行债务等发生的争议。① 例如,雇主未依约发给工资,不给付资遣费等。简而言之,"即债务不履行或违约等之'履约'问题"。就权利争议而言,"在法理上属于违约或债务不履行的问题。因为债务不履行,在性质上属契约严守原则之贯彻。故其强制只有法院能有此职权"。② 权利争议"涉及对已有的集体协议或雇用合同的应用和解释问题"。③ 一般指履行劳动合同中的争议,集体合同中涉及具体权利的争议也应纳入。由于这类争议是针对已确定的权利发生的,又具有法律上的可衡量性和可诉性,又称"法律上的争议"或"实现既定权利的争议"。

2. 利益争议

利益争议,一般指因为确定或变更劳动条件而发生的争议。这类争议中,双方所主张的权利义务在事先并未确定,其争议目的,是为将这种期待中的权利上升为合同上的权利。例如工资、奖金、津贴增加、工时减少等争议。简而言之,"即是'缔约'或'换约'问题"。就利益争议而言,"在法理上属于'缔约'之问题。明了此点即可知既然为缔约问题,基于'缔约自由'之原则,必须由缔约双方当事人自主进行,法院并没有干预之立场"④。"利益争议,它涉及雇员的要求或行政管理关于雇用条款和雇用条件的提议。"⑤这类争议以订立和变更合同为主要引起方式。由于利益争议并不具有法律上的可衡量性和可诉性,也称为"事实上的争议"或"确定权利的争议"。

这一分类对于把握劳动争议的特点进而准确处理劳动争议,具有重要的理论与实践意义。对于权利争议和利益争议的分类,最大的意义在于处理该争议的程序法的适用上,即权利争议是可诉的,而利益争议是不可诉的。近年来,适应市场经济劳动争议发展的需要,这一分类被越来越多的理论和劳动实务工作者所关注。

(二) 按照争议主体的不同,可将劳动争议划分为个别劳动争议、集体劳动争议和集体合同争议

1. 个别劳动争议

"是因劳动契约关系所生之各个雇用人与受雇人间之争议及关于权利发生效力及消灭之问题。"⑥这种争议发生于劳动者个人与雇主之间,争议的内容一般是劳动合同所约定的劳动权利和义务。这种争议涉及的是具体的劳动者直接的和切身的权益。其争议主体是个别劳动关系中的劳动者和雇主。

---

① 常凯:《劳权论》,中国劳动社会保障出版社2004年版,第370页。
② 黄越钦:《劳动法新论》,中国政法大学出版社2004年版,第319页。
③ 《英国劳资关系法实施规则》(1972年),第126条。
④ 黄越钦:《劳动法新论》,中国政法大学出版社2004年版,第319—320页。
⑤ 《英国劳资关系法实施规则》(1972年),第126条。
⑥ 史尚宽:《劳动法原论》,台湾正大印书馆1978年版,第241页。

## 2. 集体劳动争议

集体劳动争议一般为多个劳动者(10人以上)基于同样的请求与用人单位之间的争议,也可称为多数人争议。我国《劳动争议调解仲裁法》第7条规定:发生劳动争议的劳动者一方在10人以上,并有共同请求的,可以推举代表参加调解、仲裁或者诉讼活动。集体劳动争议由于在形式上与通常的个别争议有所不同,所以,可以作为一种特殊的个别争议,以特别审理的方式予以处理。劳动者人数众多,有共同请求,在民事诉讼程序上是合并之诉,是典型的集团诉讼。

## 3. 集体合同争议

集体合同争议是指工会与用人单位或其团体之间因为签订、履行集体合同而发生的劳动争议。

集体劳动争议与集体合同争议不同,区别主要表现在:(1) 集体劳动争议是关于劳动合同的争议;集体合同争议是关于集体合同的争议。(2) 集体劳动争议的主体为基于各自独立请求权利的个人。一方是劳动者本人,另一方是用人单位;集体合同争议的一方是工会,另一方是用人单位或其团体。(3) 集体合同争议涉及的是劳动者群体即全体职工的整体利益,在利益构成上具有不可分性;而集体劳动争议虽然也具有与用人单位发生劳动争议的共同理由,但其各自的权利构成是独立的,具有可分性。(4) 集体劳动争议只对争议人发生影响,对其他劳动者不具有法律意义;集体合同争议解决的后果对全体劳动者具有影响,对全体劳动者具有法律意义。

划分个别劳动争议、集体劳动争议和集体合同争议的意义在于,三者在争议处理中采用不同的程序。①

### 三、劳动争议的受案范围

我国劳动争议的受案范围与劳动法律关系的内容基本一致。目前,我国涉及劳动争议受案范围主要有以下几个方面:

(一) 我国《劳动争议调解仲裁法》的规定

我国《劳动争议调解仲裁法》第2条规定,劳动争议处理机构的受案范围包括以下几个方面:(1) 因确认劳动关系发生的争议;(2) 因订立、履行、变更、解除和终止劳动合同发生的争议;(3) 因除名、辞退和辞职、离职发生的争议;(4) 因工作时间、休息休假、社会保险、福利、培训以及劳动保护发生的争议;(5) 因劳动报酬、工伤医疗费、经济补偿或者赔偿金等发生的争议;(6) 法律、法规规定的其他劳动争议。② 同时,第52条规定:事业单位实行聘用制的工作人员与本单位发生劳动争议的,依照本法执行;法律、行政法规或者

---

① 需要指出的是,在我国的劳动争议处理的法律规定和实践中,集体停工、怠工也是一种劳动争议的表现形式,这种劳动争议可能是围绕劳动合同,也可能是围绕集体合同发生的争议。例如,我国《工会法》第27条规定的集体停工、怠工及其处理。我国《工会法》第27条规定:"企业、事业单位发生停工、怠工事件,工会应当代表职工同企业、事业单位或者有关方面协商,反映职工的意见和要求并提出解决意见。对于职工的合理要求,企业、事业单位应当予以解决。工会协助企业、事业单位做好工作,尽快恢复生产、工作秩序。"

② 参见2006年最高人民法院《关于审理劳动争议案件适用法律若干问题的解释》(法释[2006]6号)的规定。

国务院另有规定的,依照其规定。

（二）我国《劳动法》的规定

我国《劳动法》第 84 条规定："因签订集体合同发生争议,当事人协商解决不成的,当地人民政府劳动行政部门可以组织有关各方协调处理。因履行集体合同发生争议,当事人协商解决不成的,可以向劳动争议仲裁委员会申请仲裁；对仲裁裁决不服的,可以自收到仲裁裁决书之日起 15 日内向人民法院提起诉讼。"

（三）我国《集体合同规定》的规定

我国《集体合同规定》第 49 条规定："集体协商过程中发生争议,双方当事人不能协商解决的,当事人一方或双方可以书面向劳动保障行政部门提出协调处理申请；未提出申请的,劳动保障行政部门认为必要时也可以进行协调处理。"第 55 条规定："因履行集体合同发生的争议,当事人协商不成的,可以依法向劳动争议仲裁委员会申请仲裁。"

（四）我国《劳动合同法》的规定

我国《劳动合同法》第 56 条规定："用人单位违反集体合同,侵犯职工劳动权益的,工会可以依法要求用人单位承担责任；因履行集体合同发生争议,经协商解决不成的,工会可以依法申请仲裁、提起诉讼。"

（五）我国《就业促进法》的规定

我国《就业促进法》第 62 条规定：违反本法规定,实施就业歧视的,劳动者可以直接向人民法院提起诉讼。

（六）司法解释的规定

（1）2001 年最高人民法院《关于审理劳动争议案件适用法律若干问题的解释》（法释[2001]14 号）规定法院可以受理：① 劳动者与用人单位在履行劳动合同过程中发生的纠纷；② 劳动者与用人单位之间没有订立书面劳动合同,但已形成劳动关系后发生的纠纷；③ 劳动者退休后,与尚未参加社会保险统筹的原用人单位因追索养老金、医疗费、工伤保险待遇和其他社会保险费而发生的纠纷。

（2）2003 年最高人民法院《关于人民法院审理事业单位人事争议案件若干问题的规定》（法释[2003]13 号）条规定"人事争议为事业单位与其工作人员之间因辞职、辞退及履行聘用合同所发生的争议。"同时又规定这类争议适用《中华人民共和国劳动法》的规定处理。

（3）2006 年最高人民法院《关于审理劳动争议案件适用法律若干问题的解释（二）》（法释[2006]6 号）规定法院可以受理：① 用人单位和劳动者因劳动关系是否已经解除或者终止,以及应否支付解除或终止劳动关系经济补偿金产生的争议；② 劳动者与用人单位解除或者终止劳动关系后,请求用人单位返还其收取的劳动合同定金、保证金、抵押金、抵押物产生的争议,或者办理劳动者的人事档案、社会保险关系等移转手续产生的争议；③ 劳动者因为工伤、职业病,请求用人单位依法承担给予工伤保险待遇的争议。

同时规定：第一,下列纠纷不属于劳动争议受理范围：① 劳动者请求社会保险经办机构发放社会保险金的纠纷；② 劳动者与用人单位因住房制度改革产生的公有住房转让纠纷;③ 劳动者对劳动能力鉴定委员会的伤残等级鉴定结论或者对职业病诊断鉴定委员会的职业病诊断鉴定结论的异议纠纷;④ 家庭或者个人与家政服务人员之间的纠纷;⑤ 个体工匠与帮工、学徒之间的纠纷;⑥ 农村承包经营户与受雇人之间的纠纷。第二,劳动者以用人单位的工资欠条为证据直接向人民法院起诉,诉讼请求不涉及劳动关系其他争议的,视为拖欠劳动报酬争议,按照普通民事纠纷受理。第三,当事人不服劳动争议仲裁委员会作出的预先支付劳动者部分工资或者医疗费用的裁决,向人民法院起诉的,人民法院不予受理。用人单位不履行上述裁决中的给付义务,劳动者依法向人民法院申请强制执行的,人民法院应予受理。第四,当事人在劳动争议调解委员会主持下达成的具有劳动权利义务内容的调解协议,具有劳动合同的约束力,可以作为人民法院裁判的根据。当事人在劳动争议调解委员会主持下仅就劳动报酬争议达成调解协议,用人单位不履行调解协议确定的给付义务,劳动者直接向人民法院起诉的,人民法院可以按照普通民事纠纷受理。

(4) 2010年最高人民法院《关于审理劳动争议案件适用法律若干问题的解释(三)》(法释[2010]12号)规定法院可以受理:① 劳动者以用人单位未为其办理社会保险手续,且社会保险经办机构不能补办导致其无法享受社会保险待遇为由,要求用人单位赔偿损失而发生争议的,人民法院应予受理;② 因企业自主进行改制引发的争议,人民法院应予受理;③ 劳动者依据《劳动合同法》第85条规定,向人民法院提起诉讼,要求用人单位支付加付赔偿金的,人民法院应予受理;④ 企业停薪留职人员、未达到法定退休年龄的内退人员、下岗待岗人员以及企业经营性停产放长假人员,因与新的用人单位发生用工争议,依法向人民法院提起诉讼的,人民法院应当按劳动关系处理。同时规定:下列纠纷不属于劳动争议受理范围:用人单位与其招用的已经依法享受养老保险待遇或领取退休金的人员发生用工争议,向人民法院提起诉讼的,人民法院应当按劳务关系处理。

从以上可以看出,我国劳动争议的受理范围越来越扩大了,更有利于劳动者保护及劳动关系的协调运行。

## 第二节 劳动争议处理的原则

劳动争议处理的原则,是指在劳动争议处理过程中必须遵循的基本准则。它始终贯穿于劳动争议处理的每一个程序之中,它所体现的是国家劳动立法关于劳动争议处理的指导思想。我国《劳动争议调解仲裁法》第3条规定:解决劳动争议,应当根据事实,遵循合法、公正、及时、着重调解的原则①,依法保护当事人的合法权益。同时,依据劳动争议关系不同于一般民事争议关系的特点,本书认为三方原则也是劳动争议处理的重要原则。据此,我国劳动争议处理的原则主要为:合法原则、公正原则、及时处理原则、调解原则、三

---

① 实际上,我国《劳动争议调解仲裁法》处理劳动争议原则仅指处理个别劳动争议和集体劳动争议原则,本书将其扩大至处理集体合同争议。

方原则。

## 一、合法原则

合法原则,是指劳动争议处理机构在争议处理过程中要依据劳动实体法律和劳动程序法律制度来解决争议。这里的合法,包括四个层次:第一层次是符合劳动法律、法规的强制性规定;第二个层次是符合集体合同中的约定性规定;第三层次是符合劳动合同的约定性规定;第四层次指符合依法制定的企业内部规章,但它只对本企业的争议当事人具有效力。

## 二、公正原则

公正原则,是指劳动争议处理机构在处理劳动争议的过程中应以事实为依据,以法律为准绳,忠于争议的客观事实真相,准确适用法律,秉公执法,正确处理劳动争议。

## 三、及时处理原则

及时处理原则,是指劳动争议处理机构在处理劳动争议时,在不违反程序性规定的条件下,应当尽快处理劳动争议。这是因为劳动争议不同于一般的民事争议,劳动争议及时处理原则,在一定意义上,不仅维护了当事人的合法权益,也维护了正常的社会秩序,维护了国家的安定团结。

## 四、调解原则

劳动争议调解原则,是指劳动争议处理机构在处理劳动争议时,根据自愿和合法的原则,以说服劝导的方式,促使双方在互谅互让的基础上达成协议,解决纠纷。调解原则,从根本上讲,是由劳动关系的性质决定的,因此,着重调解既具有程序正义,也具有实质正义。调解原则贯穿于劳动争议解决的各种程序之中。

## 五、三方原则

三方原则,是指各类劳动争议处理机构的组织原则,即在劳动争议处理机构中,应当由雇主、职工和政府主管部门三方的代表参加处理劳动争议。实行三方原则是由于劳动争议关系不同于一般民事争议关系的特点所决定的。各国在各类劳动争议处理机构中普遍推行三方原则。三方原则在劳动争议程序法的体现,主要以权利争议与利益争议之划分为基础,并在不同的程序中予以构建。例如,法国的一审法院、上诉法院和最高法院所设立的劳工法庭或社会法庭,均由职业法官和工会、雇主组织各自选举的兼职法官所组成。根据我国《劳动争议调解仲裁法》,我国劳动争议仲裁委员会是由劳动行政部门代表、同级工会代表和用人单位代表三方面共同组成的。《集体合同规定》第50条规定,劳动保障行政部门应当组织同级工会和企业组织等三方面的人员,共同协调处理集体协商争议,等等。可见,三方合作原则在我国劳动争议处理中有着举足轻重的地位。

## 第三节 劳动争议处理机构

劳动争议处理机构是指受理劳动争议案件的组织机构。根据我国《劳动争议调解仲裁法》等的规定,有权处理劳动争议的机构包括劳动争议调解组织、劳动争议仲裁委员会、人民法院、劳动行政主管部门。

### 一、劳动争议调解组织

劳动争议调解组织包括:(1) 企业劳动争议调解委员会;(2) 依法设立的基层人民调解组织;(3) 在乡镇、街道设立的具有劳动争议调解职能的组织。

企业劳动争议调解委员会由职工代表和企业代表组成。职工代表由工会成员担任或者由全体职工推举产生,企业代表由企业负责人指定。企业劳动争议调解委员会主任由工会成员或者双方推举的人员担任。

劳动争议调解组织的调解员应当由公道正派、联系群众、热心调解工作,并具有一定法律知识、政策水平和文化水平的成年公民担任。

### 二、劳动争议仲裁委员会

(一)仲裁委员会的设立

根据我国《劳动争议调解仲裁法》的规定,劳动争议仲裁委员会按照统筹规划、合理布局和适应实际需要的原则设立。省、自治区人民政府可以决定在市、县设立;直辖市人民政府可以决定在区、县设立。直辖市、设区的市也可以设立一个或者若干个劳动争议仲裁委员会。劳动争议仲裁委员会不按行政区划层层设立。

(二)仲裁委员会的组成

劳动争议仲裁委员会由劳动行政部门代表、工会代表和企业方面代表组成。劳动争议仲裁委员会组成人员应当是单数。

(三)仲裁委员会的职责

仲裁委员会的职责是:(1) 聘任、解聘专职或者兼职仲裁员;(2) 受理劳动争议案件;(3) 讨论重大或者疑难的劳动争议案件;(4) 对仲裁活动进行监督。

劳动争议仲裁委员会下设办事机构,负责办理劳动争议仲裁委员会的日常工作。[①]

(四)劳动争议仲裁员

劳动争议仲裁委员会应当设仲裁员名册。仲裁员应当公道正派并符合下列条件之一:(1) 曾任审判员的;(2) 从事法律研究、教学工作并具有中级以上职称的;(3) 具有法

---

[①] 近几年,全国各地开始大力推进劳动、人事争议仲裁机构"一体化"、"实体化"、"专业化"运行改革,将劳动、人事争议仲裁机构"合二为一",设立劳动人事裁院,使其成为劳动争议处理的专门机构,不再是劳动行政部门的一个职能部门。

律知识、从事人力资源管理或者工会等专业工作满5年的;(4) 律师执业满3年的。①

### 三、人民法院

劳动争议处理中的诉讼程序不是必经程序,只有劳动争议当事人对劳动争议仲裁委员会作出的裁决不服的,在裁决作出15日内向人民法院提起诉讼,该程序才可能启动。人民法院是劳动争议处理的最终司法机构。目前在我国法院机构设置中并没有专门的劳动法庭,劳动争议案件由法院的民事审判庭负责审理,与一般民事案件的审理程序完全相同,实行两审终审制。

### 四、劳动行政主管部门

首先,从我国《劳动法》的规定来看,《劳动法》第84条第1款规定:"因签订集体合同发生争议,当事人协商解决不成的,当地人民政府劳动行政部门可以组织有关各方协调处理。"其次,国务院劳动行政部门依照《劳动法》有关规定制定仲裁规则,省、自治区、直辖市人民政府劳动行政部门对本行政区域的劳动争议仲裁工作进行指导。最后,劳动行政部门行使劳动保障监察职权。所以劳动行政主管部是我国现行制度下重要的劳动争议处理机构。

## 第四节 个别劳动争议处理程序

根据我国《劳动争议调解仲裁法》第4—5条的规定,发生劳动争议,劳动者可以与用人单位协商,也可以请工会或者第三方共同与用人单位协商,达成和解协议。发生劳动争议,当事人不愿协商、协商不成或者达成和解协议后不履行的,可以向调解组织申请调解;不愿调解、调解不成或者达成调解协议后不履行的,可以向劳动争议仲裁委员会申请仲裁;对仲裁裁决不服的,除本法另有规定的外,可以向人民法院提起诉讼。

### 一、协商程序

发生劳动争议,劳动者可以与用人单位协商,也可以请工会或者第三方共同与用人单位协商,达成和解协议。② 协商程序的前提是双方自愿,如果一方不愿意协商,或协商失败,可以选择其他程序。协商不是劳动争议处理必经程序。

### 二、调解程序

这里的调解是专指调解组织的调解,它不涉及劳动争议仲裁程序和诉讼程序中的调

---

① 具体参见2010年1月27日我国人力资源和社会保障部颁布的《劳动人事争议仲裁组织规则》。
② 劳动者与用人单位就解除或者终止劳动合同办理相关手续、支付工资报酬、加班费、经济补偿或者赔偿金等达成的协议,不违反法律、行政法规的强制性规定,且不存在欺诈、胁迫或者乘人之危情形的,应当认定有效。前款协议存在重大误解或者显失公平情形,当事人请求撤销的,人民法院应予支持(参见最高人民法院《关于审理劳动争议案件适用法律若干问题的解释(三)》(法释[2010]12号)第10条)。

解。调解不是劳动争议处理必经程序。

调解委员会调解劳动争议,一般应按照下列工作程序:

(一)当事人申请

当事人申请劳动争议调解可以书面申请,也可以口头申请。口头申请的,调解组织应当当场记录申请人基本情况、申请调解的争议事项、理由和时间。发生劳动争议的劳动者一方在10人以上,并有共同请求的,可以推举代表参加调解活动。

(二)调解

调解劳动争议,应当充分听取双方当事人对事实和理由的陈述,耐心疏导,帮助其达成协议。

(三)调解协议

经调解达成协议的,应当制作调解协议书。调解协议书由双方当事人签名或者盖章,经调解员签名并加盖调解组织印章后生效,对双方当事人具有约束力,当事人应当履行。

自劳动争议调解组织收到调解申请之日起15日内未达成调解协议的,当事人可以依法申请仲裁。

达成调解协议后,一方当事人在协议约定期限内不履行调解协议的,另一方当事人可以依法申请仲裁。

因支付拖欠劳动报酬、工伤医疗费、经济补偿或者赔偿金事项达成调解协议,用人单位在协议约定期限内不履行的,劳动者可以持调解协议书依法向人民法院申请支付令。人民法院应当依法发出支付令。申请支付令被人民法院裁定终结督促程序后,劳动者依据调解协议直接向人民法院提起诉讼的,人民法院应予受理。①

**三、仲裁程序**

仲裁是法定的必经程序,劳动争议案件,必须经过仲裁委员会仲裁,否则,人民法院将不予以受理。也就是说我国处理劳动争议采取"仲裁前置"的原则。劳动争议仲裁不收费。劳动争议仲裁委员会的经费由财政予以保障。

仲裁包括以下程序:

(一)申请

根据我国《劳动争议调解仲裁法》的规定,劳动争议申请仲裁的时效期间为1年。发生劳动争议的职工一方在10人以上,并有共同理由的,可以推举代表参加仲裁活动。代表人数由仲裁委员会确定。申请人申请仲裁应当提交书面仲裁申请,并按照被申请人人数提交副本。仲裁申请书应当包括以下内容:(1)劳动者的姓名、性别、年龄、职业、工作

---

① 参见最高人民法院《关于审理劳动争议案件适用法律若干问题的解释(三)》(法释[2010]12号)第17条第3款。这里要和另一种情形的支付令区别:用人单位拖欠或者未足额支付劳动报酬的,劳动者可以依法向当地人民法院申请支付令,人民法院应当依法发出支付令(参见我国《劳动合同法》第30条第2款)。申请支付令被人民法院裁定终结督促程序后,劳动者就劳动争议事项直接向人民法院起诉的,人民法院应当告知其先向劳动人事争议仲裁委员会申请仲裁。

单位和住所,用人单位的名称、住所和法定代表人或者主要负责人的姓名、职务;(2) 仲裁请求和所根据的事实、理由;(3) 证据和证据来源、证人姓名和住所。书写仲裁申请确有困难的,可以口头申请,由劳动争议仲裁委员会记入笔录,并告知对方当事人。

(二) 受理

劳动争议仲裁委员会收到仲裁申请之日起 5 日内,认为符合受理条件的,应当受理,并通知申请人;认为不符合受理条件的,应当书面通知申请人不予受理,并说明理由。对劳动争议仲裁委员会不予受理或者逾期未作出决定的,申请人可以就该劳动争议事项向人民法院提起诉讼。

劳动争议仲裁委员会受理仲裁申请后,应当在 5 日内将仲裁申请书副本送达被申请人。

被申请人收到仲裁申请书副本后,应当在 10 日内向劳动争议仲裁委员会提交答辩书。劳动争议仲裁委员会收到答辩书后,应当在 5 日内将答辩书副本送达申请人。被申请人未提交答辩书的,不影响仲裁程序的进行。

(三) 开庭和裁决

1. 审理准备

(1) 劳动争议仲裁委员会裁决劳动争议案件实行仲裁庭制。仲裁庭由 3 名仲裁员组成,设首席仲裁员。简单劳动争议案件可以由 1 名仲裁员独任仲裁。劳动争议仲裁委员会应当在受理仲裁申请之日起 5 日内将仲裁庭的组成情况书面通知当事人。(2) 决定是否回避。仲裁员有下列情形之一,应当回避,当事人也有权以口头或者书面方式提出回避申请:是本案当事人或者当事人、代理人的近亲属的;与本案有利害关系的;与本案当事人、代理人有其他关系,可能影响公正裁决的;私自会见当事人、代理人,或者接受当事人、代理人的请客送礼的。劳动争议仲裁委员会对回避申请应当及时作出决定,并以口头或者书面方式通知当事人。

2. 开庭审理

开庭审理按以下步骤进行:仲裁庭应当在开庭 5 日前,将开庭日期、地点书面通知双方当事人。当事人有正当理由的,可以在开庭 3 日前请求延期开庭。是否延期,由劳动争议仲裁委员会决定。申请人收到书面通知,无正当理由拒不到庭或者未经仲裁庭同意中途退庭的,可以视为撤回仲裁申请。被申请人收到书面通知,无正当理由拒不到庭或者未经仲裁庭同意中途退庭的,可以缺席裁决。

仲裁庭对专门性问题认为需要鉴定的,可以交由当事人约定的鉴定机构鉴定;当事人没有约定或者无法达成约定的,由仲裁庭指定的鉴定机构鉴定。根据当事人的请求或者仲裁庭的要求,鉴定机构应当派鉴定人参加开庭。当事人经仲裁庭许可,可以向鉴定人提问。

当事人在仲裁过程中有权进行质证和辩论。质证和辩论终结时,首席仲裁员或者独任仲裁员应当征询当事人的最后意见。

当事人提供的证据经查证属实的,仲裁庭应当将其作为认定事实的根据。劳动者无法提供由用人单位掌握管理的与仲裁请求有关的证据,仲裁庭可以要求用人单位在指定期限内提供。用人单位在指定期限内不提供的,应当承担不利后果。

仲裁庭应当将开庭情况记入笔录。当事人和其他仲裁参加人认为对自己陈述的记录有遗漏或者差错的,有权申请补正。如果不予补正,应当记录该申请。笔录由仲裁员、记录人员、当事人和其他仲裁参加人签名或者盖章。

当事人申请劳动争议仲裁后,可以自行和解。达成和解协议的,可以撤回仲裁申请。

仲裁庭在作出裁决前,应当先行调解。调解达成协议的,仲裁庭应当制作调解书。调解书应当写明仲裁请求和当事人协议的结果。调解书由仲裁员签名,加盖劳动争议仲裁委员会印章,送达双方当事人。调解书经双方当事人签收后,发生法律效力。① 调解不成或者调解书送达前,一方当事人反悔的,仲裁庭应当及时作出裁决。

3. 审理期限

仲裁庭裁决劳动争议案件,应当自劳动争议仲裁委员会受理仲裁申请之日起45日内结束。案情复杂需要延期的,经劳动争议仲裁委员会主任批准,可以延期并书面通知当事人,但是延长期限不得超过15日。逾期未作出仲裁裁决的,当事人可以就该劳动争议事项向人民法院提起诉讼。② 仲裁庭裁决劳动争议案件时,其中一部分事实已经清楚,可以就该部分先行裁决。

4. 裁决书

裁决应当按照多数仲裁员的意见作出,少数仲裁员的不同意见应当记入笔录。仲裁庭不能形成多数意见时,裁决应当按照首席仲裁员的意见作出。

裁决书应当载明仲裁请求、争议事实、裁决理由、裁决结果和裁决日期。裁决书由仲裁员签名,加盖劳动争议仲裁委员会印章。对裁决持不同意见的仲裁员,可以签名,也可以不签名。

5. 仲裁的效力

下列劳动争议,除我国《劳动争议调解仲裁法》另有规定的外,仲裁裁决为终局裁决,裁决书自作出之日起发生法律效力:(1) 追索劳动报酬、工伤医疗费、经济补偿或者赔偿金,不超过当地月最低工资标准12个月金额的争议③;(2) 因执行国家的劳动标准在工作

---

① 劳动人事争议仲裁委员会作出的调解书已经发生法律效力,一方当事人反悔提起诉讼的,人民法院不予受理;已经受理的,裁定驳回起诉(参见最高人民法院《关于审理劳动争议案件适用法律若干问题的解释(三)》(法释[2010]12号)第11条)。

② 劳动人事争议仲裁委员会逾期未作出受理决定或仲裁裁决,当事人直接提起诉讼的,人民法院应予受理,但申请仲裁的案件存在下列事由的除外:(1)移送管辖的;(2)正在送达或送达延误的;(3)等待另案诉讼结果、评残结论的;(4)正在等待劳动人事争议仲裁委员会开庭的;(5)启动鉴定程序或者委托其他部门调查取证的;(6)其他正当事由。当事人以劳动人事争议仲裁委员会逾期未作出仲裁裁决为由提起诉讼的,应当提交劳动人事争议仲裁委员会出具的受理通知书或者其他已接受仲裁申请的凭证或证明(参见最高人民法院《关于审理劳动争议案件适用法律若干问题的解释(三)》(法释[2010]12号)第12条)。

③ 劳动者依据我国《劳动争议调解仲裁法》第47条第1项规定,追索劳动报酬、工伤医疗费、经济补偿或者赔偿金,如果仲裁裁决涉及数项,每项确定的数额均不超过当地月最低工资标准12个月金额的,应当按照终局裁决处理(参见最高人民法院《关于审理劳动争议案件适用法律若干问题的解释(三)》(法释[2010]12号)第13条)。

时间、休息休假、社会保险等方面发生的争议。

劳动者对上述仲裁裁决不服的,可以自收到仲裁裁决书之日起15日内向人民法院提起诉讼。一裁终局是对用人单位而言的,救济的机会只赋予了劳动者,体现了法律的倾斜保护。

当事人对上述规定以外的其他劳动争议案件的仲裁裁决不服的①,可以自收到仲裁裁决书之日起15日内向人民法院提起诉讼;期满不起诉的,裁决书发生法律效力。

当事人对发生法律效力的调解书、裁决书,应当依照规定的期限履行。一方当事人逾期不履行的,另一方当事人可以依照民事诉讼法的有关规定向人民法院申请执行。受理申请的人民法院应当依法执行。

(四) 仲裁程序中的几个重要问题

1. 劳动争议仲裁管辖

劳动争议仲裁管辖,是指各级仲裁委员会之间、同级仲裁委员会之间,劳动争议案件的分工和权限。我国《劳动争议调解仲裁法》对劳动争议管辖作出了规定:一是规定劳动争议仲裁委员会负责管辖本区域内发生的劳动争议。这是明确劳动争议仲裁管辖的地域管辖。由于劳动争议仲裁委员会不按行政区划层层设立,因而其地域管辖也不按行政区划划分,而是按照设立时划分的管辖区域,管辖本辖区内发生的劳动争议。管辖地域可能与行政区划重合,也可能不重合。对直辖市、设区的市与其区、县的劳动争议仲裁委员会之间的级别管辖,本法没有直接规定,省、自治区、直辖市人民政府在决定设立劳动争议仲裁委员会时,应当明确级别管辖。二是规定劳动争议由劳动合同履行地或者用人单位所在地的劳动争议仲裁委员会管辖。也就是说,发生劳动争议,申请人可以选择向劳动合同履行地或者用人单位所在地的劳动争议仲裁委员会中的任何一个劳动争议仲裁委员会提起仲裁申请。三是规定双方当事人分别向劳动合同履行地和用人单位所在地的劳动争议仲裁委员会申请仲裁的,由劳动合同履行地的劳动争议仲裁委员会管辖。也就是出现围绕同一争议双方当事人互为申请人和被申请人的两个争议案件时,由劳动合同履行地的劳动争议仲裁委员会管辖。②

2. 劳动争议仲裁参加人

我国《劳动争议调解仲裁法》对劳动争议仲裁参加人作出了规定:一是规定了当事人。发生劳动争议的劳动者和用人单位为劳动争议仲裁案件的双方当事人。劳动者死亡的,由其近亲属或者代理人参加仲裁活动。同时补充规定了新的内容,即劳务派遣单位或者用工单位与劳动者发生劳动争议的,劳务派遣单位和用工单位为共同当事人。二是规定了第三人。与劳动争议案件的处理结果有利害关系的第三人,可以申请参加仲裁活动或者由劳动争议仲裁委员会通知其参加仲裁活动。三是规定了代理人。(1) 委托代理

---

① 劳动人事争议仲裁委员会作出的同一仲裁裁决同时包含终局裁决事项和非终局裁决事项,当事人不服该仲裁裁决向人民法院提起诉讼的,应当按照非终局裁决处理(参见最高人民法院《关于审理劳动争议案件适用法律若干问题的解释(三)》(法释[2010]12号)第14条)。

② 《〈中华人民共和国劳动争议调解仲裁法〉宣传提纲》。

人。当事人可以委托代理人参加仲裁活动。委托他人参加仲裁活动,应当向劳动争议仲裁委员会提交有委托人签名或者盖章的委托书,委托书应当载明委托事项和权限。(2) 法定代理人。丧失或者部分丧失民事行为能力的劳动者,由其法定代理人代为参加仲裁活动。(3) 指定代理人。无法定代理人的,由劳动争议仲裁委员会为其指定代理人。①

3. 仲裁监督

用人单位有证据证明我国《劳动争议调解仲裁法》第47条规定的仲裁裁决有下列情形之一,可以自收到仲裁裁决书之日起30日内向劳动争议仲裁委员会所在地的中级人民法院申请撤销裁决:适用法律、法规确有错误的;劳动争议仲裁委员会无管辖权的;违反法定程序的;裁决所根据的证据是伪造的;对方当事人隐瞒了足以影响公正裁决的证据的;仲裁员在仲裁该案时有索贿受贿、徇私舞弊、枉法裁决行为的。

人民法院经组成合议庭审查核实裁决有前款规定情形之一的,应当裁定撤销。

仲裁裁决被人民法院裁定撤销的,当事人可以自收到裁定书之日起15日内就该劳动争议事项向人民法院提起诉讼。

劳动者依据我国《劳动争议调解仲裁法》第48条规定向基层人民法院提起诉讼,用人单位依据《劳动争议调解仲裁法》第49条规定向劳动人事争议仲裁委员会所在地的中级人民法院申请撤销仲裁裁决的,中级人民法院应不予受理;已经受理的,应当裁定驳回申请。被人民法院驳回起诉或者劳动者撤诉的,用人单位可以自收到裁定书之日起30日内,向劳动人事争议仲裁委员会所在地的中级人民法院申请撤销仲裁裁决。② 用人单位向中级人民法院申请撤销仲裁裁决,中级人民法院作出的驳回申请或者撤销仲裁裁决的裁定为终审裁定。③

劳动人事争议仲裁委员会作出终局裁决,劳动者向人民法院申请执行,用人单位向劳动人事争议仲裁委员会所在地的中级人民法院申请撤销的,人民法院应当裁定中止执行。用人单位撤回撤销终局裁决申请或者其申请被驳回的,人民法院应当裁定恢复执行。仲裁裁决被撤销的,人民法院应当裁定终结执行。用人单位向人民法院申请撤销仲裁裁决被驳回后,又在执行程序中以相同理由提出不予执行抗辩的,人民法院不予支持。④

4. 仲裁时效

我国《劳动争议调解仲裁法》第27条规定:劳动争议申请仲裁的时效期间为1年。仲裁时效期间从当事人知道或者应当知道其权利被侵害之日起计算。

仲裁时效,因当事人一方向对方当事人主张权利,或者向有关部门请求权利救济,或者对方当事人同意履行义务而中断。从中断时起,仲裁时效期间重新计算。

因不可抗力或者有其他正当理由,当事人不能在本条第1款规定的仲裁时效期间申

---

① 《〈中华人民共和国劳动争议调解仲裁法〉宣传提纲》。
② 最高人民法院《关于审理劳动争议案件适用法律若干问题的解释(三)》(法释[2010]12号)第15条。
③ 同上注,第16条。
④ 同上注,第18条。

请仲裁的,仲裁时效中止。从中止时效的原因消除之日起,仲裁时效期间继续计算。

劳动关系存续期间因拖欠劳动报酬发生争议的,劳动者申请仲裁不受本条第1款规定的仲裁时效期间的限制;但是,劳动关系终止的,应当自劳动关系终止之日起1年内提出。

5. 先予执行

仲裁庭对追索劳动报酬、工伤医疗费、经济补偿或者赔偿金的案件,根据当事人的申请,可以裁决先予执行,移送人民法院执行。

仲裁庭裁决先予执行的,应当符合下列条件:当事人之间权利义务关系明确;不先予执行将严重影响申请人的生活。

劳动者申请先予执行的,可以不提供担保。

**四、诉讼程序**

劳动争议处理中的诉讼程序不是必经程序,只有劳动争议当事人一方或双方均不服劳动争议仲裁委员会作出的仲裁裁决,在裁决作出15日内向人民法院提起诉讼,该程序才可能启动。劳动争议仲裁程序是诉讼程序的前置和必经程序。

(一) 劳动争议案件的受理

法院审理劳动争议案件的条件是:(1) 起诉人必须是劳动争议的当事人。当事人因故不能亲自起诉的,可以委托代理人起诉。(2) 必须是不服劳动争议仲裁委员会仲裁而向法院起诉,未经仲裁程序不得直接向法院起诉。(3) 必须有明确的被告、具体的诉讼请求和事实根据。原告、被告仍为仲裁当事人,不得将仲裁委员会作为被告向法院起诉。(4) 提起诉讼的时间,必须是在法律规定的期限内,即收到仲裁裁决书之日起15日内起诉,超过15日,人民法院不予受理。(5) 属于人民法院受理劳动争议的范围。(6) 起诉必须向有管辖权的法院提出。

(二) 劳动争议案件的审理与裁决

劳动争议案件的审理与裁决是由人民法院的民事审判庭具体负责,与一般民事案件的审理程序相同,依照《民事诉讼法》规定的诉讼程序进行审理。

(三) 诉讼程序中的几个重要问题

1. 人民法院对劳动争议案件的管辖

人民法院对劳动争议案件的管辖是指各级法院或同级法院之间受理第一审劳动争议案件的具体分工。根据最高人民法院《关于审理劳动争议案件适用法律若干问题的解释》(法释[2001]14号)的规定,劳动争议案件由用人单位所在地或者劳动合同履行地的基层人民法院管辖。劳动合同履行地不明确的,由用人单位所在地的基层人民法院管辖。当事人双方就同一仲裁裁决分别向有管辖权的人民法院起诉的,后受理的人民法院应当将案件移送给先受理的人民法院。劳动争议诉讼其他管辖权划分,遵循《民事诉讼法》的管辖规定。

2. 劳动争议诉讼案件的参加人

(1) 当事人。

劳动争议诉讼案件的当事人也可以分为原告和被告,其权利义务和法律地位与一般民事诉讼案件中的原告和被告基本相同。但是,由于劳动争议案件有其自身的特点,最高人民法院《关于审理劳动争议案件适用法律若干问题的解释》(法释[2001]14号)对此专门作了一些规定:①当事人双方不服劳动争议仲裁委员会作出的同一仲裁裁决,均向同一人民法院起诉的,先起诉的一方当事人为原告,但对双方的诉讼请求,人民法院应当一并作出裁决。②用人单位与其他单位合并的,合并前发生的劳动争议,由合并后的单位为当事人;用人单位分立为若干单位的,其分立前发生的劳动争议,由分立后的实际用人单位为当事人。用人单位分立为若干单位后,对承受劳动权利义务的单位不明确的,分立后的单位均为当事人。③用人单位招用尚未解除劳动合同的劳动者,原用人单位以新的用人单位和劳动者共同侵权为由向人民法院起诉的,新的用人单位和劳动者列为共同被告。最高人民法院《关于审理劳动争议案件适用法律若干问题的解释(二)》(法释[2006]6号)又对此专门增加了一些规定:①劳动者与起有字号的个体工商户产生的劳动争议诉讼,人民法院应当以营业执照上登记的字号为当事人,但应同时注明该字号业主的自然情况。②劳动者因履行劳动力派遣合同产生劳动争议而起诉,以派遣单位为被告;争议内容涉及接受单位的,以派遣单位和接受单位为共同被告。③劳动者和用人单位均不服劳动争议仲裁委员会的同一裁决,向同一人民法院起诉的,人民法院应当并案审理,双方当事人互为原告和被告。在诉讼过程中,一方当事人撤诉的,人民法院应当根据另一方当事人的诉讼请求继续审理。最高人民法院《关于审理劳动争议案件适用法律若干问题的解释(三)》(法释[2010]12号)根据我国现行的法律法规及民事审判实践,再一次增加了一些规定:(1)劳动者与未办理营业执照、营业执照被吊销或者营业期限届满仍继续经营的用人单位发生争议的,应当将用人单位或者其出资人列为当事人;(2)未办理营业执照、营业执照被吊销或者营业期限届满仍继续经营的用人单位,以挂靠等方式借用他人营业执照经营的,应当将用人单位和营业执照出借方列为当事人;(3)当事人不服劳动人事争议仲裁委员会作出的仲裁裁决,依法向人民法院提起诉讼,人民法院审查认为仲裁裁决遗漏了必须共同参加仲裁的当事人的,应当依法追加遗漏的人为诉讼当事人。被追加的当事人应当承担责任的,人民法院应当一并处理。

(2) 第三人。

最高人民法院《关于审理劳动争议案件适用法律若干问题的解释》(法释[2001]14号)专门规定:用人单位招用尚未解除劳动合同的劳动者,原用人单位与劳动者发生的劳动争议,可以列新的用人单位为第三人。原用人单位以新的用人单位侵权为由向人民法院起诉的,可以列劳动者为第三人。

(3) 诉讼参加人还有诉讼代表人、诉讼代理人等。

3. 劳动争议案件中举证责任的分配

一般而言,劳动争议案件中举证责任的分配适用《民事诉讼法》第64条规定的"当事人对自己提出的主张,有责任提供证据"的原则。但根据劳动争议关系的特点,最高人民法院《关于审理劳动争议案件适用法律若干问题的解释》(法释[2001]14号)第13条规定,因用人单位作出的开除、除名、辞退、解除劳动合同、减少劳动报酬、计算劳动者工作年限等决定而发生的争议"由用人单位负担举证责任",适用举证责任倒置。但是这里仅仅规定了六种情况由用人单位承担举证责任,且"开除、除名、辞退、解除劳动合同"实际上是一回事,因为,"开除、除名"是计划经济时期用语,辞退是解除劳动合同的一种情形。最高人民法院《关于审理劳动争议案件适用法律若干问题的解释(三)》(法释[2010]12号)根据我国现行的法律法规及民事审判实践,规定:劳动者主张加班费的,应当就加班事实的存在承担举证责任。但劳动者有证据证明用人单位掌握加班事实存在的证据,用人单位不提供的,由用人单位承担不利后果。

## 第五节 集体合同争议处理程序

### 一、因履行集体合同发生的争议处理程序

(一) 现行法律、法规规定

我国《劳动法》第84条第2款规定:"……当事人协商解决不成的,可以向劳动争议仲裁委员会申请仲裁;对仲裁裁决不服的,可以自收到仲裁裁决书之日起15日内向人民法院提起诉讼。"我国《集体合同规定》第55条规定:"因履行集体合同发生的争议,当事人协商解决不成的,可以依法向劳动争议仲裁委员会申请仲裁。"我国《劳动合同法》第56条规定:"用人单位违反集体合同,侵犯职工劳动权益的,工会可以依法要求用人单位承担责任;因履行集体合同发生争议,经协商解决不成的,工会可以依法申请仲裁、提起诉讼。"存在的问题是,如何仲裁,根本没有明确规定。因为现行仲裁程序仅仅是针对个别劳动争议和集体劳动争议的。同时,依我国《劳动法》、《集体合同规定》的规定,实行先仲裁后诉讼的体制;而《劳动合同法》第56条规定,仲裁与诉讼的关系不明确,既可以理解为先仲裁后诉讼,也可以理解为仲裁与诉讼并列而由当事人选择。这有待进一步作出规定。

(二) 没有基层调解程序

规定不能调解,是因为我国企业劳动争议调解委员会一般是由企业工会主持的,再由其调解有其不当之处。

### 二、因签订集体合同发生的争议处理程序

(一) 只能协商、协调处理

协商是集体合同争议处理的必经程序。我国《劳动法》第84条第1款规定:"因签订集体合同发生争议,当事人协商解决不成的,当地人民政府劳动行政部门可以组织有关各方协调处理。"我国《集体合同规定》第49条规定:"集体协商过程中发生争议,双方当事

人不能协商解决的,当事人一方或双方可以书面向劳动保障行政部门提出协调处理申请;未提出申请的,劳动保障行政部门认为必要时也可以进行协调处理。"

(二) 没有基层调解程序

规定不能调解,是因为我国企业劳动争议调解委员会一般是由企业工会主持的,再由其调解有其不当之处。

(三) 不得仲裁

一方面是因为我国劳动保障行政部的"协调处理"相当于西方成熟市场经济国家的仲裁,更为重要的是因为我国法律未规定职工有罢工、用人单位有闭厂的集体争议权等。

(四) 不适用诉讼程序

争议双方是不能通过法院审理程序来解决争议的。即使劳动行政部门作出的协调处理结果双方当事人不自觉执行,或达成协议后又反悔的,也只能通过劳动行政部门再协调处理。

# 主要参考书目

1. 黄越钦:《劳动法新论》,中国政法大学出版社2003年版。
2. 史尚宽:《劳动法原论》,台湾正大印书馆1978年版。
3. 〔日〕大须贺明:《生存权论》,林浩译,法律出版社2001年版。
4. 常凯:《劳权论——当代中国劳动关系的法律调整研究》,中国劳动社会保障出版社2004年版。
5. 董保华:《社会法原论》,中国政法大学出版社2001年版。
6. 贾俊玲主编:《劳动法学》,北京大学出版社2009年版。
7. 关怀、林嘉主编:《劳动法》,中国人民大学出版社2006年版。
8. 王全兴主编:《劳动法》(第三版),法律出版社2008年版。
9. 郭捷主编:《劳动法与社会保障法》,法律出版社2008年版。
10. 郭捷主编:《劳动法》(第四版),中国政法大学出版社2007年版。

# 后 记

经全国高等教育自学考试指导委员会同意,由法学类专业委员会负责高等教育自学考试法律专业教材的组编工作。

法律专业《劳动法》自学考试教材由郭捷教授担任主编,叶静漪教授担任副主编。本教材的编写大纲由郭捷教授提出,主编、副主编讨论确定。教材撰写分工如下:西北政法大学郭捷教授(第一章、第二章、第三章)、北京大学叶静漪教授(第六章、第八章、第九章)、西北政法大学谢德成教授(第七章、第十章、第十一章)、陕西师范大学穆随心博士(第四章、第五章、第十二章)。

本大纲由北京大学贾俊玲教授、中国人民大学林嘉教授、清华大学郑尚元教授审定。他们提出了宝贵的意见,向他们表示诚挚的谢意。

全书由郭捷教授统稿、定稿。

全国高等教育自学考试指导委员会
法学类专业委员会
2011年6月